KB140075

조선후기 천주교사 연구의 기초

조 광(趙珖)

1945년 서울 출생
고려대학교 대학원 사학과 박사과정 수료 문학박사
현재 고려대학교 문과대학 한국사학과 교수
동국대학교 사범대학 국사교육과 조교수 역임
한국사연구회 회장 역임
한일역사공동연구위원회 위원장 역임
고려대학교 문과대학장 역임
고려대학교 박물관장 역임

〈논저〉
朝鮮後期 天主敎史 硏究
역주 사학징의 외 다수

조선후기 천주교사 연구의 기초

값 25,000원

2010년 2월 16일	초판 인쇄
2010년 2월 25일	초판 발행

저　　자 : 조 광
발 행 인 : 한 정 희
발 행 처 : 경인문화사
편　　집 : 김 지 선
서울특별시 마포구 마포동 324-3
전화 : 718-4831～2, 팩스 : 703-9711
이메일 : kyunginp@chol.com
홈페이지 : 한국학서적.kr / http://www.kyunginp.co.kr
등록번호 : 제10-18호(1973. 11. 8)

ISBN : 978-89-499-0719-2　94910
ⓒ 2010, Kyung-in Publishing Co, Printed in Korea

조선후기 천주교사 연구의 기초

조 광

景仁文化社

머리말

역사는 과거에 일어난 사건의 발견과 그 사건에 대한 해석을 통해서 성립된다. 역사적 사건은 사료를 통해서 확인되며, 그 사건에 대한 정확한 이해를 위해서는 사료비판이 수반되어야 한다. 또한 비판된 사료를 통해서 밝혀진 역사적 사건의 의미를 부여하는 작업을 위해서는 지나간 역사에 대한 성찰력과 미래에 대한 전망의 노력이 함께 요청된다.

이와 같은 역사학계의 상식은 조선후기 천주교사 연구에도 동일하게 적용된다. 그러므로 이 책에서는 먼저 사료를 해석하는 데에 요청되는 몇몇 이론적 문제들에 관한 검토의 결과를 수록했다. 즉, 여기에서는 조선후기 천주교사에 관한 각론적 연구성과를 종합하여 천주교사와 당시 사회가 맺고 있는 관계를 총론적으로 확인하고자 했다. 조선후기 천주교사에 대한 총론적 검토작업은 개별 논문주제들에 관한 각론적 연구의 결과에 기반하여 추출되어지는 내용일 뿐만 아니라, 다시 각론의 서술에 있어서 일정한 시각을 제시해 줄 수 있다고 생각한다. 그러므로 총론적 검토는 각론적 연구의 추진 과정에서도 반드시 사전에 확인해야 할 분야이기도 하다.

그리하여 이 책의 제1편에서는 총론적 입장에서 조선후기 천주교사와 관련된 문제들을 주목해보았다. 즉, 여기에서는 먼저 조선후기 천주교 사상이 가지고 있는 사회적 의미를 규명해 보고자 했다. 그리고 조선후기 사회에서 천주교 종교운동이 가지고 있던 의미가 무엇인가를 검토해 보았다. 또한 조선후기 국가와 종교 내지는 천주교가 가지고 있던 상호관계를 점검하고자 했다. 이와 함께 천주교 신앙을 수용했던 인물들이 가지고 있던 수용자의 논리를 밝혀보았다. 교구의 설정을 통해 세계 교회의 교계제도가 지역교회인 조선교회에 적용되어 나간 사건의 역사적 의미를 점검하고자 했으며, 당시 천주교 신앙의 특성을 이해하기 위한 방편으로 전통적 신관에 대한 이해 문제를 다루어보았다.

이와 같이 조선후기 천주교사의 연구를 위해서는 그에 대한 총론적 검토 작업이 수행되어야 한다. 그리고 그 개별적 주제에 대한 역사서술을 위해서는 사료에 대한 접근과 이해, 비판과 정리가 요청된다. 그러므로 본고의 제2편에서는 주로 조선후기 1801년을 전후한 시기의 천주교사에 관한 사료들을 주목해보았고, 그 사료들에 대한 기초적 비판을 시도했다. 즉, 『사학징의邪學懲義』, 『동국교우상교황서東國教友上教皇書』 등 1801년을 전후한 시기의 천주교관계 사건을 전해주는 사료들을 검토했다. 이와 함께 『조선왕조실록』·『승정원일기』·『일성록』 등 당시 조정에서 작성한 연대기류 사료에 나타난 천주교사 관계 기록들을 정리해보고자 했다.

이와 같이 이 책은 조선후기 천주교사에 관한 개별적 연구에 도움이 될 수 있는 기초적 문제들을 다루었다. 여기에서 이 책의 제목을 『조선후기 천주교사 연구의 기초』로 이름 지었다. 물론 조선후기 천주교사의 연구의 기초가 되는 작업은 여기에서 머물 수는 없다. 연구 색인의 작성이나 연구사의 정리도 천주교사 연구의 기초 작업임에 틀림없다. 가능하다면, 연구 색인이나 연구사에 대한 본격적 검토 작업은 별도의 책을 통해서 시도해보고자 한다. 그렇다 하더라도 이번에 간행되는 이 책이 조선후기 천주교사 연구자들에게 조금이라도 도움을 줄 수 있다면 다행스럽게 생각하겠다.

이 책의 원고 정리를 위해서는 현재 고려대학교 대학원 한국사학과에서 석사과정을 이수하고 있는 이주화와 이한나가 특별히 수고해 주었다. 이와 함께 이 책의 기초 9작업은 2004년도부터 2006년도까지 한국학술진흥재단이 주관하는 인문사회분야지원일반연구(AL0012) "조선시대 전자문화지도의 생활문화론적 연구"의 지원프로젝트에 의해 진행되었음을 밝힌다. 또한 상

업성을 도외시하고 이 책의 간행을 맡아준 경인문화사 한정희 사장과 이 책
을 아담하게 만들어준 신학태 부장 이하 편집진 여러분에게도 감사를 드린
다. 이 책의 간행 과정에서 도움을 준 분 모두에게 거듭 감사드린다.

2010년 2월 15일
안암의 서실에서
조광

목 차

제2부 조선후기 천주교사의 사료 연구

〈이 책에 수록된 글들의 발표지(發表誌)〉

제1편 조선 전통사회와 천주교 신앙

Ⅰ-1. 조선후기 서학사상의 사회적 기능, 『韓國近代史論集』, 吳世昌敎授華甲紀
     念論叢刊行委員會, 1995.

Ⅰ-2. 조선후기의 교회와 국가, 『교회와 국가』, 인천가톨릭대학 출판부, 1997.

Ⅰ-3. 조선후기 서학의 수용자와 수용논리, 『역사비평』 25, 역사비평사, 1994.

Ⅰ-4. 조선교구설정의 역사적 의미,『敎會史硏究』 4, 한국교회사연구소, 1982.

Ⅰ-5. 한국전통 신관(神觀)에 관한 이해의 연구사적 검토, 『司牧』 176, 한국천주교
     중앙협의회, 1993.

제2편 조선후기 천주교사의 사료 연구

Ⅱ-1. 『사학징의』의 사료적 특징, 『역주 사학징의』 상, 한국순교자현양위원회,
     2001.

Ⅱ-2. 신유박해 순교자연구, 『신유박해와 조선교회』(학술발표회논문집), 한국순교
     자현양위원회, 2001.

Ⅱ-3. 「동국교우상교황서」의 사료적 가치, 『全州史學』 4, 全州大學校 史學會,
     1996.

Ⅱ-4. 조선왕조실록 천주교사 자료연구,『고종실록 천주교사 자료모음』, 한국순교
     자현양위원회, 1997.

Ⅱ-5. 신유박해 연대기 사료의 정리, 『신유박해 자료집』 1, 한국순교자현양위원회,
     1999.

제1부
조선 전통사회와 천주교 신앙

Ⅰ. 조선후기 서학 사상의 사회적 기능

1. 머리말

조선 후기의 사상계에서는 정학正學으로 불리우던 조선 성리학과, 탈성리
학적·범유학적 입장에서의 개혁 이론인 실학實學, 그리고 지배층에 의해 '사
학邪學'으로 지탄받던 여러 사상들이 병존하고 있었다. 이러한 사상들 가운데
'사학'은 불교 특히 미륵신앙이나 비결 신행과 같은 전통적 사유형식과 함께
서학 즉, 천주교 신앙과 동학 등 새로운 종교 사상들을 지칭하던 개념이었
다.[1] 이 '사학' 사상들은 성리학적 사유형식과 그에 기초한 제반 질서에 대한
정면 도전으로서의 의미를 가지고 있었다. 따라서 당시 이러한 사상들은 사회
변혁적 지향성과 굳게 연결되어 있었고, 이 사상은 일종의 사회운동적 특성을
드러내주고 있다. 그러므로 조선 후기 사상사에서 이 분야를 연구하고자 할
때에는 그 사상의 구조적 특성과 함께 사회적 기능을 주목하게 된다.

조선 후기 사회에서는 서학 사상이 새롭게 전래되어 신봉되고 있었다. 이
서학 사상은 중국에서 한문으로 쓰인 서학서적들을 통해 조선에 전파되기
시작했다. 서학이라는 용어 안에는 서양의 과학 기술이라는 개념과 함께 서
양의 종교 사상이라는 뜻도 포함되어 있었다. 그러나 18세기 말엽 이후 조선
에서 서학은 대개의 경우 천주교 신앙을 지칭하는 것으로 이해되었다. 그리
고 서학 즉, 천주교 신앙은 집권층 내지는 성리학적 지식인들로부터 '사학'
으로 비난 받아왔다. 그들은 척사위정론斥邪衛正論의 연장 선상에서 서학을

---

1) 조광, 1993, 「조선후기 사상계의 전환기적 특성」『한국사 전환기의 문제들』, 지식산업
   사, 153~173쪽.

'사학'으로 규정했고, 이를 성리학 즉, 정학에 대한 대립적 사상으로 해석해서 배격했다.

이로써 조선왕조 정부에서도 100여 년 간에 걸쳐 천주교에 대한 탄압을 강행하게 되었다. 일반적으로 볼 때 한 사상에 대해 강력한 탄압이 일어날 경우, 그 사상의 전파는 위축되거나 중지되기 마련이다. 그러나 조선 후기 천주교사의 경우에는 혹독한 탄압에도 불구하고 지속적인 교세의 확장이 이루어지고 있었다. 이와 같은 현상은 조선후기의 서학 즉, 천주교 신앙이 당시 사회에서 기능하는 바가 있었기 때문에 가능한 것이었다. 천주교 신앙은 조선 후기 사회에 긍정적으로 기능하는 바가 있었기 때문에 탄압에도 불구하고 명맥을 유지할 수 있었던 것이다. 조선후기의 서학을 이해하고자 할 때는 바로 이와 같은 사실에 우선적으로 주목해야 한다.

우리는 이렇게 특이한 역사현상을 이해하기 위해서 조선 후기 서학의 수용자와 그 수용의 논리에 대해서 살펴보아야 한다. 따라서 이 글에서는 조선 후기 사회에서 진행되어온 서학의 전개과정을 염두에 두면서 먼저 서학 내지는 천주교 신앙의 수용자가 드러내고 있던 사회적 특성을 살펴보고자 한다. 그리고 이어서 그들이 서학 즉, 천주교 신앙을 수용하는 방법 내지 과정에서 보이는 특징들을 검토하고자 한다. 또한 세 번째로는 조선 후기 사회에서 천주교도들이 신봉하고 실천했던 서학사상의 구체적 내용이 무엇인지 밝힘으로써 당시 서학사상이 발휘했던 사회적 기능에 대한 규명을 시도해 보고자 한다.

조선 후기 사회에서 드러나는 역사현상 가운데 서학의 수용에 관해서는 비교적 많은 연구성과가 축적되어 있다. 서학에 관한 기존의 업적들에서 드러나고 있는 연구의 시각은 서학에 대한 대책을 마련하고자 했던 정부 당국의 입장이나 서학의 수용 과정 및 수용자들에 대한 특성을 찾으려는 데에 집중되어 있다. 그러나 조선 후기 서학에 대한 올바른 이해를 위해서는 이와 같은 사실들과 함께 서학 사상이 당시 사회에서 발휘하고 있었던 사회적 기능에 대한 이해도 더욱 강화되어야 한다. 그러므로 본고에서는 조선후기 천주교 신앙의 사회적 기능에 대한 이해를 보다 체계적으로 진행해보고자 한다.

2. 서학 수용의 사회적 특성

조선에 천주교 신앙운동이 본격적으로 시작된 때는 1784년 조선교회의 창설을 그 계기로 삼을 수 있다. 이 해에 이승훈(李承薰, 1756~1801)은 서울의 수표교 부근에 있던 이벽(李檗, 1754~1786)의 집에서 이벽에게 그리스도교 세례를 줌으로서 하나의 신앙공동체를 이루게 되었다. 일반적으로 이 사건을 조선 교회의 창설로 보고 있다.[2] 이후 조선 교회는 대략 1882년경에 이르러 신앙의 자유를 묵인 받을 때까지 지속적 탄압을 경험하고 있었다. 이 시기는 바로 조선왕조의 봉건체제가 급격히 붕괴되어 나가고 있던 때였다. 바로 이러한 시기에 있어서 조선에 수용된 서학의 특성을 이해하기 위해서는 이를 수용하고 실천했던 사람들이 가지고 있던 사회적 특성을 살펴봄과 함께 그들이 서학을 수용하기 전에 드러내었던 사상적 경향을 검토해야 한다.

우리는 이에 대한 이해를 통해 서학이 한국 전통사회에서 드러내고 있던 사회적 기능을 올바로 파악할 수 있을 것이다. 또한 우리는 그들이 드러내었던 사상적 특성에 관한 이해를 통해 그들이 서학을 수용하는 과정에서 드러내었던 정신적 편력의 과정을 인식할 수 있을 것이다. 100여 년에 이르는 이 과정에서 서학 즉, 천주교를 신봉했던 사람들의 사회적 특성이 똑같이 유지될 수는 없었다. 그러므로 우리가 서학 수용자의 사회적 특성을 논할 때에는 각 시기 별로 그들이 드러내었던 특성을 세분하여 검토해 보아야 한다.

조선 후기 서학을 조선에서 처음으로 수용한 계층은 이익(李瀷의 문인들이었

---

2) 조광, 1991, 「한국천주교의 기원」『그리스도교와 한글문화』3, 교문사, 263쪽.

다. 이들은 중국에서 전래된 한문서학서를 통해 서학에 접근하기 시작했고, 이들 가운데에는 권철신(權哲身, 1736~1801)을 중심인물로 하여 이기양(李基讓, 1744~1802), 권일신(權日身, ?~1792), 정약전(丁若銓, 1758~1816) 및 이벽 등과 같은 일단의 학인들을 포용하고 있던 성호좌파星湖左派로 분류되는 집단들이 있었고, 서학은 주로 이들에 의해 수용·실천되었다.3) 그러므로 서학 수용 초기의 서학도들이 드러내었던 사회적 특성을 파악하기 위해서는 이들을 주목해야 한다.

이들은 대개가 양반 신분층이었고 기호남인畿湖南人으로서 중소지주적 특성을 가지고 있던 인물들이다. 이들의 가문은 '경신대출척庚申大黜陟' 이후 오랜 휴지기를 거치고서 정조 연간의 탕평책蕩平策에 힘입어 조정에 진출할 수 있었다. 그러나 서학을 수용한 사람들 가운데 대다수는 유학에 전념하고 있었던 사람들이었다. 이들은 허목(許穆, 1595~1682) 이래의 전통에 따라 육경六經 중심의 고학에 대한 연구를 통해 당시의 성리학적 학문 풍토에 비판의식을 가지고 있었다.4) 또한 이들은 예의 본원성을 중시하기보다는 그 시의성을 존중하던 입장을 취함으로서, 당시 노론이 예에 관해 드러내고 있던 입장과는 달리 윤휴(尹鑴, 1617~1680) 이래 예학의 전통을 계승하고 있었다.5) 이와 동시에 이들은 자신이 직접 선진시대先秦時代의 유학을 연구하며, 성리학 이외의 여타 사상에 대해서도 탄력적 입장을 드러내주었다. 그러기에 그들 가운데 권철신을 비롯하여 이기양 등은 당시 조선 성리학으로부터 '사문난적斯文亂賊'으로 규탄받고 있던 양명학陽明學에 특별한 관심을 가지고 연구하기도 했다.6) 그리고 초기의 서학도 가운데 가장 대표적 존재인 정약종(丁若鍾, 1760~1801)은 도가사상에 각별한 관심을 갖기도 했다.7) 한편, 초기의 서학도

---

3) 이우성, 1982, 『한국의 역사상』, 창작과 비평사, 104~195쪽.
4) 정옥자, 1979, 「미수 허목 연구」『한국사론』 5, 서울대 국사학과, 208쪽.
5) 황원구, 1963, 「이조예학의 형성과정」『동방학지』 6, 244~245쪽.
6) 서종태, 1992, 「녹암 권철신의 양명학 수용과 그 영향」『국사관논총』 34, 국사편찬위원회.
7) 달레, 안응렬·최석우 역주, 1980, 『한국천주교회사』 상, 한국교회사연구소, 117쪽.

가운데 특이한 인물로 김건순(金健淳, 1776~1801)을 주목할 수 있다. 그는 노론에 속했던 인물로서 병자호란 때 강화도에서 순절한 김상용(金尙容, 1561~1637)의 봉사손이었다. 그러나 그는 도가사상 뿐만 아니라 도교 내지는 신선설이나 둔갑술 등에까지 관심을 가진 바 있었다.[8]

이렇듯 초창기 서학에 접근했던 인물들 가운데 양반 출신 신도들은 서학에 입교하기 이전부터 이미 이단적 사상에 대한 관심이 있었던 인물이었다. 그리고 그들에게서 드러나는 이와 같은 현상은 조선 후기 사회에서 태동되고 있던 조선 성리학에 대한 도전의 현상으로 볼 수 있다. 그들은 성리학을 대체할 새로운 문화를 수용하려는 입장에서 서학을 받아들였다. 이와 같은 성리학에 대한 도전이나 신문화 수용운동은 주로 청년 학인들에 의해 주도되고 있었다. 이 점은 서학을 수용했던 양반 지식층들이 대략 30세를 전후하여 세례를 받고 입교했음을 통해 거듭 확인된다.[9]

그러나 서학 내지는 천주교 수용운동은 단순히 일부 양반 지식층의 사상적 동향이었다거나 청년들의 신앙운동에만 국한된 것은 아니었다. 천주교 신앙은 수용 초기부터 중인 신도들의 존재를 확인해 줄 수 있다. 그 중인 신도들 가운데에는 역관이나 화원을 비롯한 기술관들도 있었지만 그들보다는 의원들의 역할이 주목되고 있었다. 이들은 양반 출신 신도들과 함께 한때 교회의 지도부를 형성하기도 했었다.[10] 그러나 당시의 기록을 보면 교회가 창설된 지 2년만인 1786년경에는 천주교 신도의 구성에 큰 변화가 일어나고 있었으니, 천주교는 농부나 고공 그리고 일반 서민들의 종교로 자리 잡아 갔다.[11] 또한 부녀자들이 신도 가운데 상당 부분을 차지하였고[12] 천주교 신앙은 연령에 무관하게 광범위한 지지를 얻게 되었다.

이러한 가운데 1791년에는 조상제사 문제가 발생했다. 천주교에서 조상에
대한 제사를 금지한다는 사실이 밝혀지고, 조상제사를 거부하던 윤지충(尹持
忠, 1759~1791) 등은 죽음을 당하였다. 이 사건을 다루던 조정에서는 왕의 명
령에 의해 서학도들은 선비의 반열에 끼워주지 않게 되었다. 그리하여 이 사
건 이후 양반 신분의 신도들은 상당수가 서학을 포기하고 유학의 입장으로
회귀하였다. 이에 따라 서학을 신봉하는 사람들의 신분적 특성에도 큰 변화
가 일어났다. 즉, 1791년 이후에는 교회의 지도층이 양반으로부터 중인 이하
의 신분층으로 이동되어 갔다.13) 그리고 교회에 남아 있던 양반층 신도들도
더 이상 국가나 사회로부터 선비로서의 대우를 받을 수 없게 되었다.14) 그럼
에도 불구하고 서학에 계속하여 관여하고 있던 양반들은 양반으로서의 특권
을 스스로 포기한 사람이거나 양반의 특권을 이미 주장할 수 없을 정도로 몰
락한 사람들이었다.

그리고 지도층뿐만 아니라 신도들의 구성에서는 그 민중적 특성이 더욱
선명하게 드러나고 있었다. 그리하여 19세기가 시작될 무렵에 정부 당국자
들은 서학도들 가운데에는 무지몽매한 서민이나 아녀자들이 주류를 이루고
있는 것으로 파악하게 되었다.15) 사실 이때에 이르러서 서학도의 지도층에
는 '최구두쇠崔巨斗金'와 같은 서민일 수밖에 없는 이름의 인물이 명기되어
있기도 하며,16) 강완숙姜完淑이나17) 윤점혜尹占惠와 같은 아녀자가 여회장으
로 불리고 있었다.18) 이와 같은 경향은 천주교에 대한 탄압에 비례하여 더욱
강화되어 갔다. 그리하여 1839년의 천주교 탄압사건[己亥邪獄]의 과정에서는
이러한 현상이 더욱 강화되었고, 1850년대에 이르러서 한때 프랑스 선교사

---

13) 조광, 1988, 앞의 책, 82쪽.
14) 『正祖實錄』卷26, 12年 8月 壬辰條.
15) 『推案及鞫案』, 「邪學罪人黃嗣永等推案」, 824쪽.
16) 『邪學懲義』, 40쪽.
17) 『黃嗣永帛書』, 67행.
18) 『東國教友上教皇書』13a.

들이 몰락 양반 출신의 신도들을 중용하려 하자 조선인 신부였던 최양업(崔良業, 1821~1861)과 같은 이는 이에 반발하며 신분제의 폐단에 대한 공격을 시도하기도 했던 것이다.[19] 그리고 1866년 이래 여러 해 계속되었던 천주교 박해[丙寅邪獄]의 과정에서도 조선 정부에 체포되어 신문을 받은 사람들의 대부분이 비특권적 민인들이었다.[20]

　이 시기 천주교도들의 직업을 분석해보면 그들이 가지고 있던 신분적 특성에 대한 이해에 도움을 받을 수도 있다. 전근대 사회인 경우 신분과 직역은 긴밀히 연결되어 왔고, 천주교에 대한 탄압이 강행되던 19세기의 경우에도 이러한 특성은 유지되고 있었기 때문이다. 또한 신도들의 직업은 그들의 거주지와도 일정한 관계를 가지고 있었다. 서울에 거주하던 신도들의 직업을 살펴보면 소상인이나 수공업자들의 비중이 높게 나타나고 있다. 그리고 이들 이외에도 하급 서리나 의원 등 중인직도 계속하여 확인되고 있다.[21] 한편 지방에 거주하고 있던 신도들의 직업에 있어서는 농업이 주류를 이루고 있었을 것으로 추정되나 그들의 토지소유나 경영형태에 관한 구체적 자료가 매우 제한되어 있다.[22] 그러나 화전 경작에 관한 언급들이 자주 등장하고 있음을 볼 때,[23] 그들이 지주의 위치에 있었던 것으로 보기는 어렵다. 사실 당시의 서학도들은 지방의 향리들로부터 좋은 수탈 대상으로 여겨지고 있었다. 이러한 상황에서 서학도들이 농업경영을 통해 부를 축적하는 것은 사실상 불가능했다. 한편 지방의 신도들 가운데 상당수는 옹기를 굽던 점인들이었고 그밖에 사공, 광대, 역졸 등 여러 직업이 확인된다.[24] 이러한 그들의 직업을 볼 때 그들이 안정적 경제생활을 영위할 수 있었을 것으로 보기는 어려울 것

19) 최양업, 임충신·최석우 역주, 1984, 『최양업신부서한집』, 한국교회사연구소, 52쪽.
20) 고흥식, 1988, 「병인교난기 신도들의 신앙」 『교회사연구』 6, 한국교회사연구소.
21) 조광, 1988, 앞의 책, 41쪽.
22) 조광, 1988, 앞의 책, 46쪽.
23) 달레, 앞의 책, 상, 31쪽.
24) 달레, 앞의 책, 중, 43쪽.

이다.

요컨대, 조선후기의 사회에서 서학은 주로 성호좌파 계열의 지식인들이 한문서학서의 학습을 통해 수용하기 시작했고, 이들의 서학 수용은 신문화 수용 운동적 특성을 드러내고 있었다. 그러나 그것은 양반 지식층의 사상으로만 머물지 아니하고 곧 민인들에게로 확산되어 갔다. 서학을 신봉하던 사람들의 신분은 이 과정에서 비특권적 민인들이 주류를 이루게 되었다. 이들은 '민중종교운동'의 일환으로 천주교 신앙을 실천하고 있었다. 이와 같이 비특권적 민인들이 서학 수용자들의 주류를 이루고 있었다는 점에서 우리는 서학사상의 수용 양상과 서학사상이 당시의 사회에서 어떠한 기능을 담당하고 있었는가를 보다 주의 깊게 살펴볼 필요성을 느끼게 된다.

3. 18·19세기 서학사상의 특성

조선에 서학이 수용되는 과정에서 드러나는 특성으로 외국 선교사의 직접적인 노력 없이 조선인들의 자발적인 노력에 의해서 수용되었다는 사실을 들 수 있다. 이 자발적 노력은 명말·청초 이래 중국에 입국하여 그리스도교를 전하던 선교사들이 지은 한문서학서를 구해 읽음으로서 시작되었다.[25] 당시의 선교사들은 선교의 방편으로 과학 기술과 함께 천주교 교리를 전하고자 했다. 그들이 전한 과학기술은 르네상스 시대 유럽의 과학 기술이었다. 그리고 그들은 중세 스콜라 철학을 기반으로 한 가톨릭 신앙을 중국에 전하기 위해 고심했다. 그 결과 그들은 선진유학을 주목했다. 그리고 그들은 그리스도교의 입장에서 이 선진유학을 수용하고자 했다. 그리하여 그들은 이른

---

25) 漢文西學書는 종전에 漢譯西學書 등으로도 불렸다. 그러나 명말·청초에 한문으로 간행된 서학서의 상당수는 선교사들의 직접 저술이므로 이를 단순히 한문서학서라 부르고자 한다.

바 보유론補儒論에 입각하여 천주교 신앙을 설명했다. 보유론이란 유교와 천주교의 상호관계를 규정하는 이론이었다. 이 이론에서는 유교와 천주교의 가르침이 서로 충돌되는 것이 아니며, 천주교의 가르침은 유교의 부족한 부분을 보완하여 완성시켜 준다는 문화 적응주의적 입장을 강조하고 있었다. 즉, 이 이론에서 그리스도교는 유교문화에 대한 타협적 자세를 강조함으로서 유교사회에서 용이하게 그리스도교를 선교하고자 한 것이었다.

17세기 이래 조선의 지식인들에게 전래되었던 서학서들 가운데 상당수가 보유론의 입장에서 쓰인 것이었다. 그러므로 이 책을 읽었던 조선의 지식인들은 자신이 간직하고 있던 유교문화적 전통을 포기하지 아니하고서도 천주교에 접근할 수 있을 것으로 여겼다. 그리고 그들은 이를 자신들에게 친숙하던 선진유학적 이론의 연장선상에서 이해하기도 했다.26) 또한 그들은 과학기술의 수용에도 일정한 관심을 가지고 있었다. 여기에서 그들은 신문화수용 운동의 일환으로 서학을 받아들여 실천했다.27)

그러나 조선에 천주교가 수용될 당시 보유론은 이미 중국 교회에서 거부되고 있었다. 또한 조선 정부에서도 1791년의 윤지충 사건을 계기로 하여 보유론적 그리스도교의 주장을 분명히 배격하게 되었다. 이러한 과정에서 조선 교회 창설에 참여했던 양반 신분층의 많은 인물들이 별다른 양심 가책을 받음이 없이 천주교를 떠나 자신이 원래 속했던 유교문화로 회귀해 갔다.28) 그러나 대다수의 민인들은 보유론과 '정통' 그리스도교와의 주요 논쟁점이었던 '조상 제사 문제'나 '공자 숭배 문제' 등과는 무관했다. 그러므로 이들은 조상제사 문제의 발생에도 불구하고 교회를 떠날 하등의 이유가 없었다. 그리하여 그 사건 이후 교회는 주로 비특권적 민인들에 의해 주로 지도되기에 이르렀다.

---

26) 『正祖實錄』 卷26, 12年 8月 辛卯條.
27) 조광, 1988, 앞의 책, 31쪽.
28) 달레, 앞의 책, 상, 357~361쪽.

한편, 18세기 말엽 이후 19세기에 이르기까지 일반 민인들이 천주교 신앙에 접할 수 있는 가장 손쉬운 방법은 한글로 번역된 천주교 서적을 통한 것이었다. 당시의 양반 지식층들은 한문 교리서의 해득에 아무런 불편을 느끼지 아니했다. 그러나 당시의 민인들은 한문 교리서나 기도서를 조선식 음으로만 읽는 것이 "거의 한어와 같아 분명히 알아들을 수 없었기 때문에" 한글로 번역해주기를 요청했고,29) 이 요청은 곧 실천되었다. 그리하여 교회가 창설된 지 3년 후인 1787년에는 조정에서 한글로 번역된 천주교 서적의 폐해가 논의될 정도로 전파되어 갔다.30) 그리고 이렇게 번역된 한글 교회서적은 목판으로 간행되어 비교적 저렴한 가격에 보급되고 있었다. 뿐만 아니라 정부의 금령에도 불구하고 당시 서울의 일부 세책점貰册店에서는 천주교 서적을 빌려주고 거금을 벌었다는 기록이 나타나고 있다.31) 그리고 천주교 서적의 보급에 직업적으로 종사하는 사람들도 나타나게 되었다. 그리하여 1788년에는 이러한 한글 천주교 서적들은 충청도 지방의 산골 마을에까지 전파될 정도로 많은 독자층을 확보하고 있었다.32)

1801년 당시 조선에 전래된 한문본 천주교 서적은 대략 120여 종에 이르렀다. 이들 가운데 86종 111책이 한글로 번역되어 읽혔다. 이 번역본들 가운데 가장 주목이 되는 책자로는 『성경직해聖經直解』를 들 수 있다. 이 책은 일종의 성경 발췌본이었다. 여기에는 신약성서 4복음서의 30.68%에 해당되는 부분이 번역되어 있었다.33) 그리고 그 밖에도 『천주십계』와 같은 그리스도교의 새로운 윤리덕목이 번역·제시되었고, 서유럽 교회사의 전개 과정에서 모범적 신앙생활을 했던 성인들의 전기를 비롯하여 각종 기도서와 교리서들이 번역되었다. 이러한 한글 천주교 서적들은 유학의 가르침과는 분명히 다

---

29) 『邪學懲義』, 376쪽, "殆同漢語 無以分明解廳"

30) 『日省錄』, 正祖 丁未年 4月 27日 甲子條.

31) 洪時濟, 『訥菴記略』 12a, "丁巳戊午間 邪書大行 賃書者 獲大利 諺文過半矣"

32) 『正祖實錄』 卷26, 12年 8月 辛卯條, 正言 李景溟 上疏.

33) 조화선, 1982, 「성경직히 연구」 『한국교회사논총』, 한국교회사연구소, 256쪽.

른 내용들을 전하고 있었다.

이상에서 살펴본 바와 같이 조선 후기 천주교 신앙이 확산되는 과정에서
는 조선의 발달된 목판 인쇄술과 배우기 쉬운 한글의 문자 체계가 한 몫을
단단히 하였다. 사실 당시 천주교에서는 교회의 공식적 용어로 한글을 사용
하고 있었고, 1850년대 후반기에 이르러서 신도들의 지도자인 회장들에게는
문맹자 신도에게 한글을 가르칠 의무를 부여하기까지 했다.[34] 이와 같은 경
로를 통해서 천주교 신앙은 전국적으로 확산되어 가고 있었다.

천주교 신앙이 전래되던 초기에는 그 전파 과정에 있어서 여러 가지 특징
이 드러나는 바, 그 가운데 집단 개종에 준하는 사례들이 다수 발견되고 있
음이 주목된다. 천주교 서적의 전파나 이존창(李存昌, 1752~1801)과 같은 열성
적 신도들의 노력에 의해 한 가족 내지는 친족 집단들이 모두 함께 천주교에
입교하고 있는 사례를 우리는 다수 발견할 수 있다. 그리고 온 마을 전체가
천주교에 집단으로 입교한 사례도 나타나고 있다.[35] 그리하여 천주교 신앙
은 짧은 시간 안에 전국적으로 확산되어 가고 있었다. 그러나 천주교에 대한
탄압이 강행되는 과정에서 천주교로의 집단 개종은 저지될 수밖에 없었다.
그리고 신도들은 1790년대 후반기 이래로 '교우촌教友村'으로 불리는 신앙
취락을 형성하기도 했다.[36] 그들은 이곳에서 신앙을 매개로 하여 상호 결속
을 다지고, 두레공동체적 풍습을 살려서 새로운 생활공동체를 이루고 있었
다. 그리고 신도들은 자신의 신앙을 유지하기 위하여 지하조직 내지는 비밀
결사적 조직을 구성해나가기 시작했다. 당시 신도들의 단체였던 명도회明道
會는 점조직적 특성을 드러내고 있었다.[37] 그리고 정부 당국자들이 '사당死

---

34) 한국교회사연구소 편, 1982, 「장주교윤시제우서」『순교자와 증거자들』, 한국교회사연
구소, 167쪽.
35) 달레, 앞의 책, 상, 365쪽.
36) 교우촌 형성의 직접적 계기는 1791년 신유교난(辛亥敎難)을 들 수 있을 것이다. 이 교
난 이후 경기와 내포지방에서 자행된 탄압의 과정에서 일부 신도들은 자신의 향리를 떠
나서 교우촌을 형성하게 되었을 것으로 추정된다. 1801년 교난의 당시 황사영(黃嗣永)
이 피신했던 배론도 이렇게 확산된 신도 거주지의 하나였을 것이다.

黨', '혈당血黨' 등으로 부르던 신도 집단도 비밀결사적 성격을 드러내는 것이
었다.38)

우리는 당시의 이러한 전파 양상과 그 신조의 내용을 감안할 때 이를 '민
중종교운동'으로 규정할 수 있을 것이다. '민중종교운동'이란, "사회의 중심
적 가치체계가 사회의 내적 요인이나 외적 상황에 의해 손상됨으로서 사회
가 불균형 상태에 빠지게 될 때, 자신들의 삶을 조직화 시킬 수 있는 능력을
상실한 사람들이 카리스마적 지도자를 중심으로 하여 기존의 가치를 부분적
으로나 전면적으로 재구성하고자 시도하는 사회운동의 하나"이다.39)

한편, 당시 신도들이 가지고 있던 믿음의 핵심은 유일신 하느님[天主]에 대
한 신앙이었다. 그들은 하느님을 '창조주 천주'로 인식했고 '대군대부大君大
父'로 인식했다. 특히 그들이 주장했던 '대군대부론'은 당시 정부에서 천주교
를 '무부무군無父無君'으로 규정하고 공격하는 데 대한 대항 논리로 개발된
이론이었다. 이는 천주가 세상의 인군보다 높고 부모보다 더 존귀한 존재임
을 말하는 것이었다. 그러므로 이러한 천주에게는 세상의 군주에게보다도 더
큰 충성과 효도를 드려야 된다는 것을 그들은 주장했다. 즉 그들은 당시 사
회를 지배하고 있던 충효의 논리에 입각하여 천주를 신앙하고 있었으며, 이
를 가지고 자신의 신앙을 변호해보고자 했다. 그들은 충효라는 전통적 용어
를 구사하되 이를 변질시켜 천주에 대한 절대적 충효를 말함으로서 군부에
대한 충효를 상대화하고자 했던 것이다. 여기에서 우리는 전통적 충효의 개
념이 변질되어 가는 과정을 살펴볼 수 있으며, 조선 후기 천주교의 성행이라
는 종교현상에서도 조선인 자신의 고유한 가치체계나 세계관이 작용하고 있
음을 확인하게 되는 바이다.

요컨대, 조선 후기 천주교 신앙은 한문서학서를 통해 전파되기 시작했고,

---

37) 『推案及鞫案』, 「邪學罪人黃嗣永等推案」, 816쪽.
38) 조광, 1988, 앞의 책, 142쪽.
39) 노길명, 1984, 「한국신흥종교운동에 대한 기능론적 전망」 『집합행동론』(김영정 편),
    346쪽.

이의 한글 번역본을 통해 신앙의 확산이 가능했다. 특히 한글본 천주교 서적들은 천주교가 민인층에게 전파되는 데에 있어서 중요한 역할을 담당했다. 이러한 과정에서 민중종교운동으로서의 천주교 수용 현상이 광범하게 일어날 수 있었다. 당시의 신도들은 유일신 천주에 대한 신앙이라는 종교적으로 새로운 가르침과 전통적 충효관을 조화시켜 나갔다. 그리고 이를 통해서 전통적 충효관 자체의 변질을 시도했다. 이러한 데에서 우리는 서학 수용의 특징적 양상을 확인할 수 있게 된다.

4. 서학 사상의 사회적 기능

서학 즉, 천주교 신앙이 정부의 탄압에도 불구하고 조선 후기 사회에서 확산될 수 있었던 것은 당시 사회와 민인들에게 순기능을 발휘했던 측면이 있었기 때문이었다. 당시의 서학이 발휘하고 있었던 순기능으로는 서학사상이 변화된 사회상을 인정해주고 있음과 동시에 사회의 변화를 촉진시켜 준다는 점을 들 수 있다. 즉, 당시 사회에서는 신분제도의 문란과 함께 민인들의 의식수준이 향상되어 가던 과정에서 새로운 인간관과 평등성에 대한 자각이 강화되고 있었다. 천주교에서는 이러한 변화의 정당성을 교리를 통해서 설명해주고 있었으며, 또 다른 변화를 촉진시키고자 했다. 당시 서학을 수용했던 사람들이나 이를 탄압했던 정부 당국자들 모두 서학이 평등한 가르침임을 올바로 파악하고 있었다.[40] 천주교가 조선에 도입되던 당시부터 신도들은 천주교 신앙이 "크게 평등한 것으로서 여기에는 대인도 소인도 양반도 상놈도 없다"고 생각했으며,[41] "한 번 여기에 들어오면 양반과 상놈의 차이는 아무런 소용이 없게 되는 것"으로 말하고 있다.[42] 또한 당시의 지배층들도 "천

---

40) 『邪學懲義』, 125쪽.
41) 달레, 앞의 책, 상, 338쪽.

주교는 상하의 구분이 없고",[43] "일단 그 당에 들어가면 노비나 천인이라 하더라도 형제처럼 보며 그 신분의 차이를 인정하지 아니하니, 이것이 어리석은 백성들을 유혹하는 술수인 것이다"고 말한 바 있다.[44]

사실 1790년대에 세례를 받은 '유군명'과 같은 부유한 인물은 세례를 받은 직후에 자신이 소유하고 있던 사노비들을 해방시켜주는 일을 단행하기도 했다.[45] 또한 황일광黃日光과 같은 백정 출신 신도는 세례를 받은 이후 자신에게는 두 개의 천국이 있다며 성언하고 다녔다. 즉 첫 번째 천국이란 자신의 미천한 신분을 잘 알면서도 신도들이 자신을 형제로 맞아들여 주므로 바로 지상에서 천국을 누리는 것이라 했고, 두 번째 천국은 죽은 다음에 갈 곳이라고 말하였다.[46] 황일광과 같은 낮은 신분의 신도들에게 천주교 신앙은 종교적 복음으로서의 의미와 함께 사회적 복음(Social Gospel)으로서의 역할을 하고 있었던 것이다.

바로 이러한 측면 때문에 천주교 신도들은 자신의 신앙에 대해 강한 자부심을 가지고 있었다. 예를 들면 중인 출신의 가난한 신도였던 최필공(崔必恭, 1745~1801)은 "유식한 사람들은 당연히 천주교를 신앙하게 될 것이며, 상한 가운데에서 조금이라도 지각이 있는 사람은 이를 신봉하리라"고 말한 바 있다.[47] 그리고 다른 상당수의 신도들도 자신의 신앙에 대해 큰 자부심을 가지고 있었고 이를 정학이라고까지 주장하기도 했다. 반면에 정부 당국자들은 서학에서 주장되는 이러한 측면에 심각한 위기의식을 느끼고 있었다. 조선 정부는 서학도들이 주장하고 실천하던 신분제적 질서의 포기란 곧 그에 기초한 국가의 위기로 인식하였기 때문에 서학에 대한 탄압을 강행해 나가게

---

42) 달레, 앞의 책, 중, 127쪽.
43) 『邪學懲義』, 259쪽.
44) 洪時濟, 『訥菴記略』, 12a.
45) 달레, 앞의 책, 상, 139~140쪽.
46) 달레, 앞의 책, 상, 473쪽.
47) 『推案及鞫案』, 「邪學罪人李家煥等推案」, 28쪽.

되었다. 그러나 서학이 수용되던 직후부터 서학의 성행은 일종의 '시운時運'으로까지 인식되고 있었다.[48] 그리고 1860년대 초 서학에 반대하여 동학을 창도했던 최제우崔濟愚도 서학이 자신의 동학과 같이 성할 수밖에 없는 운세를 타고났다고 본 바 있다.[49] 이러한 과정에서 서학에 대한 정부의 경계는 더욱 강화될 수밖에 없었다.

천주교 신도들이 이와 같은 새로운 신분관을 가질 수 있었던 것은 그들이 학습했던 교리서들과 일정한 관계가 있었다. 그들은 창조주 천주에 대한 인식과 더불어 피조된 인간 존재에 대한 인식을 갖게 되었다. 그리고 인간이 천주의 모상에 따라 창조된 고귀한 존재라는 가르침에 접했고, 종교적 측면에서 이러한 인간은 상호 평등할 수밖에 없는 존재로 규정하게 되었다. 또한 1864년에 목판으로 간행되어 널리 읽혀지고 있던 한글 교리서인『신명초행神命初行』에서는 사람이 사람을 사랑해야 될 까닭으로 고귀한 신분이나 재산, 뛰어난 학식이나 재주, 그리고 빼어난 미모 때문이 아니라 "사람은 사람으로서의 위位가 있기 때문에" 즉, 사람은 인격적 존재이기 때문에 사랑해야 한다고 설명한 바 있다.[50] 여기에서 드러나는 바와 같이 박해시대의 신도들은 인간 존엄성과 인격의 존재에 대한 새로운 가르침을 한글로 쓰인 교리서들을 통해 배우고 있었다. 그리고 그들은 이 존엄한 인간에게는 '마음법' 즉, 양심법이 있으며, 이 마음법은 천주가 직접 인간에게 부여해준 것이므로 결코 침해될 수 없는 것임을 주장하기도 했다. 이와 같은 가르침과 관련하여 그들은 사회적 평등을 실천해 나가고자 했다.

한편 당시의 신도들은 가부장적 가족주의 질서에 대한 도전을 시도하고 있었다. 이는 전통적 효도의 개념에 대한 수정을 통해서 드러나기도 하며, 가정 내지는 사회에서 여성들의 위치를 새롭게 설정하려는 노력과도 관련하

---

48)『推案及鞫案』,「邪學罪人姜彝天等推案」313쪽. "西學一款, 關係時運矣"
49) 崔濟愚,『東經大全』,「論學文」.
50)『신명초행』, 21쪽.

여 나타난다. 그들은 '충효일맥의 교화'가 논의되며, 특히 효의 가치가 거의 절대적인 것으로 강조되고 있던 상황에서 대부인 천주를 제시함으로써 부모에 대한 효도를 상대화시켰다. 또한 효심의 자연스러운 표현으로 인식하고 있었던 조상에 대한 제사를 거부하고 이를 범죄시함으로써 양반층으로부터 강한 반발을 사기도 했다.[51] 그리고 우리는 정약종과 같은 당시의 대표적 신도의 일기에서 이른바 '열두자 흉언十二字 凶言'으로 불리던 말마디가 나왔을 때 당시의 지배층들이 느꼈던 당혹감과 위기의식은 충분히 짐작할 수가 있을 것이다. 이 흉언이란 "나라에는 큰 원수가 있으니 임금이요, 집에도 큰 원수가 있으니 부모이다"(國有大仇 君也 家有大仇 父也)라는 것으로[52] 당시인들은 이를 직접 입에 담는 것조차 꺼려할 정도였지만, 정약종은 이 말을 통해 군부로 상징되던 가부장적 질서 모두를 철저히 부인해보고자 했다.

한편 당시의 교리서에서는 남녀 간의 상호관계를 새롭게 규정해 주었다. 즉 종전에는 일반적으로 남존여비적 관념이 적용되고 있었다. 이러한 상황에서 남녀는 상하 수직적인 관계로 규정되었다. 그러나 19세기 중엽 신도들에게 읽히고 있었던 한글본 교리서인『성찰기략省察記略』과 같은 양심성찰서를 살펴보면 남녀는 상호 수평적 협조적 관계임을 강조하고 있었다.[53] 또한 엄격한 일부일처제의 준행을 요구하고 축첩을 금지했다.[54] 결혼 시에 여성의 동의를 필수적으로 요청했으며, 과부의 개가를 허용한 것 등은 당시 집권 양반층의 규범과는 상당히 다른 것이었다. 여기에서 정부 당국자들은 서학도들을 일종의 혼음 집단으로 매도하며 배격하기도 했다. 그러나 이러한 서학도들의 태도는 새로운 윤리관과 사회질서를 수립해나가던 과정의 일부였다.

이상에서 살펴본 바와 같이 조선 후기 사회에 있어서 서학도들은 성리학적 가치관과 그에 입각한 사회질서를 철저히 거부하고 있었다. 그들이 이와

---

51)『邪學懲義』, 94쪽.
52) 李基慶,『闢衛編』, 313쪽.
53)『성찰기략』, 14~15쪽.
54)『성찰기략』, 22~24쪽.

같은 '파행적' 행동을 단행할 수 있었던 것은 당시의 사회변화에 힘입은 바가 컸다고 생각한다. 즉, 그들의 '특이한' 행동이 감행될 수 있을 정도로 조선후기의 사회는 변화되어 가고 있었다. 이 새로운 인간관과 사회적 평등에 대한 인식은 이제 더 이상 파기되거나 양보될 수 있는 성격이 아니었다. 그리고 이제 그들은 이러한 행동의 당위성을 말하는 근거로 서학의 가르침을 원용하고 있었다. 이러한 상황에서 천주교의 가르침은 조선 후기 사회의 해체와 새로운 사회의 등장에 잠재적 기능을 발휘하고 있었다. 바로 여기에서 서학사상이 갖고 있는 사회적 의미를 확인하게 된다.

그러나 당시 왕조적 질서를 유지하고자 했던 정부 당국에서는 서학을 방치하지만은 아니했다. 그들은 서학도들을 '원국지도怨國之徒' 즉, '나라를 원망하는 무리'로 규정하고 이에 대한 탄압을 단행했다.[55] 또한 서학도들이 '세상의 변혁을 바라고 생각하는 사람[思慾變世者]'이라고 생각했다.[56] 그리고 서학도들은 외국과 몰래 통하여 선교사를 받아들이고, 더 나아가서는 외세를 끌어들일 수 있는 통외분자로서 내우외환을 조성하여 국가의 안위에 지장을 주는 위험한 세력으로 판단하게 되었다. 이 까닭에 100여 년간에 걸친 탄압의 과정에서 아무리 적게 잡아도 2,000명 이상의 신도들이 죽음을 강요당하게 되었다.

요컨대, 조선 후기의 천주교 신도들은 당시 사회의 변동과 천주교 서적들의 가르침을 통해 새로운 인간관과 사회관에 도달할 수 있었다. 이들은 인간 존엄성에 대한 인식을 터득하게 되었다. 그리고 인간을 인격적 존재로 이해하고 천주로부터 부여받은 불가침적 양심법을 가지고 있는 존재로 스스로를 확인했다. 그리고 그들은 가부장적 가족주의에 대한 도전을 시도하였다. 또한 이들은 여성과 남성의 관계를 수평적 관계로 전환시켜 나갔다. 이러한 이들의 서학 수용논리와 실천적 행동은 봉건사회의 해체와 새로운 사회의 형

---

55) 『推案及鞫案』, 「邪學罪人姜彝天等推案」, 23쪽.
56) 『邪學懲義』, 14쪽.

성을 동시에 추구하고 있었던 것으로 해석된다. 그러므로 체제보수적 입장에 서 있던 정부 당국자들이나 양반 지배층에서는 천주교에 대한 탄압을 강행 시켜 나가게 되었다. 그러나 당시 서학의 수용자들이 드러내고 있었던 이와 같은 특징들은 조선 후기 사회의 발전을 반영하는 일임과 동시에 또 다른 발전에 일정하게 기여하고 있었던 것으로 생각된다.

5. 맺음말

조선 후기 천주교 신앙의 수용은 성호좌파에 속하는 근기지방의 남인들이 중심이 되어 수용되기 시작했다. 그러나 천주교 신앙은 양반 지식층의 지적 호기심을 충족시키는 데에 머물지 아니하고 실천적 종교운동으로 전개되어 갔다. 이 과정에서 서학 수용의 주체는 중인 이하 일반 양인들로 부각되었다. 이러한 현상은 이미 1790년대부터 시작되었고 시간의 경과에 비례하여 더욱 강화되어 갔다. 그리하여 조선 후기 천주교 운동은 몰락한 양반을 포함하여 비특권적인 일반 민인들에 의해 주도되었다.

이들은 대체적으로 한글 교리서를 통해 천주교에 관한 지식을 얻을 수 있었으며, 이 교리서의 내용은 당시 성리학적 규범과는 상당한 차이를 드러내고 있는 것이었다. 그들은 이를 통해 인간 존엄성에 대한 지식을 얻을 수 있었으며, 인간의 사회적 평등을 논할 수 있는 준거를 마련하기도 했다. 그리고 실제로 그들은 평등을 실천하고 있었으며, 이러한 특성 때문에 천주교 신앙은 비특권적인 하층 민인들에게 더욱 강한 호소력을 갖게 되었다. 또한 당시의 천주교 신앙운동은 이 특징을 통해서 봉건사회의 해체와 새로운 사회의 형성에 잠재적 기능을 발휘하고 있었다.

그러나 이러한 천주교 신앙은 조선왕조의 성리학적 지도이념에는 배치되었고 조선왕조의 체제에 대한 도전으로까지 인식되었다. 그러므로 당시의 지배층에서는 이를 '사학'으로 규정하고 이에 대한 탄압을 강행했다. 그러나 이와 같은 탄압에도 불구하고 서학이 계속하여 전파될 수 있었던 것은 당시의 민인들이 던지는 의문에 그 나름대로 응답하고 대안을 제시해주는 기능이 있었기 때문이었다. 그렇지만 천주교 신앙이 조선후기 사회를 재편하고 그 발전을 위해 발휘하던 기능은 순기능적 측면만이 있었던 것은 결코 아니었다. 조선후기 서학도들이 가지고 있던 체제 부정의 논리는 조선왕조에 대한 직접적 거부로 나타나기도 했고, 이 경우에 있어서는 흔히 외세와의 결탁이 논의되기도 했다. 이러한 과정에서 천주교에 대한 집권층의 탄압은 그 정당성을 부분적으로나마 확보해 갈 수 있었다. 그렇다 하더라도 조선 후기의 서학 즉, 천주교 신앙의 수용과 실천을 그 수용자의 견지에서 관찰해 보면 거기에는 새로운 문화를 섭취하려는 진취적 자세가 있었으며, 그것은 새로운 사회를 형성하기 위한 민인들의 꿈이 내재되어 있던 역사현상이었다. 여기에서 우리는 서학 수용층이 드러내었던 특성과 그 서학 수용의 논리를 파악할 수 있게 된다.

Ⅱ. 조선후기의 교회와 국가

1. 머리말

조선왕조에서는 18세기 말엽에 이르러 새로운 사상운동이 일어나고 있었다. 이 사상운동의 결과로 천주교가 수용되었다.[1] 천주교가 수용될 당시 조선왕조에서는 성리학을 정학으로 인정하여 이를 국가의 지도이념으로 삼았다. 그리고 이 정학에 위배되는 사상 체제에 대해서는 규제하는 정책을 사용해 왔다. 따라서 조선왕조는 불교나 민간신앙 등을 이단사설로 규정하여 이에 대한 탄압을 자행하기도 했다. 여기에서 조선 성리학이 전통적으로 견지해오던 척사위정론적 입장을 확인할 수 있게 된다. 조선 성리학의 척사위정론은 이질적 사상을 배격하는 데에 널리 적용되었다. 그러므로 조선왕조에 새롭게 전래된 천주교 신앙도 이 척사위정론의 연장선상에서 조선 성리학으로부터 배척받게 되었다.

당시 조선에서는 일종의 정교일치적(Caesaro-papism) 상황이 전개되고 있었다. 정부 당국에서는 성리학적 가치관을 보존하는 최종 책임을 지고 있었고, 정부는 성리학을 신봉하는 왕실과 관료들에 의해서 운용되고 있었다. 사실 성리학은 당시 사회를 지배하는 이념이었으며, 집권층들은 이에 입각하여 신분제적 사회를 유지해 나가며 대민통제를 지속하고자 했다. 성리학은 그들의 통치철학이었고, 그들은 적어도 이론적으로는 조선에 성리학적 이상사회를 수립하려고 시도하고 있었다. 이러한 상황 아래에서 새롭게 수용된 천주교 신앙은 당시까지는 조선의 문화가 경험하지 못했던 전혀 이질적 사상이었다.

---

1) 조광, 1988, 『조선후기 천주교사 연구』, 고려대학교 민족문화연구소, 21~50쪽.

여기에서 정부 당국에서는 사상적으로는 성리학의 척사위정적 학문전통에 입각하여 천주교를 '사학'으로 규정해서 배격했다. 그리고 정치 사회적으로는 천주교도들을 조선왕조를 지탱해주는 신분제적 질서를 무너뜨리는 집단으로 규정하고 이에 대한 탄압을 가중시켜 갔다.

이 때문에 천주교회가 세워진 1784년 직후부터 천주교에 대한 탄압이 일어났다. 당시 조선왕조에서 천주교회와 국가의 관계를 단적으로 나타내주는 사례로는 천주교에 대한 정부의 박해를 들 수 있다. 그리고 이러한 대립 관계는 조선왕조에서 신앙의 자유가 실질적으로 주어진 1882년 이전까지 지속되고 있었다. 그러므로 본고에서는 1784년 교회 창설이후 신앙의 자유가 주어지던 1882년 사이의 조선후기 사회에 있어서 천주교와 정부의 상호 관계를 간략히 살펴보고자 한다.

한편, 조선후기 교회와 국가의 관계를 규명하기 위해서는 먼저 '교회' 및 '국가'의 개념을 확인해야 한다. 이 글에서 사용하는 '교회'라는 개념은 조선후기 천주교의 공식적 견해에 그치는 것이 아니라 주요 성직자나 지도적 신도들의 입장까지를 아우르는 말이다. 또한 '국가'라는 개념도 국왕의 명령이나 묘당 회의를 통해서 결집된 공식적 견해뿐만 아니라 지배층 인사들의 견해까지도 포함하는 개념이다. 왜냐하면 조선왕조라는 국가는 국왕을 정점으로 하는 왕조국가임과 동시에 성리학적 사족연합 국가로서의 성격을 가지고 있기 때문이다.

따라서 이 글에서는 먼저 교회가 가지고 있던 국가에 대한 인식을 알아보기 위해서 당시의 교회서적이나 신도들의 실천적 행동에서 드러나는 통치질서 및 국가 내지는 국왕에 대한 인식을 분석해 보고자 한다. 그리고 이에 이어서 국가의 교회에 대한 인식을 확인하기 위해서는 국가나 지배층들이 가지고 있던 천주교 신조에 대한 견해 및 신도들의 행동에 대한 입장을 정리해 보고자 한다. 한편, 교회와 국가의 관계는 국가의 천주교 전파에 대한 대책을 통해서 확인될 수 있다. 즉, 국가는 천주교의 성행에 대한 대책으로서 전통질서를 강화하려 했고, 천주교에 대한 금지정책을 확실히 하고자 했다. 이와 같은 문제에 대한 개략적인 검토를 통해서 조선후기 교회와 국가 간의 상호 관계는 규명될 수 있을 것으로 생각된다.

조선왕조 사회에서 전개된 정부 당국과 천주교와의 관계에 대해서는 이미 천주교에 대한 조선왕조의 박해에 관해서 연구된 기존의 논문을 통해서 간접적으로 제시되어 왔다. 그리고 이 양자의 관계를 직접 규명하고자 했던 기존의 연구도 없었던 것은 아니다.[2] 그러므로 여기에서는 이러한 기존의 연구업적에 기초하여 조선후기 교회와 국가의 관계를 밝혀보고자 한다. 조선후기 교회와 국가 간의 관계를 밝혀보려는 이 연구는 조선후기 교회사의 이해를 위해서 뿐만 아니라 당시 사회의 특성을 이해하는 데에도 부분적으로나마 도움이 될 수 있을 것으로 생각된다. 그러나 이 글에서는 조선후기 당시 교회와 국가 간의 상호관계에 대한 대체적인 흐름만을 제시하고자 했다. 따라서 본고의 내용 가운데 미진한 부분들에 관해서는 그에 관한 기존의 교회사적 연구성과를 참고해야 할 것이다.

2. 교회의 국가에 대한 인식

2-1. 천주교 서적에 나타난 국가 인식

조선후기 교회와 국가와의 관계를 이해하기 위해서는 당시 교회에서 읽혀지고 있던 천주교 서적 즉, 서학서 가운데 사회윤리 내지는 국가와 백성에

---

2) 조광, 1978,「신유박해의 성격」『민족문화연구』13, 고려대 민족문화연구소, 63~87쪽 ; 최석우, 1982,「한국교회사에 나타난 교회와 국가」『한국교회사의 탐구』, 한국교회사 연구소.

관해서 언급하고 있는 자료들을 주목할 수 있다. 이 서학서에서 제시하고 있는 국가나 지배 권력에 대한 견해들을 통해서 우리는 당시 교회가 생각하고 있었던 그 전형적인 개념들을 추출할 수 있을 것이다. 물론 이 전형적 개념들이 모두 신도들의 일상생활을 통해서 관철되고 있었다고 보기는 어려울 것이다. 그러나 이를 통해서 우리는 당시의 교회에서 신도들에게 요구하고 있었던 국가 내지는 권력에 대한 가르침을 확인할 수 있다.

그런데 당시 교회에서는 국가와 신앙을 구별하고 국가의 권위를 존중해야 함을 가르치고 있었다.[3] 당시 교회가 국가와의 관계를 설정하는 데에 기초했던 이론적 근거는 '가이사의 것은 가이사에게로'라는 성서 구절이었다. 그리고 국왕에 대한 충성과 존경을 강조하고 있었다. 즉, 국왕의 명령은 천주의 명령임을 말하면서, 국왕은 백성의 이익을 위해 일하는 존재이기 때문에 백성들은 국왕을 두려워하고 사랑하고 공경하고 기도하고 그 명령을 받들고 조세를 바쳐야 한다고 설명했다. 백성이 국왕을 두려워해야 하는 까닭은 악인에게 형벌을 집행하기 때문이며, 국왕이 백성을 부모처럼 돌보므로 국왕을 사랑해야 한다고 보았다. 또한 국왕은 지위가 탁월하기 때문에 존경받아야 되며, 국왕의 강녕은 국가의 강녕과 직결되므로 그 건강을 빌어야 하고, 나라의 우환을 방비하는 데에 필요하므로 조세를 바쳐야 한다고 설명했다.[4]

---

3) 조광, 1997, 「조선후기 서학서의 인간관계에 대한 이해」 『광산구중서박사화갑기념논문집』, 태학사, 71~101쪽.

4) 『성경직히』, 「강림후22쥬일」 7, 107쪽 ab. "세살의 거슨 세 살의게 드릴거시오: 셩교회에셔 국인을 엄히 명ᄒ야 나라희 밧치ᄂ거슬 이즈러치지 말나 ᄒ고 셩경에 국인의 본분을 널ᄋ 니 긔록ᄒᆷ을 의지ᄒ야 대개 닐ᄋᄂ니 신하와 빅셩이 국쥬의게 가히 무서워 홀거시오 ᄉ랑홀거시오 공경홀거시오 더를 위ᄒ야 빌거시오 그 명령을 밧들거시오 그 부셰를 밧칠거시니 그 무서워 ᄒᆷ은 형벌을 지어 악인을 벌ᄒᄂ 연고ㅣ오 그 ᄉ랑 ᄒᆷ은 빅셩을 보호ᄒᆷ을 아비ᄀᆺ치 ᄒ고 품음을 어미ᄀᆺ치 ᄒᄂ 연고ㅣ오 그 공경ᄒᆷ은 놉혼 위 나라 모든 사ᄅᆷ에셔 탁월ᄒᆫ연고ㅣ오 텬쥬끠 그 싱명을 느려주쇼셔 빎은 님금의 강녕ᄒᆷ이 온 나라희 강녕ᄒᆷ인 연고ㅣ오 그 명령을 복종ᄒᆷ은 그 명령이 텬쥬의 명령인 연고ㅣ오 부셰를 밧침은 곡식으로써 님금의 귀ᄒᆫ 몸을 공양ᄒ고 지물노써 나라히 환을 방비ᄒᄂ 연고ㅣ니 국인이 이 여섯가지 션을 ᄀ초면 반ᄃᆞ시 텬쥬의 ᄆᆞ음을 깃거ᄒ시게

그런데 백성들에게 국왕에 대한 충성을 요구하면서 당시의 교회가 제시하고 있는 국왕의 상이 전형적인 현군명주賢君名主의 행동이었다는 점이다. 교회는 국왕의 행동이 정당한 것을 전제로 하여 백성들에게 국왕과 그 권위에 대한 순종을 유도하면서, 정당한 권위에 대한 순종을 말하고 있다. 그러나 여기에서는 폭군에 대한 방벌론放伐論의 입장은 전혀 드러나지 않고 있었다. 오히려 당시의 교회에서는 "국왕이나 관장을 원망하거나 한하거나 훼방하기를" 성찰해야 한다고 했다.5) 이와 같이 국왕에 대한 순종만을 강조하고 있던 것은 천주교 신앙에 대해 무부무군無父無君이라고 비난하던 상황에서6) 국왕 내지는 국가와 교회의 관계를 분명히 하고, 교회가 국가를 위해서도 유익한 존재임을 확인시켜 주려던 시도였다고 볼 수 있다.

　이 시도의 일환으로 당시의 교회에서는 백성들이 국왕과 관리들을 위해 기도해야 함을 강조했다. 그리고 『텬쥬셩교공과天主聖教功課』에서도 국왕과 관장을 위한 기도가 수록되어 있다.7) 이로 인해 신도들은 동국의 태평을 기원하고, '조정의 안녕과 백성의 순화와 그른 무리들의 제거'를 기원해야 했다.8) 그리고 당시 매주 읽혀지고 있었던 『셩경직히聖經直解』에서는 수차에 걸쳐서 국왕과 국가의 태평함을 위한 기도를 수록하고 있었다. 이는 대략 연간 5회에 걸쳐 즉, 10주마다 일회씩 공식 기도를 통해서 국왕과 국가를 위한 기도를 봉독하고 있었음을 뜻한다.9) 당시 교회는 이와 같은 정례적인 기도

　　호리라"

5) 안 안또니, 1864, 『셩찰긔략』, 「사계」, 20쪽 a. "국왕이나 관쟝을 혼호거나 원망호거나 훼방호기롤 (성찰한다)"

6) 李鳴煥, 『闢異淵源錄』, 筆寫本 不分面, "無父無君之害 殆甚於佛老楊墨"

7) 『텬쥬셩교공과』, 「칠긔구」 2, 12쪽 b. "국왕과 관쟝을 위호야 쥬끠 비느니 스방이 평안호고 오곡이 풍셩케 호쇼셔"

8) 『텬쥬셩교공과』, 「셩요셉찬미경」 3, 44쪽 a. "량선과 화목의 표양이신 요셉이여 비느니 쳔쥬끠 젼달호샤 동국이 태평안년호야 죠뎡이 안녕호고 빅셩이 슌화호야 모든 그른 무리롤 훗허 업시호쇼셔'

9) 민아오스딩 감준, 1897, 『셩경직히』, 「쟝림뎨삼쥬일」 1, 43쪽 a에는 當務之求로 '본국 님금을 위흠이라'고 되어 있고, 권2, 17쪽 a, 「삼왕릭죠후1쥬일」의 當務之求로는 '국

외에도 모든 주일과 축일에 국가와 국왕과 관장들을 위한 기도를 권장하고 있었다.[10]

당시의 교회에서는 국가의 '옳은 법'을 지켜야 한다고 말했다. 이는 천주교 신앙이 탄압받던 상황에서 신앙을 금지하는 것과 같은 악법은 지킬 필요가 없음을 전제한 말이었다.[11] 또한 천주십계의 제 4계에서는 조세를 포탈하거나 거부하는 것을 금지했다.[12] 제 7계에 관한 설명에서도 '왕에 대한 조세나 구실을 바치지 아니하기를' 경계하면서 신민된 도리를 강조해 주었다.[13] 이와 동시에 '동내 구실이나 추렴을 공평하게 정하지 않는 사실'도 성찰해야 함을 밝히면서 '동내의 구실이나 추렴을 면하거나 감액받기 위해서 속이거나 악을 쓰기를' 금지했던 것이다.[14] 또한 어거스틴(Augustin, 354~430)의 말을 인용하면서 "육신의 왕인 임금을 위해서는 조세의 의무를 다해야 한다"고 말했다.[15] 여기에서 볼 수 있는 바와 같이 당시의 한글 서학서에서는 조세를 바칠 의무와 함께 정당한 조세를 부과해야 할 의무를 함께 설명하고 있는 것이다.

가 태평홈을 위홈이라'고 되어 있다. 「부활후오쥬일」 5, 73쪽 b에는 '본국이 태평홈을 위홈이라'고 나와 있다. 「강림후이부」 5, 106쪽 a에는 '국가의 태평홈을 위홈이라'고 되어 있다. 「강림후14주일」 7, 50쪽 a에도 '본국의 태평홈을 위홈이라'고 되어 있다.

10) 『성경직히』, 「봉직견三쥬일」 2, 77쪽 a. "쥬일과 모든 쳠례날을 마주거든 셩당에 나아가 공이 미사를 참예ᄒ며 도리를 듯고 텬주끠 나를 도라보심과 국가를 모호ᄒ심과 님금을 도으심과 관쟝을 평안케 ᄒ심과 빅셩의게 강복ᄒ시기를 구ᄒ라"

11) 안 안또니, 1864, 『셩찰긔략』, 「사계」, 20쪽 a. "나라희 오른 법을 직히지 아니ᄒ기를 (셩찰한다)"

12) 안 안또니, 1864, 『셩찰긔략』, 「사계」, 20쪽 a. "맛당이 밧칠 구실을 속이기를 (셩찰한다)"

13) 안 안또니, 1864, 『셩찰긔략』, 「칠계」, 34쪽 a. "왕셰나 구실을 밧치지 아니ᄒ기를 (셩찰한다)"

14) 안 안또니, 1864, 『셩찰긔략』, 「칠계」, 37쪽 a. "동늬 구실이나 츄렴을 공변되이 뎡ᄒ지 아니ᄒ기를, 동늬 구실이나 츄렴에 면ᄒ거나 감ᄒ기로 속이거나 악을 쓰기를 (셩찰한다)"

15) 『성경직히』, 「강림후22쥬일」 7, 107쪽 b. "아오스딩 셩인이 굴아딕 셰샹 님금은 육신의 왕이라 량식을 밧ᄂ거슨 육신의 부셰니국인이 드려야 그 본분을 다ᄒ다 홀거시오 텬쥬ᄂ 령신의 왕이라 령신의 스랑을 밧ᄂ거슨 령신의 부셰니 사룸이 밧들어 드려야 그 본분을 치온다 ᄒ리라"

　　요컨대, 조선후기 천주교 서적에서는 신도들에게 국가와 국왕에 대한 충성을 말했고 국왕이나 관장을 위한 기도를 요청하고 있었다. 그리고 당시의 서적에서는 신도들이 국가에 대한 조세를 납부해야 함을 역설하고 있었다. 당시의 서학서에서 이처럼 국가와 국왕과의 관계에 관해 자세한 설명을 시도했던 까닭은 자신의 신앙이 반국가적 사상이 아님을 설명하려 했던 까닭이었다. 이는 당시의 교회가 기존의 사회체제 안에 공존하고자 하던 노력의 표현이기도 했다. 그러나 그들은 국왕이나 관장이 백성과 맺고 있는 관계를 상명하복 일변도의 관계로 생각했던 것은 아니며 지배자는 백성에 대해 선정을 행하고 조세를 공평하게 집행해야 되는 존재로 묘사했던 것이다. 즉, 당시의 한글 서학서에서는 백성의 충성과 함께 지배자의 의무를 동시에 설명함으로써 이 양자 관계를 쌍무적 관계로 파악하고 있었다. 여기에서 조선후기 당시 교회가 가지고 있었던 국가에 대한 인식의 정형을 확인할 수 있게 된다.

2-2. 실천적 행동에 나타난 국가 인식

　　조선후기 천주교서적에서 나타나는 국가에 대한 가르침이 국가와 교회의 관계에 관한 이상형을 제시한 것이라면, 이러한 가르침이 신도들의 일상생활에는 어떻게 작용하고 있었나를 검토해 보고자 한다. 당시 신도들은 국가 및 국왕의 존재와 권위를 상대화시키고 있었으며, 정부에서 제시하고 있었던 통치 질서에 대해서도 이의를 제기했다. 그리고 전통적인 유교 윤리를 부정하고 새로운 그리스도교적 윤리를 제시했다. 신도들의 실천적 행동에서 드러나는 이러한 특성들 때문에 당시 국가의 지배층은 천주교를 배격할 수 있는 근거를 확보하게 되었다.

　　우선 조선후기의 천주교도들이 가지고 있었던 국가와 국왕에 대한 태도를 검토해 보면 그들은 일반적으로 국가와 국왕에 대해서 충성을 강조하고 있었다. 당시의 천주교에서도 '충군애군忠君愛君'을 가르쳤고, 천주교는 국가의 평안무사와 오곡의 풍요와 세상의 평화를 위해서 기도하고 있었다.[16] 그러나 그들이 인식하고 있었던 국왕에 대한 충성은 어디까지나 상대적인 것이었다. 그들은 천주교 교리에 따라서 천주의 능력과 권위가 국왕의 그것보다 월등함을 내세우고 있었다. 즉, "천주는 우주의 대왕이시며, 모든 인류의 아버지이니 우리는 그분을 만물 위에 공경해야 합니다. 임금과 관장과 부모는 그 다음으로 공경해야 합니다"[17]라는 표현에서 우리는 당시의 신도들이 가지고 있었던 국왕에 대한 상대적 관념의 일부를 확인할 수 있다.

그들은 국가나 국왕보다도 천주를 더욱 높일 수 있었으므로 천주교를 금지하는 국가의 명령을 거부하면서 자신의 신앙을 실천해 나갔다. 그리고 경우에 따라서는 조정에 대한 정면 도전도 가능했던 것이다. 이러한 예를 우리는 황사영의 경우를 통해서 확인할 수 있다. 그는 "천주교가 백성과 국가에 해가 되지 않는다고 스스로 생각했지만, 조정 내지는 정부에서 이를 금지하고자 하므로 서학을 힘써 부양하기 위한" 계책을 마련해 보고자 했었다.[18] 황사영 이외의 그 밖의 신도들도 정도의 차이는 있지만 천주교를 금하는 국가 내지는 왕의 명령에 대해 원망하고 있었다.

또한 신도들은 '마음이 법' 즉, 양심법을 강조함으로써 국가에서 제정한 실정법을 상대화하는 작업을 하고 있었다. 물론 당시의 교회에서도 '나라의 옳은 법은 지켜야 한다'고 강조했다.[19] 이와 함께 천주교 윤리의 기초가 되

---

16) 『推案及鞫案』, 「邪學罪人金鑢等推案」, 416쪽. "周文謨供曰...西敎之道理 敎人忠君愛君....(矣身) 方與諸奉敎人 每日誠切祈求 西敎願國家之平安無事 五穀豊饒 四海寧靖"
17) 달레, 최석우·안응렬 역주, 1980, 『한국천주교회사』, 상, 한국교회사연구소, 175쪽.
18) 『推案及鞫案』, 「邪學罪人黃嗣永等推案」, 733쪽. "黃嗣永供曰 矣身則自以爲不害於民國 而朝家必慾禁絶 故矣身以力扶西學之意 作此計矣" 여기에서 황사영은 '國家' 내지는 '민·국'과 '朝家'를 구분하여 조정의 서학 탄압에 대한 대책으로 帛書를 작성했음을 말하고 있다. 국가와 조정을 구분하고자 했던 그의 견해는 상당히 발전된 정치사상을 나타내는 것이기도 하다. 그러나 그가 백서에서 제시했던 해결방안은 정당성을 갖기 어렵다.

는 '천주십계'는 "인류의 양심에 부처준 당연한 도리"이므로 이 양심법을 지
켜야 한다고 강조했다. 천주십계는 왕법보다도 더 소중한 것임을 말했다.20)
이러한 과정에서 그들은 충효라는 전통적 가치나 왕법보다는 천주교의 계명
이라는 새로운 가치가 있음을 주장했다. 그리고 그들은 자신에게 적용되는
왕법의 부당성을 제기함으로써 절대적 위치에 놓여있는 것으로 이해되던 왕
권의 상대화 작업을 전개하고 있었다.

한편, 당시의 신도들은 통치 질서에 반하는 견해들을 공공연히 제시하고
있었다. 조선왕조의 전통적인 통치구조는 세습적 국왕을 정점으로 하여 양반
관료들이 지배신분층을 이루고 있었다. 그들은 사실상 신분제에 입각하여 양
반들을 관료로 충원하고 있었고, 지배층은 대민통제의 방법으로 이단적 사상
에 대한 탄압을 당연시했다. 또한 그들은 민인들의 비밀결사를 분쇄하고자
적극 노력하고 있었으며, 가능한 한 민인들의 유리를 막아 그들을 통치권 내
에 안집하고자 했다. 이러한 일련의 통치 질서에 대해서 당시의 신도들은 의
문을 제기하고 저항했다.

이에 대한 구체적 예로서는 우선 천주교도들이 가지고 있던 통치 질서에
대한 견해 가운데 교황의 선출이라는 문제를 검토할 수 있다. 당시 교회에서
는 교황의 선출을 말함으로써 최고 통치자의 선출에 대한 연상이 가능하도
록 했다. 이 때문에 교황 선출제도를 당시의 지배층에서는 '더욱 극히 흉악
한 것[尤極凶惡]'으로 규정했다.21) 군주의 선출은 혈연에 의해 왕위를 세습하
던 조선왕조의 통치 질서와는 근본적으로 배치되는 관행이기 때문이었다.

또한 당시의 일부 신도들은 천주교가 성행하게 되면 교황이 주시자가 되
어서 신분에 구애됨이 없이 능력을 본위로 하여 '문진사文進士' 이외에도 '의

---

19) 안 안또니, 1864, 『성찰긔략』, 「사계」, 20쪽 a, "나라의 올혼 법을 직희지 아니ᄒ기를
    (성찰한다)"
20) 달레, 앞의 책, 상, 400쪽.
21) 『正祖實錄』卷33, 15年 10月 丙寅, 蔡濟恭筵奏. "其國俗 本無君長 擇於凡民中純
    陽者 立以爲君之 尤極凶惡"

진사醫進士', '도진사道進士' 등을 선발한다고 생각하기도 했다.[22] 이와 같은
발상은 조선왕조의 전통적인 관료충원 방식이나 신분제도를 부인하는 것이
었다. 한편 천주교에 대한 탄압이 강행되는 과정에서 신도들이 명도회明道會
와 같은 점조직적 비밀결사를 구성하여 활동하던 사실이 발각되었다. 그리고
적지 않은 신도들은 관의 통제를 벗어나기 위해서 자신이 살고 있던 향리를
떠나 산곡에 숨어드는 경우가 많았다. 그리고 일부 지역에서는 천주교 신자
들에 대한 탄압이 민중소요의 원인으로 작용하기도 했다.[23] 이러한 상황에
서 정부 당국에서는 천주교도들이 관의 통제를 벗어나서 산곡을 근거로 한
반란집단으로 성장할 가능성을 미연에 막아 보고자 노력하기도 했다.

당시 조선 정부는 성리학을 지도이념으로 삼고 있었고, 유교적 윤리 도덕
의 실천은 개인적 차원의 사상이나 윤리에 관한 문제가 아니라 곧 국가적 이
념이 개인과 사회의 차원에서 구현되어 가는 것을 뜻하고 있었다. 성리학적
왕조국가에 있어서 유교적 윤리는 곧, 국가적 사상을 뜻하는 것이었고 이를
보전해 나감은 국가의 사명이었다. 그러므로 유교적 윤리의 위배는 국가적
범죄의 차원에서 다루어지고 있었다. 그런데 성리학적 윤리가 가지고 있었던
가장 큰 특징은 상하분별의 엄격함을 들 수 있다. 위와 아래의 구분을 무너
뜨리는 행위는 강상죄로 다스렸고 군신君臣, 부자父子, 부부夫婦, 주종主從 간
의 관계에 대한 엄격한 차별규정은 조선왕조의 통치 질서를 유지하는 데에
있어서 대전제가 되고 있었다.[24]

이러한 상황에서 조선후기의 천주교 신도들은 정부와 지배층에서 존중하
던 유교적 윤리에 대해 정면으로 도전하고 있었다. 이미 살펴본 바와 같이
이 당시의 신도들은 국가 내지 국왕에 대한 충성에 동의하고 있었지만 그 충
성의 개념을 상대화시켜 나가고 있었다. 또한 그들은 조선왕조에서 존중하던

---

22) 『邪學懲義』, 249쪽. "觀儉謂矣身曰, 西學必慾大行於我國...設科取才云 故矣身問
　　主試者爲誰 則觀儉曰 西洋國敎化皇是如云"; 『推案及鞫案』, 「辛酉推案」, 535쪽.
23) 조광, 1988, 앞의 책, 134~142쪽.
24) 조광, 1996, 「18세기 전후 서울의 범죄상」『전농사론』2, 서울시립대학교 국사학과, 81쪽.

효의 가치도 상대화했다. 신도들은 부모에 대한 효도나 임금에 대한 충성의 참된 근원이 천주에 있음을 강조하고 인간에 대한 충효가 천주에 대한 대충대효大忠大孝를 능가할 수 없음을 강조하고 있었다. 즉, 신도들은 천주를 천지만물의 대왕일 뿐만 아니라 부모와 자신에게 생명을 부여한 더 높은 존재인 것으로 파악하고 있었고, 따라서 천주에게 대효를 드림이 마땅한 것으로 생각했다.[25]

그런데 조선 중기 이후부터는 공가의 윤리인 충보다는 사가의 윤리인 효가 더욱 강조되어 왔다. 이는 조선왕조 사회에 있어서 공가를 대변하던 군주권과 사가적 요소가 있는 관료권의 대결과정에서, 관료권을 추장하려던 사족층의 의도와 전혀 무관하지만은 아니했다. 그리고 죽은 조상에 대한 효도인 사사지효事死之孝가 살아있는 부모에 대한 효도인 사생지효事生之孝 못지 않게 강조되고 있었다. 이는 조선왕조가 가지고 있던 가족주의적 전통과도 관련되는 현상이었다. 조선왕조는 사사지효를 강조함으로써 공동조상을 받든다는 생각을 갖고자 했으며, 가족의 구성범위를 더욱 확대시킴으로써 사회적 위세를 유지하거나 강화할 수 있었다. 이처럼 조선후기의 사회적 여건에 의해 사사지효가 존중되던 관행은 사생지효를 강조했던 고려시대의 전통과도 다른 측면이 있었다.[26]

당시의 천주교 신도들은 이러한 문화풍토 아래에서도 효를 상대화시켜 나갔고, 양반 지배층의 신분적 상징(status symbol)이었으며, 효심의 자연스런 표현으로 인식되던 조상에 대한 제사를 거부하게 되었다. 이는 전통적인 문화풍토에 대한 정면 도전이었다. 그리고 '제사를 폐지하고 신주를 파괴하는' 폐제훼주廢祭毀主의 교회는 조선후기 사회와의 갈등을 심화시킬 수밖에 없었다. 조선 교회와 전통문화는 사생지효에 대해서는 별다른 차이가 없었으나 사사

---

25) 달레, 앞의 책, 상, 461쪽.
26) 조광, 1997, 「조선시대 윤리서에 나타난 孝」『한국에 있어 효사상의 성립과 전개』, 한국사상사학회, 90쪽.

지효에 대해서는 그 견해가 근본적으로 달랐다. 그러므로 당시 교회는 조상 제사를 금지시킬 수 있었고, 반면에 당시 가족주의적 전통이 강한 전근대 국가에서는 조상제사에 관한 문제를 국가적 차원의 문제로 생각하고 대처해 나가고자 했다.[27)]

조선왕조의 사족들이 가지고 있던 가부장제적 전통에서는 '남녀지별'男女之別이 강조되고 있었다. 이 '남녀지별'은 남녀간의 차이를 말하기보다는 그 사회적 차별을 논하는 근거로 제시되어 왔다. 그러나 당시의 교회에서는 남성과 여성의 관계에 있어서 가장 기본이 되는 부부윤리에 대해서도 성리학적 윤리관에서 강조하던 상하의 수직적 관계를 좌우의 수평적 관계로 전환시키고자 했다.[28)] 그리하여 부부간에 있어서 상호 의무를 강조했고, 축첩과 중혼을 금지시켜 남성 우위의 현상에 대해서 제동을 걸고자 했다.[29)] 당시 교회의 이러한 주장들은 '부부유별夫婦有別'이란 관념으로 집약되는 유교적 윤리와는 판연히 다른 것이었다.

한편, 조선왕조를 지탱해 주던 가장 중심적 사회제도는 신분제적 질서였다. 이러한 상황에서 일부 신도들은 천주교를 종교적 복음으로 이해했을 뿐아니라 일종의 사회적 복음(social Gospel)으로 이해하고 있었다. 그리하여 그들은 창조주 천주에 의해서 피조된 모든 인간을 평등한 존재로 생각하였고, 사람은 인품이나 덕행이나 재물 때문에 존중받는 것이 아니라 "사람으로서의 위격을 가지고 있고 천주의 창조를 받은 존재이기 때문에 사랑을 받아야 한다"고 역설했다.[30)] 초기교회의 신도들은 천주교에는 "대인도 소인도 없고 양반도 상놈도 없다"고 말하면서 사회적 평등성을 천주교의 가장 중요한 특

---

27)『正祖實錄』卷33, 15年 11月 己卯.
28) 안 안또니, 1864,『셩찰긔략』, 14쪽 b-15 b.
29) 안 안또니, 1864,『셩찰긔략』, 22쪽 a-24 b.
30)『신명초힝』하권, 64쪽 b-65 a. "쥬ㅣ 사룸을 내시고 본 모샹을 틱오시고 ᄌ식을 삼으심은 모든 이로 ᄒ여곰 쥬를 위하야 형뎨굿치 ᄉ랑ᄒ게 ᄒ심이니 인품과 지능과 덕힝을 ᄉ랑홀거시 아니라 가히 ᄉ랑ᄒ고 맛당이 공변되이 ᄉ랑홀거슨 오직 사룸된 위와 쥬의 내심이로다"

성으로 이해하고 있었다. 그리하여 1790년대에 세례를 받은 유군명과 같은 부유한 신도는 세례 직후 자신이 소유하고 있던 노비들을 해방시킬 수 있었고, 황일광과 같은 백정 출신 신도는 영세 이후 신도들로부터 받은 평등한 처우에 감동하여 이러한 현세를 '지상천국'으로 규정하기도 했다.[31]

박해시대의 교회에서는 인간의 존엄성을 올바르게 인식하고자 했다. 그리하여 당시 교회의 지도자들 가운데 한 사람은 그 사회를 비판하면서 말하기를 조선인들은 "인간의 본질을 정당하게 평가할 줄도 모르며, 오로지 인간의 존엄성과 가치를 세속적이며 외적인 영화와 부귀 공명에서 찾을 줄만 안다"고 지적했다.[32] 그리고 양반제도 자체에 대해서 통렬한 비판을 가하기도 했다. 우리는 이러한 사실을 최양업(崔良業, 1821~1861) 신부가 남긴 1857년 9월 14일자의 다음과 같은 편지를 통해 확인할 수 있다.[33]

"조선에서는 양반이라는 자들에 대한 여론이 대단히 부정적입니다. 건전한 정신을 가진 양반들까지 포함하여 모든 백성들이 양반계급의 독선, 오만, 횡포, 부도덕이 모든 사회악의 근원이고 백성들의 온갖 비참함의 원인임을 시인하면서 지겨워하고 있는 것이 현실입니다...조선 현재의 양반제도는 일부 양반에게 모든 권리를 인정해 주어서 그들 자신만을 위하여 남용할 수 있게 해주고, 그 반면에 일반 서민은 양반들의 온갖 부당한 횡포를 에누리 없이 완전히 당하도록 강요하는 제도입니다. 그리하여 교만한 양반들은 언제나 더욱 오만 방자해지도록 부추기고, 비참한 백성들은 언제나 더욱 비참해지도록 내리누르는 것이 조선의 사회구조입니다. 이러한 사회구조가 좋다고 말하는 사람도 있기는 있습니다. 그러나 그런 제도 하에서 형제의 우애와 애덕이란 것은 있을 수 없고, 천부적 인권은 완전히 무시됩니다. 오로지 양반 계급만 치켜세우고 양반 계급이 아닌 일반 서민은 마치 내버려진 자처럼 억압합니다. 그뿐 아니라 이러한 제도는 그리스도의 정신에도 위배됩니다. 그리스도께서는 말씀과 실천으로 항상 가난한 사람과 소외된 사람들의 편을 드시고 교만한 자와 권세있는 자에게 혹독하게 대하셨습니다...그런데 우리

---

31) 달레, 앞의 책, 상, 139~140쪽 ; 78쪽.
32) 최양업 저·정진석 역, 1995, 『최양업 신부 편지모음집·너는 주추 놓고 나는 세우고』, 바오로 딸, 112쪽.
33) 최양업, 1995, 앞의 책, 142~143쪽.

조선의 사회제도는 인도의 브라만 계급처럼 비합리적이고 고질적 제도로 구성되어 있지 아니합니다. 조선 사람들은 쉽사리 합리적인 순리를 수긍하고 이성과 정의의 바른 길을 잘 파악합니다. 만일 한 마음 한 뜻으로 백성에게 동일한 이론을 가르치고 계몽한다면 백성들은 쉽게 동의할 것입니다. 제가 실제로 계몽을 받아 정통한 자가 되지 않았습니까?"

최양업은 '인간의 존엄성'이나 '천부적 인권'에 대한 개념을 알고 있었고, 이에 입각하여 당시 조선사회의 신분제도가 그리스도의 가르침에 위배되는 것으로 비판했다. 이러한 비판 자체는 당시의 지배층에게 용납될 수 있는 성질의 것이 결코 아니었다.

요컨대, 조선왕조는 성리학을 지도이념으로 하고, 사회적 신분제에 기초한 왕조국가였다. 이러한 사회에서 성리학적 윤리도덕은 곧 국가적 덕목으로 강조되어 왔고 신분제 사회의 질서는 왕조를 지탱해 주는 뿌리로 인식되어 왔다. 즉, 성리학적 윤리도덕이나 사회신분제는 당시 국가와 불가분의 관계를 가지고 있었으므로 이에 대한 거부는 곧 국가에 대한 거부로 인식되기에 충분했다. 그러나 조선후기 신도들은 천주교 교리에 입각하여 당시 국가에서 가장 중요한 덕목으로 평가했던 충효를 상대화시켰으며, 기존하던 남성과 여성의 관계나 사회 신분제에 대해서 비판을 서슴지 않았다. 이러한 그들의 비판이 현실적으로는 국가 내지 국왕에 대한 도전으로 인식되었다. 이 때문에 당시의 교회는 국가로부터 배척받았고 탄압을 감수해야 했다.

3. 국가의 교회에 대한 인식

3-1. 천주교 신조에 대한 견해

조선 정부의 당국자들은 이미 왕조가 세워진 직후부터 성리학적 가치관 이외의 여타 사상에 대해서 반대하는 입장을 명백히 해왔다. 그리고 이러한 사상통제정책은 18세기 후반기에 이르러서도 지속되고 있었다. 따라서 그들은 전통적인 '벽이단척사학闢異端斥邪學'이나 '척사위정斥邪衛正'의 입장에서 천주교의 신조를 인식했고, 이를 일종의 이단사설이나 민중종교로 파악했다.

이와 같은 천주교 인식은 조선에 교회가 창설된 1784년 이전부터 신후담(愼後耼, 1702~1761) 등에 의해 제시된 것이었고, 18세기의 80~90년대에 이르러서도 안정복(安鼎福, 1712~1791)을 비롯한 일단의 관료적 지식인들에 의해 강조되었던 견해였다.[34] 이로써 이들은 성리학과 천주교신앙은 서로 양립될 수 없는 사상체계임을 분명히 했던 것이다.

이러한 상황에서 조선 정부 당국자들은 관료적 지식인들이 성리학적 입장에서 천주교를 비판하여 '이단사설'로 규정했던 견해를 받아들였던 것이다. 그리하여 그들은 천주교를 '사학'으로 규정했고[35] 이 '사학'이라는 용어를 통하여 우리는 당시 정부 당국의 천주교에 대한 부정적 인식을 확인할 수 있

---

34) 조선후기 성리학자들이 서학 내지는 천주교에 대해 異端邪說로 파악했던 사실에 관해서는 다음과 같은 연구성과가 참고된다.
   최동희, 1976, 『신후담·안정복의 서학비판에 관한 연구』, 고려대 대학원 철학과 박사학위논문.
   금장태, 1984, 『동서교섭과 한국근대사상』, 성균관대학교 출판부.
   이원순, 1986, 『조선서학사연구』, 일지사.
35) '邪學'이라는 용어는 당시 척사적 지식인들의 문집이나 각종 관찬기록들을 통해서 자주 찾아볼 수 있다. (『承政院日記』, 純祖 1年 2月 4日 ; 『日省錄』, 正祖 12年 8月 2日 ; 李基慶, 『闢衛編』, 70쪽, 「前假注書洪樂安上疏」)

는 것이다. 즉, 당시에는 천주교를 '이단사설'로 규정되어 오던 불교나 도교
혹은 제자백가諸子百家나 각종 민중 신앙과 같은 성격의 것으로 인식하였으
며, 이러한 이단의 폐해를 경계하던 것과 동일한 입장에서 천주교를 배격하
였다.36) 그리고 천주교에 대한 이러한 인식은 1784년 교회 창설 이후에도
정부 당국자들에 의해서 계속 강화되고 있었다.37)

한편, 『정감록비결鄭鑑錄秘訣』로 대표되는 당시의 도참설은 조선정부에 의
해 성리학적 가치체계를 부정하는 변혁사상의 하나로 평가되고 있었다. 그런
데 당시 정부의 관료들은 "참위讖緯와 천주 등의 사설은 본디 마땅히 금해야
할 첫 번째 조항 중에 들어간다"고38) 말함으로써 천주교와 참위를 같은 차
원의 것으로 파악하고 있었고 일부 천주교를 정감록과 동일한 요언을 일으
켰다고 비난했다.39) 이상의 자료를 통해 우리는 당시 지배층의 일부에서 천
주교를 정감록과 같은 민간신앙의 일종으로 파악하고 있었음을 확인할 수
있었다.

이처럼 민중종교의 하나로 인식되던 천주교는 그 종교운동을 실천해 나가
는 구체적 과정에서 성리학적 가치관과 정면으로 충돌했던 것이다. 이에 정
부 당국에서는 천주교를 전근대적 왕조질서를 지탱하는 양대 지주인 충과
효를 거부하는 무부무군의 사상으로 파악하게 되었다. 즉, 천주의 권위에 절
대적 가치를 두고 왕명과 부권을 상대화하는 천주교도의 행위는 왕과 부친
의 존재를 인정치 아니하는 것으로 파악했다.40) 그리하여 그들은 천주교 신

---

36) 柳夢寅,『於于野談』卷2,「西敎」"西敎…語多有理 而天堂地獄謂有…烏得免挾左
道惑世之罪也" ; 李瀷,『星湖先生全集』55「跋天主實義」: 27b. "其敬事畏信 則
佛氏之釋迦也 以天堂地獄 爲勸懲…其所以斥竺乾之敎者 至矣 猶未覺畢竟同歸
於幻妄也".

37)『純祖實錄』卷3, 元年 12月 甲子, "討逆頒敎文…(其道)談空說靈, 掇拾釋氏之糟
粕, 粧神幻鬼, 髣髴巫史之派流"

38)『日省錄』, 正宗 11年 9月 2日 丙寅, "讖緯與天主等邪說, 固當入於當禁之, 第一
條件"

39)『純祖實錄』卷2, 元年 3月 癸卯

40) 당시의 정부 당국자들이 천주교를 無父無君이라고 규정한데 대해서 신도들은 이에 대

앙을 "임금을 배반하고 어버이를 멸시하는 것"으로 규정하였으며,[41] 이 '무부무군'을 주장하던 것으로 간주된 천주교의 폐단을 불가佛家나 노자老子, 양자楊子, 묵적墨翟의 폐단보다 더 심한 것으로 파악했다.[42]

한편 정부 당국자들의 천주교에 대한 인식은 "재화를 통하고 여색을 통한다[通貨通色]"[43]라는 말을 통해서도 알 수 있다. 여기에서 말하는 통색은 정부 당국자들이 천주교를 일종의 혼음집단으로 파악하고 있었음을 뜻하며 정부 당국이 천주교도에게 대하여 가지고 있었던 '통색'이란 인식은 천주교의 전례 의식에 남녀의 차별을 두지 아니하고 함께 참여하는 현상이나, 여권에 대한 천주교의 긍정적 평가현상에 반대하여 초래된 것이었다. 또한 그들은 천주교에서 '통화'를 실천하고 있는 것으로 판단했다. '통화'는 자신의 재물을 함께 나누는 신도들의 자선행위에 근거하여 내린 판단이었다. 사실, 자선행위는 당시의 천주교가 드러내고 있던 특징 중의 하나였다. 우리는 초기의 기록에서 신도들의 자선행위에 관한 사례를 다수 찾아 볼 수 있다.[44] 이는 초기 교회신도들의 공동체적 생활을 반영한 것이기도 했다. 이 자선행위는 빈한한 사람들에게 입교의 동기를 제공해 주기도 했고, 그 중에는 입교한 다음에 이 경제적 욕구가 충족되지 못하자 교회를 떠난 인물도 있었다.[45] 이러한 사례를 살펴볼 때 '통화'로 천주교의 특성을 인식했던 것에는 일정한 근거가 있다고 할 수 있다. 그러나 이러한 신도들의 행위를 당시의 정부 당국자들은 부의 분배를 주장하는 천주교의 「과격한」 가르침과 관계되는 것으로 판단한 듯하다. 그러므로 그들은 신도들의 자선행위에 대해서도 위구심을 가지고

한 대항론리로 천주가 '大君大父'임을 주장하며, 대군대부에 대한 충효를 말하면서 군부에 대한 충효를 상대화했다. (조광, 1988, 앞의 책, 122~128쪽)

41) 『純祖實錄』 卷3, 元年 10月 庚午, "慢天侮聖 背君蔑父"

42) 李鳴煥, 『闢異淵源錄』, 不分面, "無父無君之害 殆甚於佛老楊墨"

43) 洪時濟, 『訥菴記略』, 12a, "邪徒法門 通貨通色 故孀女鰥夫及貧妻而不能自食者 皆樂赴焉"

44) 달레, 앞의 책, 중, 61쪽 ; 91~92쪽 ; 504쪽 참조.

45) 그 중 대표적 존재로는 김여삼(金汝三)을 들 수 있다. (달레, 앞의 책, 중, 435쪽)

'통화통색'이라는 말로써 이를 비난했던 것이다. 그리고 그들은 천주교 신도들을 효심의 자연스러운 표현인 조상제사와 같은 가족 윤리를 부인하고, 결혼제도와 같은 사회적 관습에도 도전하는 세력으로 간주했다.[46]

　그리하여 당시 정부 당국자들은 천주교에 대하여 가지고 있던 무부무군, 통화통색 등과 같은 인식의 연장선상에서, 천주교를 인간의 떳떳한 도리를 파괴하는 이적금수夷狄禽獸의 학설에 지나지 않으며[47] 따라서 조선에 천주교가 성행하게 되면, 이는 조선이 '이적금수'의 땅으로 전락함을 의미한다고 여겼다.[48] 그들은 천주교를 요술로 규정하기도 했다.[49] 이 요술은 조선왕조의 당국자들이 전혀 경험하지 못하였던 '서양요술'이었다.[50] 이에 그들은 '서양요술'인 천주교는 양묵楊墨의 이단보다 심각한 것으로 판단했으며,[51] 불교나 도교의 폐해보다도 심하며, 무격보다도 더 큰 문제를 야기할 것으로 생각했다.[52] 그들은 천주교 신앙을 사회의 변혁을 꾀하려는 사상의 하나로 인식하고 있었으며, 천주교 신조에서 제시되고 있는 변혁의 방향은 조선왕조의 통치질서에 정면으로 위배될 것으로 생각했다.[53] 그리고 천주교는 혹세무민하는 이단 가운데 가장 심각한 것이므로[54] "나라를 해치고 가문에 해를

---

46) 祭祀와 悖倫에 대해서는 조광의 글이 참고된다. (1988, 앞의 글, 5장 주90~99 / 5장 주109~111을 참조)

47) 『邪學懲義』, 162쪽, "近日沈惑邪書是白如 可始覺如夷狄禽獸之學"

48) 李基慶, 『闢衛編』, 275쪽, "東方禮義之邦 駸駸然 擧入於禽獸夷狄之域"

49) 『正祖實錄』 卷33, 15年 12月 壬寅, "斥呼邪學曰妖術"

50) 『正祖實錄』 卷43, 19年 7月 丙辰, "嗚呼西洋妖術之斁敗倫常"

51) 『正祖實錄』 卷26, 12年 8月 壬辰, "殆甚於楊墨之亂道"

52) 『純祖實錄』 卷2, 1年 正月 辛亥, "所謂邪學 自由生民以來 所未聞之妖術也 滅人紀 急於佛禍 褻天道 甚於巫覡"

53) 洪時濟, 『訥菴記略』, 5a, "邪學之術 其所爲說 出於釋氏餘套 又以經傳之語交飾之 欲以此易天下可乎" ; 달레, 앞의 책, 上, 308쪽. "저 외국 교리가 이치에 어긋나는 것 같지는 않지만 그래도 우리 유학은 아니다. 李檗이 그것으로써 세상을 변혁시키겠다고 하니, 내가 이대로 앉아 있을 수는 없다"

54) 『正祖實錄』 卷33, 15年 10月 丁巳, "天主學 則一悖理之外道 而惑世誣民之最甚者也"

끼칠[凶國禍家]" 위험한 사상55)이라는 결론을 내리게 되었던 것이다.

요컨대, 조선 후기의 정부 당국자들은 천주교가 불교의 일종일 것으로 생각하기도 했으며 도교나 도참과 관련되는 종교현상으로도 인식했다. 또한 그들은 천주교의 교리를 검토하거나 천주교도들의 행동에 근거하여 천주교를 '무부무군'의 사상이며 '통화통색'을 꾀하는 것으로 인식했다. 그리고 천주교는 정부 당국자들이 종전에 경험하지 못했던 요술의 일종으로 이해되기도 했다. 그리하여 정부 당국자들은 성리학적 가치체계의 보존과 이에 근거한 사회구조의 유지를 위해서는 천주교 신앙을 배격해야 될 것으로 생각했던 것이다. 여기에서 우리는 조선후기 사회에서 단행되었던 천주교 탄압의 가장 직접적인 원인을 찾아볼 수 있으며, 조선 후기의 천주교가 가지고 있던 사회 사상적 특성의 일단에 대해서도 간접적으로나마 파악할 수 있게 된다.

3-2. 천주교 신도에 대한 인식

1784년 조선에 교회가 세워진 이후 조선후기 사회에서 천주교는 광범하게 전파되어 나가고 있었다. 따라서 정부 당국자들은 천주교가 자기 운동의 원리를 가지고 급속히 전파되는 양상에 대해 위기의식을 가지게 되었다. 이로 인하여 정부 당국자들은 신도들의 행위를 면밀히 관찰하고 그 행위에서 확인되는 반사회적, 반국가적 요소들에 대해서 경계하게 되었다. 정부 당국에서는 천주교도들이 감행하고 있었던 신분파괴적·평등지향적 행위에 대해서 상당한 의구심을 가지고 있었다. 또한 신분이 상이한 신도들 사이의 강인한 결속 현상을 의아하게 생각했다. 그리하여 정부 당국에서는 천주교 신도 집단을 신분제적 질서에 기초한 봉건국가의 존속을 위협하는 존재로 인정해 갔다.

---

55) 『純祖實錄』卷2, 1年 二月 乙卯, "所謂邪學 必至於凶國禍家而後已"

우선, 정부 당국자들은 천주교의 급속한 유포현상에 주목함과 동시에 천주교도들에게 나타나고 있었던 특성에 관해서 관심을 갖게 되었다. 사실, 천주교 전파의 초창기에 있어서 천주교를 연구실천하고 있었던 인물들은 양반 출신의 청년재사青年才士들이었다. 이들은 신문화수용운동의 차원에서 천주교를 수용했고 교회의 주요 지도층을 형성하기도 했다.56)

조선왕조의 지배체제를 유지하는 관료로 충원될 수 있었던 일부 청년 지식층이 천주교에 투신하는 행위는 당시인들에게 상당한 위구심을 불러일으켰다. 그리하여 그들은 이 청년 지식인들의 움직임을 정치적 파당의 형성을 위한 시도의 일종으로 파악하기도 했다.57) 훗일 천주교에 입교한 이 청년재사들은 '사당'으로 지칭되기도 했고, 정부 당국자들은 이들이 당여黨與를 이룬 것으로 판단하고 이들에게 '혈당血黨', '사당死黨' 등의 존재를 추궁하기도 했다.58)

한편 1801년 신유박해 때의 경우 정부 당국자들은 천주교도들이 당여를 이루고 있었을 뿐만 아니라, 이들이 기존의 정권쟁탈 과정에서 탈락당한 폐번가인廢藩家人과도 접촉을 시도하여 상호 밀접히 결합되어 있다고 인식하였다. 즉, 1801년의 교난이 진행되던 과정에서 은언군恩彦君 인裀의 처 송씨와 그의 자부 신씨가 천주교에 관련된 사실이 밝혀졌다. 은언군은 그의 아들인 상계군常溪君 담湛의 모역사건에 연루되어 1786년 강화도에 유배되었던 인물이다. 그런데 이 '폐번가인'에게 천주교를 전파한 행위는 곧 새로운 파당을 형성한 천주교도들이 '폐번가인'과 연합전선을 형성하려했던 것으로 인식되었다. 그리고 이는 반왕조적 인물들이 성기상통聲氣相通, 맥락상관脈絡相關하려 한 경계할만한 사건으로 판단하게 되었다.59)

---

56) 조광, 1985, 「조선후기 천주교 지도층의 특성」『역사학보』 105, 역사학회, 65쪽.
57) 洪時濟, 『訥菴記略』, 12a, "當初權李說法時 其主意專在樹黨 有地處 有才智者 必設計引入"
58) 洪時濟, 앞의 책, 17b, "盖其嫉蔡黨如邪黨"
59) 『推案及鞫案』, 「邪學罪人金鑢等推案」, 414쪽. 辛酉 4月 1日 周文謨問招. "矣身

천주교 신앙은 그 전파 초기부터 양반 지배층에서 벗어나 일반 민인들에게로 확산되어 가고 있었다. 즉, 1786년을 전후하여 천주교 신앙은 양반이나 청년 지식인들뿐만 아니라 농부나 고공雇工을 비롯한 민인들에게까지 전파되어 갔다. 그리고 이러한 경향은 19세기 전반기 사회에서 더욱 심화되어 갔다. 그러므로 당시 정부 당국자들은 천주교도의 대부분을 「촌사람」, 「우매한 사람」, 「지각없는 촌부」, 「우매한 아녀자」 등으로 파악하고 있었다.

그러나 이때의 천주교는 '민중'들만의 종교에 그쳤던 것은 아니었다. 이미 앞서 살펴본 바와 같이 거기에는 총명하고 재주 있는 선비들이 파당을 이루어 모이고 있었다. 또한 그들은 모역사건에 연루되었었던 일부 왕족과도 연결되어 있었다. 천주교는 이미 신분의 차이를 뛰어넘어 새로운 신앙공동체를 이루고 있었다. 이러한 신도들의 상황에 대해서 정부 당국자들은 "고족폐얼錮族廢孽이나 나라를 원망하고 뜻을 잃은 무리들을 얽어 모으고, 명성과 세력을 빙자하여 파당을 지었고, 시정의 잡배나 농부, 창녀들의 무리를 불러 모아 명분을 뒤섞고 풍속과 교화를 문란시켰다"고 지적했다.[60]

당시의 정부 당국자들이 천주교도들에 의해서 형성된 '도당'에 대해 더욱 위기의식을 갖게 된 것은 신도들에게서 드러나는 '확신범確信犯'다운 특성과 굳건한 결속력 때문이었다. 신도들은 자신들의 신앙을 정학으로 주장하거나 대공지정한 가르침으로 확신했다.[61] 뿐만 아니라 신도들은 "유학을 (도리어) 이단이라 하고…사설을 빌어서 유학에 힘써 항거하는 무리"[62]로 인식되었으며, 자신의 신앙을 정도로 생각하여 죽음까지도 불사하려는 집단으로 알려지고 있었다.

即多有血黨 且接廢藩之宮 則廢藩綱繆之狀 灼然可知 其怨國之徒 亦必與之 聲氣相通 脈絡相關"

60) 李基慶, 『闢衛編』 「討逆頒敎文」, 60쪽 a, "糾結錮族廢孽 怨國失志之輩 藉勢聲勢 而植黨 嘯聚市井駔僧農夫紅女之流 混名分而黷風敎"

61) 『推案及鞫案』, 「邪學罪人黃嗣永等推案」, 727쪽 ; 「邪學罪人李家煥等推案」, 49쪽.

62) 李晩采, 『闢衛編』 「洪注書上蔡左相書」, 2 : 13a, 13b. "盖彼輩 則指吾道爲異端…況彼假托邪說 力抗吾道 仇視先王之制禮 甘心凶悖之擧措者"

신도들은 자신의 신앙에 대해서 대단한 자부심을 가졌고, "유식한 사람들이나 상놈들 가운데 조금이라도 지각이 있는 사람이라면 당연히 천주교를 신봉할 것이다"라고 생각했다.[63] 그러나 정부 당국자들은 천주교 신도들이 실천하고 있었던 바를 조선왕조의 사회질서를 파괴하는 행동으로 간주했다. 또한 정부 당국에서는 천주교 신도들의 강인한 결속력을 두려워했다. 그러므로 관료들은 "비록 부자 형제라 하더라도 천주교에 들어오지 아니하면 곧 원수로 여기고 동서남북의 사람들이 일단 천주교에 입교하면 곧 골육과 같이 여긴다"[64]고 인식했다. 그리고 "대저 천주교도들은 서로 통할 수 없는 사람들 사이라 하더라도 같은 소리를 내고 멀거나 가까우나 한 마음을 이루며 같은 무리를 애호함이 골육보다도 심하다"[65]라고 말하면서 그 결속력을 두려워했다.

당시 신도들의 행동 가운데 가장 크게 문제되었던 것은 신분제의 원칙을 파괴하는 행동이었다. 지배층에서는 이러한 현상을 매우 두려워하고 있었다. 그리하여 그들은 "원래 사학은 본디 위아래의 구분이 없어 비복이라 하더라도 내장처럼 연결되어 있다"[66]고 규정했다. 그리고 "사학도들은…비록 노비와 천인이라 하더라도 일단 그 당에 들어가면 그를 보기를 형제처럼 하여 신분의 차이가 있음을 알지 못하니 이것이 어리석은 백성들을 미혹시키는 방법인 것이다"[67] 라고 파악하면서 천주교 신도들에 의해 신분제를 기반으로 한 사회질서가 파괴되고 있는 것으로 생각했다. 그러므로 당시의 상소문 가

---

63) 『推案及鞫案』, 「邪學罪人李家煥等推案」, 28쪽. "大抵天主學 有識士者 當爲之, 常漢中稍有知覺者 亦當爲之"

64) 李基慶, 『闢衛編』, 288쪽, "雖其父子兄弟 不入於其敎 則便成仇讐 東西南北之人 一入其敎 則視爲骨肉"

65) 『純祖實錄』卷2, 元年 二月 丁卯, "大抵此輩 燕越同聲 千里一心 愛護其類 浮於 骨肉"

66) 『邪學懲義』, 259쪽, "元來邪學, 本無上下之分 則奴僕之口 亦腸肚之連"

67) 洪時濟, 『訥菴記略』, 12쪽 a, "邪學法門....雖奴隷之賤 一入其黨 親之若兄弟 不知 有等分 此其詿惑愚氓之術也"

운데에는 천주교가 도입된 이후 풍속의 급격한 변화를 우려하면서 "동생은
형을 능멸하고, 지어미는 지아비에게 반기를 들며, 공연히 존대와 부귀를 바
라니 위아래의 분수가 없고 주인과 노비 사이의 의리가 없어졌으며 능범凌犯
하려는 유혹과 교람驕濫한 풍습이 날이 갈수록 더해 간다"고 한탄하기도 했
다.[68] 이 한탄을 통해서 우리는 당시 지배층에서 하위의 신분에 속했던 사람
들과 여성들의 각성이 천주교의 도입 이후 강화되어 가고 있음을 확인하게
된다. 그리고 지배층들은 이러한 결과에 대한 정부 당국자들의 강력한 대응
을 요구하게 되었음을 알 수 있다.

한편, 정부 당국자들은 신도들이 조선왕조에서 가장 존중해 오던 충효의
가치에 정면으로 배치되는 행동을 일삼는 것으로 생각했다. 그리하여 그들은
신도들을 한마디로 도당을 형성하여 반란을 음모하려는 무리로 인식하고 있
었다.[69] 천주교도들의 행동을 도적과 마찬가지로 보았다.[70] 그리고 중국사
에서 확인되는 민중반란 집단인 백련교도白蓮教徒나 황건적黃巾賊과 천주교도
들을 등치시키면서, 이들에 의한 변란이 곧 발생할지도 모를 위급한 상황에
국가가 처해 있는 것으로 판단하게 되었다.[71]

이러한 상황에서 정부 당국자들은 천주교도를 당시의 전근대적 국가체제
를 거부하며, 나라를 원망하는 무리 즉, '원국지도怨國之徒'로 인식하고 있었
다.[72] 그리고 신도들은 민인들을 선동하여 기존의 질서를 변모시키려는 "세
상의 변혁을 바라는 자[思欲變世者]"로[73] 또는 "반란을 생각하는 마음[思亂之

---

68) 『承政院日記』, 1838册, 純祖 元年 6月 10日, "以弟凌兄 以妻叛夫 公然慾尊大 公
然慾富貴 無上下之分 無奴主之義 凌犯之惑 驕濫之習 日益層加"
69) 『邪學懲義』, 「金達淳密啓」, 14쪽, "毋論鋤耰棘務 男女班賤 惟以貪多 務得爲心者
必是聚會徒黨之計 聚會徒黨 將欲何爲是旀云云"
70) 『純祖實錄』 卷2, 元年 3月 癸卯, "蹤跡之詭秘 無異盜賊"
71) 『備邊司謄錄』, 192册, 辛酉 2月 9日, "所謂邪學之爲害 實不知何樣變怪 起於何
時矣"
72) 天主教徒를 怨國之徒로 표현하고 있는 자료 중 대표적인 것은 다음과 같다. 『推案及
鞫案』, 「邪學罪人姜彛天等推案」, 14쪽, 辛酉 4月 1日字 ; 「邪學罪人金鑢等推案」,
23쪽. 辛酉 3月 26日字.

心을 가진 자"로[74] 인식하게 되었다. 그래서 정부 당국자들은 천주교도를 흉적이며[75], 사적으로[76] 인식해서 이들을 제거하려고 했던 것이다.

요컨대, 조선후기의 정부 당국자들은 천주교를 반성리학적 이론을 가진 이단사설로서 신분제를 기반으로 한 왕조적 질서를 정면으로 위배하는 사상이라고 인식했다. 조선후기의 정부 당국자들은 천주교가 양적으로 크게 확대되어 가고 있음을 주목했다. 그리고 천주교도들의 질적인 특성이 매우 다양함에도 불구하고, 이들 상호간에 굳은 결속력이 유지되고 있다는 사실을 유념했다. 신도들은 충이나 효에 대한 성리학적 윤리관을 거부했고, 반상의 차이마저도 부인하려 했다. 그리하여 신도들은 조선왕조가 기반하고 있던 성리학적 사회구조 자체에 대한 도전집단으로 변모해 가고 있었던 것이다. 이에 정부 당국자들은 아녀자나 천인들이 각성해 가며, 스스로 존대해 지려는 상황을 더 이상 용납할 수 없었다. 이러한 상황에서 정부 당국자들은 천주교도들이 파당을 형성하여 조선왕조에 대항하게 될 것을 두려워했다. 그들은 황건적이나 백련교도와 같은 반왕조적 민중종교운동을 일으킬 조짐이 천주교도들에게 있는 것으로 판단했다. 그리하여 그들은 천주교도를 '흉적'이며 '사적'으로 규정하고 천주교에 대한 규제 대책을 모색해 나갔다.

---

73) 『邪學懲義』, 「金達淳密啓」, 14쪽, "汝矣曾不擧得 反以邪學無理之說 思欲變世者 是眞有意於爲國家爲斯民者之事是旀云云"

74) 『推案及鞫案』, 「邪學罪人姜彝天等推案」, 91쪽. 辛酉 3月 29日 金履伯問招, "妻 父書中 騷屑人心等語 莫非思亂之心"

75) 『邪學懲義』, 70쪽 ; 135쪽, "聚會凶徒"

76) 李晩采, 『闢衛編』, 4 : 17쪽 b, "詞治邪賊" ; 5 : 48쪽 b, "邪賊輩 綢繆之姦狀"

4. 국가의 천주교 전파에 대한 대책

4-1. 전통질서 강화책

조선후기 천주교의 급속한 전파상으로 말미암아 신분제에 기반을 둔 전통적 왕조국가의 유지에 위기를 느낀 정부 당국자들은 천주교에 관한 대책을 수립하게 되었다. 즉 그들은 일종의 이단사설인 천주교에 대하여, 전통적 가치체계와 사회질서를 유지하기 위해서 일종의 사상통제정책을 시행하고자 했던 것이다. 그들이 시도한 통제정책 중에서 우리는 성리학적 문화전통 내지는 전통적 사회질서를 강화시키고자 했던 측면을 먼저 주목할 수 있다. 즉, 그들은 정학이 밝혀지면 사학이 종식된다는 입장을 뚜렷이 하여[77], 천주교 서적의 수입과 유포를 금지시키고, 오가통법이나 향약조규와 같은 전통적 사회질서의 강화를 꾀하게 되었다. 이와 같은 전통질서의 강화를 위한 시도는 천주교의 성행현상을 근본적으로 막아 보려던 원인 치료적 관점에서 제시된 대책이다.

우선, 조선왕조 당국자들은 정학인 성리학을 옹호하고 사학인 천주교의 금절을 위해서 천주교 서적의 유포를 막아보고자 했다. 천주교가 조선 후기 사회에 수용되어 점차 성행하여 가자 정부 당국자들은 이에 대한 사상통제정책의 일환으로 천주교 서적의 수입과 유포를 금지하는 정책을 수립하여 강행시켜 나갔다. 사실, 천주교 신앙이 조선에 전파된 경로는 한문으로 저술된 천주교 서적을 통해서였다. 그리고 조선에 천주교 신앙이 성행할 수 있었던 중요한 요인 중 하나로는 한글로 쓰인 천주교 서적의 유포를 들 수 있다. 1801년 당시에는 대략 120여종 이상의 한문 서학서들이 조선에 전래되어 있었으며, 적어도 83종에 이르는 한글 천주교 서적들이 번역되거나 저술되어

---

77) 『正祖實錄』卷26, 12年 8月 壬辰, "使吾道大明 正學丕闡 如此邪說 可以自起自滅"

읽히고 있었던 것이다.[78] 이 서학서들은 부연사행을 통하여 1785년 이전까
지는 별다른 제한 없이 수입되고 있었다. 그러나 1785년 이른바 을사추조적
발사건乙巳秋曹摘發事件이 발생한 이후 한문 서학서의 수입을 금지하고자 하
는 논의가 시작되었다. 즉 1785년 4월 장령 유하원柳河源은 한문 서학서의 유
행을 논하고 이의 금지를 청하였다.[79] 그러나 이에 대한 본격적인 수입금지
정책이 논의된 것은 대사헌 김이소金履素가 1786년 1월 그의 소회를 올린 이
후였다. 이 때 정조는 김이소의 소회를 높이 평가하며 조정에서 별도의 금조
를 만들어 시행하도록 명하였다.[80] 그러나 이에 관한 금지조항이 곧 마련되
어 시행되지는 못했던 것으로 생각된다. 왜냐하면 1787년 4월 사간 이사렴李
師濂도 천주교 서적의 수입을 금지시켜야 한다고 다시 주장하고 있기 때문이
다. 즉 이 때 이사렴은 천주교 서적과 같은 '요서'를 들여오는 폐단을 막기
위한 금조의 제정을 요청했다.[81] 그리고 같은 해 10월 10일에는 비변사에서
'사행재거사목使行賚去事目'을 확정하여 올릴 때 '잡문서를 소지하고 입국하
는 사람에게는 장일백杖一百 유삼천리流三千里에 처한다'고 중벌을 규정했
다.[82] 이로써 정부 당국자들은 서학서와 잡술방서의 수입금지정책을 명확히
했다.

이와 같이 정부 당국자들은 한문 서학서의 수입통로를 차단시킨 후, 이미
국내에 유입되어 있는 한문 서학서를 색출해 내고, 이 천주교 서적들의 국내
유통을 엄금하는 정책을 강행시켰다. 그리하여 정부 당국에서는 천주교 서적
을 소장한 사람들에게 자수를 권했고,[83] "집에 감추어 둔 잡서는 관원을 특

---

78) 조광, 1988, 앞의 책, 4장 1절 주 14~44 참조.
79) 李晩采, 『闢衛編』 『乙巳秋曹摘發』, 2 : 1a. ; 『正祖實錄』 卷19, 9年 4月 戊子.
80) 『正祖丙午所懷謄錄』(서울大學校 出版部, 1971), 5쪽, 大司憲金履素所懷 ; 『正祖
    實錄』 卷21, 10年 1月 丁卯.
81) 『日省錄』, 正祖 11年 8月 20日 乙卯, "請嚴飭象譯 作爲禁條 俾絶妖書貿來之弊"
82) 『正祖實錄』 卷24, 11年 10月 甲辰, "備邊司進使行賚去事目……挾帶雜文書 及我
    國書册者 杖一百 流三千里……凡係書籍 涉於左道不經 異端妖誕之說 及雜術方
    書 一切嚴防……使臣嚴繩 書狀官則其地方灣府定配"

별히 정해서 수시로 수색하여 형조의 법정에서 불태워버리라"고[84] 결정하였
다. 그리고 민간 소유뿐만 아니라 정부기관에 소장되어 있는 천주교 서적들
도 소각하게 되었다. 결국 1791년에 홍문관과 규장각에 수장되어 있던 27종
의 서학서들이 소각되었다.[85]

천주교 서적의 유포를 막기 위한 정부의 정책은 국외로부터의 유입을 금
지하고, 국내에 소장된 서적을 색출하는 데에만 머물지 않았다. 그들은 국내
에서 한글로 번역된 천주교 서적이 성행하는 현상에 주목하고 있었으며, 천
주교 서적의 번역자를 색출하기 위한 시도를 전개하게 되었다.[86] 그리고 천
주교 서적을 받아보거나 빌려보는 행위와, 이를 외우거나 전파하는 행위 및
책을 베끼는 것과 몰래 거래하는 행위 등도 모두 처벌하여 천주교 서적의 유
통을 뿌리뽑고자 했다.

한편 정부 당국자들은 전통적 사상과 질서를 강화함으로써 천주교의 성행
을 막아보고자 했다. 1788년 천주교가 조정에서 문제화되었을 때 정조는 천
주교와 같은 '사학'이 유행하는 것은 정학 즉, 성리학이 밝혀지지 못했기 때
문으로 판단했다.[87] 그리고 정학인 성리학이 크게 밝혀지면 천주교와 같은
사설은 스스로 꺾이고 말 것이라고 생각했었다.[88] 그러나 이 온건한 사상통
제정책은 큰 실효를 보지 못하였고, 1791년에 진산사건珍山事件이 발생했으
며, 그 이후로 천주교에 대한 문제는 더욱 확대되어 가는 양상을 띠고 있었
다. 그리하여 1801년에는 신유박해가 발생했고 그 이후에도 천주교 관계 사

---

83) 『正祖實錄』, 正祖大王行狀, "王曰 不如道之以德 予將火其書而人其人 命京外家
藏西洋書者 自首于官 聚以火之 … 以刑以諭 期於感化"

84) 李晩采, 『闢衛編』, 3 : 3a, 刑曹啓目 權日身刑招, "家藏雜書段 別定官差 登時搜
驗取來 焚於曹庭"

85) 末松保和, 1934, 『小田先生頌壽紀念朝鮮論集』「奎章閣と奎章總目」, 同刊行委員
會, 399~416쪽.

86) 李晩采, 『闢衛編』「大司諫權以綱上疏」, 2: 27쪽 b, 참조.

87) 正祖, 『弘齋全書』, 165 : 3a, "邪學之橫流 亦由於正學之不明"

88) 『正祖實錄』 卷26, 12年 8月 壬辰, "使吾道大明 正學丕闡 則如此邪說 可以自起
自滅"

건이 그침 없이 일어나고 있었다. 그러므로 그들은 천주교를 근절하기 위해
서는 좀더 적극적으로 전통질서를 강화시켜야 한다고 판단하게 되었다.

그리하여 정부 당국자들은 오가작통제五家作統制와 향약의 강화를 시도하
였다. 당시 조선왕조의 향촌지배는 수령체제의 보완기구인 오가작통제를 통
하여 수행되고 있었다.[89] 또한 각각의 향촌은 향약적 질서 아래 놓여 있었
다.[90] 이 오가작통제와 향약을 통한 향촌 지배는 전통적인 사회질서를 유지
하기 위한 방편으로 채택되고 있었던 것이었다. 그러나 15세기 이래 시행되
어 오던 오가작통제는 조선 후기 18세기에 이르러 상당히 이완된 현상을 나
타내고 있었는데, 이는 집권층의 대민 지배가 한계에 직면했음을 보여주는
것이었다. 이러한 상황에서 정부 당국자들은 오가작통제의 강화를 통해 사회
질서를 정비하고, 동시에 천주교를 근절시키고자 했다. 오가작통제가 천주교
의 탄압 방법으로 채택된 것은 1801년 1월 10일자로 내려진 대왕대비의 '언
문교서[諺敎]'를 통해서였다.[91] 오가작통법은 천주교도들이 거주했던 지역에
는 상당히 엄하게 시행되고 있었다.[92] 그리고 이 법은 천주교도의 색출에 실
제로 적용되고 있었다. 오가작통법은 이후에도 천주교에 대한 박해가 일어날
때마다 거듭 강조되기도 했다.

천주교의 탄압이 전통적 사회질서의 강화를 위해 추진되었다는 사실은 향
약을 이용한 천주교의 금지책이 논의되고 있는 데에서도 다시 한 번 확인할
수 있다. 향약은 성리학의 실천 강령적인 성격을 표방하고 있으나 18세기 이
후에는 대략 수령권에 예속되어 있었다. 그러므로 지방의 수령들은 이 향약
조직을 향촌 지배에 있어서 보조적 수단으로 사용하고 있었다.[93] 이러한 관

---

89) 신정희, 1977, 「오가작통법소고」 『대구사학』 12·13합집, 대구사학회.
90) 한상권, 1985, 「16·17세기 향약의 기구와 성격」 『진단학보』 58, 진단학회.
91) 『承政院日記』, 97冊, 287쪽, 辛酉 1月 10日, "各邑守令 各於其境內 修明五家統之
    法 其統內 如有邪學之類 則統首告官懲治 然有不悛 則國法有焉 剿殄滅無使
    遺種"
92) 『黃嗣永帛書』, 93行, "論地方 則都城 雖有五家統之法 敎友所居之里 則統法頗嚴
    敎友不居之處 則作統有名無實 人皆晏如 可以着脚矣"

주도형의 향약 조직을 활용하여 천주교에 대한 검찰을 강화하려는 시도가
전개되었다.[94] 그리하여 향약의 조규에 천주교를 금지하는 내용을 첨가시키
고 향약 조직을 활용하여 신도들을 색출하고자 했다. 향약을 활용하여 천주
교 신도들에 대한 탄압을 시도했던 사례로는 19세기 말엽에 작성되었던 상
주尙州 향약의 경우를 들 수 있다.

요컨대, 조선왕조에서는 천주교 신앙을 금지하기 위해서 전통·질서를 강화
시키고자 했다. 이를 위해서 그들은 새로운 사상의 전파에 있어서 통로가 되
고 있던 한문 서학서의 수입을 금지시켰고 이 책들이 국내에서 번역 간행되
어 통용되는 것을 막고자 했다. 또한 당시의 지배층에서는 천주교 탄압과 향
촌질서의 강화를 목적으로 하여 오가통법이나 향약 조직의 활성화를 시도하
고 있었다. 이와 같은 방법을 통해서 전통적 사회체제의 강화를 시도하고 있
었지만 이로써 천주교의 성행에 대책이 충분할 수는 없었다. 여기에서 그들
은 천주교의 유포를 막기 위해서 적극적 탄압의 방책을 실천해 나갔다.

4-2. 천주교 금지정책

조선왕조의 당국자들은 천주교를 금절시키기 위해서 직접적인 탄압정책을
시행해 갔고, 이 과정에서 천주교에 대한 끊임없는 박해가 진행되고 있었다.
이 박해 과정에서 신도들은 배교를 강요당했고 유배와 사형의 위협에 직면하
게 되었다. 천주교 신앙에 대한 탄압 내지는 적극적 금지정책은 조선에 천주
교가 세워진 직후부터 신앙의 자유가 묵인된 1882년경까지 지속되고 있었다.

천주교 신도들을 처벌한 첫 기록으로는 이른바 '을사추조적발사건'을 들
수 있다. 이는 1785년 형조의 금리들에게 김범우가金範禹家의 신앙집회가 발

---

93) 한상권, 1985, 앞의 글, 60쪽.
94) 『備邊司謄錄』, 192卷 19册 363쪽, 辛酉 9月 15日, "近日邪學之熾盛 請飭道臣 奉
    行先祖遺敎 申明鄉約舊制事也"

각된 사건이다. 이 때 형조에서는 양반신분의 신도들은 효유하여 석방했고
중인이며 주모자로 지목되었던 김범우만을 충청도 단양으로 유배하는 데에
그쳤다.[95] 천주교도에 대한 이와 같은 온건한 처분은 당시 집권층이 천주교
의 종교적 특성에 대해 별로 큰 위기의식을 갖지 않았던 단계에서 이루어진
것이다.

그러나 천주교가 전파된 얼마 후부터 천주교 신앙이 조선왕조의 성립 기
반인 성리학에 대한 중대한 도전으로 인식되었다. 그리고 천주교에 대한 강
력한 규제가 촉구되었으며 천주교의 성행은 곧 강상지변으로 파악되기도 했
다. 바로 이 과정에서 1791년 '진산사건'이 발생했다. 이는 윤지충尹持忠과
권상연權尙然이 천주교의 교리에 따라 조상의 신주를 불사른 사건이었다. 그
리고 진산사건의 여파로 기호지방 도처에서 천주교에 대한 탄압이 강행되고
있었다. 그리고 1801년·1815년·1839년·1846년·1866년 등을 비롯하여 여러
차례에 걸쳐서 전국적 규모의 박해 내지 국지적 탄압을 겪게 되었다.

이러한 과정에서 정부 당국자들은 일반 민중뿐만 아니라 지배층으로서의
전근대적 특권을 보장받고 있던 양반층도 천주교에 입문하고 있는 현상을
크게 문제시했다. 천주교를 양반들의 특권적 지위를 지탱해 주는 성리학적
규범에 반기를 든 것으로 간주하고 있던 정부 당국자들은 여기에 양반들이
결코 찬성할 수 없는 일로 생각하고 있었기 때문이다. 그리하여 그들은 양반
출신 신도들에 대해서 더욱 강경한 자세를 견지하고 있었다.[96] 이 같은 상황
에서 양반출신 천주교 신도들은 더 이상 양반이라는 신분을 유지할 수 없었
다. 진산사건의 처리과정에서 정조가 양반 사족에 속하는 천주교도들은 '사
족의 반열에서 제외시키라勿齒士類'는 명령을 내린 바 있었다.[97] 이는 양반
출신 천주교 신도의 신분을 일시에 상놈常漢으로 강등시킨 것이었다. 그리

---

95) 달레, 앞의 책, 상, 318책.
96) 『備邊司謄錄』, 19册 291쪽, 辛酉 2月 7日, "名曰士者 甘作敎主 誤蒼生至此 其罪
   尤合萬戮"
97) 『正祖實錄』 卷26, 12年 8月 乙未.

고 이와 같은 조처 이후 천주교 신도들은 사실상 상놈의 처지에 놓여 있었
고, 상놈의 대접을 받았다.

　조선정부에서는 박해초기에 있어서는 천주교도들의 처리 문제로 인해서
고심하기도 했다. 천주교도들인 일반 양민과 분리시키는 방안들이 조정에서
신중히 논의되었다. 그리하여 천주교 신앙을 고집하는 사람들은 "남녀나 지
위고하를 불문하고 도첩을 주어서 승려로 만들어 각도의 사찰에 분산 배치
하자"는 주장이 나오기도 했다.98) 이는 당시 천인으로 분류되고 있는 불승과
같은 처지로 신도들의 신분을 강등시키고 이와 같은 신분상의 불이익을 줌
으로써 배교를 유도하려던 방안이었다. 또한 일부에서는 천주교도들을 섬으
로 유배시켜 이들을 일반 양인과 분리시키자는 주장도 제기되었다. 그러나 이
러한 주장은 천주교도들이 오히려 섬 등 특정지역을 근거로 하여 번성할 수
있고, 외국과 몰래 통할 수 있다는 우려 때문에 포기되었다. 그리고 천주교도
들에 대한 강경한 처벌이 결정된 이후 배교자들에 대해서 유배형을 집행하게
되었고, 이와 같은 유배자들도 각 군현에 분산 수용하고 감옥 안에서도 별도
의 방을 만들어 일반 죄수들과도 격리해야 한다는 원칙이 마련되었다.99)

　한편, 천주교도들에게는 박해의 초기부 치도율治盜律이 적용되었고, 이들
을 다스리는 데에는 법정형 이외에 이미 폐지된 법외형인 주뢰형을 비롯한
각종 악형들이 집행되었다.100) 또한 천주교도에게는 경형黥刑이 시행되어야
한다는 주장도 있었다.101) 얼굴에 글씨를 새기는[刺字] 이 형벌은 폐지된 지
이미 오래된 악법이었음에도 불구하고 그 적용이 주장되었던 상황에서 당시
지배층이 가지고 있었던 천주교 신도들에 대한 적대감을 알 수 있을 것이다.
그리고 천주교 신앙을 고수하고자 하는 신도들에게 극형을 가해야 한다는

98)『承政院日記』, 1843冊, 純祖 元年 3月, "抵賴不服之類 母論男女與班賤 幷度牒
　　爲僧尼 散置於各道寺刹"
99)『承政院日記』, 1843冊, 純祖 元年 3月 19日 乙未.
100)『黃嗣永帛書』, 50行, "用周紐於敎友 斁自家煥始"
101)『邪學懲義』, 3쪽, "崔獻重所啓 士夫之沈溺者 黥其面 別其類事"

주장이 제기·관철되었다.[102] 우리는 1801년 당시의 이와 같은 강경론을 통해 천주교에 대처하고자 했던 조정의 격앙된 분위기를 파악할 수 있을 것이다. 그리고 이 이후 박해의 과정에서 천주교에 대처하는 방법으로 교화주의가 정식으로 포기되고 신도들에게 사형을 처하는 강경 일변도의 정책으로 전환되어 갔다.

즉, 정부 당국자들은 자신의 신앙을 끝까지 고수하고자 했던 천주교도들을 사형에 처함으로써 이들을 당시의 사회와 영원히 격리시키고자 했다. 정부 당국자들은 천주교도들이 국가의 '미풍양속'을 무너뜨리는 파렴치범의 일종이거나 기존의 사회체제를 거부하는 일종의 정치범으로 이들을 파악하고 자신의 신앙을 고수하고자 하던 신도들에게 죽음을 강요했던 것이다.

요컨대, 조선후기 정부 당국자들은 천주교의 성행현상에 대한 그들의 위기의식을 점차 강화시켜 가고 있었다. 그리고 천주교의 전파를 막을 수 있는 근본적 방법으로 천주교도들에 대한 회유와 탄압을 병행했다. 그들은 배교를 거부한 교도들을 사형에 처함으로써 형벌의 위엄을 통해서 이를 근절시키고자 했으며, 또한 신앙의 포기를 선언해서 유배형에 처해졌던 천주교도에 대해서도 경계하는 태세를 늦추지 아니하고 이들에 대한 감시를 강화하고 있었다.

5. 맺음말

조선후기는 우리의 역사에서 통치이념이 가장 확고했던 시대였다. 정형화된 성리학적 통치이념의 수호는 양반 사족들에 의해서 운영되던 국가의 주요한 사명 가운데 하나였다. 물론 당시의 성리학을 완벽한 종교의 개념으로

---

102) 『備邊司謄錄』, 19冊 289쪽, 辛酉 2月 5日. '沈溺邪學 迷不知改之數 當用重律'.

이해하기에는 어려움이 있다. 그렇다 하더라도 성리학이 통치 이데올로기로 작용하고 있었던 조선왕조에 18세기 말엽 이래 '종교'인 천주교가 수용되어 전파되어 갔다. 이 과정에서 천주교는 정부 당국으로부터 박해를 받게 되었다. 조선왕조는 정치와 종교를 한 가지로 여겨왔다. 이에 조선왕조 당국자들은 종교로 들어온 천주교 신앙이 성리학적 이상사회를 지향하던 조선 사회를 변혁시킬 수 있을 것으로 판단했고 이에 대한 탄압을 결행하게 되었다. 즉, 조선후기 정부 당국이나 지배층에서는 정교분리에 관한 이해가 전혀 없었고 종교나 사상의 영역에 대한 지침의 제시를 국가의 당연한 의무요, 권리로 생각했다. 왕실을 비롯한 당시의 지배층들은 성리학과 전근대적 신분제 질서에 기반을 둔 왕조국가를 운영해 나갔고 충효를 비롯한 전통적 윤리관에 입각하여 사회의 질서를 유지하기 위해서 노력했다. 이와 같은 상황에서 천주교 신앙이 전파되었다. 당시 천주교에서는 국가와 국왕에 대한 충성을 말하고 부모에 대한 효도를 역설했다. 그러나 천주교에서 논의하던 충효는 천주를 대군대부로 받들며 지상의 군부를 상대화시키는 것이었다. 또한 신도들은 천주교를 일종의 평등사상으로 이해하기도 했다. 18세기 말엽 천주교가 수용된 이후 조선왕조에서도 종교와 국가 내지는 교회와 국가 간에 심각한 대립과 갈등이 발생하고 있었다. 즉, 기존의 체제를 유지하고 전통적 사회구조를 강화시키려 했던 정부 당국자들은 천주교를 일종의 변혁의 논리로 이해했고 이에 대한 거부의 자세를 분명히 했다. 한편 조선 후기의 민인들은 전근대적 사회의 모순을 극복하고자 하는 노력의 일환으로 새로운 사상인 천주교 신앙을 수용해 나갔다. 그러나 이들의 이와 같은 신앙은 정부 당국의 강력한 도전에 직면하게 되었던 것이다.

　이러한 상황에서 국가는 천주교 신조가 전근대적 신분제 질서를 부인하는 '반사회적' 학설로 규정했다. 그리고 신도들을 전통적인 사회질서를 혼란시키는 존재로 규정했다. 또한 천주교 신앙이 도입될 당시의 지배층에서는 천주교 신도들이 청년 지식층과 몽매한 민중들 그리고 몰락한 왕실 세력들이 함께 어울려 있는 것으로 파악했다. 이리하여 그들은 천주교도들이 중국의 백련교도나 황건적과 같은 반왕조적 집단으로 성장하여 반란을 도모하게 될 것을 두려워했다. 그러므로 정부 당국에서는 전통적 질서를 강화하여 천주교 신앙이 뿌리내릴 수 없도록 하고자 했다. 그들은 천주교 서적의 수입 및 유통을 원천적으로 막아보려 했고 오가작통법이나 향약 조직을 활용하여 천주교를 규제하고자 했다. 이러한 시도는 비단 천주교에 대한 규제만을 뜻하는 것은 아니었고 조선후기 사회에 전근대적 질서를 강화시키려는 의도와 연결된 것이었다. 한편 조선후기의 정부 당국자들은 자신의 신앙을 견지하고자 하던 천주교 신도들에 대한 극형을 주장했고 이를 실천했다. 또한 배교한 신도들이라 하더라도 일반 양민들에게 영향을 미칠 수 있는 여지를 최대한 억제하고자 했다.

　이러한 사례를 통해서 정부 당국자들이 천주교에 대해서 드러내고 있던 입장을 이해할 수 있을 것이다. 조선후기 국가는 교회의 존재가치 자체를 인정하지 않았다. 천주교 신앙은 정학인 성리학이 지배하는 사회에서 마땅히 배격되어야 하는 사학으로 규정되었다. 천주교 신앙이 사학으로 규정되는 한 성리학적 왕조국가에서 천주교 신앙에 대한 합법적 공간은 마련될 수 없었다. 반면에 천주교는 국가의 탄압을 강요당하는 과정에서 자신의 역사적 성격을 형성해 갔다. 박해의 과정에서 교회는 그 창설 초기와는 달리 점차 내세 은둔적 성향을 강화시켜 가기도 했다. 신도들은 신분상 상놈[常漢]으로 취급되었고 신도들의 신분적 열세로 말미암아 조선후기 사회에서 천주교가 긍정적으로 기여할 수 있는 여지는 좁아져 갔다. 한마디로 말하여 조선후기 천주교와 국가의 대립관계는 당시의 국가와 교회 모두에게 있어서 결코 바람직한 결과를 가져오지는 못했다. 그리고 개화기 역사발전에 있어서 천주교회의 기여도가 상대적으로 낮았던 것은 바로 이러한 박해의 여파였다고 할 수 있다. 조선후기 천주교와 국가의 대립관계는 많은 순교자와 성인을 배출하게 된 계기가 되었지만, 민족사의 전개과정에서 볼 때 결코 바람직한 일만은 아니었다.

Ⅲ. 조선후기 천주교 수용자와 수용논리

1. 서학과 사학

조선후기 사상계에는 정학正學으로 불리던 조선 성리학과 실학實學 그리고 지배층에 의해 '사학邪學'으로 지탄받던 여러 사상들이 병존하고 있었다. 이러한 사상들 가운데 '사학'은 불교, 특히 미륵신앙이나 비결신행과 같은 전통적 사유형식과 함께 서학과 동학 등 신종교사상을 지칭하던 개념이었다. 이 '사학' 사상들은 성리학적 사유형식과 그에 기초한 제반 질서에 대한 정면도전으로서의 의미를 가지고 있었다. 따라서 당시 이러한 사상들은 사회변혁적 지향성과 굳게 연결되어 있었고 일종의 사회운동적 특성을 드러내주고 있었다. 그러므로 조선후기 사상사에서 이 분야를 연구하고자 할 때는 그 사상의 구조적 특성과 함께 사회적 기능에 주목하게 된다.

조선후기 사회에서는 서학西學사상이 새롭게 전래되어 신봉되고 있었다. 이 서학사상은 중국에서 한문으로 쓰인 서학서적들을 통해 조선에 전파되기 시작했는데, 서학이라는 용어 안에는 서양의 과학 기술이라는 개념과 함께 서양의 종교사상이라는 뜻도 포함되어 있었다. 그러나 18세기 말엽 이후 조선에서 서학이라 할 때는 대개의 경우 천주교 신앙을 지칭하는 것으로 이해되었다. 그리고 서학, 즉 천주교신앙은 집권층 내지는 성리학적 지식인들로부터 '사학'으로 비난받아왔다. 그들은 척사위정론의 연장선상에서 서학을 '사학'으로 규정했고, 이를 성리학 즉 정학에 대한 대립적 사상으로 해석해서 배격했다. 이로써 조선왕조 정부에서도 1백여 년간에 걸쳐 천주교에 대한 탄압을 강행하게 되었다.

일반적으로 볼 때 한 사상에 대해 강력한 탄압이 일어날 경우에는 그 사상의 전파는 위축되거나 중지되기 마련이다. 그러나 조선후기 천주교사의 경우에서는 혹독한 탄압에도 불구하고 지속적인 교세의 성장이 이루어지고 있었다. 이렇게 특이한 역사현상을 이해하기 위해서 조선후기 서학의 수용자와 그 수용논리에 대해서 살펴보아야 한다. 따라서 이 글에서는 조선후기 사회에서 진행되어온 서학의 전개 과정을 염두에 두면서, 먼저 서학 내지는 천주교 신앙의 수용자가 드러내고 있던 사회적 특성을 살펴보고자 한다. 그리고 이어서 그들이 서학, 즉 천주교 신앙을 수용하는 방법 내지 과정상에서 드러내는 특징들을 검토하고자 한다. 또한 세 번째로는 조선후기 사회에서 천주교도들이 신봉하고 실천했던 서학사상의 구체적 내용이 무엇인지를 밝힘으로써 당시 서학사상이 발휘했던 사회적 기능에 대한 규명을 시도해보고자 한다.

2. 서학 수용자의 사회적 특성

조선에 천주교신앙운동이 본격적으로 시작된 때는 1784년 조선 교회의 창설을 그 계기로 삼을 수 있다. 이 해에 이승훈(李承薰, 1756~1801)은 서울 수표교 부근 이벽(李檗, 1754~1786)의 집에서 이벽에게 그리스도교 세례를 줌으로써 하나의 신앙공동체를 이루게 되었다. 일반적으로 이 사건을 조선 교회의 창설로 보고 있다. 이후 조선 교회는 대략 1882년경에 이르러 신앙의 자유를 묵인 받을 때까지 지속적 탄압을 경험하고 있었다. 이 시기는 바로 조선왕조의 봉건체제가 급격히 붕괴되어가고 있던 때이다. 바로 이러한 시기에 조선에 수용된 서학의 특성을 이해하기 위해서는 이를 수용하고 실천했던 사람들이 가지고 있던 사회적 특성을 살펴봄과 함께 그들이 서학을 수용하기 전에 드러냈던 사상적 경향을 검토해야 한다.

조선후기 서학을 조선에서 처음으로 수용한 계층은 성호 이익(星湖 李瀷, 1681~1763)의 문인들이었다. 이들은 중국에서 전래된 한문서학서를 통해 서학에 접근하기 시작했고 이들 가운데는 권철신을 중심인물로 하여 이기양, 권일신, 정약전 및 이벽 등과 같은 일단의 학인들을 포용하고 있던 성호좌파로 분류되는 집단들이 있었고 주로 이들에 의해 서학은 수용·실천되었다. 그러므로 서학 수용 초기의 서학도들이 드러내었던 사회적 특성을 파악하기 위해서는 이들을 주목해야 한다.

이들은 대개 양반신분층이었고 기호 남인으로서 중소지주적 특성을 가지고 있던 인물이었다. 이들의 가문은 '경신대출척' 이후 오랫동안의 휴지기를 거치고서 정조 연간의 탕평책에 힘입어 조정에서 관직을 얻을 수 있었다. 그러나 서학을 수용한 사람들 가운데 대다수는 유업儒業에 종사하며 학문 연구에 전념하고 있던 사람들이었다. 이들은 육경六經 중심의 고학古學에 대한 연구를 통해 당시의 성리학적 학문풍토에 비판의식을 가지고 있었다. 또한 이들은 예의 본원성을 중시하기보다는 그 시의성을 존중하는 입장을 취함으로써 당시 노론이 예에 관해 드러내고 있던 입장과 달리 허목(許穆, 1595~1682) 이래 남인 예학의 전통을 계승하고 있었다. 이와 동시에 이들은 자신이 직접 선진시대의 유학을 연구하며 성리학 이외의 여타 사상에 대해서도 탄력적 입장을 드러내었다. 그러기에 그들 가운데 권철신을 비롯하여 이기양 등은 당시 조선 성리학으로부터 '사문난적'으로 규탄 받고 있던 양명학에 특별한 관심을 갖고 이를 연구하기도 했다. 그리고 초기의 서학도 가운데 가장 대표적인 인물인 정약종(丁若鍾, 1760~1801)은 도가사상에 관심을 갖기도 했다. 한편 초기의 서학도 가운데 특이한 인물로 김건순(金健淳, 1776~1801)을 주목할 수 있다. 그는 노론에 속했던 인물로 병자호란 때 강화도에서 순절한 김상용(金尙容, 1561~1637)의 봉사손이었다. 그러나 그는 도가사상 뿐만 아니라 도교 내지는 신선설이나 둔갑술 등에까지 관심을 가진 바 있었다.

이렇듯 초창기 서학에 접근했던 인물들 가운데 양반 출신 신도들은 서학에 입교하기 이전부터 이미 '이단적' 사상에 관심이 있던 인물들이었다. 그리고 그들에게서 드러나는 이와 같은 현상은 조선후기 사회에서 태동되고 있던 조선 성리학에 대한 도전 현상으로 볼 수 있다. 그들은 성리학을 대체할 수 있는 신문화를 수용하려는 입장에서 서학을 받아들였다. 이와 같은 성리학에 대한 도전이나 신문화 수용운동은 주로 청년 학인들에 의해 주도되고 있었다. 이 점은 서학을 수용했던 양반지식층들이 대략 30세를 전후하여 세례를 받고 입교했음을 볼 때 거듭 확인되는 일이다.

그러나 서학 내지 천주교 수용운동은 단순히 일부 양반지식층의 사상적 동향이었다거나 청년들의 신앙운동에만 국한된 사실은 아니었다. 천주교신앙은 수용 초기부터 중인 신도들의 존재를 확인해 줄 수 있다. 그 중인 신도들 가운데는 역관이나 화원을 비롯한 기술관들도 있었지만 그들보다는 의원들의 역할이 주목되고 있었다. 이들은 양반 출신 신도들과 함께 한때 교회의 지도부를 형성하기도 했다. 그러나 당시의 기록을 보면, 교회가 창설된 지 2년 만인 1786년경에는 천주교 신도의 구성에 큰 변화가 일어나고 있었으니, 천주교는 농부나 고공, 그리고 일반 서민들의 종교로 자리 잡아갔다. 또한 부녀자들이 신도 가운데 상당부분을 점하게 되었다. 그리고 천주교신앙은 연령에 무관하게 광범위한 지지를 얻게 되었다.

이러한 가운데 1791년에는 조상제사 문제가 발생했다. 천주교에서 조상에 대한 제사를 금지한다는 사실이 밝혀지고, 조상제사를 거부하던 윤지충(尹持忠, 1759~1791) 등은 죽음을 당하게 되었다. 이 사건을 다루던 조정에서는 왕의 명령에 의해서 이제 서학도들은 선비의 반열에 끼워주지 않게 되었다. 그리하여 이 사건 이후 양반신분층 출신 신도들은 상당수가 서학사상을 포기하고 유학의 입장으로 회귀해 돌아갔다. 이에 따라 서학을 신봉하는 사람들의 신분적 특성에도 큰 변화가 일어났다. 즉 1791년 이후에는 교회의 지도층이 양반으로부터 중인 이하의 신분층으로 이동해갔다. 그리고 교회에 남아있던 양반층 신도들도 더 이상 국가나 사회로부터 선비로서 대우받을 수 없게 되었다. 그럼에도 불구하고 서학에 계속 관여하던 양반들은 양반으로서의 특권을 스스로 포기한 사람이거나 양반의 특권을 이미 주장할 수 없을 정도로 몰락한 사람들이었다.

그리고 지도층뿐만이 아니라 신도들 구성에서는 그 민중적 특성이 더욱 선명하게 드러나고 있었다. 그리하여 19세기가 시작될 무렵에 정부 당국자들은 서학도들 가운데는 무지몽매한 서민이나 아녀자들이 주류를 이루고 있는 것으로 파악하게 되었다. 사실 이때에 이르러서 서학도의 지도층에는 '최구두쇠崔斗金'와 같은 서민일 수밖에 없는 이름의 인물이 명기되어 있기도 하며, 강완숙姜完淑이나 윤점혜尹占惠와 같은 아녀자가 여회장女會長으로 불리고 있었다. 이와 같은 경향은 천주교에 대한 탄압에 비례하여 더욱 강화되어가고 있었다. 그리하여 1839년의 천주교 탄압사건[己亥邪獄]의 과정에서는 이러한 현상이 더욱 강화되었고, 1850년대에 이르러서 한때 프랑스 선교사들이 몰락양반 출신의 신도들을 중용하려 하자, 조선인 신부였던 최양업(崔良業, 1821~1861)과 같은 이는 이에 반발하며 신분제의 폐단에 대한 공격을 시도하기도 했던 것이다. 그리고 1866년 이래 수년간 계속되었던 천주교 박해[丙寅邪獄]의 과정에서 조선정부에 체포되어 신문을 받은 사람들은 대부분 비특권적 민인들이었다.

이 시기 천주교도들의 직업을 분석해보면, 그들이 가지고 있던 신분적 특성에 대한 이해에 도움을 받을 수도 있다. 전근대사회인 경우 신분과 직역은 긴밀히 연결되어왔고, 천주교에 대한 탄압이 강행되던 19세기의 경우에도 이러한 특성은 유지되고 있었기 때문이다. 또한 신도들의 직업은 그들의 거주지와도 일정한 관계가 있었다. 서울에 거주하던 신도들의 직업을 살펴보면 소상인이나 수공업자들의 비중이 의외로 높게 나타나고 있다. 그리고 이들 이외에도 하급서리나 의원 등 중인직도 계속 확인된다. 한편 지방에 거주하고 있던 신도들의 직업으로는 농업이 주류를 이루고 있었을 것으로 추정되나, 그들의 토지소유나 경영형태에 관한 구체적 자료는 매우 제한되어 있다.

그러나 화전 경작에 관한 언급들이 자주 등장하고 있음을 볼 때, 그들이 지주의 위치에 있었던 것으로는 보기 어렵다. 사실 당시의 서학도들은 지방 향리들로부터 좋은 수탈의 대상으로 평가되고 있었다. 이러한 상황에서 서학도들이 농업경영을 통해 부를 축적하기란 사실상 불가능했다. 한편 지방의 신도들 가운데 상당수는 옹기를 굽던 점인店人들이었다. 그밖에 사공, 광대, 역졸 등 여러 직업을 확인할 수 있다. 이러한 직업분포로 볼 때 그들이 안정적 경제생활을 영위할 수 있었을 것으로 보기는 어려울 것이다.

요컨대 조선후기 사회에서 서학은 주로 성호좌파 계열의 지식인들이 한문서학서의 학습을 통해 수용하기 시작했고, 이들의 서학 수용은 신문화 수용운동적 특성을 잘 드러내고 있었다. 그러나 그것은 양반 지식층의 사상으로만 머물지 아니하고 곧 민인들에게로 확산되어갔다. 서학을 신봉하던 사람들의 신분은 이 과정에서 비특권적 민인들이 주류를 이루게 되었다. 이들은 '민중종교운동'의 일환으로 천주교신앙을 실천하고 있었다. 이와 같이 서학수용자들의 사회적 특성으로 비특권적 민인들이 주류를 이루고 있었다는 점에서 우리는 서학사상의 수용양상과 서학사상이 당시 사회에서 어떠한 기능을 담당하고 있었는가를 보다 주의 깊게 살펴볼 필요성을 느끼게 된다.

3. 서학 수용의 양상

조선에 서학이 수용되는 과정에서 드러나는 특성으로는 외국 선교사의 선교를 위한 직접적인 노력이 없이, 조선인 스스로의 자발적 노력에 의해서 수용되었다는 사실을 들 수 있다. 이 자발적 노력은 명말 청초 이래 중국에 입국하여 그리스도교를 전하던 선교사들이 지은 한문서학서를 구해 읽음으로써 시작되었다. 당시 선교사들은 서교의 방편으로 과학기술과 함께 천주교 교리를 전하고자 했다. 그들이 전한 과학기술은 르네상스시대 유럽의 과학기

술이었다. 그리고 그들은 중세 스콜라 철학을 기반으로 한 가톨릭 신앙을 중
국에 전하기 위해 고심했다. 그 결과 그들은 선진유학에 주목했고 그리스도
교의 입장에서 이 선진유학을 수용하고자 했다. 그리하여 이른바 보유론補儒
論에 입각하여 천주교 신앙을 설명했다. 보유론이란 유교와 천주교의 가르침
은 유교의 부족한 부분을 보완하여 완성시켜 준다는 문화적응주의적 입장을
강조하고 있었다. 즉 이 이론에서는 유교문화에 대한 타협적 자세를 강조함
으로써 유교사회에서 용이하게 그리스도교를 선교하고자 한 것이었다.

　17세기 이래 조선의 지식인들에게 전래되었던 서학서들 가운데 상당수는
보유론의 입장에서 쓰인 것이다. 그러므로 이 책을 읽었던 조선의 지식인들
은 자신이 간직하고 있던 유교문화적 전통을 포기하지 아니하고서도 천주교
에 접근할 수 있을 것으로 생각했다. 그리고 그들은 이를 자신들에게 친숙하
던 선진유학적 이론의 연장선상에서 이해하기도 했다. 또한 그들은 과학기술
의 수용에도 일정한 관심을 가지고 있었다. 여기에서 그들은 신문화수용운동
의 일환으로 서학을 받아들여 실천했다.

　그러나 조선에 천주교가 수용될 당시 보유론은 이미 중국 교회에서 거부
되고 있었다. 또한 조선정부에서도 1791년의 윤지충 사건을 계기로 보유론
적 그리스도교의 주장을 분명히 배격하게 되었다. 이러한 과정에서 조선 교
회 창설에 참여했던 양반신분층의 많은 인물들이 별다른 양심의 가책을 받
음이 없이 천주교를 떠나 자신이 원래 속했던 유교문화로 회귀해갔다. 그러
나 대다수의 민인들은 보유론과 '정통' 그리스도교와의 주요 논쟁점이었던
조상제사 문제나 공자孔子 숭배문제 등과 무관했다. 그러므로 이들은 조상제
사 문제의 발생에도 불구하고 교회를 떠날 하등의 이유가 없었다. 그리하여
그 사건 이후 교회는 주로 비특권적 민인들에 의해 지도되기에 이르렀다.

　한편 18세기 말엽 이후 19세기에 이르기까지 일반 민인들이 천주교신앙에
접할 수 있는 가장 손쉬운 방법은, 한글로 번역된 천주교 서적을 통해서였다.
당시의 양반지식층들은 한문 교리서를 해득하는데 아무런 불편을 느끼지 않

았다. 그러나 당시의 민인들은 한문 교리서나 기도서를 "분명히 알아들을 수 없었기 때문에" 한글로 번역해주기를 요청했고, 이 요청은 곧 실천되었다. 그리하여 교회가 창설된 지 3년 후인 1787년에는 조정에서 한글로 번역된 천주교 서적의 폐해가 논의될 정도로 전파되어갔다. 그리고 이렇게 번역된 한글 교회서적은 목판으로 간행되어 비교적 저렴한 가격에 보급되고 있었다. 뿐만 아니라 정부의 금령에도 불구하고 당시 서울의 일부 세책방貰冊房에서는 천주교 서적을 빌려주고 거금을 벌었다는 기록이 나타나고 있다. 그리고 천주교 서적의 보급에 직업적으로 종사하는 사람들도 나타나게 되었다. 그리하여 1788년에는 한글 천주교 서적들이 충청도지방의 산골마을에까지 전파될 정도로 많은 독자층을 확보하고 있었다.

1801년 당시 조선에 전래된 한문본 천주교 서적은 대략 120여 종에 이르렀다. 이들 가운데 86종 111책이 한글로 번역되어 읽히고 있었다. 이 번역본들 가운데 가장 주목되는 책자로는 『성경직해聖經直解』를 들 수 있다. 이 책은 일종의 발췌본 성격으로, 여기에는 신약성서 4복음서의 30.68%에 해당하는 부분이 번역되어 있었다. 그 밖에도 『천주십계』와 같은 그리스도교의 새로운 윤리덕목이 번역·제시되었고, 서유럽 교회사의 전개과정에서 모범적 신앙생활을 했던 성인들의 전기를 비롯하여, 각종 기도서와 교리서들이 번역되었다. 이러한 한글 천주교 서적들은 유학의 가르침과는 분명히 다른 내용들을 전하고 있었다.

이상에서 살펴본 바와 같이 조선후기 천주교신앙이 확산되는 과정에서는 조선의 발달된 목판인쇄술과 배우기 쉬운 한글의 문자체계가 한몫을 단단히 하였다. 사실 당시 천주교에서는 교회의 공식 용어로 한글을 사용하고 있었고 1850년대 후반기에 이르러서는 신도들의 지도자인 회장들에게는 문맹인 신도들에게 한글을 가르칠 의무를 부여하기까지 했다. 이 같은 경로를 통해서 천주교 신앙은 전국적으로 확산되어가고 있었다.

천주교신앙이 전래되던 초기에는 그 전파과정에서 여러 가지 특징이 드러나는데 그 가운데 집단개종에 준하는 사례들이 다수 발견되고 있음이 주목된다. 천주교 서적의 전파나 이존창(李存昌, 1752~1801)과 같은 열성적 신도들의 노력에 의해 한 가족 내지는 친족집단들이 모두 함께 천주교에 입교하고 있는 사례가 다수 발견되고, 온 마을 전체가 집단으로 입교한 사례도 나타나고 있다. 그리하여 천주교신앙은 짧은 시간 안에 전국적으로 확산되어가고 있었다.

그러나 천주교에 대한 탄압이 강행되는 과정에서 천주교로의 집단개종은 저지될 수밖에 없었다. 신도들은 1790년대 후반기 이래로 '교우촌敎友村'으로 불리는 신앙취락을 형성하기도 했다. 그들은 이곳에서 신앙을 매개로 한 상호 결속을 다지며, 두레공동체적 풍습을 살려 새로운 생활공동체를 이루고 있었다. 그리고 신도들은 자신의 신앙을 유지하기 위하여 지하조직 내지는 비밀결사적 조직을 구성해나가기 시작했다. 당시 신도들의 단체였던 '명도회明道會'는 점조직적 특성을 드러내고 있었다. 정부 당국자들이 사당死黨, 혈당血黨 등으로 부르던 신도집단도 비밀결사적 성격을 드러내는 것이었다.

우리는 당시의 이러한 전파양상과 그 신조의 내용을 감안할 때 이를 '민중종교운동'으로 규정할 수 있을 것이다. '민중종교운동'이란, "사회의 중심적 가치체계가 사회의 내적 요인이나 외적 상황에 의해 손상됨으로써 사회가 불균형상태에 빠지게 될 때, 자신들의 삶을 조직화시킬 수 있는 능력을 상실한 사람들이 카리스마적 지도자를 중심으로 하여 기존의 가치를 부분적으로나 전면적으로 재구성하고자 시도하는 사회운동의 하나"이다.

한편 당시 신도들이 가지고 있던 믿음의 핵심은 유일신 하느님[天主]에 대한 신앙이었다. 그들은 하느님을 '창조주 천주'로 인식했고 대군대부大君大父로 인식했다. 특히 그들이 주장했던 '대군대부론'은 당시 정부에서 천주교를 '무부무군無父無君'으로 규정하고 공격하는 데 대한 대항논리로 개발된 이론이었다. 이는 천주가 세상의 인군보다 높고 부모보다 더 존귀한 존재임을 말하는 것이었다. 그러므로 이러한 천주에게는 세상의 군주에게보다도 더 큰 충성과 효도를 드려야 된다는 것을 그들은 주장했다. 즉 그들은 당시 사회를 지배하고 있던 충효 논리에 입각하여 천주를 신앙하고 있었으며 이를 가지고 자신의 신앙을 변호해보고자 했다. 그들은 충효라는 전통적 용어를 구사하되 이를 변질시켜 천주에 대한 절대적 충효를 말함으로써 군부君父에 대한 충효를 상대적인 개념으로 새롭게 설명하고자 했던 것이다. 여기에서 우리는 전통적 충효의 개념이 변질되어가는 과정을 살펴볼 수 있으며, 조선후기 천주교의 성행이라는 종교현상에서도 조선인 자신의 고유한 가치체계나 세계관이 작용하고 있음을 확인하게 되는 바이다.

요컨대 조선후기 천주교신앙은 한문서학서를 통해 전파되기 시작했고, 이의 한글 번역본을 통해 신앙의 확산이 가능했다. 특히 한글본 천주교 서적들은 천주교가 민인층에게 전파되는 데 중요한 역할을 담당했다. 이러한 과정에서 민중종교운동으로서의 천주교 수용현상이 광범하게 일어날 수 있었다. 당시의 신도들은 유일신 천주에 대한 신앙이라는 종교적으로 새로운 가르침과 전통적 충효관을 조화시켜 나갔다. 그리고 이를 통해서 전통적 충효관 자체의 변질을 시도했다. 이러한 데서 우리는 서학 수용의 특징적 양상을 확인할 수 있게 된다.

4. 서학사상의 사회적 기능

서학 즉, 천주교신앙이 정부의 탄압에도 불구하고 조선후기 사회에서 확산될 수 있었던 것은, 당시 사회와 민인들에게 순기능을 발휘했던 측면이 있었기 때문이다. 당시의 서학이 발휘하고 있었던 순기능으로는 변화된 사회상을 인정해주고 있음과 동시에 사회의 변화를 촉진시켜준다는 점을 들 수 있다. 즉 당시 사회에서는 신분제도의 문란과 함께 민인들의 의식수준이 향상되어가던 과정에서 새로운 인간관과 평등성에 대한 자각이 강화되고 있었다. 천주교에서는 이러한 변화의 정당성을 교리를 통해 설명하고 있었으며, 또 다른 변화를 촉진시키고자 했다.

당시 서학을 수용했던 사람들이나 이를 탄압했던 정부 당국자들 모두는 서학이 평등한 가르침임을 올바로 파악하고 있었다. 조선에 천주교가 세워지던 당시부터 신도들은 천주교신앙이 "크게 평등한 것으로서 여기에는 대인도 소인도, 양반도 상놈도 없다"고 생각했으며, "한 번 여기에 들어오면 양반과 상놈의 차이는 아무런 소용이 없게 되는 것"으로 말하고 있다. 또한 당시의 지배층들도 "천주교는 상하의 구분이 없고", "일단 그 당에 들어가면 노비나 천인이라 하더라도 형제처럼 보며 그 신분의 차이를 인정하지 아니하니, 이것이 어리석은 백성들을 유혹하는 술수인 것"이라고 말한 바 있다.

사실 1790년대에 세례를 받은 '유군명'과 같은 부유한 인물은 세례를 받은 직후에 자신이 소유하고 있던 사노비들을 해방시켜주는 일을 단행하기도 했다. 또한 황일광黃日光과 같은 백정 출신 신도는 세례를 받은 이후 자신에게는 두 개의 천국이 있다며 성언하고 다녔다. 즉, 첫 번째의 천국이란 자신의 미천한 신분을 잘 알면서도 신도들이 자신을 형제로 맞아들여주므로 바로 지상에서 누리는 것이고, 두 번째 천국은 죽은 다음에 갈 곳이라 했다. 황일광과 같은 낮은 신분의 신도들에게 천주교신앙은 종교적 복음으로서의 의미와 함께, 사회적 복음(Social Gospel)으로서의 역할을 하고 있었던 것이다.

바로 이러한 측면 때문에 천주교 신도들은 자신의 신앙에 대해 강한 자부심을 가지고 있었다. 예를 들면 중인 출신의 가난한 신도였던 최필공(崔必恭, 1745~1801)은 "유식한 사람들은 당연히 천주교를 신앙하게 될 것이며 상한常漢 가운데서 조금이라도 지각이 있는 사람은 이를 신봉하리라"고 말한 바 있다. 그리고 다른 상당수의 신도들도 자신의 신앙에 대해 큰 자부심을 가지고 있었고 이를 정학이라고까지 주장하였다. 반면에 정부 당국자들은 서학에서 주장되는 이런 측면에 심각한 위기의식을 느끼고 있었다. 조선정부는 서학도들이 주장하고 실천하던 신분제적 질서의 포기란 곧 그에 기초한 국가의 위기로 인식하였기 때문에 서학에 대한 탄압을 강행하게 되었다. 그러나 서학이 수용되던 직후부터 서학의 성행은 일종의 '시세'로까지 인식되고 있었다. 1860년대 초 서학에 반대하여 동학을 창도했던 최제우崔濟愚도 서학이 자신의 동학과 같이 성할 수밖에 없는 운세를 타고났다고 본 바 있다. 이러한 과정에서 서학에 대한 정부의 경계는 더욱 강화될 수밖에 없었다.

천주교 신도들이 이와 같은 새로운 신분관을 가질 수 있었던 것은, 그들이 학습했던 교리서들과 일정한 관계가 있었다. 그들은 창조주 천주에 대한 인식과 더불어 피조된 인간 존재에 대한 인식을 갖게 되었다. 인간이 천주의 모상模像에 따라 창조된 고귀한 존재라는 가르침을 접했고, 종교적 측면에서 이러한 인간은 상호 평등할 수밖에 없는 존재로 규정하게 되었다. 또한 1864년에 목판으로 간행되어 널리 읽히었던 한글 교리서인 『신명초행神命初行』에서는 사람이 사람을 사랑해야 될 까닭으로 고귀한 신분이나 재산, 뛰어난 학식이나 재주 그리고 빼어난 미모 때문이 아니라 "사람은 사람으로서의 위位가 있기 때문에" 즉, 사람은 인격적 존재이기 때문에 사랑해야 한다고 설명한 바 있다. 여기에서 드러나는 바와 같이 박해시대의 신도들은 인간존엄성과 인격의 존재에 대한 새로운 가르침을 한글로 쓰인 교리서들을 통해 배우고 있었다. 그리고 그들은 이 존엄한 인간에게는 '마음법' 즉, 양심법이 있으며 이 마음법은 천주가 직접 인간에게 부여해준 것이므로 결코 침해될 수 없다고 주장하기도 했다. 이와 같은 가르침과 관련하여 그들은 사회적 평등을 실천해나가고자 했다.

한편 당시의 신도들은 가부장적 가족주의의 질서에 대한 도전을 시도하고 있었다. 이는 전통적 효도의 개념에 대한 수정을 통해서 드러나기도 하며, 가정 내지는 사회에서 여성들의 위치를 새롭게 설정하려는 노력과도 관련하여 나타난다. 그들은 '충효일맥忠孝一脈의 교화'가 논의되며, 특히 효의 가치가 거의 절대적인 것으로 강조되고 있던 상황에서 대부大父인 천주를 제시함으로써 부모에 대한 효도를 상대화시켰다. 또한 효심의 자연스러운 표현으로 인식하고 있던 조상에 대한 제사를 거부하고 이를 범죄시함으로써 양반층으로부터 강한 반발을 사기도 했다. 그리고 우리는 정약종과 같은 당시의 대표적 신도의 일기에서 이른바 '십이자 흉언十二字 凶言'으로 불리던 말마디가 나왔을 때 당시의 지배층들이 느꼈던 당혹감과 위기의식은 충분히 짐작할 수 있을 것이다. 이 흉언은 "나라에는 큰 원수가 있으니 임금이요, 집에도 큰 원수가 있으니 부모이다(國有大仇 君也 家有大仇 父也)"라는 말로 당시인들은 이를 직접 입에 담는 것조차 꺼릴 정도였지만, 정약종은 이 말을 통해 군부로 상징되던 가부장적 질서 모두를 철저히 부인해보고자 했다.

한편 당시의 교리서에는 남녀 간의 상호 관계를 새롭게 규정해주었다. 즉 종전에는 일반적으로 남존여비적 관념이 적용되고 있었다. 이러한 상황에서 남녀는 상하 수직적인 관계로 규정되었다. 그러나 19세기 중엽 신도들에게 읽히고 있던 한글본 교리서인 『성찰기략省察記略』과 같은 양심 성찰서를 살펴보면 남녀는 상호 수평적·협조적 관계임을 강조하고 있었다. 또한 엄격한 일부일처제의 준행을 요구하고 결혼시 여성의 동의를 필수적으로 요청했으며 과부의 개가를 허용한 것 등은 당시 집권양반층의 규범과는 상당히 다른 것이었다. 여기에서 정부 당국자들은 서학도들을 일종의 혼음집단으로 매도하며 배격하기도 했다. 그러나 이러한 서학도들의 태도는 새로운 윤리관과 사회질서를 수립해나가던 과정의 일부였다.

이상에서 살펴본 바와 같이 조선후기 사회에서 서학도들은 성리학적 가치관과 그에 입각한 사회질서를 철저히 거부하고 있었다. 그들이 이와 같은 '파행적' 행동을 단행할 수 있었던 것은, 당시의 사회 변화에 힘입은 바가 컸다고 생각한다. 즉, 그들의 '특이한' 행동이 감행될 수 있을 정도로 조선후기 사회는 변화하고 있었다. 이 새로운 인간관과 사회적 평등에 대한 인식은 이제 더 이상 파기되거나 양보될 수 있는 성격이 아니었다. 그리고 그들은 이러한 행동의 당위성을 말하는 근거로서 서학의 가르침을 원용하고 있었다. 이런 상황에서 천주교의 가르침은 조선후기 사회의 해체와 새로운 사회의 등장에 잠재적 기능을 발휘하고 있었다. 바로 여기에서 서학사상이 갖고 있는 사회적 의미를 확인하게 된다.

　그러나 당시 왕조적 질서를 유지하고자 했던 정부 당국에서는 서학을 방치하지만은 않았다. 그들은 서학도들을 '원국지도怨國之徒' 즉 '나라를 원망하는 무리'로 규정하고 이에 대한 탄압을 단행했다. 또한 서학도들이 '세상의 변혁을 바라고 생각하는 사람[思慾變世者]'이라고 생각했다. 그리고 서학도들은 외국과 몰래 통하여 선교사를 받아들이고 더 나아가서는 외세를 끌어들일 수 있는 통외분자通外分者로서, 내우외환을 조성하여 국가의 안위에 지장을 주는 위험한 세력으로 판단하게 되었다. 이 까닭에 1백여 년간에 걸친 탄압과정에서 아무리 적게 잡아도 2천 명 이상의 신도들이 죽음을 강요당하게 되었다.

　요컨대 조선후기의 천주교 신도들은 당시 사회의 변동과 천주교 서적들의 가르침을 통해 새로운 인간관과 사회관에 도달할 수 있었다. 이들은 인간존엄성에 대한 인식을 터득하게 되었다. 인간을 인격적 존재로 이해하고 천주로부터 부여받은 불가침적 양심법을 가지고 있는 존재로 스스로를 확인했다. 그리고 그들은 가부장적 가족주의에 대한 도전을 시도하였다. 또한 이들은 여성과 남성의 관계를 수평적 관계로 전환시켜나갔다. 이러한 이들의 서학 수용 논리와 실천적 행동은 봉건사회의 해체와 새로운 사회의 형성을 동시에 추구하고 있었던 것으로 해석된다. 그러므로 체제보수적 입장에 서 있던 정부 당국자들이나 양반지배층에서는 천주교에 대한 탄압을 강행해나가게 되었다. 그러나 당시 서학 수용자들이 드러내고 있던 이와 같은 특징들은 조선후기 사회의 발전을 반영하는 일임과 동시에 또 다른 발전에 일정한 기여를 하고 있었던 것으로 생각된다.

5. 맺음말

조선후기 천주교신앙의 수용은 성호좌파에 속하는 근기지방의 남인들이 중심이 되어 수용되기 시작했다. 그러나 천주교 신앙은 양반지식층의 지적 호기심을 충족시키는 데 머물지 아니하고 실천적 종교 운동으로 전개되어갔다. 이 과정에서 서학 수용의 주체는 중인 이하 일반 양인들로 부각되었다. 이러한 현상은 이미 1790년대부터 시작되었고, 시간의 경과에 비례하여 더욱 강화되었다. 그리하여 조선후기 천주교운동은 몰락 양반을 포함하여 비특권적 일반 민인들에 의해 주도되었다.

이들은 대체적으로 한글 교리서를 통해 천주교에 관한 지식을 얻을 수 있었으며, 이 교리서의 내용은 당시 성리학적 규범과는 상당한 차이를 드러내고 있었다. 그들은 이를 통해 인간존엄성에 대한 지식을 얻을 수 있었으며 이러한 특성 때문에 천주교 신앙은 비특권적 하층 민인들에게 더욱 강한 호소력을 갖게 되었다. 또한 당시의 천주교 신앙운동은 이 특징을 통해서 봉건사회의 해체와 새로운 사회의 형성에 잠재적 기능을 발휘하고 있었다.

그러나 이러한 천주교신앙은 조선왕조의 성리학적 지도이념에는 배치되었고, 조선 왕조의 체제에 대한 도전으로까지 인식되었다. 그러므로 당시의 지배층에서는 이를 사학으로 규정하고, 이에 대한 탄압을 강행했다. 그러나 이와 같은 탄압에도 불구하고 서학이 계속하여 전파될 수 있었던 것은 당시의 민인들이 던지는 의문에 그 나름대로 응답하고 대안을 제시해주는 기능이 있었기 때문이었다. 그렇지만 천주교신앙이 조선후기 사회를 재편하고 그 발전을 위해 발휘하던 기능은 순기능적 측면만이 있었던 것은 결코 아니었다. 조선후기 서학도들이 가지고 있던 체제 부정 논리는 조선왕조에 대한 직접적 거부로 나타나기도 했고 이 경우에는 흔히 외세와의 결탁이 논의되기도 했다. 이러한 과정에서 천주교에 대한 집권층의 탄압은 그 정당성을 부분적으로나마 확보해갈 수 있었다. 그렇다 하더라도 조선후기의 서학, 즉 천주교 신앙의 수용과 실천을 그 수용자의 견지에서 관찰해보면 거기에는 새로운 문화를 섭취하려는 진취적 자세가 있었으며, 그것은 새로운 사회를 형성하기 위한 민인들의 꿈이 내재되어있던 역사현상이었다. 여기에서 우리는 서학 수용층이 드러내었던 특성과 그 서학 수용의 논리를 파악할 수 있게 된다

Ⅳ. 조선교구설정의 역사적 의미

1. 머리말

조선왕조에 천주교회가 창설된 것은 1784년이다. 이 해에 이승훈李承薰이 북경에서 영세를 받고 돌아와 이벽李檗에게 세례를 주고, 서울 명례방明禮坊 김범우金範禹의 집에서 집회를 가짐으로써 이 땅에 교회가 창설되었다. 한국 천주교회의 창설은 이와 같이 외국인 선교사의 도움이 없이 한국인 스스로 의 노력에 의하여 이룩되었다. 그리고 이 교회는 1831년에 이르러 조선교구 가 설정됨으로써 새로운 발전의 계기를 맞게 되었다.

조선후기의 한국인들에게 인식된 천주교 신앙은 한민족이 그때까지 경험 하지 못하였던 이질적인 사상체계였다. 한민족이 천주교 신앙을 인식하기에 앞서 중국에 진출하였던 서양의 선교사들은 유교와 천주교를 상호 배치되는 것으로 이해하기 보다는 천주교가 유교의 부족함을 보충해주는 것으로 해석 하려는 보유론補儒論을 제시하기도 하였다.[1] 이 보유론은 천주교라는 이질적 인 신앙이 동양사회에 전파될 때 기존의 유교문화로부터 받게 되는 충격을 흡수해보려던 주장이었다. 그러나 이 보유론은 대부분의 유교적 지식인과 교 회당국으로부터 아울러 배격을 받게 되었다. 이러한 상황 속에서 우리에게 천주교가 인식되었으므로 2백여 년 전 조선후기 사회에 있어서 천주교 신앙 은 일대 사상적 충격으로 이해될 수밖에 없었다. 그리하여 조선왕조의 정부 당국자들은 교회 창설 직후부터 천주교에 대한 탄압의 태도를 분명히 드러

---

1) 금장태, 1977, 「명청대 동서교섭의 전개양상과 그 사상사적 특성」 『국제대학 논문집』 4·5, 국제대학.

내었다. 그리고 그 탄압의 열도는 시간의 경과에 비례하여 더욱 치열해갔다. 조선 왕조의 당국자들이 천주교를 탄압한 까닭은 천주교의 교리와 그것을 실천하는 신도들의 행위에 전근대적 왕조의 질서를 파괴하는 반체제적 요소가 있는 것으로 파악했기 때문이다. 사실 당시의 천주교도들은 천주교 신앙을 자신의 것으로 재창조해 나가는 과정에서 주자학의 가치체계에 정면으로 도전하며, 조선의 전통적인 사회질서에 대하여 거부하는 태도를 분명히 드러내주고 있었던 것이다.[2]

한국의 천주교회는 기존문화와의 충돌 과정을 통하여 새로운 한국의 문화를 형성해 나가려는 노력을 보여주었고, 여기에서 역사학적 측면에서 본 토착화의 첫발을 내딛게 되었다. 그러므로 한국교회사의 민족사적 의미는 교회 창설 이후 오늘날에 이르는 토착화의 과정에서 한국사의 발전에 영향을 준 교회의 역할을 검토함으로써 밝혀질 수 있을 것이다. 한편, 교구의 설정은 한국교회사에 있어서 일대 사건이었다. 또한 그것은 한국사에 있어서도 일정한 의미를 가질 수 있는 사건이었다. 교구의 설정으로 인하여 한국사에 끼쳐준 교회의 영향력이 증대되고 지속될 수 있었기 때문이다. 그리고 천주교회 내지는 천주교 신앙이 한국사의 발전에 영향을 줄 수 있었던 요소들이 교구의 설정으로 인해 더욱 증대될 수 있었기 때문이다. 그렇기 때문에 교구설정이 가지고 있는 민족사적 의미의 추구는 한국교회의 창설과 그 존재가 민족사에 던져 준 의미에 관한 탐구의 연장이어야 할 것이다.

2. 근대사회의 형성촉진

천주교회가 창설된 18세기 후반기 당시 조선왕조는 전근대사회의 해체 과

---

2) 조광, 1978, 「신유박해의 성격」『민족문화연구』13, 고려대 민족문화연구소

정에 놓여 있었다. 그리고 이러한 상황에서 당시의 조선왕조에서는 근대를
지향하는 각종의 움직임이 출현하고 있었다. 이와 같은 시대상을 배경으로
하여 천주교 신앙은 수용될 수 있었고, 근대사회의 형성에 촉진제로 작용하
게 되었던 것이다. 당시의 천주교회가 근대를 지향하고 있었던 사실을 사회
적 측면에서 살펴보면, 신분제도의 붕괴에 박차를 가하는 평등사상의 보급
및 실천을 먼저 들 수 있다. 그리고 천주교도들이 실천했던 일종의 수평운동
은 그 범위가 사회신분제도의 부정에만 머무르지 아니하고, 여성 및 어린이
의 존중이라는 측면으로까지 확대되어 나아가고 있었다.

1) 평등사상의 보급

신분제적 질서를 기반으로 한 조선왕조의 사회에 전래된 천주교 신앙은
평등성의 원리를 기본으로 한 것이었다. 이 평등의 원리는 천주교 신앙에 있
어서 요체가 되는 '사랑'의 실천이라는 측면과 긴밀히 연결되어 있고, 여기
에서 파생된 것으로 볼 수 있다.

> 쥬ㅣ사람을 내시고 본 모샹을 틱오시고 즈식을 삼으심은 모든 이로 ᄒ여곰 쥬
> 롤 위ᄒ야 형뎨ㄳ치 공변되이 서로 스랑ᄒ게 ᄒ심이니 인품과 지능과 덕힝을
> 스랑홀거시 아니라 가히 스랑ᄒ고 맛당이 공변되이 스랑홀거슨 오직 사룸된 위
> 와 쥬의 내심이로다.[3]

당시의 신도들이 즐겨 읽었던 『신명초힝神命初行』에서는 사람을 사랑해야
되는 이유를 이상과 같이 밝혀 주고 있었다. 즉, 위의 자료에서는 신도들이
사람을 사랑해야 될 이유로서 모든 이는 천주의 자식이기 때문에 형제같이
지내야함을 말하고 있는 것이다. 그리고 인간은 '인간의 인품이나 재능, 덕행

---

3) 『신명초힝』 하권, 64b~65a, 「익인」.

을 사랑할 것이 아니라, 인간 자체가 창조된 동일한 피조물이며 「사람된 위位」를 가지고 있기 때문에' 사랑해야 됨을 역설하였다. 당시의 신도들은 '모든 사람을 천주의 모상으로 보아 자기와 같이 사랑해야'[4]하고 '사람을 사랑하거나 미워함이 천주를 사랑하고 미워함이 되는 것'[5]으로 교육받고 있었던 것이다.

전근대적 신분질서가 온존되고 있던 사회에서, 모든 인간은 '사람으로서의 위격位格', 즉 '인격'을 가지고 있음을 주장한다는 것은 신분제도에 대한 회의를 나타내는 것이었다. 그리고 신분이라고 하는 상하관계가 아닌 형제라고 하는 수평적인 관계에서 인간을 파악하고 있다는 사실은 수직적인 사회의 신분체제에 도전하는 주장이었다. 또한 이러한 주장은 신분제 사회의 변동을 희구하던 이들에게 있어서 천주교가 일종의 사회적 복음(Social Gospel)으로까지 인식될 수 있는 여지를 가져다주었다.

천주교 교리가 가지고 있던 이러한 측면은 모든 인간이 인격을 가진 평등한 존재임을 일깨워 주는 데에 기여하고 있었다. 그리고 신분제적 질서로 말미암아 억눌림을 당하고 있던 많은 사람들에게 자신도 천주의 고귀한 자식임을 확인시켜 주고 있었다. 우리는 당시의 신도들이 이와 같은 '평등'이라는 가르침을 어떻게 받아들이고 있었는지를 살펴볼 필요가 있다.

신분제적 질서에 얽매이지 않고 사회적 평등을 실천했던 신도들의 행동은 교회 창설 당시부터 드러나고 있었다. 교회 창설 초기의 사건이었던 가성직제도假聖職制度 아래에서 가성직자단을 구성했던 인물들의 신분을 분석해 보면 우리는 이러한 점을 좀 더 분명히 알 수 있을 것이다.[6] 즉 이 가성직자단에서는 권일신과 같은 양반유생 출신의 인물이나 이승훈과 같은 양반관료를 찾아볼 수 있다. 그리고 토호였던 유항검과 중인 역관인 최창현, 양인이었을

---

4) 앞의 책, 70a, 「악표」.
5) 앞의 책, 65a, 「이인」.
6) 달레 저, 안응렬·최석우 역, 1979, 『한국천주교회사』 상, 왜관·분도출판사, 323쪽.

것으로 추정되는 이존창李存昌[7] 등이 모두 가성직자단의 신부로서 활동하고 있었다. 이와 같이 당시의 교회를 지도하던 가성직자단에는 신분의 장벽을 뛰어 넘어 다양한 신분계층의 인물들이 함께 활동하고 있었던 것이다. 이들은 모든 인간이 평등한 존재임을 행동으로 보여주고 있었으며, 신분의 차이에 구애됨이 없이 평민이나 그 이하의 신분계층과도 같은 '교우'로서 교류하고 있었다.

평등한 사회를 추구하던 신도들의 실천적인 행동은 낮은 신분을 가진 사람들에 대한 신도들의 태도에서 더욱 분명히 드러난다. 조선왕조에서 가장 낮은 신분층은 백정白丁이었다. 이들은 타인으로부터 갖은 수모와 천대를 받아왔다. 여기에서 우리는 백정 출신이었던 황일광黃日光에 대한 신도들의 태도를 살펴볼 필요가 있다. 신도들은 그의 신분을 잘 알지만 멸시하지 않았을 뿐만 아니라 사랑으로 받아들여 형제처럼 대우했다.[8] 양반출신의 신도들도 그를 평등하게 대우하여 방안에 들어와 앉을 수 있는 '영광'을 베풀어 주기도 하였다. 그러므로 황일광은 이에 감격하여 말하기를 "나에게는 천당이 둘이 있는데 하나는 내 자신의 신분에 비하여 지나친 대우를 받는 점으로 보아서 지상에 있는 것이고, 다른 하나는 내세에 있다"라고까지 하였다.[9]

이와 같이 신도들은 불평등한 사회제도를 거부하고 인간 평등의 원리에 입각한 새로운 공동체를 형성해 나갔으며 이 평등한 공동체에 상당한 자부심을 가지고 있었다. 우리는 이 자부심을 1827년에 순교한 신대포申太甫의 사례를 통하여 확인할 수 있다. 신대포는 그의 동료에게 천주교의 특징에 대하여 당당히 말하기를 "천주교는 크게 평등한 것이다. 거기에는 대인도 소인도 없으며, 양반도 상놈도 없다"라고 하였던 것이다.[10] 또한 1801년 충청도 덕산德山에서 체포당했던 유군명Lou Koun-meing과 같은 신도는 세례를 받은 이후 자신

---

7) 조광, 1977, 「신유박해의 분석적 고찰」 『교회사연구』 1, 한국교회사연구소.
8) 달레, 앞의 책, 상, 473쪽.
9) 달레, 앞의 책, 상, 474쪽.
10) 달레, 앞의 책, 상, 388쪽.

이 소유하고 있던 노비들을 모두 해방시켜 주기까지 하였다.[11]

신분의 차이를 극복하는 새로운 공동체가 천주교 신앙을 매개로 하여 형성되어 가고 있었으며, 이 신앙공동체에서는 신분이라는 가치보다는 신앙의 의미가 더욱 존중되고 있었던 것이다. 그리고 당시의 신도들 중에는 자신의 신앙으로 인하여 노비들을 해방시켜 주기까지 한 인물도 있었던 바이다. 또한 1801년 순교한 김건순金建淳은 천주교가 '재화를 통하고 신분을 혼란스럽게하기 때문에' 신봉되는 것이라고 평가한 바가 있는데[12], 이는 당시의 교회가 가지고 있던 사회적 평등성의 실천이라는 기능을 말해 주고 있는 것으로 생각된다. 이와 같이 당시의 교회는 평등한 사회의 형성에 박차를 가해주는 역할을 맡고 있었으며, 신분의 차별이 없는 평등한 사회의 형성을 바라던 인물들에게 수용되어 나갔던 것이다. 바로 이러한 기능 때문에 최필공崔必恭과 같은 1801년의 순교자는 "대저 천주교는 유식한 사람들은 당연히 이를 행하고, 상한 가운데 조금이라도 지각이 있는 사람도 또한 천주교를 신봉한다"라고 말하였다.[13]

당시의 천주교는 이상과 같이 '사랑'을 강조함으로써 수직적인 사회질서의 해체에 일정한 기여를 하고 있었다. 그러나 천주교 교리 자체에서 신분제도의 철폐를 주장하거나, 직접적으로 사회적 평등을 역설하지는 아니하였다. 이는 당시 신도들의 양심성찰을 인도하는 책자인 『성찰기략省察記略』을 통해서 간접적으로 추출될 수 있는 바이다.

> 머음과 죵이 쥬인이나 샹뎐을 뮈워ᄒ거나 원망ᄒ거나 해롭게 ᄒ기를 머음과
> ○이 쥬인이나 샹뎐의게 순명치 아니ᄒ거나 일을 착실이 ᄒ여 주지아니ᄒ기
> 를 머음과 죵이 쥬인이나 샹뎐을 말노 속이거나 물건을 그이기를
> 쥬인이 머음이나 죵을 몹시 꾸짓거나 욕ᄒ거나 ᄯ리거나 힘에 과흔 일을 식이

---

11) 달레, 앞의 책, 중, 47~48쪽.
12) 『推案及鞫案』「邪學罪人 李基讓等推案」, 아세아문화사, 63쪽.
13) 『推案及鞫案』「辛酉邪學罪人 李家煥等推案」, 아세아문화사. "崔必恭曰 大抵天主之學 有識之士子 當爲之 常漢中稍有知覺者 亦當爲之"

　　기룰
　　　쥬인이 머음이나 죵의 령육의 ᄉᆞ졍을 도라보지 아니ᄒᆞ거나 ᄉᆞ졍을 언약대로
　　주지 아니ᄒᆞ기룰[14]

　이상의 자료에서 볼 수 있는 바와 같이 당시의 교회에서는 주인과 노비 내지는 머슴의 관계를 기본으로 하여 양심성찰을 유도하고 있었다. 이는 당시의 교회가 주인과 노비의 관계를 묵시적으로 인정하고 있었음을 뜻한다. 그러나 당시의 교회에서는 주인과 노비의 사이를 쌍무적 관계로 규정해 보고자 했던 노력의 일단을 드러내 주었다. 그리하여 머슴이나 노비의 의무뿐만 아니라 주인의 의무도 강조하고 있었으며, 이 의무조항을 위배한 사실에 대하여 성찰하도록 규정했던 것이다. 그렇다 하더라도 이는 당시의 교회가 전근대적 신분제 사회의 해체에 현재적 권능을 발휘하는 데에는 상당한 제약성을 가질 수밖에 없었음을 말하는 것이다. 그리고 당시의 사회해체에 천주교가 발휘하고 있었던 사회적 기능은 천주교 교리의 실천과정에서 드러나는 잠재적 기능이었다. 그러나 이 잠재적 기능을 통해서라도 당시의 교회는 신분제적 사회에 평등사상을 보급하는 데에 기여하였으며, 평등성의 실천을 촉구해 주었다. 그리고 이를 통하여 신분제 사회의 해체와 사회적 평등의 구현에 일정한 기여를 해주었던 것이다.

　요컨대, 조선 후기에 창설된 천주교라는 신앙공동체는 평등한 사회의 구현을 위한 구체적이고 지속적 노력을 드러내 주었다. 그리하여 신도들은 신분적 차이에 구애됨이 없이 같은 '교우'로서 신앙공동체를 이루고 있었으며, 일부의 신도는 자신이 거느린 노비를 해방하기까지 하였다. 그리고 천주교가 가지고 있는 평등을 추구하는 성격에 대하여 상당한 자부심을 가지고 있었다. 이러한 행동과 자부심의 이념적 근거는 새롭게 전파된 천주교의 교리에서 찾아질 수 있다. 비록 당시의 교리가 신분제도 자체를 완전히 부정하지는 못하였다는 제약성을 가지고 있지만, 그 교리의 구체적 실천과정에서 평등을

---

14) 『셩찰긔략』 17a~q.

추구하는 움직임은 분명히 드러나고 있는 것이었다. 그리고 이와 같은 신도들의 행동은 평등사회를 구현하려던 민족사의 흐름을 강화시켜 주는 잠재적 기능을 발휘하고 있었던 것이다.

2) 여성의 권익신장

주자학적 윤리체계가 지속되고 있었던 조선 후기의 사회에서도 여성들에게는 삼종지도三從之道와 칠거지악七去之惡이 적용되고 있었다. 또한 수직적 관계를 기본으로 하여 부부 간의 윤리가 강조되고 있었으며 여성들, 특히 양반층의 여성들은 남편을 사별한 이후에도 자유로운 재혼이 금지되어 있었다. 또한 그들에게는 가정 이외의 사회적 활동이 용인되지 아니하였다. 천주교가 창설되던 당시의 사회에서 여성들은 이와 같은 불평등한 대우를 감수해야 하였던 것이다.

조선천주교회의 눈에 비친 당시 여성의 지위는 비참하기 그지없는 것이다. 당시의 교회 당국은 조선에서 여성을 천대하고 멸시하는 것이 마치 자연법과 같이 되어 있었고 여성들은 권리도 책임도 없는 존재로 파악되고 있음을 개탄하고 있었다.15) 그리고 "여성들은 보통 처지가 불쾌하리만큼 천하고 열등한 상태에 놓여 있음"을 말하면서16), 여성의 지위향상과 권익신장을 위하여 노력하였다. 또한 '아내는 남편에 대하여 의무만을 지고 있는데 반하여 남편은 아내에 대해서 아무런 의무도 지지 않는다. 부부간의 절개는 아내에게만 의무적이며 그런 생각조차도 하지 못한다'고 불안정한 여성의 위치를 지적하고 있다.17) 그리고 축첩제도를 비난하며 양반가문에서 여성들에게 재혼을 금지하는 악습을 비판하였다.18)

---

15) 달레, 앞의 책, 상, 183쪽.
16) 달레, 앞의 책, 상, 184쪽.
17) 달레, 앞의 책, 상, 191쪽.

이러한 비난과 함께 당시의 교회에서는 인간이 영혼을 가진 존재이며[19] 여성도 남성과 다름이 없는 인격체임을 일깨워 주었다. 또한 남성과 여성의 관계에 있어서 가장 기본이 되는 부부윤리에 대해서도 천주교 교리는 주자학적 윤리에서 강조하던 수직적 관계를 수평적인 관계로 전환시켜 주었다. 우리는 당시 천주교의 교리에서 강조했던 이러한 점들을 다음의 자료를 통하여 살펴볼 수 있다.

> 부부ㅣ서로 뮈워ᄒ거나 불목ᄒ기를
> 부부ㅣ서로 뜻을 맛초기로 힘쓰지 아니ᄒ거나 일즉 죽기를 원ᄒ거늘
> 가쟝의 바른 명을 듯지 아니ᄒ기를
> 안해를 몹시 꾸짖거나 ᄯ리기를
> ᄌ식을 낫치 못홈으로 안해를 흔ᄒ기를
> 퇴즁에 안해를 몹시 굴거나 해로온 일을 식이기를
> 살기 어려움을 핑계ᄒ고 파산ᄒ거나 안히를 도라보지 아니ᄒ기를
> 분ᄒᆫ ᄆᆞ음을 먹어 오래도록 안해를 갓가이 아니ᄒ기를
> 안해의 잘못ᄒᆫ 거슬 오래도록 용셔치 아니ᄒ기를[20]

즉, 교회는 당시의 신도들에게 천주십계天主十誡 중 제 4계에 관한 양심성찰의 조목 중 위와 같은 내용들을 요구하고 있었다. 여기에서 제시하고 있는 내용은 부부의 관계에서 남편의 권리가 부녀를 일방적으로 지배하려던 데에 제동을 걸고, 남편에게 아내에 대한 의무를 강조하는 것이었다. 그리하여 부부간의 화목과 협조를 강조했으며 남편은 아내에게 폭행을 가하거나 학대하지 못하도록 촉구하였다. 또한 아내를 버리는 행위까지도 금지하고 있었던 것이다. 남편에 대한 이러한 의무의 부여는 부부윤리를 상호적·수평적 관계에서 규정해 보려던 교회가 가지고 있던 기본입장의 표현이었다.

수평적 부부윤리는『성찰기략』중 천주십계의 제 6계와 9계에 대한 성찰

---

18) 달레, 앞의 책, 상, 196쪽.
19)『빅문답』, 19b.
20)『성찰긔략』 14b~15b.

규정을 통해서도 계속 강조되고 있던 것이다.

> 첩 엇기를 원ᄒ기를
> 지아비나 안해 죽기 전에 다른 사름과 혼인ᄒ기를
> ᄂᆞᆷ을 즁미ᄒ야 첩을 두게 ᄒ거나 ᄂᆞᆷ을 도아 무슴 샤음을 범ᄒ게 하기를
> 역혼이나 녀인을 겁탈ᄒ기로 권ᄒ거나 돕기를[21]

이상에서 볼 수 있는 바와 같이 당시의 교회에서는 교회법에 입각하여 축첩蓄妾과 중혼重婚을 금하고 있었다. 그 때문에 입교 이전에 축첩했던 신도들은 첩을 포기하고서야 신앙생활을 인정받았던 것이다.[22] 중혼과 축첩의 금지는 부권우위에 대한 일종의 제동이 될 수 있었다. 또한 이것은 수평적 부부윤리를 정립시키는 데에 있어서 대전제가 되는 것이었다. 한편, 당시의 교회에서는 재혼을 금지하지 아니하고 이를 정당한 것으로 인정해 주었다. 그리고 결혼에 있어서도 당사자의 의사에 반대되는 억혼을 금지하였다. 그런데 결혼시 당사자의 의사가 흔히 무시되던 당시의 상황에서 이와 같은 주장은 특히 여성들의 의사를 존중해야 되는 방향으로 적용되고 있었을 것이다.

당시의 교회는 여성의 존재를 중히 여기고, 그들의 교회 내 활동을 보장해 주었다. 황사영의 증언에 의하면 천주교에 입교한 인물들 중에서 부녀자가 3분의 2이며, 무식한 천민이 나머지 3분의 1을 차지하고 양반 신도들은 매우 적다고 하였다.[23] 우리는 여기에서 초창기 교회에서 여성들이 상당한 숫자에 이르고 있음을 주목해야 한다. 그리고 그 여성들의 입교 동기가 어디에 있었는지를 다각적으로 검토해보아야 할 것이다. 당시 여성들의 입교 동기 중에는 여성 자신의 자각과 함께 여성에 대한 교회의 정당한 이해도 들 수 있을 것이다. 조선왕조의 여성들은 전근대적 제도에 의하여 억압받으며 사회

---

21) 『셩찰긔략』 22a~24b.
22) 달레, 앞의 책, 상, 418쪽.
23) 『황사영백서』, 20행. "婦女居其二 愚歯賤人居其一"

적 활동의 기회가 거의 없었다. 이들이 교회에 들어와서 자신의 인격을 인정
받으며, 남정들과 동일하게 신앙생활을 하였다. 이들이 남정들과 함께 종교
활동에 평등하게 참여할 수 있었다는 것은 분명히 감격적인 일이었을 것이
다. 당시의 여교우들은 신앙생활과 종교적 활동을 통하여 자신의 존재를 인
식하고 자신의 존귀함을 확인하게 되었다.

여성들이 신앙을 갖게 된 이후 남편이나 시부모로부터 가해지는 집안의
박해를 이겨나간 것은 남편이나 가문과는 별개인 자신의 존재를 인식한 까
닭이었다. 그리고 자신의 신앙을 고백하며 시집 식구들까지 입교시키려 노력
한 것은[24] 삼종의 도에 대한 거부였으며 여권에 대한 용감한 선언의 초기적
형태였다.

우리의 교회사에서는 여성들의 뛰어난 활동을 기억하고 있다. 1801년의 신
유박해 때에 순교한 강완숙姜完淑은 의지할 데 없는 여성들을 거두어 그의 집
에 살게 하였으며 처녀들을 모아 교육시켰다.[25] 김연이金連伊나 정복혜鄭福惠
는 '사학의 매파'로 불리울 만큼 활발한 사회적 활동을 하였다.[26] 또한 이순
이(李順伊, 누갈다)가 자신의 친정보다 문벌이 낮은 유중철柳重哲과의 혼인을 결
행했던 것은[27] 신분과 문벌을 존중하던 사회적 관습에 대한 도전이었다. 그
리고 19세기 중엽에 살았던 현경연玄敬連은 무식한 사람을 가르치고 냉담자를
권면하며 조심 중에 있는 사람들을 위로하고 병자들을 간호하며, 죽을 위험을
당한 외교인 어린이들에게 대세를 줄 기회를 하나도 놓치지 않았다.[28]

이러한 모든 여성 교우들의 활동은 당시 사회에 있어서 일종의 파격이었
다. 그러나 이 '파격적 행동'은 교회에 의하여 정당한 것으로 받아들여졌다.

---

24) 달레, 앞의 책, 상, 323~324쪽. 우리는 이러한 사례의 대표적 경우를 강완숙에게서 발
   견할 수 있다.
25) 『邪學懲義』, 한국교회사연구소, 95~97쪽.
26) 『사학징의』, 103쪽.
27) 달레, 앞의 책, 상, 334~335쪽.
28) 달레, 앞의 책, 중, 519쪽.

또한 그들은 '파격적 행동'에의 용기를 교회와 신앙으로부터 얻을 수 있었다. 당시의 교리에는 이상에서 살펴본 바와 같은 여성의 권익을 신장시켜 주는 요소도 있었기 때문에, 당시의 많은 여성들은 죽음의 위험을 무릅쓰고서라도 신앙을 갖고자 하였을 것이다.

요컨대, 사회적 평등에 관한 인식을 촉진시켜 주고 있었던 당시의 천주교 신앙은 그 평등에 대한 인식의 범위를 확장시켜 여성의 권익에 관해서도 관심을 나타내고 있었다. 즉, 교회는 『셩찰긔략』과 같은 윤리서를 통하여 부부 간의 관계를 주자학의 수직적 윤리로부터 새로운 수평적 윤리로 전환시켜 나가고 있었다. 그리고 결혼에 있어서 여성의 보호와, 여성 의견의 존중을 강조했고, 여성에게 재혼의 자유를 공식적으로 인정해 주고 있었다. 또한, 여성들은 교회라는 신앙공동체에서의 활동을 보장받고 있었다. 물론, 여성에 대한 이와 같은 교회의 배려는 현대의 여성개념에는 미치지 못하는 것이었다. 그러나 전근대적 사회질서에 의해 규제당하고 있던 당시 여성의 처지를 감안하여 생각할 때, 박해시대 교회의 여성관은 매우 진보적인 것으로 평가해 줄 수 있다. 이러한 점을 가지고 생각해 볼 때 교회는 여성의 자각과 그 권익의 신장에 일정한 기여를 해주었음을 우리는 알 수 있다. 그리고 여성의 역할에 대한 긍정적 인식은 조선교구의 설정으로 더욱 촉진되어 나갔던 것이다. 바로 이점에서도 우리는 교구설정의 민족사적 의미를 추출해 낼 수 있을 것이다.

3) 어린이의 보호

자식에 대한 부모의 관심은 어떠한 사회에서도 당연히 발견할 수 있다. 그러나 전근대사회에서 타인의 자식에 대한 관심과 보호를 주장하는 것은 특이한 일일 수밖에 없었다. 그런데 18세기 후반기에 창설된 조선의 교회에서는 어린이에 대한 각별한 관심을 일종의 전통으로 이어오고 있었다. 즉 부모

와 자식 간의 관계에 있어서 그 관심의 질을 높이기 위한 노력이 교회에서는
진행되고 있었다. 그리고 박해시대에도 타인의 어린이에 대한 보호운동이 교
회를 통하여 시도되었던 것이다.

어린이에 대한 보호의 정신은 인간생명의 존엄성에 대한 인식을 기초로
하고 있었다. 그러므로 성인과 마찬가지로 존엄한 영혼을 가진 존재인 어린
이를 보호하고자 하였다. 그들은 성인의 보호를 받아야 될 나약한 존재였기
때문이었다. 또한 신도들은 태아에 대해서까지도 그 생명을 존중하도록 훈육
되고 있었다.[29]

> 틴 에 조심치 아니ᄒᆞ야 락틴ᄒᆞ기를
> 락틴홀 뜻을 두기를
> 약을 먹거나 혹 무슴 법을 써 락틴ᄒᆞ기를

이와 같이 당시의 교회는 태아의 생명도 보호해야 될 대상으로 가르치고
있었다. 이러한 입장의 연장선상에서 당시의 교회는 어린이를 보호하고 훈육
해야 될 부모의 의무를 강조해 주었다. 즉, 부모와 자식 간의 관계에 있어서
자식에 대한 부모의 의무를 다음의 자료에서 살펴볼 수 있다.[30]

> 주식 잇난 거술 ᄆᆞ음에 슬회여 ᄒᆞ기를
> 주식이 만흠을 원망ᄒᆞ거나 몃치 죽기를 원ᄒᆞ기를
> 주식의 싱명이나 의식을 힘써 도라보지 아니ᄒᆞ기를
> 주식을 너무 엄히 딘졉ᄒᆞ야 그 ᄆᆞ음이 야쇽ᄒᆞ게 ᄒᆞ기를
> 주식을 뮈워ᄒᆞ거나 흔ᄒᆞ기를
> 주식을 악한 말로 꾸짓거나 욕ᄒᆞ기를
> 주식을 과도히 치거나 분노ᄒᆞ기를
> 명오 열닌 주식을 요긴혼 도리를 가르치지 아니ᄒᆞ기를
> 주식을 세쇽의 인ᄉᆞ와 례모를 쳐디대로 ᄀᆞ르치지 아니ᄒᆞ기를

---

29) 『성찰긔략』, 206쪽.
30) 『성찰긔략』, 13a-14b.

즈식의 응을 밧아 그 모병을 기르기를
즈식이 눔에게 잘못ᄒᆞᄂᆞ 거슬 알고도 ᄇᆞ려두기를
명오열닌 즈식을 외인의게 보내여 기르게 ᄒᆞ기를
즈식을 알게도 아니ᄒᆞ고 그 혼인을 뎡ᄒᆞ기를
뚤 나흔 거슬슬희여 ᄒᆞ야 산모나 ᄋᆞ희를 도라보지 아니ᄒᆞ기를

박해시대의 신도들은 어린이를 천주의 선물로 이해하도록 교육받고 있었
다. 그러므로 신도들은 자식이 있는 것을 싫어했는가, 자식의 생명이나 의식
衣食을 힘써 돌아보지 아니하였는가, 자식을 너무 엄히 다루어 자식이 마음
으로 야속해 하지는 않았는가, 그리고 자식에게 과도한 매질을 하거나 노하
지 않았는가를 자신의 양심을 성찰하는 조목 중에 포함시키고 있었다. 그리
고 이것은 자식에 대한 친권의 행사에도 어린이를 본위로 하는 제한 규정을
그 당시의 교회가 강조해 주었음을 의미한다. 또한 이에 이어서 당시의 교회
에서는 어린이에 대한 교육의 의무를 부모들에게 부과시켜 주고 있었다. 즉
『성찰긔략』에서는 명오明悟가 열린 자식에게 요긴한 도리를 가르치지 않았
나 반성하도록 기록하고 있었다. 그리고 자식에게 세속의 인사와 예법을 가
르치지 아니했는가를 반성케 하였다. 그리고 당시의 교회에서는 『취비훈몽取
譬訓蒙』과 같은 한역漢譯 아동교리서의 한글번역본을 가지고 아동들을 교육
하도록 하고 있었다.

한편, 교회에서는 부모들에게 '명오가 열린 자식을 다른 사람에게 보내어
기르게 하기를' 금지하였다. 그리고 자식의 동의가 없이 혼인을 약정하지 못
하게 하였으며, 딸을 출산한 산모를 박대하거나 딸을 돌보지 아니하는 것을
금지하였던 것이다. 이와 같이 당시의 교회에서는 자식에 대한 부모의 의무
를 강조함으로써 자식에 대한 관심의 질을 높여 주고 있었다.

그런데 당시 주자학의 부모관계는 수직적 특성을 가지고 있는 것이었다.
즉, 거기에서는 자식에 대한 부모의 의무보다는, 부모에 대한 자식의 의무가
극도로 강조되고 있었으며 '효'가 거의 절대적 가치를 가지고 있는 것으로

강조되어 왔다. 이러한 상황에서 당시의 교회는 주자학적 효도관에서는 선명히 드러나지 않았던 자식에 대한 부모의 의무를 강조하고 있었다. 여기에서 우리는 어린이를 보호하고자 하는 당시 교회가 가지고 있었던 기본적 자세의 일단을 살펴볼 수도 있는 것이다.

물론, 당시의 교회에서도 부모에 대한 자식의 의무를 강조하고 있었다. 자식은 부모에게 순명順命, 봉양奉養, 조경助慶의 의무를 가지고 있었던 것이다.[31] 그런데 여기에서도 순명이라는 자식의 의무는 상대적인 것으로 설명되고 있다.

> 문 맛당이 슌명아니홀 일도 잇나냐.
> 답 만일 부모의 명ㅎ심이 텬쥬 셩의의 합지 아니ㅎ거나 쥬로 됴경흠을 금ㅎ는 일은 슌명치 못홀지니 마치 뉘 집의 스랑보는 사름이 그 집 죵을 명ㅎ여 무슴 일을 ㅎ라 ㅎ면 죵이 싱각ㅎ야 집 쥬인의 뜻의 합ㅎ면 힝홀거시오 그러치 아니면 힝치 아님이 가ㅎ니라.[32]

즉, 위의 자료에서 볼 수 있는 바와 같이 당시의 교회에서는 부모의 명이라 하더라도 천주의 성의에 합당하지 아니하면 자식들에게 순종할 의무가 없음을 가르치고 있었던 것이다. 이러한 가르침은 "부모에 대한 효도의 근본도 천주의 명령이다"라고 했던 윤지충尹持忠의 말을 통해서 실증되고 있다.[33] 이는 부모의 명령보다 천주의 명령이 더 우위에 있음을 말하는 것이었다. 그리고 부모에 대한 순종의 개념을 상대화시키고 있는 것으로 볼 수 있다. 이와 같은 천주교의 효도관은 부모의 명에 대한 거의 절대적 순종을 강조하던 주자학적 효도관과는 차이가 나는 것이었다. 또한 이러한 새로운 효도관은 부모의 친권을 제한하고 자식에 대한 부모의 의무를 강조했던 것과 동일한 맥락에서 제시된 것이었다.

---

31) 『쥐비훈몽』 필사본, 중권, 불분면.
32) 『쥐비훈몽』 필사본, 중권, 불분면.
33) 달레, 앞의 책, 상, 346쪽.

당시의 교회에서 자식에 대한 부모의 의무를 강조한 것은 어린이도 어른과 마찬가지로 인격을 가진 존재로 인식했기 때문이다. 이 인격은 영혼을 가지고 있기 때문에 부여되고 있는 것으로 파악되었다. 따라서 당시 교회에서는 어린이를 보호할 것을 강조함과 동시에 어린이의 영혼구제에 특별한 관심을 가지고 있었으며, 위험에 처한 어린이들에게 대세代洗를 베풀 것을 의무로 규정하고 있었다. 즉 『성찰긔략』에서는 어린이가 죽을 때에 힘써 세례를 주지 않은 것을 반성하도록 하였던 것이다.[34]

이와 같은 당시 교회의 가르침에 따라 박해시대의 신도들은 어린이를 보호하기 위한 실천적인 노력을 전개해 나갔다. 그리하여 그들은 죽을 위험에 처한 어린이에게 대세를 집전하였으며 교회가 심한 박해를 당하고 있음에도 불구하고 반복되는 흉년과 그에 따른 경제난으로 인해 버려진 어린이들을 돌보기 위해 많은 노력을 경주하였다.

교회에서 어린이의 존귀함을 강조해서 가르쳐 왔기에 1819년에 순교한 조숙趙淑은 위험 가운데 놓여 있던 어린이들을 돌보고 그들에게 대세를 주기 위해 많은 노력을 할 수 있었다.[35] 그리고 19세기 중엽에 활동하였던 최양업崔良業 신부도 어린이들의 교육에 커다란 관심을 가지고 있었다. 최양업 신부는 바쁜 전교생활 중에서도 어린이에게 교리문답을 자신이 직접 가르쳤던 것이다. 또한 그는 1849년 한 해 동안 어른 181명과 어린이 94명에게 영세를 주었다. 어른 영세자에 비해서 어린이 영세자 비율이 매우 높은 것은 최양업 신부가 가지고 있던 어린이에 대한 관심의 결과로 생각된다.[36]

또한 교회에서는 1854년 어린이를 특별히 돌보기 위하여 영해회(嬰孩會, la Sainte Enfance, 어린이회)를 만들었다. '남의 급박한 것을 보고도 힘써 구하지 아니했음'을 반성하도록 하였던[37] 당시의 교회에서는 어린이의 보호도 주장하

---

34) 『성찰긔략』, 21b.
35) 달레, 앞의 책, 중, 33쪽.
36) 달레, 앞의 책, 하, 168쪽.
37) 달레, 앞의 책, 상, 346쪽.

고 있었다. 이것이 우리나라에서는 처음으로 조직된 어린이 보호단체였다. 「영해회」를 세우고 이를 유지시켜 나가는 데에는 매스트르(Maistre-李) 신부의 공이 컸다. 매스트르신부는 박해가 계속되던 중에서도 버려진 어린이들을 모아 보호하는 기관을 세웠던 것이다. 그는 '어린이들을 다른 사람들이 모르게 그리고 다른 사람들이 원하지 않더라도' 도와주기로 하였다.[38]

「영해회」의 사업은 두 가지의 목적을 가지고 있었다. 즉 첫 번째 목적은 죽을 위험에 있는 어린이들에게 대세를 주는 것이었다.[39] 그런데 교회에 대한 정부 당국의 박해로 말미암아 이 어린이회의 사업은 은밀히 진행될 수밖에 없었다. 그러므로 당시의 교회에서는 버려진 어린이들을 거두어 신자 가정에 나누어 주고 그들의 나이가 차서 다른 보살핌이 없어도 될 때까지 그들을 먹이고 키우게 하였다. 그리고 그들에게 생업을 가르치고 일자리를 알선해 주고자 하였다. 이러한 일에 소요되는 비용은 교회에서 부담되었다. 1859년의 통계에 의하면 이와 같이 어린이회의 사업기금으로 신자 가정에서 양육되었던 어린이의 숫자가 43명으로 나타나고 있다.[40]

또한, 「영해회」는 죽음에 처한 어린이들에게 대세를 주기 위하여 많은 노력을 하였다. 즉, 당시 교회는 「영해회」의 사업 중 하나로 대세를 주는 사람세 명을 임명하였다. 그리고 이러한 어린이들을 치료하고 구제하기 위하여 중요한 도시에 약국을 설치하였다.[41]

어린이를 위한 사업은 1866년의 병인박해로 인해 좌절될 수밖에 없었다. 그러다가 교회에서 어린이 보호 사업에 다시 착수하게 된 때는 1880년이었다. 당시 조선은 그 문호를 개방하였고 교회에 대한 박해가 종식될 기미를 보여주고 있었으나 완전한 신앙의 자유는 인정되지 않았다. 이러한 상황에서 교회는 버려진 젖먹이들을 위해 유모를 고용하였고 의지할 곳이 없는 어린

---

38) 달레, 앞의 책, 하, 209쪽.
39) 달레, 앞의 책, 하, 210쪽.
40) 달레, 앞의 책, 하, 297쪽.
41) 달레, 앞의 책, 하, 296쪽.

이들을 모아 신자 가정에 의탁하여 양육시켰다. 그리고 한불조약韓佛條約이 체결된 이후에는 건물을 구입하여 버려진 어린이들을 수용할 수 있게 되었다. 이리하여 한국에서는 처음으로 어린이를 위한 사회사업기관이 세워지게 되었다.[42)

요컨대 조선 후기에 전래된 천주교는 어린이 생명의 존엄성을 강조하였고 어린이에 대한 인격적 대우를 주장하고 있었다. 즉 당시 교회에서는 자식에 대한 부모의 의무를 구체적으로 제시해 주고 있었으며 어린이의 보호운동을 전개해 나갔다. 그리하여 교회는 조정으로부터 탄압이 가해지고 있었음에도 불구하고 아동을 보호하기 위한 「영해회」를 조직해서 운영하였던 것이다. 그리고 이러한 아동의 보호운동은 신앙의 자유를 얻은 이후 본격적으로 전개되어 나갔다. 어린이의 인격을 제대로 평가받도록 하기 위한 당시 교회의 노력은 전통적 조선 사회가 가지고 있었던 아동관을 수정하게 하는 데에 일정한 기여를 했던 것으로 평가된다. 그러므로 어린이의 보호를 위한 이러한 가르침과 실천적 행동은 한국천주교회가 한국사의 발전에 기여한 또 다른 측면으로 지적될 수 있을 것이다.

3. 근대문화의 형성촉진

조선후기의 사회변동은 문화의 변동과 상호 보완적인 관계를 가지고 있었다. 그리하여 조선 후기의 사회에서는 '근대를 지향하는 실학사상'이 발흥하고 있었으며[43) 민중의 자각현상과 더불어 민중문화가 형성되어 나갔던 것이다. 그런데 근대문화가 가지고 있는 특징으로는 폐쇄문화의 단계에서 벗어나

---

42) 유홍렬, 1960, 「천주교보육원(고아원)의 유래-우리나라에 있어서의 최초의 고아구제사업」 『향토서울』 9, 서울시사편찬위원회.
43) 천관우, 1970, 「한국실학사상사」 『한국문화사대계』, 고려대 민족문화연구소, 967쪽.

일종의 개방문화가 형성되는 것을 지적하고 있다. 그리고 이 개방문화는 문자의 보급, 교육의 보급을 통해서 이루어져 나가는 것이다. 또한 개방문화의 형성과정에서 정치구조와 법에 대한 새로운 인식이 강조되는 것이다. 그러므로 대중적인 문자의 보급을 위한 시도나, 민중에 대한 교육의 강조, 전통적인 정치나 법질서에 대한 반성들은 근대문화의 형성을 촉진시킨 노력으로 파악할 수 있을 것이다. 또한 문화의 보편성과 개방성에 대한 인식은 근대문화의 이해에 있어서 대전제가 되고 있다. 그런데 조선 후기 18세기 사회에 설립된 천주교회는 이러한 근대문화의 형성을 촉진시키는 현재적 기능을 담당하고 있었다. 그리고 문화변동을 촉진시켜 준 이 기능은 교구의 설정으로 인하여 더욱 강화되어 나갔다. 그러므로 우리는 이러한 측면에서도 교구설정의 민족사적 의미를 추출해 낼 수 있을 것이다.

1) 한글문화의 형성촉진

한글은 민중의 지적 무기였으며, 민중문화의 발전에 있어서 중요한 수단이 되었다.[44] 그런데 한역서학서에 접하여 이를 조선에 도입했던 초창기의 인물들은 당대에서 상당한 수준의 지식인으로 평가받고 있던 사람들이었다. 그러므로 이들은 한문서적의 이해에 있어서 결코 큰 불편을 느끼지는 아니하였다. 그러나 당시의 교회는 지식인만의 신앙공동체가 아니었고 교회 창설 직후의 인물들은 교리를 민중에게로까지 확대시키기 위한 노력을 하게 되었다. 바로 이 과정에서 한글의 가치가 재인식되었고, 한글교리서의 번역과 보급이 추진되기에 이르렀다.

즉, 교회는 창설 직후부터 민중의 글, 한글을 존중하고 있었으며, 이 특성은 한글교리서의 등장으로 인해 더욱 강화되고 있었다. 교회 창설 직후에 번

---

44) 강만길, 1976, 「한글창제의의」『분단시대의 역사인식』, 창작과 비평사, 139쪽.

역된 한글 교회서적으로는 『성경직해聖經直解』를 들 수 있다.[45] 이는 최창현 崔昌顯에 의해서 번역된 것으로서 복음서의 발췌본인 것이다. 『성경직해』의 번역은 계속되어 박해시대에 이미 4복음서의 30.68%가 한글로 번역되기에 이르렀다.[46] 『성경직해』와 같은 한글번역 성서의 출현을 통하여 당시의 민 중들은 기독교의 정수인 신약성서와 직접적인 대면이 가능해졌다.

한글 교리서의 번역은 계속 추진되어 나갔고 이 교리서의 통용범위도 점 차 확대되어 나가고 있었다. 그리하여 한글로 쓰인 교리서의 유행을 조정에 서도 경계하게 되었던 것이다. 한글 교리서가 조정에서 문제되기 시작한 때 는 교회가 창설된 5년 후인 1788년 부터였다. 이 때 충청도 일대에서는 집집 마다 한글 교리서를 간직하고 있었으며 이를 외우고 있었다 한다.[47] 그러므 로 이러한 현상에 홍낙안洪樂安과 같은 유학자는 심각한 우려를 표명하며 조 정에 상소하게 되었던 것이다. 그는 한글로 번역된 교리서를 통해 '이단사설 異端邪說'이 민중에게 감염되고 있는 현상을 문제시하고 있었던 것이다. 한편, 교회가 창설된 지 불과 얼마 되지 않아서 한글로 번역된 교리서가 충청도 산 곡에까지 유포되어 있었다는 것은 당시의 교회가 교회서적의 한글번역을 위 해 많은 노력을 경주하고 있었던 결과로 생각된다.

교회서적의 한글번역과 병행하여 한글로 된 교리서적의 저술 작업도 진행 되어 나가고 있었다. 한국인의 손에 의해 저술된 교리서로는 『주교요지主教 要旨』가 가장 대표적인 것이다. 1790년대에 정약종이 순 한글로 저술한 이 책은 상·하편으로 이루어져 있다. 상편은 하느님의 존재증명, 하느님의 속성, 불교와 도교사상에 대한 비판 등으로 구성되어 있는 호교론적 이론편이다. 그리고 하편에서는 하느님의 계시를 중심으로 한 구속론이 실려 있다. 한글 로 쓰인 이 『주교요지』는 주문모 신부가 매우 훌륭한 교리서라고 격찬한 바

---

45) 달레, 앞의 책, 하 315쪽.
46) 조화선, 1982, 「《성경직해》의 연구」 『최석우신부화갑기념 한국교회사논총』, 한국교회 사연구소, 256쪽.
47) 이만채, 『벽위편』, 열화당, 170쪽.

있었다.[48] 그리고 후대의 연구자들도 이 책이 '대중을 목표로 한 가장 편의하고 설득력 있는 저술이며 아주 훌륭한 이론 전개 방식이다'고 평가했다.[49]

1801년 신유박해로 말미암아 교회는 일대 시련을 겪게 되었다. 이때 관청에 압수되어 불타버린 교회서적은 모두 120종 177권 199책이었다.[50] 그런데 이중에서 한글로 쓰인 책은 83종 111권 128책이었으며, 한문본은 37종 66권 71책이었다. 이로써 우리는 그 당시 신도들이 읽던 책의 상당수가 한글본임을 확인할 수 있다. 1801년 당시 번역되었던 한글본 교회 서적의 제목 등을 살펴보면 다음 〔표 1〕과 같다.

이상의 〔표 1〕과 〔표 2〕에서 제시된 내용을 검토해 보면 우선 한글본이 전체에서 69.2%를 차지하고 있음을 알 수 있다. 이는 당시 신도들이 신앙생활의 대부분을 한글 교회서적에 의하여 영위하고 있었음을 뜻한다. 특히 위의 표에서 한문본 교리서와 한글본 교리서를 대조해 볼 때 성서는 한문본(3종)과 한글본(3종)이 함께 읽히고 있었으며, 한문본 성서 발췌서가 거의 다 한글로 번역되어 있음을 볼 수 있다. 그리고 신자들의 신앙실천과 직결되는 전례서의 경우에는 한글본(10종)이 한문본(4종)보다 월등히 그 종류가 많다. 또한 성사聖事에 관한 서적들을 살펴보면 한문본 교리서는 등장하지 아니한 반면 한글본 교리서가 7종種이 나타나고 있다. 이는 당시 신도들이 미사나 그 밖의 성사에 한글본 전례서와 성서서를 가지고 미사나 성사에 함께 참여하고 있었음을 의미한다.

또한 기도서나 신심묵상서의 경우에 있어서도 한글본 서적이 한문본보다 대략 50% 정도 더 많은 것으로 나타나고 있다.[51] 그리고 우리가 특히 주목

---

48) 황사영, 1851, 『帛書』, 34행.
49) 김철, 1979, 『정약종의 주교요지에 관한 硏究』, 가톨릭대학 신학부 신학석사학위논문 미간행, 28쪽.
50) 『사학징의』, 379~386쪽.
51) 기도서 중 한글본은 17종이며 한문본은 11종이다. 그리고 신심묵상서 중 한글본은 16종인 반면 한문본은 10종으로 집계되어 있다.

할 바는 신자들의 신앙생활에 있어서 중요한 규범을 제시해 주고 있는 성인
전聖人傳이나 전기의 경우에는 한글본(12종)이 한문본(3종)보다 그 종류에 있어
서 월등히 많은 것으로 나타나고 있다. 이는 신도들의 상당수가 한글로 번역
된 성인전의 독서를 통하여 자신의 신심을 다져나가며 대大데레사와 같은 종
교적 열정과 로마의 성녀 깐디다, 아가다, 빅토리아 같은 순교의 정신을 길
러나가고자 했음을 뜻한다.

〔표 1〕 1801년 당시 한글본 교회서적

分類	書　　名	卷數	所藏者			
			韓信愛	洪女家	尹鉉	喜仁
聖書	1) 성경직해(聖經直解)	3	○		○	
	2) 성경광익(聖經廣益)	1				○
	3) 성경광익직해(聖經廣益直解)	6	○			
典禮書	1) 예미ㅅ규정(禮彌撒規程)	1	○			
	2) 보미ㅅ쥬교(補彌撒主教)	2				
	3) 쥬년첨례(周年瞻禮)	1		○	○	
	4) 쥬년첨례쥬일(周年瞻禮主日)	1	○			
	5) 쥬년첨례쥬일공경(周年瞻禮主日恭敬)	1				
	6) 녀슈성탄(예수聖誕)	1			○○	
	7) 녀슈성탄첨례(예수聖誕瞻禮)	1		○		○
	8) 봉직후(封齋後)	3			○○	
	9) 져성첨례(諸聖瞻禮)	1			○	
	10) 첨례단(瞻禮單)	1				
聖事	1) 성사칠적(聖事七蹟)	1				
	2) 성교칠설(聖教七說)	1			○○	
	3) 성톄문답(聖體問答)	1				○
	4) 고회요리(告解要理)	1			○	
	5) 고경규정(告經規程)	1	○○			
	6) 고회성찬(告解聖餐)	1			○○	
	7) 성사승전(聖事承傳)	1				

분류	서명					
祈禱書	1) 성교일과(聖敎日課)	5				
	2) 천쥬성교일과(天主聖敎日課)	1				○
	3) 공경일과(恭敬日課)	1			○○	
	4) 십이면(十二面)	1				○
	5) 오비례(五拜禮)	1		○○	○	
	6) 녀수성호(예수聖號)	1		○○		
	7) 성녀수성호(聖예수聖號)	1				
	8) 천쥬십계(天主十誡)	1				○
	9) 성모미괴경(聖母玫瑰經)	1-4			○○	
	10) 천주성교도문(天主聖敎禱文)	1				○○
	11) 녀수도문(예수禱文)	1			○	
	12) 녀수성탄도문(예수聖誕禱文)	1				○
	13) 녀수슈난도문(예수受難禱文)	1			○○	
	14) 텬신도문(天神禱文)	1		○		
	15) 성인렬품도문(聖人列品禱文)				○○	
	16) 년옥도문(煉獄禱文)					
	17) 향례주성영송(向禮主聖詠誦)					
信心默想書	1) 묵샹디쟝(默想指掌)	1-4	○			
	2) 묵샹디쟝서(默想指掌序)	3				○
	3) 묵샹제의(默想諸意)	2			○	
	4) 긴요(簡要)	1				
	5) 슈란시말(受難始末)	1			○	
	6) 신공요법(神功要法)	1			○○	
	7) 사상난(四想難)	1			○○	
	8) 공경녀수성심(恭敬예수聖心)	1			○○	
	9) 성심규정(聖心規程)	1			○○	
	10) 성모미괴(聖母玫瑰)	1			○○	
	11) 성모념쥬묵샹(聖母念珠默想)	3				
	12) 오샹경규정(五傷經規程)	2	○		○○	
	13) 죠선종인(早善終仁)	1		○	○○ ○	
	14) 경언(警言)	1				
	15) 공경규정(恭敬期經)	1				
	16) 향슈보본명성(向首報本名聖)	1				
敎理書	1) 교요서론(敎要序論)	1				
	2) 천쥬교요(天主敎要)	1				
	3) 셩세츄요(盛世芻要)	1				
	4) 쥬교요지(主敎要旨)	1				
	5) 요리문답(要理問答)	1-3				

聖人等傳記	1) 성년광익(聖年廣益)	1				
	2) 성부마리아(聖婦 Maria)	1			○	○
	3) 성종도(聖宗徒)	1				
	4) 성종도보(聖宗徒譜)	1			○	
	5) 성여간지다(聖女 Candida)	1	○		○	
	6) 셩녀더리스(聖女 Theresa)	1				
	7) 셩녀아가다(聖女 Agatha)	1			○	○
	8) 셩녀위도리아(聖女 Victoria)	1			○○	
	9) 셩희네의(聖 Henricus)	1				○
	10) 셩도례의(聖 ?)	1			○○	
	11) 셩표덕서(聖 Patritius)	1			○	
	12) 셩표레리(聖 ?)	1				
	13) 유시마리가(?)	1			○	○
	14) 죄인지충일긔(罪人持忠日記)	1				
其他	1) 성모사히(聖母?)	1			○	
	2) 명도회규인(明道會規印)	1				
	3) 성교천셜(聖敎遷說)	1			○	
	4) 송경전어(頌經傳語)	1			○	
	5) 경성회례(敬省悔禮)	1			○	
	6) 티기돈온(治己敦溫)	1	○○			
	7) 바라기리(Parachritos)	1	○	○		
	8) 아요샹제(我要上帝)	1			○	
	9) 태환술(兌換術)	1			○	
	10) 이에왕흥심(이에 往하심)	1				○
	11) 젼샹(殿上)	1			○	
	12) 언교(諺敎)	1				○
	13) 범에(凡例)	1		○		
	14) 예비(豫備)	1			○	
		111	15	8	55	17

〔표 2〕

分類	書名	卷數	所藏者			分類	書名	卷數	所藏者		
			韓信愛	尹鉉	其他				韓信愛	尹鉉	其他
聖書	1) 聖經直解	5		○		信心默相書	1) 默想指掌	1	○		
	2) 聖年廣益	6-8	○	○			2) 受難始末	1		○	
	3) 聖經日課	1	○				3) 滌罪正規	2	○		
典禮書	1) 彌撒	1	○				4) 七克	6		○	
	2) 無理撒禮(?)	1		○			5) 眞福直指	1		○	
	3) 周年瞻禮	1		○			6) 溯源編	1		○	
	4) 瞻禮日記錄	4		○			7) 四末論	1		○	
祈禱書	1) 天主聖教日課	1		○			8) 默想	1		○	
	2) 日課規程略	1		○			9) 閨箴	1		○	
	3) 袖珍日課	1	○				10) 閨賢上	1	○		
	4) 日課抄	1		○		教理書	1) 天主教	2			洪
	5) 諸頌初	1	○				2) 要理問答	1-2		○	崔
	6) 聖號經	1	○				3) 三問答	1	○		
	7) 請聖號禱文	1		○			4) 教要序論	1		○	
	8) 十誡	1	○			傳記	1) 聖安德助	1		○	
	9) 聖母玖瑰經	1		○			2) 主保聖人單	1		○	
	10) 歡喜	1		○			3) 老楞佐命日記	1	○		
	11) 端一	1		○		其他	1) 明道會規	1		○	
							2) 法言	1		○	

* 총 37종 66권 71책
** 기타의 「洪」은 桃花洞洪女家/「崔」는 崔慶門家

이상의 〔표 1]과 〔표 2]에서 나타나는 서적들은 한신애韓信愛, 윤현尹鉉이나 그밖에 홍녀洪女, 최경문崔慶門과 같은 평범한 신도들의 집에서 압수되어 소각당한 것이다. 그러므로 이들의 책들만 가지고 1801년 당시 교회의 독서경향이나 한글번역의 총수를 이야기하기에는 무리한 점이 있을 것이다. 그러나 이상의 자료는 분명히 당시 교회의 일면을 나타내 주고 있는 것임에는 틀림이 없다. 그리고 이 자료를 통하여 우리는 당시의 교회가 한글의 가치를 존중했고, 한글로 교회서적을 번역하는 데에 많은 노력을 경주하였다는 사실을 충분히 이해할 수 있을 것이다.

한편 19세기에 들어와서 신도들의 신앙이 생활화되고 진전되어 나가는 과정에서 한글로 된 천주가사가 등장하게 되었다. 천주가사는 현재 192종이 조사되어 있는 바 이 중 상당수가 19세기 박해시대부터 유래하고 있는 것이다.52) 그들은 자신의 신앙고백을 한글로 된 천주가사를 통하여 표현하였다. 또한 호교론과 교리를 천주가사에 의하여 전파시켜 나가고 있었다. 이러한 천주가사는 한글의 보급과 함께 한국문학의 발전에도 일정하게 기여하였던 것으로 생각된다.

한글로 된 천주가사와 종교서적들은 1860년대 초반기에 이르러 가장 많이 지어지거나 인쇄되고 있다. 이는 18세기 말엽 교회 창설 이래 교회가 가지고 있는 한글존중의 전통을 이어 받은 것으로 평가된다. 이 때 간행된 한글본 교리서는 다음과 같다. 즉 1864년과 1865년에는 『성교요리문답』(1권 1책), 『천주성교공과』(4권 4책), 『천주성교예규』(2권 2책), 『신명초행』(2권 2책), 『회죄직지』(1책), 『영세대의』(1책), 『주교요지』(1책), 『주년첨례광익』(1책), 『천당직로』(1책), 『성교절요』(1책) 등을 들 수 있다.53) 이러한 교회서적들은 한문본으로부터의 번역본이 주종을 이루고 있다. 그런데 이 교회서적의 번역과 간행에 있어서 최양업 신부와 다블뤼(Daveluy)주교가 중요한 역할을 담당하고 있었다.54)

이와 같이 19세기 중엽 당시의 교회에서 인쇄했던 모든 교회서적들은 한글로 되어 있었다.55) 한편, 19세기 후반기에 들어와서 교회는 한글보급에 대하여 더욱 적극적인 자세를 드러내게 되었다. 즉 1866년 순교한 베르뇌(Berneux)주교는 신도들이 자신의 자식들에게 한글을 가르치도록 명하고 있었다.56)

---

52) 김진소, 1981, 「천주가사의 연구」『교회사연구』3, 269~274쪽.
53) 달레, 앞의 책, 하, 364쪽.
54) 달레, 앞의 책, 하, 299쪽·364쪽.
55) 달레, 앞의 책, 상, 136쪽.

　교회는 한글의 보급을 위해 노력했을 뿐만 아니라 한국어의 연구에 있어
서도 큰 기여를 하였다. 교회의 한국어 연구는 언어가 다른 프랑스 선교사들
을 위해 한국어를 교육하기 위한 방편이었다. 그리하여 그들은 한국어 문법
구조를 근대적인 학문 방법론에 입각하여 연구해 나가기 시작하였다. 그래서
다블뤼 주교는 신자들에 대한 성무집행 중에 생기는 짧은 여가를 이용하여
미래를 위한 일로서 『한한불사전漢韓佛辭典』을 준비하였다.[57]

　뿌르띠에(Pourthié) 신부는 『한한나사전韓漢羅辭典』을 편찬했고 쁘띠니꼴라
(Petitnocolas) 신부는 3만 이상의 라틴어와 10만에 가까운 조선어를 담은 『라한
사전羅韓辭典』을 저술하였다. 그러나 이 사전들의 원고는 1866년의 박해로 말
미암아 정부에 압수되어 소각되고 말았다.[58] 이 이후에도 사전을 만들기 위
한 새로운 노력이 계속되었다. 즉 만주에서 조선 입국을 시도하는 한편 선교
사들은 『흔불쟈전韓佛字典』의 편찬을 진행시켰다. 그리고 이 책은 1880년에
일본 요코하마에서 간행될 수 있었으며 후일 외국어 사전의 편찬과정에 있
어서 중요한 자료로 이용되기도 했다. 또한 1881년에는 한국어 문법서인
『Grammaire Coréenne』가 요코하마에서 출간될 수 있었다. 이 두 권의 책
은 한국어에 관한 과학적인 연구서 가운데 처음의 것으로 평가받고 있다.[59]

　한글에 관한 연구는 개화기 때에도 계속되고 있다. 즉 개화기 한국천주교
회의 대표적 한국인 성직자였던 한기근(韓基根, 1868~1939) 신부는 1910년 이
전에 한글맞춤법과 보조부호의 사용, 그리고 한글띄어쓰기의 원칙 등에 관하
여 연구하였다.[60] 그가 이러한 연구에 착수하게 된 것은 성경의 번역을 위한
방편이었다. 그가 번역한 『사사성경四史聖經(사복음서四福音書)』은 1910년에

---

56) 한국교회사연구소편, 1981, 「쟝주교윤시제우서」 『순교자와 증거자』, 167쪽.
57) 달레, 앞의 책, 하, 209쪽.
58) 달레, 앞의 책, 상, 137쪽.
59) 이숭녕, 1965, 「천주교 신부의 한국어연구에 대해서」 『아세아연구』, 고려대 아세아문제
　　연구소.
60) 『교회와 역사』 12, 2쪽.

간행되었는데 한글 문법에 관한 그의 연구는 이 이전에 착수되고 있었던 것이다. 그런데 유길준兪吉濬의 『대한문전大韓文典』과 주시경周時經의 『국어문전음학國語文典音學』 등이 간행된 것은 1908년이었다. 이로 미루어 보면 한기근 신부의 국어 연구도 이들과 동시대에 이루어지고 있었음을 알 수 있다.

한편, 일제시대 때 조선어학회朝鮮語學會에서 <한글 맞춤법 통일안>을 제정할 때 교회는 이에 적극 참여했으며, 그 통일안이 반포된 이후 이를 즉시 받아들여 교회의 모든 출판물에 적용시키는 진취적 자세를 보여주었다.

요컨대, 교회는 그 창설 직후부터 한글의 가치를 올바로 인정하여 교회 서적들의 한글 번역에 착수하였다. 그리고 이렇게 번역된 한글 교회서적들은 1801년 당시 최소한 87종을 헤아릴 수 있는 것이다. 그리고 선교사들이 입국하여 활동한 이후에도 교회서적은 한글로만 간행되었다. 또한 한국어의 연구에 있어서도 교회는 적극적인 기여를 하여 주었다. 그리하여 근대과학적인 사전과 문법서가 교회의 노력에 의하여 간행될 수 있었던 것이다. 한편 교회는 한글 교육을 매우 강조하고 있었던 것이다. 이와 같은 당시 교회의 활동을 살펴볼 때에 한국교회는 민중문화의 요체가 되는 한글문화의 형성과 발전에 일정한 기여를 해주었던 것으로 평가할 수 있다. 교회는 천시되던 한글의 참된 가치를 인식했고, 이를 활용하여 교리서와 신심서들을 그리고 천주가사를 저작하였다. 이러한 실천적인 노력을 통하여 조선의 천주교회는 한글의 가치를 공인한 최초의 집단이 되었고, 한글의 발전에 일익을 계속하여 담당하게 되었던 것이다.

2) 새로운 정치구조와 법에 대한 인식

조선왕조의 전통적인 지배체제는 왕정의 형태를 갖추고 있었다. 왕정은 신분제적 질서를 기본으로 하여 형성된 것이다. 즉 왕이나 양반·귀족이 민중 위에 군림할 수 있었던 근거는 신분제적 질서에 있었던 것이다. 이와 같이 지배의 합법성이 혈연이나 신분에서 구해지고 있던 당시 평등을 역설하는 천주교의 교리는 당시 사회의 근본 구조를 부인하는 것이었다. 그리고 그러한 부정은 정치체제에 대한 반성으로 연결될 수 있는 성질의 것이기도 하였다.

당시의 천주교 서적에서는 교황제도에 대하여 언급하고 있었다. 교황제도에 대하여 언급된 대표적 저서는 마테오 리치(Matteo ricci, 利瑪竇, 1552~1610)가 지은 『천주실의天主實義』를 들 수 있다.

> 자료 A : 西士曰……又立有最尊位 曰敎化皇 以繼天主 領敎諭世爲己職 異端邪說 不得作於列國之間 主敎者之位 亨三國之地 然不婚配 故無有襲嗣 惟擇賢而立 餘國之君臣 皆臣子服之 蓋旣無私家 則惟公是務 旣無子 則惟以兆民爲子 是故迪人於道 惟此殫力 躬所不能及 則委才全德盛之人 代誨牧于列國焉[61]

> 자료 B : 셔ᄉᆞ굴ᄋᆞᄃᆞᄃᆡ……ᄯ또 ᄀᆞ장 놉흔 위로 셰우니 글온 교화황이라 오롯이 텬쥬를 밧드러 교를 펴 셰샹을 훙유홈으로써 ᄌᆞ긔 직분을 삼고 이단샤도를 그 ᄉᆞ이에 힝치 못ᄒᆞ게 ᄒᆞ고 그 위에 세 나라 디방을 누리나 그러나 혼비ᄒᆞ지 아니ᄒᆞᆫ고로 위를 잇ᄂᆞᆫ 아들이 업고 오직 현쟈를 ᄐᆡᆨᄒᆞ야 세우고 그 나마 나라 인군과 신하들이 다 신즈로 복죵ᄒᆞ니 대개 ᄉᆞᆺ집이 업ᄉᆞᆫ즉 오직 공변된 회로써 힘쓰고 임의 아들이 업ᄉᆞᆫ즉 오직 만민으로써 ᄌᆞ뎨로 삼으니 이런 고로 다만 힘쎠 ᄉᆞ름을 인도ᄒᆞ야 도를 힝케ᄒᆞ고 몸소 잇지 못ᄒᆞᆯ 직됴 온젼ᄒᆞ고 덕이 셩ᄒᆞᆫ 쟈를 맛겨 뒤신 렬국에 젼교ᄒᆞ니라.[62]

이상의 자료 A는 1601년 북경에서 개판된 『천주실의』의[63] 내용 중 교황에 관한 설명 부분이다. 그리고 자료 B는 위의 자료와 같은 조목에 해당하는 19세기 전반기의 한글 번역본이다. 그런데 『천주실의』는 이미 17세기 초부

---

61) 利瑪竇, 『天主實義』(委巷·納匝肺靜院) 下, 第 8編, 63面.
62) 『텬쥬실의』(서울·韓國敎會史硏究所) 574쪽. 이 한글번역본은 적어도 1834년 이전에 완성된 것으로 보인다. 왜냐하면 빠리 外邦傳敎會에서는 Mateo Ricci的 傳敎方法에 대하여 부정적 견해를 가지고 있었으므로, 선교사들이 朝鮮에 입국한 1834년 이후 이 『텬쥬실의』의 번역은 사실상 어려웠을 것으로 생각되기 때문이다.
63) Pfister, Notices Biographiques et Bibliographiques, 1932, Changhai : Imprimerie de la Catholique,Tome Ⅰ, p.34.

터 조선에 전래되어 식자들에게 읽히고 있었다. 조선의 학자들은 대부분『천
주실의』를 통하여 서학사상과 접촉할 수 있었다.[64] 그리고 일반 민중들도 한
글로 번역된『텬쥬실의』를 가지고 있었으며 이를 통하여 천주교에 대한 이
해를 깊이 할 수 있었을 것이다.

　이상의 자료에서는 교회의 최고 통치자인 교황이 현자 중에서 선택되며
이렇게 즉위하고서도 강한 권위를 가지고 있는 것으로 묘사되고 있다. 그런
데 여기에 언급되어 있는 선출의 방법을 통한 교황제도의 존재는 당시의 지
배층에게 상당한 충격을 주고 있었다. 교황제도의 존재는 지배자를 선거할
수도 있다는 새로운 정치행위에의 가능성을 시사해주는 것이었기 때문이다.
우리는 지배자의 '선출'이라는 문제가 조선 후기에 던져준 충격의 예를 채제
공蔡濟恭을 통하여 살펴볼 수 있다. 그는 일찍이『천주실의』를 읽었다.[65] 그
리고 그는 교황제도를 다음과 같이 비판하고 있다. 즉 그는 말하기를 "그 나
라 풍속에는 본래 왕이 없으므로 일반인 가운데 좋은 사람을 택하여 왕으로
세운다 하니 이는 더욱 극히 흉악한 것이다"라고 하였다.[66] 그리고 그는 이
때문에 천주교란 국왕도 모르는 '무군지교'라는 비난을 받아야 한다고 생각
하였다. 천주교를 통한 새로운 정치체제에 대한 이해를 막아보려던 집권층의
노력과 두려움이 '무군의 교'라는 비난 안에 함축되어 있는 것이다. 이러한
그의 비난을 통하여 교황선출제도가 당시의 왕조적 지식인에 던져준 당혹감
을 우리는 파악할 수 있을 것이다.

　교황제도를 통하여 시사된 새로운 정치체제는 집권층에게는 당혹감을 주
었다. 그러나 민본과 민권을 논하던 실학자에게는 새로운 정치구조에 대한
개안의 기회를 제공해 주었을 가능성이 높다. 우리는 이에 관한 예를 다산
정약용丁若鏞을 통하여 살펴볼 수 있다. 천주교 신자로서 초기 교회사에서 큰

---

64) 이원형, 1975,「조선후기 실학자의 서학의식」,『역사교육』17, 역사교육연구회.

65) 조광, 1973,「번암 채제공의 서학관 연구」,『사총』17·18합집, 역사학연구회, 311쪽.

66)『正祖實錄』卷33 , 15年 10月 丙寅, "其國俗 本無君長 擇於凡民中純陽者 立以爲
　君云 尤極凶惡"

역할을 담당했던 실학자 정약용의 사상이 형성되는 과정에서 천주교는 일정한 영향을 주었던 것으로 연구되고 있다. 그런데 정약용은 그의 논문『탕론湯論』을 통하여 새로운 정치 구조를 제시해 주었다. 즉 그는 혈연에 기반을 둔 세습적인 왕의 존재나 관리의 임명에 반대하였다. 그리고 천자는 추대에 의해서 선출되어야 할 것으로 파악하였다. 그리고 모든 관리도 이에 준하여 선출될 것을 바랐다. 즉 그는 공직자들은 대중이 추대하지 않으면 그 자리에 오를 수 없음을 명백히 하였던 것이다.[67] 이러한 정약용의 주장은 선진시대의 유학사상을 표방하고 있는 것이기는 하지만, 교황제도라는 모델에서 일정한 영향을 받았을 가능성을 완전히 배제할 수는 없다. 그는『천주실의』의 내용을 누구보다도 잘 알고 있었던 인물이기 때문이다. 그리고 이와 같은 추정이 성립될 수 있다면, 천주교의 서적은 새로운 정치체제에 대한 인식을 가능케 하는 데에 일정한 기여를 했던 것으로 볼 수 있다.

조선의 전통사회에 있어서 법이란 지배자의 엄한 명령을 뜻하는 경우가 많았다. 반면에 교회에서 역설한 법은 하느님이나 자연의 고도한 질서를 인간이 구체화한 것이다. 조선왕조의 법은 주로 행정법이나 형법에 속하는 것들로서 민중들은 가능한 이를 피해보고자 하였다. 그러나 교회에서는 이러한 법들 이외에 하느님이 질서 지워준 자연이나 마음의 법이 있었음을 일깨워 주고 있었다.

초기 교회의 신도들은 이 '마음의 법' 즉 '양심법'을 강조함으로서 국가에서 제정한 실정법을 상대화시키는 작업을 실천하고 있었다. 물론 당시의 교회에서도 '나라의 옳은 법을 지켜야 함'을 강조해 주었다.[68] 그러나 교회에서는 양심을 강조하고 있었다. 즉, 당시의 신도들에게는 십계명의 실천이 요구되고 있었으며, 십계명은 가장 중요한 신도의 법이었다. 그런데 이 십계명

---

67) 조광, 1976,「정약용의 민권의식연구」『아세아연구』19, 고려대학교 아세아문제연구소, 66~69쪽.
68)『셩찰긔략』, 20a. "나라의 올흔 법을 직희지 아니ᄒ기를"

IV. 조선교구설정의 역사적 의미 103

에 대한 당시의 해석은 "십계ᄂᆞᆫ 턴쥬ㅣ 인류를 내시매 그 량심에 부쳐 주신
바 당연ᄒᆞᆫ 도리니라"고 규정함으로써[69] 양심에 근거한 법만이 당연한 것임
을 말하고 있었던 것이다.

그리고 이와 같은 가르침 때문에 1798년 충청도에서 순교한 이도기李道起
는 왕의 법과 양심의 명, 즉 천주의 명이 가지고 있는 상호관계를 다음과 같
이 설명하고 있다.

> 이 세상 임금들의 명령을 지극히 조심하여 반포하고 따라야 하거든, 하물며 이
> 세상 임금들의 명령보다 더 무섭고 더 두려우면서도 더 사랑스러운 천주의 명령
> 이겠습니까. 천주는 전능하시고 지존하시며, 모든 왕들보다도 만 배나 더 훌륭한
> 분이십니다.[70]

충청도 청양靑陽에서 태어나 '글을 배운 바가 없었던' 이도기는[71] 양반 지
식층과는 다른 민중의 일부였다. 그러나 그는 후일 교리의 학습을 통하여 왕
법을 상대화하고 천주의 법, 양심법의 우위를 이와 같이 주장하고 있었던 것
이다. 그리고 이와 같이 왕법을 상대화하고 자신의 주장을 굽히지 아니하는
데에서 우리는 왕법에도 저항할 수 있는 새로운 자아가 각성되고 있음을 느
낄 수 있다. 그리고 양심법 내지는 천주의 명이 왕법보다 우세함을 나타내는
주장은 박해기의 순교자들에게서 계속하여 드러나고 있다. 조정의 관리들은
'당신의 말이 좋고 이치에 맞는 말이오. 그러나 국왕이 천주교 신앙을 금하
니' 배교를 하도록 체포된 신도들에게 권하였으나[72] 그들은 왕법에 저항하
며 양심을 고백하였던 것이다.

즉, 초기 교회사에서 등장하는 순교자 윤지충尹持忠은 조상 제사를 강요하
고 유교적 문화질서의 복귀를 권하는 관리들에게 '나는 차라리 사대부에게

---

69) 『백문답』, 6a.
70) 달레, 앞의 책, 중, 407쪽.
71) 달레, 앞의 책, 중, 400쪽.
72) 달레, 앞의 책, 중, 104쪽.

죄를 지을지언정 천주께 죄짓기를 원하지 않는다'고 말하며 기꺼이 죽음의 길을 택하였다. 그리고 정하상丁夏祥을 비롯한 그 후의 순교자들도 서슴없이 천주의 법과 명령이 사대부들의 그것보다는 더욱 중요한 것임을 밝히었다.[73] 그들은 오류를 범할 수 있는 관리나 양반 사대부의 법을 따르기보다 천주가 명한 양심의 법을 따르고자 하였다. 또한 그들은 배교를 거부하며 관장들에게 말하기를 "조정이 진리를 발견하기 전에 백성이 먼저 알아낼 수도 있다. 우리나라에 지금 바로 이러한 일이 일어나고 있다"는 상황판단에 입각하여[74] 왕법을 거부했던 것이며, 양심법이 인간의 법보다 우위에 있음을 밝혀 주었다. 우리는 이러한 순교자들의 태도에서 양심법 내지 자연법에 관한 관념과 이해를 그들이 가지고 있었음을 확인할 수 있다. 또한 박해기 신도들에게 읽혀지던 교회의 서적에도 '양심법'의 존재가 언급되어 있다. 그리고 신도들이 암송해야 될『성교요리문답』의 내용에도 이 마음법에 대한 언급이 나오고 있다.[75] 박해시대의 한국천주교회는 이와 같은 가르침을 통하여 자연법의 존재를 확인시켜 주었으며 자연법 사상을 보급해 나갔다.

또한 개화기 새로운 법률체제가 우리나라에 도입될 때『경향신문京鄕新聞』과『보감寶鑑』을 통하여 교회는 일반인을 상대로 한 법률계몽운동을 전개해 나갔다. 그리하여 법과 정치, 윤리를 분리시켜 법의 독자성을 밝혔고 법의 대중화에 선구적 역할을 담당하였다.[76] 개화기에 본격적으로 진행된 교회의 이러한 법률계몽운동도 자연법에 대한 일반 신도들의 기본적인 인식을 배경으로 전개된 것이었다.

요컨대, 교회서적은 조선 후기의 일부 인사들이 지배자의 선출이라는 새로운 정치체제에 대한 전망을 제시하는데 도움을 주었을 가능성이 높다. 그리고 교회는 자연법 사상을 보급하고 양심의 가치를 일깨워 주며 이를 통하

---

73) 정하상,「上宰相書」『순교자와 증거자들』, 136쪽.
74) 달레, 앞의 책, 중, 136쪽.
75)『성교요리문답』(筆寫本) 不分面.
76) 최종고, 1979,「한말 경향신문의 법률계몽운동」『한국사연구』 26, 한국사연구회.

여 왕법에도 저항할 수 있는 자아의 인식을 가능하게 해주었다. 또한 교회는 개화기에 들어와서 법의 대중화와 생활화를 위해서도 일익을 담당하였다. 교회사에서 나타나는 이러한 점들은 한국문화의 발전에 영향을 줄 수 있었던 요소 중의 일부로 생각된다. 그러므로 우리는 여기에서 한국교회사의 민족사적 의미를 음미해 볼 수도 있을 것이다.

3) 문화의 개방성에 관한 인식

조선후기의 사회는 유교문화의 가치가 우위에 놓여 있었던 사회였다. 이 때의 유교문화는 주자학을 정통으로 하고 있었으며, 주로 지배층에 의하여 유지되고 있었다. 물론 당시에도 유교문화 이외에 불교나 도교문화적 요소도 있었던 것이며, 주자학 중심의 유교문화를 개혁해 보려던 새로운 사상운동이 전개되어 나가고 있었다.[77] 그러나 그 때에도 조선왕조 당국의 문화에 대한 기본적인 입장의 주자학적 정통성을 강화시키고자 하는 데에 있었다. 그리고 조정의 이러한 경향은 민중의 각성에 대한 지배층의 반동기였던 세도정치 하에서 더 편만해 갔다. 이의 당연한 결과는 문화에 대한 폐쇄성의 강화로 나타났던 것이다.

그런데 조선 천주교회가 창설된 이후 신도들의 신앙행위는 당시의 문화적 폐쇄성에 대한 저항이었으며, 문화의 개방성을 주장하고자 하는 행동이었다. 그러나 이러한 행동에 대하여 조정에서는 엄격한 금령으로 탄압하고 있었다. 신도들은 종교를 실천할 아무런 자유도 없었다. 그들은 마치 큰 죄를 지은 듯이 항상 떨고 있었으며 사람들은 그들을 흉악범처럼 증오와 경멸로 대하고 있었던 것이다.[78] 그들은 죽음을 각오하고 신앙을 가져야 했으며 자신의

---

77) 이러한 사상운동의 대표적 사례는 실학을 들 수 있다. 또한 예술분야에 성취된 새로운 업적들도 이와 같은 맥락에서 파악될 수 있을 것이다.

78) 달레, 앞의 책, 중, 160쪽.

신앙이 가지고 있는 정당성을 주장하고자 하였다.

당시의 신도들은 자기변호의 과정에서 강력하게 문화의 보편성과 개방성을 추구하고 있었다. 우리는 이러한 사례를 1798년에 순교한 이도기 및 1839년의 순교자인 정하상을 통하여 살펴볼 수 있을 것이다. 여기에서 우리는 이도기를 통하여 당시의 양인층 신도들이 가지고 있었던 '문화의 보편성'에 관한 이해를 살펴볼 수 있다. 그리고 정하상을 통하여서는 유교적 교육으로 훈도되기도 했던 지식인 신도들의 이에 관한 견해를 검토해 볼 수 있을 것이다.

> 이도기는 대답하였다. "저는 무식한 탓으로 선비들의 몫으로만 되어있는 공맹지도는 알지 못하며, 불교는 중들에게만 관계되는 것입니다. 그러나 천주교는 모든 사람을 위하여 만들어진 것입니다…이마두利瑪竇가 중국과 다른 데서 전파한 도리는 그의 것이 아니라 천지대군의 도리입니다."79)

> "천주교가 외국의 도라 하여 금한다는 말이 있습니다…우리나라에서 불교를 숭상하지만 이 불교도 근본은 외국의 도리가 아닙니까."80)

이도기는 유학과 불교를 선비나 승려들에게만 국한된 일부 특수 계층의 전유물로만 파악하였다. 그는 유학이나 불교를 이해할 수 없었던 것이다. 그러나 그는 천주교는 유학이나 불교와는 달리 모든 사람에게 개방되어 있는 보편적 진리임을 확신하고 있었다. 그런데 그는 '폐쇄성'을 가진 불교나 유교의 신앙이 조선에서 용납되고 있었던 반면, 보편적 특성을 가진 천주교 신앙이 거부되는 상황을 이해할 수 없었다. 그러므로 그는 유교와 불교의 문화로 제한되어 있던 당시의 풍토에 반발하며, 보편적 진리라고 확신하던 천주교 신앙에 대한 문화적 개방을 요구하였던 것이다.

한편, 정하상은 『상재상서上宰相書』에서 천주교의 근원이 외국에 있다 하

---

79) 달레, 앞의 책, 상, 402, 407쪽.
80) 『순교자와 증거자들』, 133쪽.

여 이를 탄압하던 당시의 정책에 저항하였다. 그리고 그는 조선에서 신봉되고 있던 불교도 그 근원이 외국에 있음을 밝힘으로써 외국에 근원을 둔 신앙이라 하여 무조건 배격되어서는 안 된다는 입장을 취하고 있었다. 그러나 그는 굳이 유교의 근원도 조선이 아닌 중국에 있는 것임을 밝히려 하지는 아니하였다. 이는 그의 '상재상서'가 유교적 관료를 설득하기 위해서 쓰였고, 그 자신이 보유론적 견해를 가지고 있었기 때문일 것이다. 그는 천주교가 "효제충신孝悌忠信과 오륜삼강五倫三綱에서 벗어나지 아니하며, 유교와 백성에게 해될 일이 없는" 것으로 말하고 있었다.[81] 바로 이러한 입장 때문에 그는 유교의 발상지에 관한 문제를 논의하지는 아니하였지만 불교의 사례를 지적하여 다른 외래종교가 조선에서도 신앙되고 있는 현상을 지적했던 것이다. 그리고 천주교는 "지극히 공변되며 거룩한 교회이고……이 도는 지식있는 사람 뿐 아니라 남녀노소와 동서남북인 마땅히 해야 할 도리이다.……성교 도리는 거짓됨이 없고 영원히 어긋남이 없다"고 말하면서[82] 보편적 진리에 대한 신앙의 자유를 요구했던 것이다. 즉, 그는 이와 같은 확신 때문에 유학에 관한 편협한 해석을 반대하고 보유론적 입장을 취하면서 '공변된 가르침'인 천주교의 수용에 조정 당국자는 탄력성이 있어야 될 것으로 생각하였다. 그리고 이와 같은 그의 견해는 보편적 진리를 존중하는 개방된 문화풍토의 형성을 주장한 것으로도 볼 수 있는 바이다.

1850년대에 이르러서도 천주교가 '보편적 진리'임을 확신하고 이에 대한 문화적 개방을 요구하는 움직임은 계속되어 나갔다. 이에 관한 사례는 1850년 당시 신도들에 의해 널리 불리우고 있던 「亽향가思鄕歌」의 가사 내용을 통하여 추출될 수 있을 것이다.[83]

---

81) 『순교자와 증거자들』, 119쪽.
82) 『순교자와 증거자들』, 131쪽.
83) 「천주가사」『교회사연구』 3, 293쪽.

<원문>	<현대문>
쥬공제례 곳칠소냐	周公祭禮 고칠소냐
졍쥬가례 곳칠소냐	程朱家禮 고칠소냐
삼년졔도 아니ᄒ니	三年祭도 아니하니
뉘가너를 싱쟝ᄒ야	누가너를 生養한가
도리셜ᄉ 올타ᄒᆫᄃᆯ	道理設使 옳다한들
놈안ᄂᆫ걸 ᄒ쟌말가	남않는걸 하잔말가
동국에서 싱쟝ᄒ야	東國에서 生長하여
셔국법도 힝홀진ᄃᆡ	西國法道 행할진대
동국의관 쓰지말지	東國衣冠 쓰지말지
너희도리 올타ᄒ면	너희道理 옳다하면
죽이기ᄂ 무슴일고	죽이기는 웬일인가
부모동생 빅반하니	父母同生 背叛하니
대죄인이 아닐넌가	大罪人이 아닐넌가

「ᄉ향가」에서는 이와 같이 당시 천주교에 대한 일반적인 비난을 지적하고 있다. 즉, 당시인들은 천주교 신도들이 문무주공文武周公의 전통과 주자가례 朱子家禮를 무시하며 유교적 상례나 제례도 존중하지 않음을 비난하고 있었 던 것이다. 그리고 당시의 신도들은 서국의 법도며 도리인 천주학을 하고 있 는 것으로 인정되고 있었다. 따라서 서국법도를 따르려면 동국의 의관도 쓰 지 말라고 비난하며, 천주교에 대한 조정의 탄압이 일리가 있는 것이라는 견 해를 가지고 있었다. 이는 문화적 폐쇄성을 단적으로 나타내는 견해였다. 그 런데 이러한 비난과 오해가 가해지고 있었던 상황에 대해 당시의 신도들은 같은 「ᄉ향가」 안에서 다음과 같이 대답하고 있다.[84]

---

84) 「천주가사」 『교회사연구』 3, 296~297쪽.

<원문>　　　　　　　　　　　<현대문>

다행ᄒ다	우리교우	多幸하다	우리敎友
죠물진쥬	엇엇고나	造物眞主	얻엇구나
모로ᄂᆞᆫ것	알아내고	모르는것	알아내고
어두온거	붉혀내니	어두운것	밝혀내니
엇지ᄒᆞ야	이런도를	어찌하여	이런道가
츰된줄을	모로ᄂᆞᆫ고	참된줄을	모르는고
그라다고	훼방ᄒᆞ며	그르다고	毁謗하고
외국도라	ᄇᆡ ᄒᆞ면	外國道라	排斥하면
외국문ᄌᆞ	엇지쓰노	外國文字	어찌쓰노
의예복서	로불도도	儀禮卜書	老佛道도
동국법이	아니로다	外國法이	아니로다
원근디방	의론말고	遠近地方	議論말고
올흐며ᄂᆞᆫ	좃ᄂᆞ니라	옳으면은	쫓느니라
슬펴보고	슬펴보며	살펴보고	살펴보며
혜여보고	혜여보라	세어보고	세어보라
네평싱의	쓰ᄂᆞᆫ힝도	네平生에	쓰는行道
외국소래	불소토다	外國所來	不少토다
가례거니	샹례거니	家禮거니	喪禮거니
본국의서	지은거냐	本國에서	지은거냐
복서거니	슐서거니	卜書거니	術書거니
외국문서	아닐너냐	外國文書	아니런가
너희밋ᄂᆞᆫ	석가여릭	너희믿는	釋迦如來
셔국소산	아닐너냐	西國所産	아니런가
미친마귀	속인슐을	미친魔鬼	속인術을
엇지ᄒᆞ야	밋엇던고	어찌하여	믿었던가
인쟈은쥬	셰운교를	人子恩主	세운敎를
엇지ᄒᆞ야	훼방ᄒᆞ뇨	어찌하여	毁謗하나

　이 가사에서 볼 수 있는 바와 같이 그들은 천주교 신앙을 '참된 도'로 이해하고 있었기 때문에 '어찌하여 이런 도를 참된 줄을 모르는가'라고 했던 것이다. 그리고 이 '참된 도'를 외국의 종교라고 배척하는 데에 대하여, 조선에서는 외국문자인 한자를 왜 쓰고 있는가를 반문하였다. 또한 노가사상, 불교사상, 도교사상도 모두가 '동국법'이 아니라 중국이나 서역에서 발원한 것임을 지적하였다. 그리고 일상생활의 과정에서도 많은 외래의 것이 있음을

지적하면서 일종의 '사술(邪術)'인 불교는 인정하면서도 천주교를 배격하는
이유가 무엇인지를 반문하고 있었다.

여기에서 우리는 당시 신도들이 가지고 있었던 문화의 보편성 내지는 진
리의 보편성에 대한 확신을 읽을 수 있다. 그리고 그들은 당시 상당수의 사
람들이 중국의 문화와 조선의 문화에 대한 구별을 거부하던 태도와는 달리
중국도 외국임을 주장할 수 있었다. 그러므로 그들은 중국에서 유래한 문자
나 서적들도 '외국문자'이며 '외국문서'라고 분명히 말할 수 있었다. 그런데,
그들의 기본적인 입장은 외국의 것이라 하더라도 옳고 좋은 것이면 수용해
야 한다는 것이었다. 이러한 그들의 주장과 태도를 통하여 우리는 당시의 신
도들이 문화 내지는 진리의 보편성을 이해하고 있었고 이 보편적 진리를 받
아들이고 용납하는 개방적 문화의 형성을 주장하고 있었음을 알 수 있는 바
이다. 만일, 천주교회의 신도들에게 위와 같은 관념과 태도들이 드러나지 않
았다면 그들의 신앙행위나 순교라는 행동은 일종의 광신행위에 지나지 않았
을 것이다. 그러나 그들은 뚜렷한 논리와 확신을 가지고 있었다. 그리고 이
와 같은 당시 문화의 폐쇄성을 타파하고자 하던 주장과 행동은 근대문화의
형성에 있어서 일익을 담당한 것으로 평가할 수 있을 것이다.

그러나 박해시대의 천주교 신도들이 보편적 진리에 대한 이해를 갖고 있
었고, 문화의 개방성을 주장하는 논리와 행동을 가지고 있었다 하더라도 여
기에는 제약성이 있었던 것이다. 즉, 그들의 폐쇄적인 문화를 개방적인 것으
로 바꾸려 하였지만, 그 개방적인 문화가 가져야 할 특수성에 관한 인식이
부족하였다.[85] 또한 그들은 문화의 보편성을 밝힘과 동시에 천주교 신앙의
자유를 획득함으로써 한국 문화에 다양성을 부여해 보려고 하기는 하였지만,
조선의 교회가 한국문화의 발전에 기여하기 위한 좀 더 적극적인 노력을 드
러내지는 못하였다. 아마도 이러한 노력의 결여는 '박해'라는 당시의 상황

---

85) 박해시대 신도들이나 교회에서는 토착화에 대한 적극적 인식이 부족하였음을 지적할
　　수 있을 것이다.

때문에 야기된 불가피한 현상이었을 것이다. 그러나 '박해'라는 외적 상황만으로는 이러한 노력의 부족에 대한 변명이 충분히 못할 것이다.

요컨대, 조선 후기의 사회에 전래된 천주교 신앙은 진리의 보편적 특성에 대한 인식을 강화하는 데에 기여해 주었다. 그리고 이러한 개념에 입각하여 당시의 폐쇄적 문화현상에 도전하여 문화의 개방성을 주장하기도 하였다. 그리고 그 신도들 중 많은 사람들이 이를 위하여 자신의 목숨을 희생하기도 하였다. 이러한 그들의 행위는 개방적 한국문화를 형성하는데 중요한 역할을 담당할 수 있었을 것으로 생각된다. 그러나 그들은 개방적인 문화가 가져야 될 구체적 성격과 민족문화의 발전에 대한 자신의 기여에 관해서 구체적인 견해를 드러내지는 못하였다. 그런데 이러한 제약성이 있다 하더라도 개방문화의 형성에 대한 그들의 주장이 한국근대문화의 형성을 촉진시켜 준 요소 중 일부임을 우리는 확인할 수 있다. 그리고 여기에서 우리는 한국교회와 조선교구가 민족사회에 끼친 긍정적 영향을 지적할 수 있는 바이다.

4. 민족운동에의 기여

19세기 이후 조선왕조의 역사는 근대로의 전환기에 접어들었다. 그리고 19세기 후반기 개항 이후에 이르러서 조선왕조는 제국주의의 침입에 직면하게 되었다. 이 상황 아래에서 조선에서는 제국주의의 침략에 저항하는 민족주의 운동이 강력히 전개되었다. 당시의 민족주의 운동은 대체적으로 두 종류의 방향에서 전개되었다. 즉, 민족주의 운동의 첫 번째 방향은 실력배양을 통해 외세에 맞서보려던 경향이었다. 흔히 애국계몽운동으로 불리는 이러한 경향은 교육구국을 부르짖고, 언론출판활동을 통해 민중을 계몽하려던 것이었다. 그리고 이것은 온건한 민족주의 운동으로 파악될 수 있을 것이다.

반면에, 조선에 대한 침략세력에 맞서 무장 항쟁을 전개하는 적극적인 민족주의 운동도 있었다. 그런데 당시 교회의 공식적인 입장은 애국계몽운동을 지지하고 이를 장려하려는 것이었다. 그러나 당시의 교회당국은 일제에 대한 무장 항쟁에는 부정적 태도를 가지고 있었다. 그렇다 하더라도 당시 교회의 신도들 중에서는 이러한 교회 당국의 공식 견해를 부정하며, 직접 무력항쟁에 종사한 사례를 볼 수 있다. 이들의 일제에 대한 무력저항은 당시의 교회사에서 제외시킬 수 없는 중요한 부분을 형성하고 있다. 그리고 우리는 여기에서 민족운동의 전개에 기여한 교회사의 한 단면을 찾을 수 있을 것이다. 그러나 당시 교회의 민족주의 운동에 대한 기여는 제한적일 수밖에 없었다. 교회에서 장려하던 교육이나 언론출판활동에 있어서도 다른 종교단체나 사회단체의 활동과는 비길 바가 되지 못하였다. 더군다나 일제에 대한 무장저항운동에 교회 당국의 공식 후원이 있을 수도 없었던 것이기 때문이다. 민족운동의 촉진에 대한 이와 같은 상대적 열세는 한말의 교세에도 직접적인 영향을 주게 되었던 것으로 생각된다. 그리하여 당시의 천주교는 교세의 신장보다는 답보상태에 머물게 되었을 것이다.[86] 그러나 민족운동에 대한 교회의 기여가 비록 상대적인 열세에 놓여 있었다 하더라도 이 분야에 대한 교회의 기여를 전혀 도외시할 수는 없을 것이다. 즉 당시의 교회는 민족운동에도 제한된 범위에서나마 기여한 바가 있었던 것이다.

1) 근대적 교육의 촉진

조선에 천주교가 도입된 배경 가운데 하나로 우리는 당시의 학자들이 서양의 과학기술에 대해 호기심을 가지고 있었던 사실을 들 수 있다. 이승훈이 서양의 수학에 큰 관심을 가지고 북경의 선교사들에게 이를 배우려 했던 점

---

[86] 오경환, 1983, 「체코교회와 교세변동의 요인고찰」 『가톨릭사회과학연구』, 한국가톨릭사회과학연구회, 87쪽. 여기에서는 민족운동에 대한 교회당국의 태도가 교세의 변동과 직결되고 있음을 밝혔다.

은 바로 이와 같은 당시의 사정을 반영한 것이었다.[87] 우리나라의 천주교회
는 그 도입 초기부터 서양의 학문과 밀접한 관계를 가지고 있었다. 그런데
한국사에서 교육의 근대화를 성취하고자 하던 노력은 서유럽의 학문을 도입
하려던 것과 거의 일치되고 있다.

천주교회는 근대적 학문의 도입에 앞장을 섰고, 이를 보급하기 위한 교육
운동을 일찍부터 착수해 왔다. 조선교구가 설정된 후 조선에 입국한 선교사
들은 조선인을 교육하여 그들을 성직자로 만드는 일과 평신도 지도자의 양
성에 큰 관심을 가지고 있었다. 물론 이러한 노력은 프랑스 선교사들이 입국
하기 이전 중국인 신부 유방제劉方濟에 의해서도 시도되었다.[88] 그러나 성직
자 양성사업이 본격적으로 추진된 것은 교구가 설정된 이후였다. 그리하여
이미 1836년부터 프랑스 선교사들은 조선인 소년들을 발탁하여 마카오로 유
학을 보냈다.[89] 또한 그 후 국내에서의 박해가 소강상태를 유지하고 있던 철
종시대에 선교사들은 원주 부흥골에 신학당을 열어 조선인 신학생을 교육하
게 되었다. 이 성직자 양성 사업은 박해로 말미암아 중지될 수밖에 없었다.
그러나 이것은 이 땅에 근대적 교육을 도입하기 위한 노력의 일환으로 평가
해줄 수 있을 것이다. 당시 신학생들에게 가르쳤던 것은 한문이나 한글 뿐
아니라 천문, 지리, 수학, 음악과 같은 과목도 포함되어 있었으며 서양 언어
와 신학, 철학도 교육되고 있었다. 이것은 비록 신학교육이라는 특수 부문에
속하는 현상이라 하더라도 한국근대 교육의 시초가 되고 있음을 부정할 수
는 없을 것이다.

조선교회는 그 극심한 박해의 와중에서 평신도의 교육을 위한 조직적인
노력을 할 수 없었다. 그러나 신도들의 교육에 전혀 신경을 쓰지 않을 수는
없었기 때문에 교회는 회장들에게 한글의 보급을 당부하였던 것이다. 그리고

---

87)「구베아書翰」『교회사연구지』3, 가톨릭대학 교회사연구회, 9쪽.
88) 달레, 위의 책, 중, 383쪽.
89) 달레, 위의 책, 중, 341쪽.

박해가 진행되던 때에도 일개 여신도가 무식한 사람들을 가르치고 있었다는 교회사의 기록은 교육에 대한 교회의 관심을 엿볼 수 있는 자료가 된다.

신앙의 자유를 쟁취한 1880년대 이후 교회는 신학 교육 뿐 아니라 일반인을 상대로 한 교육에 착수하게 되었다. 이 때 교회계통 학교의 교육이념 중에서는 민족주의적 경향이 매우 강하게 드러나고 있다. 애국계몽운동기 당시 교회학교의 설립 취지를 검토해 보면 이러한 경향을 뚜렷이 알 수 있다. 즉 풍천豊川의 인성학교仁成學校에서는 보국애인輔國愛人을 설립취지로 삼고 있었으며, 이천伊川의 삼애학교三愛學校는 교명 자체가 드러내고 있듯이 '애주愛主·애국愛國·애인愛人'을 교훈으로 삼고 있었다. 또한 이천의 명의학교明義學校는 '경천애국敬天愛國'을, 안악安岳 매화동玫花洞의 봉삼학교奉三學校는 '나라를 사랑하는 정신과 도덕의 마음을 배양함과 국태민안'을 교지로 내세웠다.[90] 이와 같은 교훈이나 설립취지들을 살펴볼 때에 당시의 교육운동은 온건한 민족주의 운동의 일환이었음을 알 수 있을 것이다.

교육에 대한 교회의 관심은 대체로 초등학교 분야에 집중되고 있었다. 이는 당시 교회가 대중의 계몽을 소수 지식인의 양성보다 더 시급한 문제로 생각했기 때문일 것이다. 그러나 교회의 관심은 곧 중등교육 분야로까지 그 폭을 넓혀 나갔다. 교회에서 세운 최초의 학교는 1884년 서울에서 개교한 한한학원韓漢學院이었다.[91] 또한 교회에서는 1885년 원주 부엉골에 예수성심신학교를 설립하였다. 이러한 교육기관에는 종래 서당을 비롯한 전통적인 교육기관에서 시행하던 것과는 달리 보다 새로운 교육과정과 교육방법이 적용되고 있었다. 천주교회에서 경영하는 학교의 수는 점차 많아졌다. 1893년의 통계에 의하면 교회 학교가 36개교에 이르렀고, 1904년에는 이 숫자가 75개교로 늘어났다.[92] 그러나 일제는 그 침략과정에서 조선인을 우민화하는 정책을

90) 최석우, 1982, 『한국천주교회의 역사』, 한국교회사연구소, 349~350쪽.

91) Fourerm, La Coree Martyrs et Missionaires, Nancy, 1895, p.282 ; 최석우, 1982, 앞의 글, 347쪽.

92) 최석우, 1982, 앞의 글, 348쪽. 이러한 천주교 계통 학교의 숫자는 그 당시 신식학교의

강행하여 사립학교에 대한 탄압을 강화하였고 1908년에는 사립학교령을 제정·공포해서 교육운동에 탄압을 가하였다.

그 결과로 한일합방이 단행되었던 1910년에 천주교 계통의 학교는 46개교로 감소하였다.[93] 그런데 1910년 교구통계에는 학교 총수가 124개로 나타나 있다. 따라서 124개 학교 중 78개가 사립학교령에 의해 폐지된 셈이었다. 이들 학교는 대부분이 보통교육기관이었다.

그런데 천주교회는 이미 1909년에 제물포와 서울에 여학교를 세워 여성의 교육수준을 높이고자 하였다. 또한 성직자와 평신도들이 측량학교와 농업학교 등을 세워 직업학교에 착수하였다. 그리고 야학교를 세워 근로자 계층에게도 새로운 학문에 접근할 수 있는 기회를 제공하였다.[94]

한편 교회에서는 초등학교 교사양성기관의 필요성을 절감하고 있었으므로 독일의 분도회를 초치하여 1911년 사범학교를 설립·운영하도록 하였다. 사범학교 내지는 고등교육기관을 설치하고자 하던 교회의 노력은 1908년부터 본격화되었지만 통감부의 탄압으로 인하여 이와 같이 뒤늦게 개교하게 되었던 것이다. 숭신학교崇信學校라고 불린 이 사범학교는 일제의 탄압과 운영난으로 인하여 1913년에 폐쇄되었다.[95] 그러나 당시 교회에서 사범학교를 설립했다는 사실은 교육을 통한 계몽과 봉사에 특별한 관심을 가지고 있었음을 말한다.

요컨대, 교회에서는 애국계몽운동의 일환으로 교육기관을 설치하여 운영

전체 수나 개신교 계통의 학교와 비교해 볼 때 상당한 열세를 보이고 있다. 당시 개신교 계통의 학교에 관한 기록을 보면 다음과 같다. "1909년까지 설립된 기독교계 학교의 교파별 통계를 보면 장로교가 605개로 14,708명의 학생이 있었고 감리교가 200개교에 학생 6,423명에 이르고 있었으며, 성공회나 천주교 및 안식교 등의 것을 합하면 학교 수는 950여개에 달하고 있었다."(민경배, 1972, 『한국기독교회사』, 대한기독교서회, 198쪽)

93) 최석우, 1982, 앞의 글, 351쪽.

94) 『Compte-Rendu』, 1900, 48쪽 ; 1901, 69쪽 ; 최석우, 1982, 앞의 글, 348~349쪽.

95) 최석우, 1983, 「한국분도회의 초기수도생활과 교육사업」『사학연구』 36, 한국사학회, 232-236쪽.

했던 것이다. 교회학교의 설립 취지에는 일제의 침략으로부터 국권을 수호하려는 의지가 충실히 반영되어 있었다. 그리고 이 때문에 교회의 교육활동은 일제의 탄압을 받게 되었다. 근대교육의 수행은 애국계몽운동에 있어서 가장 중요한 부분이 되는 것이다. 천주교회는 애국계몽운동기 뿐 아니라 한일합방과 민족해방을 거쳐 오늘날에 이르기까지 근대교육의 발전에 일정한 기여를 하고 있다. 여기에서 우리는 한국사의 발전에 참여하는 교회의 면모를 확인할 수 있을 것이며 교회사의 민족사적 의미도 추출해낼 수 있을 것이다.

2) 민족운동과 천주교회

우리나라의 역사는 18세기 말엽부터 전근대사회에서 근대사회로 이행하는 과도기에 놓여 있었다. 이 과도기를 지나 근대화를 달성하기 위하여 우리 민족에게는 극복해야 할 2개의 과제가 있었다. 그 첫 번째의 과제는 전통적인 사회질서를 유지시키려던 봉건주의의 극복이었다. 그리고 다음의 과제로는 자주적 근대화와 민족의 생존권을 말살시키려던 열강의 식민주의에 대한 저항이었다. 여기에서 근대화의 노력은 반봉건운동과 반침략주의의 양면성을 갖게 되었다. 그리고 우리나라의 민족운동도 이 두 가지의 과제를 극복하기 위한 방향에서 전개될 수밖에 없었다. 왜냐하면 식민지화를 막아 민족의 자주적인 근대국가를 형성할 수 있는 실질적인 길은 반봉건운동에 있었기 때문이다. 또한 식민지적 상황에서의 반봉건운동은 특권적 압제자로 새롭게 등장한 식민모국植民母國에 대한 반침략운동으로 전개될 수밖에 없는 것이었다. 우리나라의 근대사가 전개되는 과정에서 드러나는 반침략적 민족운동의 추진에 천주교회도 일정한 기여를 하고 있었다. 이 반침략적 민족운동은 근대정신의 보급과 근대사회의 형성을 위한 반봉건운동과 불가분의 관계를 갖고 있다. 앞서 언급한 애국계몽운동기의 교육운동은 이와 같은 특징을 가지고 있다. 그런데 교육운동과 같은 반봉건 운동이 외세의 침략에 대한 간접적 저항이었다면 반침략운동은 이에 대한 직접적 저항을 말하는 것이었다.

천주교회가 반침략운동을 본격적으로 전개하기 시작한 때는 1904년으로 볼 수 있다. 이 때 일본 제국주의자들은 조선의 국토를 침탈하기 위한 계책으로 황무지 개간을 구실로 하여 일본인의 이주와 국토의 점탈을 꾀하였다. 이에 조선의 천주교도들은 명동성당에 모여 황무지 개간령에 반대하는 기도회를 개최하였다.96) 일제에 대한 반침략운동은 이 기도회로 촉진되고 있었다.

또한 1907년 군대가 해산되고 전국에서 의병전쟁이 발발하였을 때 이에 참여한 천주교 신도들의 투쟁에도 주목할 필요가 있다. 예를 들면 경상도 일원에서 의병장으로 활약한 김상태金尙台를 들 수 있다. 그는 일본군에게 잡히어 사살될 때까지 묵주를 몸에 지니고 있었다.97) 한일합방 직전에 전개된 반침략운동 가운데 안중근의 의거와 국채보상운동國債報償運動은 민족운동의 발전에 끼친 천주교회의 영향력을 대변해준다. 안중근은 만주의 하얼빈에서 조선 침략의 원흉이었던 이토 히로부미(伊藤博文)를 사살한 후 십자성호를 긋고 나서 대한만세를 불렀다.98) 이러한 그의 행동에서 애국심과 신앙심의 조화를 볼 수 있다. 이 의거를 단행하기 이전 그는 진남포鎭南浦 성당의 발전과 교회학교 운영에 진력하기도 하였다.99) 안중근의 의거는 반침략운동의 일환으로 전개된 무장투쟁이었다. 이에 대하여 국채보상운동은 온건한 방향에서 전개된 것이었다. 당시 조선 정부는 일본으로부터 국채 1,300만원을 차관하게 되었다. 이 차관이 일본의 침략을 더욱 촉진하는 것으로 판단되었으므로 전국에서는 국채보상운동이 일어났다. 이 국채보상운동을 발기한 서상돈은 대구 지방의 대표적인 평신도였다.100) 그리고 이에 호응하여 전체 교회가 국

---

96) The Korea Daily News, 1904년 7월 28일 기사 (Mutal 문서 : 1904~1921)
97) 김상태의 유품인 묵주가 유족들에게 반환되었다는 『한국일보』, 1980년 6월 24일자의 기사에 의하면 그가 천주교 신도였을 가능성이 매우 높다.
98) 『한국독립운동사 자료』, 국사편찬위원회, 538쪽.
99) 안중근, 『자서전』, 105~108쪽.
100) 최정복, 1952, 『대구천주교회사』, 대건출판사, 58쪽.

채보상운동에 참여했으며 당시 교회에서 간행하던 『경향신문』을 통해 이 결과가 속속 보도되었다. 경향신문과 교회를 통한 국채보상운동은 한일합방 때까지 계속되었다. 그런데 서상돈의 제안이 『대한매일신보』 등 중앙의 언론기관에까지 호응을 얻게 된 데에는 교회 신문인 경향신문의 중개 역할이 컸던 것으로 생각된다.

한일합방이 강행된 후에는 일제의 침략에 반대하는 민족운동이 계속되었다. 합방직후에는 안악사건이 일어났다. 이것은 평신도 안중근이 중심이 되어 독립운동의 자금을 모으다가 발각된 사건이었다. 또한 105인 사건에도 이 기당과 같은 천주교 신도가 가담하고 있었다.[101] 또한 1919년에 전국적으로 전개된 3·1운동에서도 서울·안성·수원 그리고 평양·해주 및 대구 등지에서 다수의 신도들이 참여하고 있다.[102] 3·1운동 직후에는 간도지방에서 천주교 신도들이 주체가 되어 무장독립운동 단체인 의민단義民團이 결성되었다.[103] 의민단은 그 무장 규모와 병력의 수에 있어서 홍범도의 독립군과 대등한 실력을 가지고 있었으며 간도지방의 독립군 단체 중에서도 뚜렷한 존재였다. 그리고 상해의 임시정부에 참여하여 독립운동을 전개하던 안공근이나 정연성의 활동이 주목된다.[104] 그러나 당시의 신도들이 중심이 되어 진행되었던 이와 같은 민족운동은 국권의 회복을 위한 민족 전체의 노력과 비교해 볼 때 극히 작은 일부였다. 그렇다 하더라도 교회의 중요한 구성원인 신도들의 민족운동을 교회사에서는 결코 간과할 수 없을 것이다.

요컨대, 교회의 신도들은 한일합방을 전후한 시기와 일제의 침략 아래에서 전개되고 있던 민족운동에 함께 참여하고 있었다. 이러한 민족운동에의 참여는 신도들의 정치적 행위로만 간주되어 교회사의 서술에서 제외될 수는

---

101) 최석우, 1982, 앞의 글, 361~363쪽.
102) 최석우, 1982, 앞의 글, 364~366쪽.
103) 조광, 1975, 「일제침략기 천주교도의 민족독립운동」 『사목』 한국천주교 중앙협11월 호, 102쪽.
104) 조광, 1975, 앞의 글, 103~104쪽.

없을 것이다. 안중근의 예에서 볼 수 있는 바와 같이 민족운동은 단순한 정치적 행위에만 머무르는 것이 아니라 그들 신앙의 고백이기도 하였다. 성호와 대한만세가 조화되어 있는 행위였던 것이다. 그러므로 우리는 이러한 신도들의 행위를 통하여 민족운동에 대한 기여도를 찾을 수 있는 것이며 여기에서 한국교회의 창설과 조선교구의 설정이 던져주고 있는 민족사적 의미를 간접적으로 추출해 낼 수 있다.[105]

5. 맺음말

18세기 후반기에 창설된 한국천주교회는 1831년에 이르러 교구 설정을 맞게 되었다. 1784년 교회 창설 이래 한국사의 전개에 개입하여 한국사회와 문화에 있어서 일정한 기능을 발휘하고 있던 천주교회는 '조선교구'의 설정을 통하여 제도적으로 성숙될 수 있었다. 그리고 이 제도의 설정을 통해 한국사회에 대한 교회의 기능은 강화되어 나가게 되었던 것이다. 그러므로 교구설정이 갖는 민족사적 의미를 고려하기 위해서는 당연히 한국천주교회가 가지고 있는 민족사적 의미를 탐구해 보아야 할 것이다.

한국천주교회의 창설과 조선교구의 설정은 한국 근대사회의 형성에 일정한 기여를 한 것으로 생각된다. 즉 천주평등사상의 보급을 촉진시켜 주었다. 그리하여 전근대적 신분제질서가 붕괴되는 데에 일익을 담당하였다. 그리고 여성의 권익을 신장시키고 어린이의 보호운동에 있어서도 일정한 기여를 하고 있었던 것이다. 그런데 여성이나 어린이의 권익에 대한 관심은 근대사회가 가지고 있는 중요한 특성 중 하나로 지적되고 있다. 그러므로 천주교회는

---

105) 민족운동에 대한 교회의 기여는 최석우, 1982, 앞의 글을 통해서 부분적으로 밝혀진 바 있다. 이 시대에 대한 교회사의 집중적 연구를 통하여 민족운동과 교회의 관계가 보다 선명히 밝혀질 수 있을 것이다.

한국 근대사회의 형성에 있어서 부분적인 도움을 주고 있었던 것이다.

한국천주교회는 근대문화의 형성을 촉진시켜 주었다. 즉, 민중의 지적 무기인 한글문화의 형성에 있어서 중요한 역할을 담당하였다. 교회는 한글의 가치를 공인한 첫 단체였던 것이다. 그리고 교회는 전근대적 양상과는 판이하게 다른 정치와 법문화의 형성에도 기여한 바가 있었던 것이다. 또한 교회는 진리의 보편성, 문화의 개방성에 대한 올바른 인식을 촉구해 주고 있었던 것이다.

한편, 교회는 일제침략의 시기에 있어서 민족운동이 전개될 때에 여기에도 일정한 기여를 할 수 있었다. 그리하여 온건한 민족주의운동인 애국계몽운동에 참여하여 교육 사업을 전개해 나갔다. 또한 적극적으로 일본의 침략에 저항하기 위한 노력이 당시의 신도들을 통하여 드러나고 있다. 안중근의 의거로 대표되는 일제에 대한 무장 항거운동은 교회의 공식적인 입장과는 거리가 있는 것이지만, 이것도 교회사의 중요한 일부를 이루고 있는 것이다.

교회는 사회단체나 정치단체가 아니었다. 그러므로 당시의 교회가 한국사회의 변동이나 정치발전에 끼친 영향은 흔히는 교회의 잠재적 기능에 머무르는 것으로 볼 수 있다. 정치나 사회의 분야에 있어서 교회가 현재적 기능을 발휘하기에는 어려움이 있었다. 반면에 교회는 문화부문에 있어서는 현재적 기능을 발휘하기도 하였다. 한국천주교회와 조선교구의 설정이 가지고 있는 이 모든 역사적 기능은 한국사의 발전에 직접·간접적인 영향을 주었던 것이다. 그리고 여기에서 우리는 교구설정의 민족사적 의미를 추출해 낼 수 있을 것이다.

그러나, 우리는 당시의 교회가 발휘하고 있던 기능이 과연 당시 교회의 능력을 최대한으로 발휘한 것이었으며 또 교회에 대한 민족의 욕구를 충족시키는 것이었는지 반성해 볼 필요가 있다. 그리고 여기에 부정적 결론이 나오는 것이라면 당시 교회존립의 민족사적 의미도 제한성을 가질 수밖에 없는 것이다. 우리는 이 제한성이 나타나게 된 원인을 규명해야 하는 또 다른 과제를 가지고 있는 것이다. 그러므로 본고는 이러한 원인규명을 위한 또 다른 문제를 제기하는 데에 불과한 것이다.

V. 한국 전통 신관에 관한 이해의 연구사적 검토

- 개항기 및 식민지 시대를 중심으로 -

1. 머리말

한국의 전통적 사상을 연구하려는 사람들은 한국인의 고유한 신관神觀에 대한 이해를 일찍부터 시도해 왔다. 한국의 전통적 신관에 대한 이해는 한국인의 신앙에 대한 객관적 관찰로부터 시작된다. 이와 같은 관찰 작업은 이미 19세기 중엽 조선왕국을 방문했던 서유럽인들에 의해 시도되기 시작했고, 19세기 말엽과 20세기 전반기에 걸쳐 인문 과학을 연구하던 일단의 연구자들에 의해 촉진되어 갔다. 즉, 한국인의 정신적 특성을 파악하고자 하던 한국사 연구자와 인류학 내지 민족학 연구자 그리고 한국 철학 및 종교 사상을 연구하려던 사람들은 한국인의 종교적 심성과 더불어 그들의 신앙 대상을 파악하고자 시도했다. 여기에서 한국 신관에 대한 연구가 산발적으로나마 진행되어 나갈 수 있었다. 그리고 이에 이어서 한국인이 가지고 있던 신관의 특성은 신앙 내지는 신학의 토착화를 논하는 과정에서 서유럽의 그리스도교 신학적 입장에서 조명되어 가게 되었다.

본고에서는 지난 19세기 중엽 이래 한국의 전통적인 신관에 대한 이해가 어떻게 전개되어 나왔는가를 연구사적 입장에서 정리해 보고자 한다. 한국 신관이라 할 때에는 한국인이 가지고 있는 신神 내지는 '하느님'에 대한 관념을 말한다. 여기에서는 두 가지 측면을 주목할 수 있다. 즉, 그 하나는 한국인이 전통적으로 가져왔던 신에 대한 관념을 뜻한다. 그리고 다른 하나로는 한국인이 수용하게 된 그리스도교의 삼위일체적 신관을 들 수 있다. 그러므로 한국 신관에 대한 연구사적 정리 작업은 한국인 자신의 고유한 신관에 대한 정리 작업과 병행하여, 한국인들이 삼위일체적 신관을 어떻게 수용하고 이해해 왔는가에 대한 연구에 대해서도 언급해야 할 것이다.

그러나 현재 우리 학계에서 한국의 전통적 신관에 대한 연구는 부분적으로 이루어지고 있어서 그 연구사적 정리를 어설프게나마 시도할 수는 있다. 그러나 삼위일체적 신관의 수용 과정에 관해서는 단 한 편의 연구도 이루어져 있지 않다. 삼위일체적 신관이 우리 겨레에게 알려지기 시작한 것은 『천주실의天主實義』를 비롯하여 중국에서 간행된 한문 교리서들이 우리나라에 수용된 17세기 초엽 이후의 일이다. 이 그리스도교적 신관의 인식 과정에 대해서도 연구의 필요성이 있음을 물론이다. 그러나 이 주제에 관해서는 기존의 연구 결과가 없기 때문에, 그 연구사의 정리만을 목적으로 하는 본고에서는 그리스도교적 신관의 이해나 그 연구의 특성에 관한 검토를 보류할 수밖에 없다. 다시 말하여 본고에서는 한국의 전통적 신관이 어떠한 특성을 가지고 있는지를 밝히는 데에 목적을 두지 않고, 그 신관이 어떻게 연구되어 왔는지 만을 정리하고자 하는 바이다.

그런데 연구사의 정리 작업에는 기존의 연구 업적을 분석 평가 제시하는 작업이 수반되게 마련이며, 이를 위해서는 그 분야에 관한 일정한 이론적 기초가 요구된다. 이 연구사의 정리 작업은 아마도 신학 특히 조직신학의 입장에서 진행될 수 있을 것이다. 또한 종교학, 민족학 내지는 종교 인류학, 그리고 철학의 입장에서도 이를 다룰 수 있겠고, 사상사의 분야와도 전혀 무관한 주제는 아닐 것이다. 그런데 필자는 이 모든 분야에 달통하지 못한 처지에 놓여 있는 일개 사학도에 지나지 않는다.

그러므로 여기에서는 이 연구사의 정리를 위하여 역사학의 사상사 분야에서 항용 시도되는 연구사 정리 방법을 준용하여 보고자 한다. 이는 연구가 진행되던 당시의 시대적 특성과 연구자 및 연구 결과와의 상관관계를 밝힘으로써, 그 특정 연구가 가지고 있는 시대적 의미를 규명해 보려는 것이다.

그리고 그것은 기존의 연구 결과에서 드러나는 문제점을 파악하여, 새로운 문제의식을 가지고 사상사를 연구하려는 의도에서 진행되는 것이다. 이와 같은 사상사의 연구사 정리 방법과 목적을 참조해 가며 본고에서는 한국 신관에 관한 연구사를 정리해 보고자 하는 것이다. 이에 본고에서는 먼저 개항기를 전후하여 식민지 시대에 이르기까지 서양인, 일본인, 그리고 한국인 연구자들이 한국 신관에 대해 연구한 내용들을 각 사례별로 정리 제시해 보고자 한다.

이 주제에 관한 연구 자료로는 한국의 전통적 신관에 대해 부분적으로라도 언급하고 있는 각종의 전문적 논저들을 우선 주목할 수 있다.[1] 그리고 주로 서양인들이 작성한 한국에의 여행기나 그 밖의 보고서 종류에서도 한국 신관에 관한 관찰들이 적지 않게 나타나고 있다.[2] 또한 신관에 관한 내용의 글들이 기독교 계통의 각종 월간지에도 수록되어 있다.[3] 이러한 자료들을 종합적으로 검토하여 한국 신관에 대한 관찰과 연구의 결과들을 우리는 추출해 낼 수 있을 것이다.

그런데 이와 같은 한국 신관 이해의 특성을 파악하고 그 연구사를 살펴보려는 데에 도움을 받을 만한 선행의 연구 업적을 찾을 수는 없었다.[4] 이처럼 전통적 신관에 관한 연구사가 제대로 정리되지 못했다는 사실은 이 분야의 연구가 그만큼 낙후되어 있음을 나타내는 것이기도 하다. 그렇다 하더라도

---

1) Dallet, "Histoire de L'eglise de Coreé", 1874, Paris : Victor Palmé.
   유동식, 1965, 『한국 종교와 기독교』, 대한기독교서회 等.
2) 하멜, 1668, 『하멜표류기』 ; 이병도 역, 1954, 일조각.
   오페르트, 1880, 『조선기행』 ; 한우근 역, 1974, 일조각.
   러시아 대장성, 1900, 『한국지』 ; 최선, 김병걸 역, 1984, 한국정신문화연구원.
3) Korean Repository (1892-1898), the Trilingual Press, Seoul.
   Korean Review (1901-1906), the Methodist Publishing House, Seoul.
   Korea Mission Field (1905-1941), the General Council of Evangelical Missions in Korea, Seoul.
4) 한국 종교 연구 일반에 관한 기존의 연구사에서 극히 부분적으로 이 문제를 언급하고 있는 경우가 간혹 있으나, 이 주제만을 집중적으로 다룬 글은 아직 없는 듯하다.

필자의 한계로 말미암아 이번의 연구사 정리에 있어서도 한국의 전통 신관 내지는 한국에서의 그리스도교적 신관에 관한 이해와 연구의 모든 분야를 망라할 수는 없었다. 따라서 이 글도 한국 신관 연구에 관한 앞으로의 작업에 적극적으로 기여할 수는 없을 것이다. 다만 이 글이 한국 신관 및 그 연구사에 관한 본격적 연구의 필요성을 이해시키는 데에 조금이라도 도움이 될 수 있다면 다행으로 생각하겠다.

2. 구미인의 한국 신관에 대한 이해

한국의 전통적 신관에 대한 이해는 필연적으로 한국의 종교에 대한 인식과 병행되어 나가고 있다. 서유럽인들이 한국의 종교 현상에 대해 그들 나름대로 객관화시켜 관찰하려 시도했던 때는 이미 17세기 중엽으로 소급되어 올라간다. 즉 1653년 제주도 대정현에 표착한 네덜란드 선원이었던 하멜(Hendrik Hamel, 1630~1692)은 후일 『화란선 제주도 난파기』와 『조선국기』를 간행했다. 여기에서 하멜은 한국인의 종교적 상황에 대해 다음과 같이 말하고 있다.

> "종교에 관하여 조선인은 거의 아무것도 없다고 할 만하다. 일반 상민은 우상 앞에서 몇 가지 기괴한 모양을 보이는 것이 있으나 존경이 부족하고, 양반들은 그보다도 훨씬 부족하게 숭배한다."[5]

하멜은 조선의 불교와 유교에 대해 간략하게 언급한 바 있다. 그러나 그는 조선에는 종교가 없는 것이나 마찬가지라는 관찰 결과를 보고하고 있다. 이는 그리스도교적 문화 풍토에 젖어 있던 그로서 조선의 종교에서 그리스도

---

5) 하멜, 앞의 책, 75면.

교적 신관을 관찰할 수 없었기 때문이었던 것으로 생각된다. 즉 그는 그리스
도교적 선입관을 가지고 조선의 종교를 관찰했기 때문에 조선에 종교가 있
음을 부인하게 되었다고 생각된다.

　유럽인들은 하멜의 관찰과 비슷한 시각에서 한국의 종교와 신관에 대한
이해를 하고 있었다. 이에 관한 또 다른 예를 우리는 오페르트의 여행기를
통해서도 확인할 수 있다. 즉, 그는 "조선 사람들은 종교적 의식과 형식을 완
전히 무시하고", "마을의 사당이 쇠망한 것을 보면 조선 사람들이 종교를 얼
마나 등한시하고 무시하고 있는가를 알 수 있으며", "조선 사람들이 종교 및
종교적 형식을 등한시하게 된 것은 오로지 승려층이 몰락한 데 그 원인이 있
다"고 보았다.[6] 물론 오페르트는 조선인 그리스도교 신도들의 신앙과 종교
심을 높게 평가한 바가 있지만, 19세기 중엽 당시 조선의 종교적 상황에 관
해서는 매우 부정적으로 관찰하고 있었다. 그는 조선인들이 신에 대해 뚜렷
한 인식을 하지 못하고 경신 행위를 소홀히 하고 있다고 보았던 것이다. 따
라서 그는 조선인의 신관에 대해서도 하멜과 비슷한 이해의 양상을 드러내
고 있었던 것으로 생각된다.

　하멜이나 오페르트는 유럽의 해사 사무원海事 事務員이나 상인이었다. 그들
은 19세기 이후 조선에 그리스도교를 전하고자 조선에 입국한 선교사들과는
다른 시각에서 조선의 종교 현상을 관찰했다. 그들의 관찰은 그리스도교 선
교를 직접적인 목적으로 삼는 것은 아니었기 때문에 신관에 대한 본격적 접
근에까지는 이르지 못했다. 그러나 그들의 단편적 관찰을 통해서 오늘의 우
리가 알 수 있는 것은 그들은 유일신관을 기준으로 하여 조선의 종교와 신관
에 대한 접근을 시도하고 있다는 점이다. 그리고 이 점은 그들의 뒤를 이어
조선에 입국한 구미인들의 조선 종교 내지 신관에 대한 평가의 특성을 예시
해 주고 있는 것이다.

　조선의 종교 내지는 신관에 관해 본격적인 관심을 가지고 있었던 유럽인

---

6) 오페르트, 앞의 책, 107·110·112쪽.

들로는 우선 가톨릭 선교를 위해 조선에 입국한 프랑스 선교사들을 주목할 수 있다. 신관에 대한 관찰 기록을 남긴 선교사로는 푸르티에(Pourthié, 1830~1866)나 다블뤼(Daveluy, 1818~1866)를 들 수 있다. 이들의 견해는 달레(Dallet)가 지은 『한국천주교회사』의 서설 가운데 일부가 정리되어 있기도 하다. 이들의 견해를 제시해 보면 다음의 자료와 같다.

> "국민 일반 대중에 있어서 유교는 삼강오륜을 따른다. 여기에다 상제上帝에 관한 다소 막연한 관념이 첨가되는데 이 상제는 대개가 천天과 혼동된다. 학자들에 있어서는 공자孔子와 성현聖賢의 숭배, 중국 경서의 존중, 끝으로 나라의 수호신인 사직社稷에 대한 공식적 예배를 덧붙여야 한다. 또, 어떤 때는 정부의 공적 기록 속에 착한 신과 운명신運命神에 관한 기록들도 있다. 선교사들은 자주 아주 유식한 조선 사람들에게 그들이 상제라는 말에 어떠한 뜻을 부여하는지를 물어 보았으나 한 번도 명백하고 정확한 뜻을 얻지 못하였다. 어떤 사람들은 그 말로 우주의 창조자이며 관리자인 하느님을 가리키고, 또 어떤 사람들은 그것을, 곡식을 생산하고 보존하고 익게 하며, 병을 물리치는 섭리적 힘을 가졌다고 생각되는 단순한 천이라고 주장하고, 대부분은 알지도 못하고 별로 개의치도 않는다고 고백한다. 기우제祈雨祭나 기청제祈晴祭 또는 여러 재앙을 쫓기 위해 나라에서 제사를 지낼 때, 그 기원은 그 제식을 맡은 수령이 지은 제문에 따라 혹은 하느님에게 혹은 하늘에 바쳐진다."[7]

이 자료에서 드러나는 바와 같이 프랑스 선교사들은 일찍부터 조선인들이 신봉하는 것으로 생각되는 신앙의 대상이 무엇인지를 밝히려고 했다. 그리고 그들은 상제의 존재를 주목하여 그 본성과 속성의 구체적 이해를 시도했지만 이를 명확히 밝히는 데에까지 이를 수는 없었다. 그러나 그들은 조선의 상제가 적어도 인격적 존재라는 특성을 가지고 있다고 생각했음을 알 수 있다. 그렇다 하더라도 상제는 대부분의 경우 조선인들의 관심 대상에서 제외되어 있는 존재라는 사실을 그들은 주목하고 있었다.

한편, 다블뤼 주교는 조선인의 신관에 대하여 상대적으로 큰 관심을 가지

---

7) 달레 저, 안응렬·최석우 역, 1980, 『한국천주교회사』 상, 한국교회사연구소, 210쪽.

고 있었다. 그는 조선인의 신관을 밝히려는 노력의 일환으로 상제에 대해서
그 실체가 무엇인지를 밝히려 했을 뿐만 아니라 사직의 존재에 대해서도 규
명하려 했다. 그는 사직이 왕실의 조상신을 받드는 종묘宗廟보다 더 존중되
고 있고, 국가에서는 상제에게 뿐만 아니라 사직에 대해서도 정기적이며 공
식적인 제사를 지내고 있음에 주목하고 사직이 무엇인지를 밝혀 보고자 했
던 것이다. 그러나 그는 조선의 지식인들로부터 '사社'란 지신地神이고 '직稷'
은 농신農神이라는 막연한 대답을 들을 수 있었을 뿐이며, 서민들은 이에 대
해 별관심이 없고, 시골 사람들은 아예 그 존재 자체도 모른다고 관찰했다.[8)

프랑스 선교사들은 조선인의 주된 종교는 조상 숭배라고 보았다. 그들은
조선에서 조상의 묘자리에 관한 음택 풍수陰宅 風水가 성행하는 까닭도 조상
숭배와 관련된 현상으로 파악했다. 그들은 양반층에서 공자와 성현에 대한
숭배가 성행되고 있지만, 이것은 그들을 신으로 생각해서가 아니고 그들이
수호신 또는 수호 정령精靈이 되었다고 생각하기 때문이라고 관찰 보고하고
있다. 또한 그들은 조선의 종교로서 유교와 불교를 주목했지만, 이를 무신론
無神論의 두 가지 형태에 불과하다고 규정했고, 유교와 불교가 서로 혼합되어
있다고 파악했다.[9) 이러한 프랑스 선교사들의 관찰 보고에서 주목되는 바는
조선인들이 정령(Esprits)에 대한 숭배를 지적하고 있다는 것과 유교와 불교를
무신론으로 규정하며, 이 양자 사이에는 자신들의 종교적 신앙을 별로 깊이
생각하지 아니하는 까닭으로 말미암아 상호 혼합이 이루어지고 있다고 보았
다는 점이다.

19세기 중엽에 형성된 이와 같은 한국의 전통적 신관에 대한 이해는 그
이후에 입국한 프랑스 선교사들에게도 거의 무비판적으로 수용되어 왔다. 그
리하여 그들은 이러한 '저급'의 신관이나 종교에 대한 연구에는 거의 관심을
기울이지 아니하고 그리스도교의 선교에만 매진하고자 했는지도 모르겠다.

---

8) 달레, 앞의 책, 상, 212쪽.
9) 달레, 앞의 책, 상, 212~218쪽.

그리고 한국의 종교 문화 전통에 무심했던 당시의 선교사들이나 그들로부터 훈련 받은 조선인 성직자들은 조선의 고유한 문화를 연구해 보거나 그 가치를 음미하기보다는 신학적 연구를 결여한 채 직접 선교만을 지상의 목표로 삼게 되었다고 생각된다. 이러한 과정에서 조선의 전통적 종교 문화는 일반 신도들에게도 연구가 아닌 배격의 대상으로만 규정되기에 이르렀다.[10] 그리고 민족 문화에 대한 무관심과 연구의 포기는 서유럽계 종교들이 이 땅에서 지적 고립을 자초하게 되는 원인으로 작용하게 되었다.

개항기 이래 조선에 입국하여 활동하기 시작한 개신교 선교사들도 한국의 전통적 종교와 신관에 대한 관찰과 연구에 착수했다. 그들은 선교의 대상이 되는 조선인의 종교적 심성에 대한 이해를 목적으로 하여 이를 연구하기 시작했던 것이다. 그런데 그들은 한국에 있는 유교나 불교의 존재를 부인한 것은 아니지만, 한국인의 고유한 종교로서는 귀신 숭배 등을 주목했다. 예를 들면 만주에서 한글로 성경을 번역했던 로스(John Ross, 1842~1915) 목사는 민간 신앙에서 거론되는 귀신鬼神 내지는 신에 대해 관심을 갖고 이를 분류 제시해 보고자 했다.[11] 또한 1884년 조선에 입국했던 알렌(Horace N. Allen, 1858~1932)도 무당과 점쟁이에 대해 일정한 관심을 가지고 있었다.[12] 그리고 성공회 의사로 입국했던 랜디스(Landis, ?~1898)도 조선의 정령에 대해서 관심을 갖고 있었다.[13] 조선의 정령이나 귀신에 관한 이러한 그들의 관심은 그리스도교적 신학 수업을 받은 선교사로서 조선의 신관을 밝혀 보려던 노력의 일단이었다. 그렇지만 그들은 조선의 전통적 신관에서 그리스도교적 신관을 확인할 수 없었고, 정령이나 귀신을 조선의 전통적 신으로 파악하여 이에 대한

---

10) Blanc, 1887, "Coutumier de la Mission de Coreé", p.25 등 참조.
11) Ross, 'The Gods or Korea', "The Chinese Recorder", XIX(1888), pp.89~92 ; 김종서, 1993, 「한말 일제하의 한국 종교의 연구」『한국사상사대계』 6, 한국정신문화연구원, 255면에서 재인용.
12) Allen, 'A Fortune-teller Fate', "The Korean Repository"3(1896), pp.89~92. Allen, 1908, "Thing Korea" ; 신용복 역, 1979, 『조선견문기』, 242쪽.
13) 김종서, 앞의 글, 256쪽.

관찰에만 머물게 되었던 것이다.

　개항기 개신교 선교사 가운데 한국 신관에서 상제나 천주 즉 하느님에 대
해 글을 남긴 인물로는 기포드(D. L. Gifford, ?~1900)를 들 수 있다. 그는 조선의
종교 신앙에도 유불도儒佛道가 혼재되어 있다고 지적했다. 그리고 조선인들
이 믿는 신앙 구조의 상층부에는 상제(Sanchei, 상데) 또는 천주(Hananim, 하느님)가
있는데 국왕만이 매년 한 차례 정도 공경하고 있다고 서술하고 있다.14) 기포
드는 조선의 혼합주의적 종교 현상과 최고신적 존재로서 상제 내지는 천주
를 주목했던 것이다.

　기포드 등의 연구를 기반으로 하여 한국 종교와 신관에 관한 연구에 본격
적으로 착수한 인물로는 존스(George Herber Jones, 1857~1919)를 들 수 있다. 그는
1887년 미국 북감리회 목사로 내한한 이후 한국의 종교 현상에 대해 관찰하
면서 유교와 불교의 존재를 주목하기도 했다. 그는 프랑스 선교사들보다는 유
교를 객관적이며 긍정적으로 이해하려 하고, 여기에서 조선인의 신앙 대상으
로 공자와 현인들을 주목했다. 그리고 조선인들의 조상 제사를 통해 드러나는
조상신 숭배는 유교와 일정한 거리가 있는 것으로 파악했다.15)

　존스는 조선인을 매우 종교적인 사람들로 규정했다. 그는 말하기를 "조선
인에 관해서는 사도 바울이 고대 아테네인에게 말했듯이, 조선인은 매우 종
교적이어서 어디서든지 신들을 찾아낸다. 모든 자연물은 정령으로 차 있다"
고 했다. 그리고 그는 조선인들 사이에서 가장 보편적인 신앙은 정령 숭배
(Animism)라고 보았다. 그리하여 그는 조선인들이 하늘과 천둥, 나무나 산 그
리고 호랑이를 신으로 숭배한다고 했다. 또한 그는 조선인에게는 주물 숭배
(Fetishism)가 널리 퍼져 있으며 "이 광범한 정령 신앙은 참 하느님의 무소부재
하심을 회화한 것인 듯하다"고 말했다.16) 그는 조선인들이 자연의 모든 것을

---

14) Gifford, 'Ancestral Worship as practised in Korea', "Korean Repository", Ⅰ(1892), p.169.
15) Jones, 'The Native Religion', "Korean Mission Field". 4(1908), p.11.
16) Jones, ibid., p.12.

정령화하는 경향이 있다고 보았고, 이 때문에 조선인들은 쉽게 그리스도교의
신 개념을 받아들일 수 있게 된다고 파악했다.[17]

  존스는 조선인들이 자신보다 우월한 초월적 존재에 의존감을 가지고 있
고, 인간과 신적 존재가 상호 교통(intercommunication)할 수 있는 차원을 상정하
고 있으며, 고통으로부터 영혼을 해방시키려는 노력을 하고 있음을 주목하면
서 한국인의 종교적 심성을 높게 평가하고 있다. 한편 그는 한국 종교의 중
층다원성中層多元性을 주목하면서 유교와 불교 그리고 샤머니즘이 혼재되어
있는 현상에 주목했다.[18] 그러나 그는 조선인의 신관이 기본적으로는 범신
론적 특성을 가진 것으로 이해했다. 이러한 존스의 관찰 결과는 비숍(Bishop)
에게도 영향을 끼쳤다. 비숍은 당시 조선 사회에서 널리 드러나고 있던 범신
론에 관해 언급한 바 있었다.[19]

  존스는 조선의 종교와 신관에 관해 학문적 연구를 본격적으로 시도했던
인물이었지만 그가 파악한 조선인의 종교관에 대한 이해에도 편견이 게재되
어 있음을 확인하게 된다. 비록 그는 한국 종교의 혼합성에 대해 올바르게
관찰했다 하더라도 유교나 불교가 갖는 고등한 종교로서의 의미를 간과했다.
그리고 조선인의 주된 신앙을 미개인의 정령 숭배와 같은 수준의 것으로 폄
하함으로서 자신들이 진행하고자 하는 그리스도교 신앙의 우월성과 그 선교
의 시혜성을 은연 중에 강조하려 한 듯하다.

  한편, 조선의 신관에 대해 긍정적·적극적 평가를 시도하기 시작했던 인물
로는 헐버트(Homer B. Hulbert, 1863~1949)를 들 수 있다. 그는 미국 북감리회 소
속 선교사로 1886년에 내한한 이후 한국의 문화와 역사에 관해 연구해 왔다.
그는 조선인의 종교 심성과 관련하여 조선인은 "사회적으로는 유교도이고

---

17) Jones, 'the spirit Worship of Koreans', "Transactions of the Korea Branch of the Royal
    Asiatic Society", 2(1901), pp.37~38.

18) Jones, ibid., p.38.

19) Bishop, "Korea and her Neighbours", 1898, N. Y. ; Reprinted at 1970, Seoul : Yonsei
    Univ. Press, p.350.

철학적으로는 불교도이며 고난을 당할 때에는 정령 숭배자"라고 말했지만, 조선인의 밑바닥에 깔려 있는 신앙은 원시적인 정령 숭배 사상이라 규정한 바가 있다.[20] 그러면서도 그는 조선인이 가지고 있는 순수한 개념의 종교는 정령 숭배와는 거리가 먼 하느님에 대한 신앙이라고 주장했다. 즉 그는 하느님이란 '하늘'과 '주인'의 합성어로서 한자의 천주天主에 해당되는 존재로 파악했다. 그리고 그는 이 '하느님'이란 자연계에 횡행하는 것으로 주장되던 정령이나 사신邪神과는 다른 존재이며, 유대-그리스도교적 전통에서 말하는 유일신 개념에 일치하는 것으로 해석했다. 그리고 그는 조선인의 이 하느님관에 중국의 천신 사상이 일정한 영향을 미쳤겠지만, 하느님관 자체는 조선의 고유한 사상이라고 파악했다.[21]

헐버트의 이와 같은 견해는 그 후 한국 개신교 신학자들이 한국 신관을 이해하는 데에 적지 않은 영향을 주었다. 그리고 그들은 한국 개신교의 성공적 선교 이면에는 이와 같이 고유한 하느님관이 그리스도교의 신관에 대한 인식의 전제를 이루어 주었음을 주장하기도 했다. 그러나 이와 같은 주장에 전적으로 동의하기 위해서는 아직까지 검증을 거쳐야 할 문제들이 산재해 있다고 생각된다.

헐버트와 비슷한 시기에 활동했던 북장로회 계통의 선교사로서 우리는 언더우드(Horace G. Underwood, 1859~1916)를 주목할 수 있다. 그는 조선의 종교 현상을 관찰하면서 유교는 일종의 윤리 체계로 보았고, 불교는 매우 금기시되어 낮은 계층에서만 신앙될 뿐인 것으로 파악했으며, 종교적으로 가장 강력한 것은 샤머니즘으로써 기독교와 대결해야 할 가장 완고한 적으로 이를 규정했다.[22] 그는 샤머니즘이란 용어 안에 한국 민간 신앙 전체를 모두 포함하

20) Hulbert, 1906, "The Passing of Korea" ; 신복룡 역, 1984, 『대한제국 멸망사』, 평민사, 388~390쪽.
21) Hulbert, 앞의 책, 389~390쪽.
22) Underwood, 1908, "The Call of Korea" ; 이광린 역, 1989, 『한국개신교 수용사』, 일조각, 68·74쪽.

고 있었다.23)

언더우드와 같은 시대에 조선에서 북장로회 소속의 선교사로 일하던 인물 가운데 게일(James S. Gale, 1863~1937)도 조선인의 전통 신관에 관해 관찰한 바 있다. 그는 조선인들이 매우 종교적임을 주목했다. 그리고 그는 조선인들이 '하나님(Hananim)'에 대한 신앙을 가지고 있으며, '하나님'은 '위대한 존재(The one Great One)', '최고의 통치자(The Supreme Ruler)'로 인식되고 있음을 주목했다.24) 여기에서 그는 조선인들이 유일신관을 가지고 있는 것으로 해석하고자 했다.

개신교 선교사에 의해서 진행된 한국 신관 내지는 종교 연구는 클라크 (Charles A. Clark, 1878~1961)에 의해서 집대성되었다. 그는 1902년 미국 북장로회 소속 선교사로서 내한한 이후 한국 종교와 신관의 연구에 종사했다. 그는 헐버트와 게일의 연구 결과를 발전적으로 수용하여 한국 신관에 대한 자신의 견해를 제시하고 있다. 즉 그는 천을 단순한 하늘이 아니고 인격적 요소를 지닌 존재로 조선인들이 이해하고 있다고 판단했다.25) 그러나 이 천은 정령이나 귀신과는 다른 존재로서 그리스도교의 하느님과 차이가 나는 존재이기는 하지만 이를 신(God)으로 번역할 수 있다고 생각했다. 그는 헐버트의 견해에 따라 조선인들에게 하느님은 지고의 존재로 태초부터 있었을 것이나 시대가 지남에 따라 점차 타락되어 '잊혀진 신(Deus Otiosus)'이 되었다고 주장했다. 또한 그는 조선인들의 하느님에 대한 태도를 단군의 예에서 볼 수 있는 바와 같이 원시적 유일신론(primitive monotheism)에 가까운 것으로 파악했다.

23) 김종서, 앞의 논문, 261쪽.
　　이필영, 1989,「초기 기독교 선교사의 민간신앙연구」『서양인의 한국 문화 이해와 그 영향』, 한남대 출판부.
　　최길성, 1970,「한국 무속 연구의 과거와 현재」『한국문화인류학』3, 한국문화 인류학회 등 참조.
24) Gale, 1909, "Korean Transition", N. Y. : Young People's Missionary Movement of U.S. and Canada, pp.78~79.
25) Clark, 1929, "Religions in Old Korea", N. Y. : Fleming Revell Co., pp.116~117.

그리고 그는 하느님을 샤머니즘적 범신(Shamanisitic Panthoeon)의 우두머리로 파
악했다. 그는 조선의 샤머니즘에는 지고신의 개념이나 도덕성과 죄의식이 결
핍되어 있다고 보았다.26) 그리하여 그는 조선에서 미신적 샤머니즘을 극복
하고 그리스도교 신앙을 선포해 나가야 한다는 선교사적 결론에 도달하고
있다.

한국의 전통적 신관을 이해하려는 노력은 구한말 조선에 나와 있던 러시
아인들에 의해서도 진행되었다. 그들은 조선을 침략하기 위한 준비 작업의
일환으로 조선에 관한 방대한 정보를 수집하였다. 그들은 한반도에서의 세력
확장을 위한 정책 자료로 이 정보들을 정리하여 1900년 러시아의 산크트 페
테르부르그(S. Peterburg)에서 『한국지韓國志(Opisanie Korei)』를 간행한 바 있다. 이
책자에는 자신들이 조사 관찰한 내용을 기준으로 하여 1900년 당시까지 유
럽에 알려진 한국에 관한 거의 모든 정보들을 정리해 놓았다. 그리고 이 책
의 제 8장은 '한국의 종교'에 관한 내용으로 샤머니즘을 한국의 전통 종교로
먼저 주목하여 서술하고 있다. 그리고 유교, 불교, 도교, 동학 그리고 그리스
도교 까지 당시 한국에서 신봉되던 제신앙의 유형들을 체계적으로 정리하였
다. 여기에서 러시아인들은 한국의 전통 종교로 샤머니즘을 주목하고 있다.
그리고 그들은 한국의 신관에 관해 다음과 같이 서술해 주었다.

"하늘에 대한 숭배 사상이 한국 샤머니즘의 기초를 이루고 있다.……한국인들
은 하늘에 가시적인 세계의 창조자이며 수호자인 상제라는 높은 관념을 결부시키
고 있다. 그러나 그들의 이 관념은 불명확하며 무한정적이며 어떠한 일이 일어나
든 간에 모든 것이 높은 하늘에서 연유한다는 확신에 귀착하고 있다.……하늘을
숭배함과 동시에 한국인들은 자연의 모든 물체에 수많은 신 또는 귀신의 존재를
입식入植시키면서 가시적 자연에 영성靈性을 부여하고 있다. 따라서 한국 샤머니
즘은 보다 범신론적인 성격을 띠고 있다.……한국에 만연되어 있는 범신론에 관
한 문제는 상당히 중요하다. 왜냐하면 이것은 한국인의 내밀한 생활의 극히 상세
한 부분에까지 관련된 문제이기 때문이다."27)

---

26) Clark, ibid., pp.196~197.

러시아인들은 한국의 전통적 신관에 대해 1900년 당시까지 알려져 있던 지식을 정리하고, 여기에 자신들의 연구 결과를 덧붙여 한국의 신관을 정리했다. 즉, 그들은 한국의 신관으로는 샤머니즘의 신관을 주목해야 한다고 판단했고, 한국인들은 하늘과 연결된 상제에 대해 막연하고 모호한 인식을 가지고 있으나, 실천적으로는 범신론이 그 신관의 주조를 이루고 있는 것으로 보았다. 이러한 그들의 관찰 결과는 한국인의 원초적 신앙을 정령 숭배 내지는 범신론으로 파악했던 존스의 견해와, 한국인의 신앙이 유일신론이었다고 보는 헐버트의 서로 다른 견해를 상호 결합시킨 듯한 인상을 줄 수도 있다. 그러나 그들이 관찰한 이와 같은 신관은 한국인들의 신관에 좀 더 가까운 것으로 인식되며, 여기에서 우리는 한국 전통 신관에 대한 러시아인들의 신중한 관찰 결과를 주목할 수 있을 것이다.

요컨대, 19세기 말엽과 20세기 전반기에 걸쳐 진행된 유럽인들의 한국 종교 및 신관에 대한 연구, 관찰에서는 다음과 같은 몇 가지 특징이 드러난다.

첫째로 그들은 한국의 종교로서 유교와 불교 및 샤머니즘을 주목했고, 그 중에서도 가장 중요한 종교 현상으로서 샤머니즘을 들었다.[28] 그들 상당수는 조선의 종교적 특성이 미개한 정령 숭배적 단계에 머물고 있음을 말했다. 아마도 이는 선교사들이 직접 접촉했던 신도 대다수가 샤머니즘의 영향권 아래 놓여 있던 무식한 사람들이었기 때문에 나타난 현상이었을 것이다. 그리하여 선교사들은 유교나 불교 등 조선의 고급 종교 문화에 접할 수 있는 기회를 스스로 차단함으로써 조선의 종교와 문화에 대한 몰이해를 노정시키고 있다. 그러면서도 그들은 그리스도교 신앙의 우월성 및 그 선교 사업의

---

27) 러시아 대장성 편, 최선·김병린 역, 1984, 『韓國志』, 한국정신문화연구원, 337~338쪽.
28) 한국의 주된 종교를 샤머니즘으로 보았던 일부 선교사들의 견해는 유럽의 연구자들에게 일정한 영향을 끼쳐 주기도 했다. 예를 들면 선교사들의 보고를 무비판적으로 받아들인 막스 베버(Max weber)는 중국의 주된 종교로 유교와 도교를, 일본의 대표적 종교로는 불교를 지적한 반면에, 한국의 종교는 샤머니즘으로 규정한 바 있다. 베버의 이와 같은 견해는 한국 전통 문화의 상대적 저급성을 은연 중에 강조하려는 그릇된 선입관에서 유래한 것으로 생각된다.

당위성과 시혜성을 강조하려는 의도를 가지고 있었고 여기에서 조선 종교의 저급성을 강조하게 되었던 것으로 생각된다.

둘째로 그들 대부분은 서유럽적 의미의 종교 개념과 그리스도교적 신학 지식을 편협하게 구사하여 조선의 종교 현상에 대한 해석을 시도했다. 그러나 하나의 특정 문화현상을 이해하기 위해서는 우선 그 문화 자신이 가지고 있는 고유한 논리 구조를 찾아 그것을 이해해야 하며, 그 다음에 비교 사상 내지는 비교 종교학의 입장에서 그것을 검토함이 바람직할 것이다. 그러나 당시의 선교사들에게서는 이와 같은 접근 방법이 거의 드러나지 않고 있다.

셋째로 당시 선교사들에게는 한국 종교나 신관에 관한 진지한 연구가 상대적으로 부족했으며, 특히 이러한 현상은 가톨릭 선교사들에게서 더 강하게 드러나고 있다. 이는 신학은 없고 선교만 있었던 당시의 상황을 나타내 주는 것이기는 하나 선교지의 기존 문화에 대한 몰이해 내지는 자의적 이해를 선교사들에게 야기시켜 주는 결과를 가져왔다.

3. 식민지 시대의 한국 신관 연구

조선에 나와 있던 유럽이나 미국 등의 선교사들이 한국 종교 내지 한국 신관을 연구한 것은 순수한 학술적 동기에서 진행된 것이라기보다는 조선에서의 선교라는 종교적 투신을 전제로 한 것이었다. 이와 비슷한 시기에 일본인 관학자들에 의해 조선의 종교 현상 내지 민속에 대한 조사 작업이 대대적으로 전개되었다.[29] 예를 들면 1908년에 조선에 입국하여 경찰 간부를 역임

---

29) 김태곤, 1971, 「일제가 실시한 조선 민간신앙 조사자료의 문제점」『석주선 교수 회갑기념 민속학논총』, 통문관.
　　박현수, 1980, 「일제의 침략을 위한 사회문화 조사활동」『한국사연구』30, 한국사연구회.
　　박현수, 1980, 「조선총독부 중추원의 사회문화 조사활동」『한국문화인류학』12, 한국

했던 이마무라(今村)는 조선의 민간 신앙 등을 연구했고 무라야마(村山智順), 아
카마스(赤松智城, 1886~1960), 아키바(秋葉隆) 등은 조선에서의 식민지 지배를 확
립하고자 하는 직접적인 의도 아래 식민지 통치 기관의 지원을 받으며 조선
의 무속 신앙을 연구했다. 그러나 이들의 연구는 한국 신관에 대한 특성을
체계적으로 밝히고자 했던 연구와는 거리가 먼 것이었고 무속을 비롯한 각
종 종교 현상에 대한 사실적 관찰을 시도한 것에 지나지 않다고 생각된다.
그리고 이들의 연구가 가지고 있는 특성은 이미 선학들에 의해 밝혀진 바가
있으므로, 이들의 연구 결과에 관해서는 본고에서 다루지 아니하고자 한다.

　식민지 조선의 종교에 대해 연구하던 일제의 관학자들 가운데 일부는 조
선의 종교에 대한 연구가 식민지 관헌들에게 '종교 취급 방법宗敎取扱方法'을
알려주는 데에 목적이 있는 것으로 생각하기도 했다.[30] 또한 일부의 연구자
들은 일본 종교의 조선 포교를 위한 사전 지식의 확보를 위해 조선의 종교를
연구해야 한다고 생각했다.[31] 또한 그들 가운데 일부는 식민지 지배를 위해
필요한 조선의 '고급 사상이나 신앙'을 알기 위해서는 저급한 민간 신앙에
대해서도 알아야 한다고 생각했다.[32] 그들이 이와 같이 식민지 조선의 종교
에 대해 연구하려 했던 데에는 폭압적인 식민지 지배를 조선에서 관철하기
위한 목적을 가지고 있었다.

　즉, 일제 식민 당국의 조선의 종교에 대한 조사 작업이 무속 내지는 신흥
종교에까지 미쳤던 것도 식민지 통치에 필요한 정보의 확보에 그 근본 목적
을 두고 있는 것이었다. 즉 식민지 당국에서는 이러한 연구를 통해 조선인의

　　문화인류학회.
　　김인희, 1986, 「한국무속연구사」, 『한국민속연구 논문선』, 일조각.
　　김종서, 1993, 「한말 일제하 한국 종교연구의 전개」, 『한국사상사대계』 6, 한국정신문화
　　연구원.
30) 吉川文太郎, 大正 10年(1921), 『朝鮮の宗敎』, 京城 : 森書店, 5面.
31) 靑柳南冥, 明治 44年(1911), 『朝鮮宗敎史』, 京城 : 朝鮮硏究會, 園田宗惠의 序文
　　參照.
32) 村山智順, 1929, 『朝鮮の鬼神』, 경성 : 朝鮮總督府, 10面 等 參照.

기본 심성을 파악함으로써 조선에 대한 지배의 편의를 얻고자 했다. 이 까닭에 무속에 대한 연구가 본격적으로 진행되어 갔다.[33] 그리고 당시에는 반제국주의적 민중 운동이 신흥 종교 운동을 표방하며 전개되기도 했다. 그러므로 그들에게는 조선에서의 치안을 확보하기 위해서도 신흥 종교에 대한 이해가 요청되었던 것이다.[34] 또한 식민지 치하에서 당국의 통제로부터 비교적 자유로울 수 있었던 조직이 그리스도교 교회이기는 하였지만 식민지 당국에서는 교회에 대한 감시와 현황 파악을 계속적으로 시도했다. 이러한 과정에서 식민지 당국의 주도 아래 종교에 대한 각종의 조사 작업이 진행되어 갔다. 그러므로 그들의 조선 종교 연구가 긍정적으로만 평가될 수는 없는 것이다.

한편 식민지 시대의 조선에서는 저항적 민족주의 운동이 강하게 일어나고 있었다. 이러한 과정에서 민족주의 사학자들은 민족정신의 앙양을 목적으로 하여 국혼國魂과 국수國粹를 강조하게 되었고, 그 구체적 사례로서 고대의 종교를 주목하고자 했다. 그들은 당시 조선에 나와 있던 선교사들 가운데 상당수가 조선의 고유 종교로서 정령 숭배를 지적했던 것과는 판이하게 조선의 고대 종교가 인격신을 숭배하는 매우 발달된 형태를 취하고 있다고 주장했다. 예를 들면 박은식(朴殷植, 1859~1925)은 조선의 고대 종교가 제천보본祭天報本을 주로 한 단군의 신교新敎였다고 규정지었다.[35] 그리고 신채호(申采浩, 1880~1936)도 국수國粹의 중심을 선교仙敎로 부르며 고대 이래 조선 사회에서의 삼신(三神 : 桓因, 桓雄, 檀君)에 관한 숭배를 주목한 바 있다.[36] 여기에서 이들이 조선의 고유한 종교 내지 신관을 정령 숭배와는 다르게 파악하며 발달

33) 서영대, 1983, 「한국원시종교 硏究小史」『한국학보』30, 일지사.
    김두진, 1974, 「한국무속연구사론」『사학론지』2, 한양대 사학과.
34) 반제국주의적 신흥 종교 운동의 대표적 사례로는 동학 운동을 들 수 있다. 그 밖에도
    일제하의 보천교(普天敎) 운동에서도 반제적(反帝的) 요소를 확인할 수 있을 것이다.
35) 박은식, 「韓國痛史」『박은식전서』상, 148~168쪽.
36) 신채호, 1910, 「東國古代仙敎考」『단재 신채호 전집』, 단재 신채호 선생 기념사업회.

된 신관을 제시하고 있었던 것은 당시 조선에 전파된 타일러(Eduard Burnett Tylor, 1832~1917)류의 종교 진화설에 일정한 영향을 받은 결과라고 생각된다. 타일러는 인류의 신관이 정령 숭배에서부터 유일신관으로 발전되어 갔다고 주장한 바 있으며, 유일신관이 신관에 있어서 가장 발달된 형태라고 주장했다. 여기에서 조선의 연구자들은 조선이 고대 사회부터 발달된 종교 신앙을 가지고 있었음을 밝히려 했고, 이를 통해 조선 고대의 높은 문화를 밝혀 보고자 한 듯하다. 그리고 고대부터 존재해 왔다고 믿어지는 이 신관을 되살림으로써 조선의 민족정신을 보존하고 국가의 독립을 기약해 보려 했던 것이다.

식민지 시대의 한국 신관 내지 종교 연구에 있어서 주목해야 하는 인물로는 이능화(李能和, 1868~1943)와 최남선(崔南善, 1890~1957)이 있다. 이능화는 한국의 종교에 관한 광범한 연구를 수행하여 나가는 과정에서 고대 신교의 존재를 주목한 바 있으며, 이 신교에서 신앙 대상이 인격적 신이었음을 설명하고 있었다.[37] 한편, 최남선의 경우에 있어서도 조선고교朝鮮古敎의 존재에 주목했다.[38] 그는 1925년 '불함문화론不咸文化論'을 발표한 이후 조선 문화의 독자성 및 중심성과 관련하여 조선의 종교 문화적 전통을 강조했다. 그는 조선 고유의 신앙이 단군 신앙에서 비롯된 풍류도風流道라고 보았다. 그는 이 풍류도의 신관으로 태양신과 천신의 존재를 주목했다. 그는 1920년대 세계 인류학계에서 제시되고 있던 문화 전파주의의 입장과 문화권 이론 등을 수용하여 조선의 고대 문화와 종교 및 신관을 밝히려 했다. 그리고 당시 민족주의 사학자들에 의해 널리 구사되고 있던 언어학적 방법론을 적용하여 자신의 이론을 논증해 보고자 했다. 이러한 최남선의 학문적 견해는 당시 식민지 조선 학계에 강요되고 있던 '일선동조론日鮮同祖論'에 대한 저항으로서의 의미를 가지고 있는 것이며, 한반도 문화의 주변성 내지 부수성을 주장하던 일제

---

37) 이능화, 「朝鮮神敎源流考」『史林』, 7-3, 4 ; 8-1. 2. 3. 4.
    이능화, 「朝鮮巫俗考」『啓明』 19.
38) 최남선, 「계명 19호 권두언」『육당 최남선 전집』9, 590~591쪽.

관학자들의 주장에 대한 저항의 성격이 농후한 것이었다. 그러나 그가 기초하고 있었던 이론이나 연구 방법론 가운데 상당 부분이 오늘에 이르러서는 재고를 요청받고 있으므로, 그의 견해에 대한 무비판적 수용에는 신중을 기해야 할 것이다.

식민지 시대 한국 개신교회에서도 타종교에 관한 관심과 더불어 그 종교의 신앙 대상을 주목하기도 했다. 이에 관한 구체적 사례로는 최병헌(崔炳憲, 1858~1927)을 들 수 있다. 그는 감리교 목사로서 모든 종교 진리가 그리스도에게서 포괄적으로 성취된다는 입장을 분명히 하고 있으나, 타종교에 대한 배타적 입장을 극복하고 있다. 그는 비록 타종교나 한국 전통의 신관에 대해서 집중적으로 연구하지는 아니했지만, 타종교에 대한 그의 개방적 입장의 연장선상에서 제반 유신론에 대한 긍정적 평가를 시도했다.[39] 한국 개신교계의 일각에서 제시되고 있던 이와 같은 입장과는 달리 교계 내의 또 다른 일부에서는 타종교에 대한 배타적 입장이 계속하여 제시되고 있었다. 즉, 타종교는 분명하지 않게나마 진리를 가지고 있다 하더라도 그리스도교의 신관과는 현격한 차이를 드러내는 것으로서 결국은 우상 숭배에 지나지 않는 거짓 종교라는 입장이 당시의 교계에는 좀 더 지배적 현상이었다.[40]

한편 당시 한국 천주교회에 있어서도 타종교의 신관에 대한 이해나 연구가 진행되지는 못하고 있었다. 이 시기에 간행되던 『가톨릭청년靑年』, 『가톨릭연구研究』, 『가톨릭조선朝鮮』 그리고 『신우神友』와 같은 가톨릭 교회 내의 각종 정기 간행물에서는 한국 신관에 관한 단 한 편의 글도 수록된 바가 없었다. 그리고 1935년 비엔나 대학의 슈미트(Schmidt) 교수 신부가 국제학술진흥회의 초청으로 북경 대학에서 일 년 간 강의를 하던 중 잠시 조선을 방문한 바 있었다.[41] 그는 인류학자로서 종교 진화설의 입장에 반대하여 종교 퇴

---

39) 변선환, 1985, 「탁사 최병헌과 동양사상」 『한국 기독교의 존재 이유』, 숭전대 출판부 참조.
40) 유동식, 『한국 기독교(1885~1985)의 타종교에 대한 이해』, 327~328쪽.
41) 「세계적 인류학자 슈밀 박사 訪問記」 『가톨릭청년』, 3~8쪽.

화설을 제창한 바 있었으며, 인류는 그 시초부터 유일신에 대한 신앙을 가지고 있었다고 주장했던 인물이었다. 그러나 그의 방문도 한국 가톨릭 교회에 있어서는 자기 문화 안에 자리 잡고 있다고 주장할 수도 있었던 전통적 하느님관에 대한 연구 필요성을 일깨워 주지 못했다.

한편, 이 시대에 이르러서는 19세기 후반기에 창시된 각종 '민족 종교'들도 활발히 전개되어 가고 있었다. 연구자들 가운데에서는 이와 같은 현상을 민족종교 운동의 전개로 주목하고 있기도 하다. 이 시기 대종교 운동이 독립 운동의 한 방편으로 전개되어 가고 있었으며, 천도교의 경우에는 자신의 교리 체계를 확립시켜 나가고 있었다. 대종교 및 천도교의 이론가들에 의해 제시된 그들 자신의 신앙 대상에 대한 연구도 식민지 시대 한국 신관 연구의 정체를 밝히는 데에 적절히 검토되어야 할 것이다.

요컨대, 식민지 시대에 이르러 한국 신관 내지 한국 종교에 관한 연구는 일본 식민 당국과 조선인 연구자, 그리고 개신교회의 일각에서 진행되어 갔다. 또한 '민족 종교'로 불리는 대종교나 천도교의 경우에 있어서도 자신의 신앙 대상이 무엇인지를 체계적으로 정리 제시하려는 시도가 진행되었고, 이 과정에서 한국 신관에 대한 연구가 부분적으로 이루어졌다. 식민 당국은 자신의 조선 통치를 보조하기 위한 수단으로 이 문제에 관한 민족학적 연구를 진행시켜 적지 않은 연구 업적을 쌓기도 했지만 그 연구 목적의 편벽성과 관련하여 연구 결과에 있어서도 문제점이 드러나기도 했다.

한편, 조선인 연구자들은 국권 회복의 의지를 가지고 민족정신의 앙양을 꾀해 나가고 있었다. 이 과정에서 그들은 조선 고대의 종교를 논하며 그 신적 존재를 규명해 보려 했지만 이 경우에 있어서는 상당수가 국수적 견해를 전제하여 제기된 견해들이었다.

식민지 시대에는 이러한 과정을 통해서 한국 신관에 대한 연구가 진행되어 나갔다. 식민지 시대의 신관 연구는 그 시대의 특성에 영향을 받고 있었다. 그러므로 한국 전통 신관에 관한 그들의 주장은 연구 당시의 사상적 분위기나 민족적 과제를 이해하는 데에는 도움을 줄 수 있을지 모르겠으나, 그들의 주장이 전통 시대의 신관을 정확히 전해 주고 있는 것으로는 보기 어렵다.

4. 맺음말

한국의 종교 사상에 관해 올바로 이해하기 위해서는 한국인들이 가지고 있던 신관에 관한 이해가 요청된다. 한국 신관에 대한 관심은 구미인들이 조선의 문화 및 종교에 대한 관심을 갖는 과정에서 검토되기 시작했다. 물론 그 이전부터도 우리 나라에는 독자적 신관이 존재해 왔지만, 조선인들은 이 신관에 암묵적으로 동의해 왔을 뿐 이에 대한 분석적 연구를 진행시키지는 않았다. 그러므로 한국 신관을 객관적으로 검토하기 시작했던 것은 문화적 배경이 달랐던 구미인들로부터 시작된다.

구미인들은 자신들의 종교 문화적 지식을 전제로 하여 조선의 종교와 신관을 검토하고자 하였다. 그리하여 조선에 관한 관찰자 가운데 일부는 조선의 무종교 상황을 보고하기까지 하였다. 그러나 대부분의 구미인들은 조선의 신관이 정령 숭배 단계에 머물러 있는 것으로 평가함으로써, 기존 종교 사상의 저급성과 열등성을 드러내고자 하였다. 물론 그들 가운데 일부는 한국 신관의 특성이 유일신론에 준하는 것으로 파악하기도 했지만, 이 경우에 있어서도 한국 신관은 그리스도교적 신관에 의해 보완되어야 할 것으로 생각했다.

한편, 식민지 시대 일제 관학자들에 의해 한국 종교 내지는 신관에 대한 연구가 부분적으로 진행되어 갔다. 이들은 식민지 통치 정책에 방조적 역할을 하기 위해서 조선인의 사유 구조와 그 특성을 밝혀 주려는 목적을 가지고 자신의 연구를 진행시켜 나갔다. 이들은 한국의 무속을 비롯한 한국 종교에 대해 논리적인 정리 작업을 시도하여 일정한 연구 업적을 나타내기도 했지만, 한국 무속의 원시성을 지나치게 강조하는 등 학문적 편견을 드러내기도 했다.

반면에 민족주의 사학자 및 우파 민족주의 계열에 속했던 일부 연구자들도 조선의 신관과 고대 종교를 밝히려 했다. 그들은 대체로 조선 종교 내지 신관의 우수성을 강조하는 입장을 취하고 있었다. 또한 그들은 단군을 신성화해 갔다. 단군의 신성화 과정에 관해서는 식민지 시대 한국 신관의 정체를 밝히기 위해서도 자세한 검토가 요청되는 부분이지만 이 때에 이르러 단군은 한국 신관의 이해와 관련하여 상당히 강조되어 갔다.

여기에서 확인할 수 있는 바와 같이 한국 신관에 대한 기존의 연구들은 각자 자신의 제한된 시각과 관찰 결과를 기반으로 하여 제시된 것이다. 한국 신관을 밝히려 했던 사람들의 현재적 이해관계나 사상 경향에 따라 한국 신관은 현저한 차이를 드러내며 각기 달리 제시되어 왔다. 기존의 연구에서는 한국 신관으로 말해질 수 있는 부분적 현상들을 확대하여 해석하거나, 특정한 이해관계에 급급하여 한국 신관을 왜곡한 면이 없지 아니하다. 따라서 기존의 한국 신관 연구 결과에 대해서는 학문적으로 전적인 신뢰를 보내기에는 어려운 실정이었다. 그러므로 한국 신관에 관한 연구는 새로운 연구의 착수가 요청되고 있었다.

한국 신관에 관해 식민지 시대를 전후하여 진행된 기존의 연구는 해방 이후 한국 사상사 내지 종교학의 연구 과정에서 새로운 발전의 기초를 제공해 주기도 했다. 또한 한국 그리스도교계의 신학적 발전이 진행되는 과정에서 토착화론과 관련하여 이 문제가 다시 심도 있게 거론되기 시작했다. 이는 그리스도교 토착화의 추진을 위해서 기존의 민족 문화 내지는 종교 심성에 관한 이해가 필요하다는 판단에서 제기된 것으로 생각된다. 이와 같은 판단이 올바른 것이라면 우리는 한국 신관의 정체를 밝히기 위한 좀 더 체계적인 노력을 전개해 나가야 할 것이다.

제2부

조선후기 천주교사의 사료 연구

Ⅰ. 『사학징의邪學懲義』의 사료적 특성

1. 머리말

사료가 없는 역사란 존재할 수 없다. 역사의 진실에 접하기 위해서는 사료라는 창문을 통해야 한다. 그런데 사료가 역사 연구에 활용되기 위해서는 반드시 비판을 거쳐야 한다. 사료에 대한 과학적 비판은 근대 역사학을 성립시켜 주었다. 특히 우리나라의 경우에는 '전적典籍의 나라'라고 불릴 만큼 많은 문헌자료들이 남아 있다. 이 문헌자료들을 발굴·정리해서 간행하는 일은 역사 연구에 가장 기본적 작업이 된다.

이러한 사실은 한국 천주교사를 이해하는 데에서도 마찬가지다. 한국천주교사의 연구에도 사료 발굴 및 그 비판은 매우 중요한 일이다. 그 동안 한국교회사는 교회측의 사료를 중심으로 연구되어 왔다. 그러나 관변측 사료는 교회사 연구에 또 다른 축을 이루고 있다. 『사학징의邪學懲義』는 1801년의 박해에 관한 관변측의 종합적인 자료이다. 이 교회측 사료와 관변측 사료 두종류의 사료가 두루 검토될 때 비로소 한국천주교사의 연구는 일반사적 측면에서나 교회사적 측면에서 올바로 접근할 수 있게 되는 것이다.

『사학징의』는 1801년의 박해에 관한 가장 중요한 자료이다. 따라서 이를 정확히 활용하기 위해서는 『사학징의』에 대한 철저한 사료의 비판이 요청된다. 본고에서는 우선 『사학징의』가 발견되고 확인된 과정부터 검토해 들어가고자 한다. 그리고 사료 비판의 일반적 방법에 따라 『사학징의』에 관한 외적 비판과 내적 비판이 시도되어야 한다.

한편, 천주교사 연구는 역사학 그 자체를 위해서 뿐만 아니라 종교 신앙적 차원에서도 의미를 갖는 일이다. 특히 1801년의 박해 과정에서 순교한 신도들의 시복諡福, 시성諡聖을 준비하는 과정에서 순교자들에 대한 객관적이고 엄밀한 자료가 요청된다. 『사학징의』는 바로 이러한 요구에도 충분히 응답할 수 있는 자료이다. 그러므로 한국순교자현양위원회韓國殉敎者顯揚委員會에서는 1801년의 박해에 관한 자료집의 간행을 준비하는 과정에서 당연히 『사학징의』를 주목하게 되었다.

『사학징의』에 대한 사료 소개는 이미 1977년 불함문화사不咸文化社에서 영인 간행한 『사학징의』에도 필자에 의해서 간략히 시도된 바가 있었다. 그러나 당시의 사료 소개는 해제 수준의 간략한 것이었고 이에 대한 보다 본격적 연구가 요청되어 왔다. 이에 필자는 이 책의 역주 작업을 하면서 『사학징의』에 대한 보다 본격적인 사료 비판과 해제 작업을 다시 시도하게 되었다.

이 사료비판을 통해서 『사학징의』가 가지고 있는 1801년의 박해에 관한 주요 사료로서의 위치가 좀 더 분명해지기를 기대한다. 그리고 『사학징의』 이외에 한국천주교사를 이해하는 데에 요청되는 원천적 사료들을 찾기 위한 노력이 지속적으로 이어지기를 바란다.

2. 『사학징의』의 존재 확인

『사학징의』라는 책자가 수집되고 그 존재가 학계에 알려지게 된 계기는 식민지시대 일본인 연구자들에 의해서 마련되었다. 당시 일본인 연구자들은 조선왕조의 각종 문헌자료들을 광범위하게 수집하고 있었다. 특히 이를 조직적으로 수집한 기관으로는 남만주철도주식회사南滿洲鐵道株式會社의 만선지리역사연구실滿鮮地理歷史研究室을 들 수 있다.

남만주철도주식회사(이하 '만철')는 일본이 중국 대륙에 대한 침략을 수행하기 위한 전초기관이었다. 중국의 만주 대련大連에 본사를 두고 있던 남만주

철도주식회사는 1908년 그 산하 부서로 '만선지리역사조사실'을 설치했다.[1]
이 '조사실'은 만철의 지원을 받아 시라토리 구라키지(白鳥庫吉)를 중심으로
한 동경제국대학 교수들이 주관했다.[2]

시라토리는 1886년 동경제국대학 사학과를 졸업하고 1904년에 모교에 교
수로 부임했다. 여기에서 그는 한국사와 만주사를 연결시키되 한국사를 만주
의 종속적 위치에 놓으려던 만선사관滿鮮史觀을 제시한 식민사학자植民史學者
였다. 그는 실증사학을 표방하면서 만철 조사실을 통해서 조선사에 관한 방
대한 자료들을 수집했다. 이 수집본이 바로 '남만수서南滿蒐書'로 불렀다. 만
철 조사실에서 수집한 '남만수서' 865부는 그 후 백산흑수문고白山黑水文庫로
명명되어 동경제국대학에 기증되었다. 백산은 백두산白頭山의 약칭이며 흑수
는 흑룡강黑龍江을 지칭하는 말로 백산흑수는 만주를 표상하는 말이 되었다.

이 '남만수서' 안에 '조선총서총사'가 들어 있었다. 이 '조선총서총사'는
시라토리가 조선에서 수집했던 도서였고[3] 보통 이를 줄여서 '총사叢史'라고
부르고 있다. 그러나 이 자료들은 1923년 동경대지진東京大地震 때에 동경제
국대학 도서관이 불타는 과정에서 모두 소실되고 말았다. 이 과정에서 『사학
징의』를 비롯한 한국사관계 주요 도서들이 오유화烏有化했다. 그런데 '남만수
서' 가운데 일부였던 '조선총서총사'를 열람하고 그 목록을 정리한 연구자가
이마니시 류(今西龍)와 마에마 교오사쿠(前間恭作) 두 사람이 있었다.

그들 가운데 이마니시는 1918년 도쿄(東京)에서 간행되던 전문 논문집인
『歷史と地理』에 조선교회사 관계의 논문을 발표한 바 있었다.[4] 이로써 그는
일본인 연구자 가운데 조선 천주교회사를 처음으로 언급한 사람이 되었다.
이와 같은 성향이 있었기 때문에 그는 '조선총서총사'[5](제 44책~제 47책)에 비

---

1) 原覺天, 1984, 『現代アジア硏究成立史論』, 東京 : 勁草書房, 505쪽 참조.
2) 조동걸, 1998, 『현대한국사학사』, 나남출판, 261쪽.
3) 今西龍, 1935, 『朝鮮史の栞』, 京城 : 近澤書店, 34쪽.
4) 今西學士, 1918, 「朝鮮李太王と天主敎徒虐殺」 『歷史と地理』 1-6.
5) 今西龍은 조선총서총사를 '叢史'라는 약칭으로 사용했다. 前間恭作도 이를 '叢史'라

록『사교징의邪敎懲義』라고 잘못 표기했지만[6]『사학징의』의 존재를 확인했
고 그 목차를 옮겨 기록해 놓았다.

이 목차가 바로 야마구치 마사유키(山口正之)가 언급한 '이마니시 교수의
'수초목록'手抄目錄이었다.[7] 물론 야마구치도 그의 글에서 이마니시가 정리한
대로『사학징의』를『사교징의』라고 언급하였다.[8] 이와 같이 비록 그 제명題
名에는 약간의 혼동이 있었지만 일본인 조선사 연구자들은 이마니시의 목록
을 통해서『사학징의』의 내용을 짐작할 수 있었다.

'조선총서총사' 제 44책부터 제 47책 사이에『사학징의』가 있음을 정확히
알려준 사람으로는 마에마교오사쿠(前間恭作, 1868~1942)를 들 수 있다. 그는 일
본 쓰시마(對馬島) 이즈하라(嚴原) 출신으로 중학교 때부터 조선어를 학습했다.
그리고 게이오의숙(慶應義塾)을 졸업한 1891년에 유학생의 신분으로 조선에
입국했다. 그는 1894년 인천주재 일본영사관에서 서기생으로 근무하기 시작
했다. 그는 1900년 오스트랄리아 시드니 주재 일본공사관으로 전임되어 잠
시 근무한 바 있으나 이듬해 한국 근무를 자원하여 서울 주재 일본공사관의
2등 통역관으로 부임했다. 1910년 '한일합방' 이후 그는 총독부 통역관이 되
었다가 1911년에 사임하고 일본으로 돌아갔다.[9]

그는 조선에 머무는 동안 고서 연구에 전심하여 이를 수집하고 해제했다.
이 작업은 그가 조선을 떠난 이후에도 계속되었다. 그가 수집한 고서들은 사
후 유족들에 의해 일본의 사단법인 동양문고東洋文庫에 기증되었다. 사단법인
동양문고에서는 동양문고 총간 제 11집으로『고선책보(古鮮冊譜, 3冊)』를 간행
하였다.『고선책보』의 제 1책은 제 2차 세계대전 말엽 전시 물자통제가 극심
했던 1944년에 간행되었고, 제 2책은 일본 경제가 전후 부흥단계에 이르렀

고 약칭했다.
6) 今西龍, 1935, 앞의 책, 36쪽. 誤記로 판단한 근거는 주 10에서 후술되고 있다.
7) 山口正之, 소화 7년(1932),「闢衛編」『靑丘學叢』8, 京城 : 靑丘學會, 201쪽 참조.
8) 山口正之, 1932, 앞의 글, 203쪽.
9) 한국인명대사전 편찬실, 1967,「마에마 교오사꾸」『한국인명대사전』, 신구문화사.

던 1956년에 간행되었으며, 제 3책은 그 이듬해인 1957년에 간행되었다.

바로 이 『고선책보』의 제 2책에 『사학징의』, 『공충도사학죄인성책公忠道邪學罪人成冊』 등 한국교회사 관계 자료들이 수록되어 있다.[10] 마에마와 이마니시가 열람하고 기록한 자료는 모두가 '조선총서총사'의 제 44책에서 제 47책까지 4책에 걸쳐 포함되어 있는 자료였다. 이 책 수를 두 사람이 같이 기록해 주고 있음을 보면[11] 그들은 동일한 자료를 보았음에 틀림없다. 그러나 이책의 제목을 이마니시는 『사교징의』라 했고, 마에마는 『사학징의』라 했다. 그 후 1923년 이 책은 불타버렸지만 이 책이 국내에서 다시 발견되었다. 또한 그 제목이 『사학징의』로 되어 있음을 확인했다. 그렇다면 이마니시가 『사교징의』라고 기록했던 것은 『사학징의』의 잘못된 표기였음이 확실하다.

마에마는 『사학징의』를 해제하면서 이 책이 '총사' 제 44책부터 제 47책까지 모두 4책으로 구성되어 있음을 말했다. 그리고 이 책은 1801년(신유)의 박해 때에 처형된 천주교 관계자들을 기록하고 있음을 밝혀 주면서 4책의 목차를 자세히 기록해 두었다.[12] 이 기록을 통해서 우리는 『사학징의』의 구체적 내용을 더 자세히 알 수 있게 되었다.

한편, '동경대본東京大本' 『사학징의』는 동경대지진의 여파로 불타 버렸지만, 해방 직후 이 책은 국내에서 다시 발견되었다.[13] 이 책을 발견하여 소장했던 김양선金良善은 이 때 상황을 다음과 같이 말하고 있다.

---

10) 前間恭作, 소화 31(1956), 『古鮮册譜』 2, 977쪽.

11) 山口正之, 소화 7(1932), 「闢衛編」 『靑丘學叢』 8, 京城 : 靑丘學會, 203쪽 ; 前間恭作, 소화 31(1956), 『古鮮册譜』 第2册, 東京 : 東洋文庫, 977쪽.

12) 前間恭作, 昭和31(1956). 『古鮮册譜』 第2册, 東京 : 東洋文庫, 977쪽.

13) 홍이섭, 1955, 「한국기독교사연구소사」 『용재 백낙준선생 환갑기념 국학논총』, 사상계사, 765쪽. 이 글을 보면 김양선(金良善)은 자신이 소장한 책자의 제목이 『邪教懲治』라고 홍이섭에게 말한 적이 있다. 그러나 그가 1957년에 발표한 논문을 보면 그 책의 제목은 『邪學懲義』였음이 확인된다. 『邪教懲治』란 제목은 김양선이 잘못 보았거나 홍이섭이 잘못 들었을 가능성이 크다.

『사학징의』는 한국 천주교 박해의 최고最高·최귀最貴의 것이다....이를 동경제
국대학에 옮겨 두었던 것이 불행히도 동경 대진재에 불타 버려 절세의 진귀 사서
가 세상에서 자취를 감추고 말았다. 그런데 지금으로부터 23년 전에 조선총서의
편자인 이기경李基慶의 후손 이만채李晩采 씨가 가장본家藏本『벽위편闢衛編』을 복
간하여 세상에 내어 놓으니 학계에서는 마치 죽었던 아들이 살아온 듯이 기뻐하
였다. 그러나 순조純祖 원년 신유사옥辛酉邪獄의 정법결안正法結案이 수록되어 있
는『사학징의』만은 다시 찾을 길이 없어 매우 안타까워하며 행여 그것이 세상에
나타날까 하여 마음조리고 있었는데 지성이면 감천으로 해방 직후 마침 그 1·2권
의 두 책이 발견되어 본인의 수중에 들어왔다.[14]

김양선은 이 글에서『사학징의』를 최고·최귀의 사료로 평가하면서 해방
직후『사학징의』2책을 수집하게 된 감격을 밝히고 있다. 그러나 그는 이 글
에서 자신이 수집한『사학징의』2책이 "이기경 편 '조선총서사朝鮮叢書史' 제
44책에서 제 47책에 이르는 4책 중에 2책"[15]으로 보았다. 여기에서 그는 '조
선총서총사'를 '조선총서사'로 표현했고, 이 '조선총서사'의 편자를 이기경으
로 오인해서 설명했다. 이와 같은 오류는 그 자신이 '조선총서총사'의 조사
목록을 직접 목격하지 못한 데에서 파생되었으리라 생각된다.[16]
김양선은 이『사학징의』2책을 자신이 서울의 남산 부근에 설립했던 '한
국기독교박물관'에 소장했다. 그러나 이 책도 한국전쟁을 거치는 과정에서
파괴되었다. 김양선은 이 책이 파괴된 경위를 다음과 같이 설명하고 있다.

이것을 곧 천하에 공개하여 해방된 한국 학계에 기쁨을 더하려 할 즈음 6·25
사변이 일어났다. 서울에 있던 다른 모든 박물관들과 마찬가지로 기독교 박물관
은 그 귀중한 사료를 하나도 치우지 못한 채 부산으로 피난하였다가 9·28 수복

---

14) 김양선, 1957,「신유대박해의 귀중사료 '사학징의'에 관하여」『숭실대학보』3, 숭실대
    학교 학도호국단, 29쪽.
15) 김양선, 1957, 앞의 글, 28쪽.
16) 김양선이 이 글을 쓰기 한 해 전에 前間恭作의『古鮮冊譜』2권이 간행되어 그 안에
    『사학징의』가 소개되었다. 그러나 김양선은 이 책을 입수·검토하지 못했기 때문에 이
    와 같은 오류가 발생했을 것이다.

이후 돌아와 보니 이 절세의 진본珍本 『사학징의』 2책은 다른 모든 사료들과 함께 지하실 서고 속에서 물에 잠겨 썩고 있었다. 인민군들이 후퇴하면서 건물과 수도 장치를 파괴하였으므로 지하실 서고는 3주 이상이나 물에 잠겨 있었었다. 지금은 떡뎅이(sic)처럼 한데 붙었으므로 그 외형은 볼 수 있으나 내용은 볼 수 없었다.[17]

김양선은 전쟁의 과정에서 이 귀중 자료가 손상을 입게 된 사실을 매우 아쉬워했다. 그러다가 그는 1957년 이 떡덩이가 된 자료들을 정리해 가기 시작했다. 이 과정에서 그는 『사학징의』 2책 중 제 2책은 복원 가능성이 전혀 없었지만, 제 1책 중에서 15매 정도를 건질 수 있었다. 그가 이렇게 하여 살려낸 부분은 『사학징의』 전체의 약 5% 내외에 이르는 분량으로 『사학징의』, 「정법죄인질」의 일부였다.[18] 이 자료를 그는 1957년 『숭실대학보崇實大學報』에 정리 수록하여 학계에 발표했다. 그러나 그가 발표한 이 자료는 막상 당시의 천주교회사를 전공하던 사람들에게는 큰 주목을 받지 못했다. 그리고 대부분의 연구자들은 『사학징의』가 이미 망실된 자료 정도로만 인식하고 있었다.

그러다가 『사학징의』가 다시 학계에 알려지게 된 계기는 1971년 5월에 마련되었다. 이 때 서울 마포구 합정동에 소재한 절두산순교자기념관(切頭山殉敎者紀念館, 現 切頭山殉敎博物館)의 관장이었던 박희봉朴喜奉 신부는 기념관을 찾아온 한적漢籍 중개상인에게서 몇몇 자료와 함께 이 책을 구입했다. 이로써 이 자료는 공공기관에 수습되어 활용될 수 있는 여건이 갖추어졌다. 그리고 당시 양화진기념관에 자료 몇 점이 새롭게 입수되었다는 말을 들은 조광趙珖은 이곳에서 『사학징의』의 존재를 확인하게 되었다. 조광은 이 자료의 유래를

17) 김양선, 1957, 앞의 글, 29쪽.
18) 현재 숭실대학교 박물관에는 이 때 살려낸 자료의 일부가 전시되어 있다. 한편, 김양선은 사변 직전 『사학징의』를 입수했을 때 그 일부를 한글로 번역하고 번역한 부분의 원문도 원고지에 옮겨둔 바 있었다. 그리고 그는 이 번역문을 책자로 간행할 때 활용하기 위해 표지와 내용의 일부를 사진으로 촬영해 두었다. 그러나 『사학징의』에 관해 김양선이 언급한 바 있던 번역 원고나 원본 사진 등의 자료들은 접할 수 없었다.

좀 더 정확히 알기 위해서 그 중개상인을 다시 수소문했으나 만날 수가 없었
다. 그러나 기존의 사료와 비교 검토해 볼 때 이 사료 가치는 제 1차 사료로
써 대단히 중요함을 확인하게 되었다.

그리하여 이 자료는 한국교회사연구소에서 지속적으로 간행하고 있던 '한
국교회사연구자료'의 제 7집의 형식으로 1977년 10월 15일자로 불함문화사
弗咸文化社에서 영인 간행될 수 있었다. 이 영인본에서 조광은 해제 작업을
담당했다.[19] 이 영인본의 간행으로 『사학징의』는 불길과 물길을 무릅쓰고도
다시 살아나게 되었다. 이로써 학계에는 이 책의 재발견이 널리 알려지게 되
었다. 그리고 이제 『사학징의』는 불타거나 물에 젖을 걱정으로부터 벗어나
서 여러 연구자들에게 자유롭게 활용될 수 있게 되었다.

이렇게 재발견된 『사학징의』는 당시 역주 작업을 진행하고 있던 달레의
『한국천주교회사』 가운데 1801년 신유박해 부분의 주석 작업에도 가장 중요
한 자료로 우선 활용되었다. 또한 이 자료를 기초로 한 연구 논문들이 속속
발표되었다.[20] 그리고 초기 천주교사를 연구하는 데에 없어서는 안 될 귀중
자료임을 거듭 확인받게 되었다. 그리하여 오늘의 연구자들은 『사학징의』가
가지고 있는 사료 가치에 대해서 아무런 의심 없이 활용하고 있다.

한편, 『사학징의』는 1970년대 이래 번역을 위한 시도가 일부 진행되기도
했다. 그러나 이 작업은 번역상의 난점으로 인해서 책자로 간행될 수준의 번
역에는 이르지 못했다. 그 후 1996년 한국순교자현양위원회에서 신유박해
때의 순교자에 대한 조사 작업을 진행하는 과정에서 본격적인 역주본譯註本
의 간행이 시도되었다. 이 역주본은 조광이 맡아서 진행했다. 그리하여 이
『역주 사학징의』는 신유박해 순교 200주년을 기념하는 2001년을 맞아 간행

---

19) 조광, 1977, 「사학징의의 사료적 가치」 『사학징의』, 불함문화사, 3~12쪽.
20) 조광, 1977, 「신유박해의 분석적 고찰」 『교회사연구』 1, 한국교회사연구소.
   최석우, 1979, 「사학징의를 통하여 본 초기 천주교회」 『교회사연구』 2, 한국교회사연구소.
   김한규, 1979, 「사학징의를 통해서 본 초기 한국천주교회의 몇 가지 문제」 『교회사연
   구』 2, 한국교회사연구소.

확인할 수 있는 아무러한 자료도 없다. 그런데도 절두산본『사학징의』에는
『서학징의』라는 기록이 나온다.

이를 보면, 이『서학징의』라는 말은『사학징의』의 편찬을 마치기 전에 임
시로 부여했던 제명으로 생각해 볼 수도 있을 것이다. 그리고 평소에 준비해
두었던 최필공 관계 자료에 참고로 기록해 두었던 임시 제명이『사학징의』
최종본을 편찬할 때에도 지워지지 않고 잘못 들어간 결과로, 절두산본『사학
징의』에 세자 쌍행의 협주로 나타난 것이 아닌가 추정된다. 따라서『서학징
의』는『사학징의』라는 제목이 확정되기 전에 임시로 부여했던 이름이고 실
제로는『사학징의』한 종류만이 있었을 것으로 추정된다.

『사학징의』라는 제목에서 '사학'이란 단어는 천주교를 비칭卑稱하던 말이
다. 그렇다면 '징의'란 어떤 뜻을 가지고 있는지를 확인해 보아야 한다. 이
'징의'라는 단어는 모로하시(諸橋轍次)의『대한화사전大漢和辭典』, 대만의 중화
학술원中華學術院에서 간행한『중문대사전中文大辭典』에 입록되어 있지 않다.
그리고 이 단어는 단국대학교 동양학연구소『한한대사전韓漢大辭典』의 미간
행 원고에도 올라 있지 않았다. 그렇다면 이 단어는 한자 문화권에서 일상적
으로 사용되던 단어가 아니라 특정 복합어의 축약형으로 볼 수 있을 것이다.

일찍이 김양선은 '징의'란 '징치정의懲治正義'의 준말이라고 단언한 바 있
었다.[22] 그러나 '징의'가 '징치정의'의 준말인지에 대해서는 의문의 여지가
있다. 일반적으로 한자어를 축약하는 원칙에 따라서 '징치정의'의 준말을 만
든다면 '징정懲正'이라고 해야 할 것이기 때문이다. 그렇다면 '징의'는 '징치
정의'의 준말이라기보다는 '징권의리懲勸義理'의 준말로 볼 수도 있을 것이다.
즉 '징의'는 '악을 경계하고 선을 권장하는 의리'를 줄인 말로 생각된다. 그
렇다면 '사학징의'라는 제목에는 "사학邪學을 경계하고 정학正學을 권장한다"
는 뜻이 함축되어 있다고 여겨진다.

『사학징의』의 제명에 이어서 그 권차卷次에 대한 문제를 검토해 보고자 한

---

22) 김양선, 1957, 앞의 글, 28쪽.

다. 앞서 언급한 바와 같이 동경대본『사학징의』는 4권 4책이었음을 확인할 수 있다.[23] 그런데 김양선은 해방 직후에 2책의 『사학징의』를 입수했고 이 2책이 동경대본 4권 4책 중 일부일 것으로 생각했다. 그리하여 그는 자신이 입수한『사학징의』1책과 2책이 동경대본 1책 및 2책에 해당할 것으로 생각했다. 그리고 김양선은 동경대본 제 3책은 '정학론正學論'이, 제 4책은 '척사설斥邪說' 등이 수록되어 있었을 것으로 추정했다.[24] 그러나 이와 같은 그의 추정은 마에마(前間恭作)의『고선책보』를 통해서『사학징의』의 전체 내용이 밝혀지게 됨에 따라서 사실이 아님을 확인할 수 있었다.

마에마의『고선책보』에서는 동경대본『사학징의』가 절두산본『사학징의』와 거의 같은 내용을 수록하고 있었음을 말해 준다. 물론, 소제목이 같다고 하더라도 그 수록된 내용의 생략 여부에 따라서 그 장단은 다를 수 있다. 그러므로 동경대본『사학징의』4책과 절두산본『사학징의』2책이 동일한 책이라고 단정하는 데에는 어려운 점이 있다. 그러나 현행 '절두산본'『사학징의』는 2책으로 되어 있고 그 편목 구성에도 '동경대본'과 큰 차이가 없었다.

이를 감안해 볼 때, 동경대본이 4책으로 기록되었던 까닭은 수록 내용의 차이에서보다는 그 분권, 분책의 방법상 차이에서 유래한 것으로 생각된다. 다시 말하자면 동경대본은 4책으로 분책되는 과정에서 매 책당 장수가 작아졌던 반면, 절두산본이나 김양선본은 2책으로 분권 분책하면서, 책권의 장수를 배 가까이 증면시켰던 것으로 볼 수 있다. 이와 같은 추정은 다음 절두산본과 동경대본의 수록내용을 기준으로 권당 장과 면을 정리해 본 〔표 1〕을 통해서 짐작된다.

---

23) 前間恭作, 1956, 앞의 책, 977~978쪽.
24) 金良善, 1957, 앞의 글, 29쪽.

〔표 1〕 切頭山本과 東京大本의 分冊 分量

切頭山本			東京大本		
卷	張	面	卷	張	面
1	96	192	1	34	68
			2	52	104
2	97	194	3	52	104
			4	42	84
小計	193	386		180	360

〔표 1〕에서 확인되는 절두산본과 동경대본의 분량은 서로 비슷하다. 이러한 외적 특성을 감안하면, 2권 2책의 절두산본은 4권 4책의 동경대본과 거의 같은 책으로 추정할 수 있다. 물론 이 양자 사이의 장수는 약간의 차이가 나타나고 있다. 그러나 이 정도의 차이는 인정될 수 있는 오차의 범위 안에 드는 것으로 생각된다. 그리고 2책으로 되어 있던 '김양선본'의 경우에도 현행 절두산본과 거의 일치되고 있다고 판단된다. 따라서 김양선이 동경대본 3, 4책은 정학론과 척사론이었으리라 추정한 부분은25) 근거가 박약한 것으로 생각된다.

절두산본 『사학징의』는 행서行書로 작성된 2권 2책의 광곽匡郭이 없는 필사본이다. 이 책은 각 권이 반곽半郭 34.5×21.5cm, 반엽半葉 11행行 32자字, 주쌍행註雙行의 형식으로, 권卷1은 96장張 192면面이며, 권卷2는 97장張 194면面으로 되어 있다. 이 책은 선장본線裝本이며 책의 지질은 닥종이(楮紙)다. 절두산본이 가지고 있는 이러한 서지적 특성은 김양선본과 일정한 차이를 드러내고 있다. 김양선본 『사학징의』는 2권 2책, 반곽 30.0×18.0cm, 반엽 13행 26자로 되어 있다. 한편, 동경대본의 출판사항에 관해서는 4권이라는 사실만 알려져 왔다. 그러므로 이상 3종의 『사학징의』가 가지고 있던 서지적 특성은 각각 차이가 있다고 생각되며 이를 도표화하면 다음과 같다.

---

25) 金良善, 1957, 앞의 글, 29쪽.

〔표 1〕『사학징의』의 사본별 서지적 특성

No.	筆寫本名	卷	冊	長(mm)	廣(mm)	行數	字數	張·面
1	切頭山本	2	2	345	215	11行	32字	193·386
2	金良善本	2	2	300	180	13行	26字	?
3	東京大本	?	4	?	?	?	?	?

한편, 현행 절두산본『사학징의』에는 그 유래를 추적하는 데에 참고 될 만한 인기印記가 없다. 다만 1971년 절두산순교기념관에서 이를 입수한 이후 상권과 하권의 권두卷頭에 붉은 인주印朱로 날인한 '절두산순교자기념관切頭山殉敎者紀念館' 인이 찍혀 있을 뿐이다. 그러나 절두산본의 경우에는 상하권의 표지 상단 우측에 각기 '추조관장秋曹官藏'이라는 글이 적혀 있다. 이는 절두산본『사학징의』가 추조秋曹, 즉 형조에서 소장하던 자료이었음을 나타낸다. 그러나 절두산본『사학징의』에 추조의 관인이 날인되어 있지는 않다. 그러나 '추조관장'이라는 표현을 통해서 미루어 볼 때, 절두산본『사학징의』는 형조에서 직접 소장하고 있던 참고자료였을 가능성이 높다.

『사학징의』는 한 개인의 독창적 저서로 보기 어렵다. 왜냐하면『사학징의』에는 개인의 창견創見이나 주관이 극도로 억제되어 있고, 관변측 문서를 중심으로 하여 1801년에 진행된 천주교 관계 사건관계의 기록을 적절히 축약하여 제시해 주고 있기 때문이다.『사학징의』에 저자 혹은 편자의 견해가 개입된 부분은 그 전체적 구성에 관한 아이디어와 주쌍행註雙行의 부분 및 관문서의 축약 과정만을 인정해 줄 수 있다. 그러므로 오늘날의 관행에 입각하여 엄밀히 말하자면『사학징의』는 독창적 저서라기보다는 일종의 편서로 파악해야 한다. 그러나 당시의 일반적 관행으로는 이러한 종류의 책자도 저서로 간주했다. 따라서 오늘의 우리는『사학징의』를 저술 당시의 관행에 따라서 하나의 저서로 규정한다 하더라도 크게 문제될 것은 없으리라 생각된다.

여기에서 우리는『사학징의』의 저자 내지는 편자가 누구인지에 대해서도 추정해 볼 수 있을 것이다. 일찍이 김양선은 『사학징의』의 저자가 이기경(李基慶, 1756~1819)이었다고 말한 바 있다. 즉 김양선은 이른바 '조선총서사' 31종 50책의 저자를 이기경으로 오인하고 있었고, 이 과정에서 '조선총서사' 안에 포함되어 있는 『사학징의』의 저자도 이기경으로 추정했다.[26] 그러므로 그의 추정은 전제가 잘못된 것이므로 재검토를 요한다.

그렇다 하더라도 이기경은 『사학징의』의 저자 내지 편자 가운데 유력한 후보임은 틀림없다. 그 이유는 다음과 같다. 첫째로, 이 책의 제 1장에 해당되는 '전교주계傳敎奏啓'의 내용 말미에는 '見闢衛編'이라는 주가 11곳에 걸쳐 표시되어 있다. 그리고 이 내용은 이기경 편 『벽위편』에 자세한 내용이 수록되어 있었다. 이는 『사학징의』의 저자가 『벽위편』의 내용을 잘 알고 있었음을 뜻한다. 그런데 『사학징의』가 저술되던 당시 고본稿本의 상태로 있던 『벽위편』의 내용을 알 수 있던 사람으로는 『벽위편』의 저자를 비롯해서 극히 일부에 지나지 않았을 것이다. 이러한 사실에 미루어 생각해 볼 때, 『사학징의』의 저자와 『벽위편』의 저자가 동일 인물이었을 가능성을 배제할 수만은 없기 때문이다.

둘째로, 본 『사학징의』에서는 이만수李晩秀가 지은 '토역반교문討逆頒敎文'의 제목만 있고, 여기에도 '見闢衛編'이란 주가 달려 있다. '토역반교문'의 본문은 『벽위편』에 수록되어 있었다. 이와 같은 사실은 『사학징의』의 저자가 『벽위편』의 내용을 잘 알고 있었을 뿐만 아니라 두 책의 내용이 중복됨을 의도적으로 피하려 했음을 뜻한다. 여기에서 동일인이 이 두 책의 편찬 내지는 저술 작업을 진행했다는 추정이 가능하다. 이 때문에 『사학징의』는 『벽위편』에 수록되어 있는 '토역반교문'과 같은 주요자료들의 내용을 생략하게 되었던 것으로 생각된다.

셋째로, 1801년 당시의 사회와 이기경의 생애를 검토해 볼 때, 그가 『사학징의』를 편저했을 가능성이 검토되어야 한다. 즉 이기경은 『벽위편』의 저술

---

26) 金良善, 1957, 앞의 글, 28쪽.

을 통해서 이미 널리 알려진 바와 같이 당시의 조사朝士들 가운데 '척사위정'
에 관한 이론적 접근을 시도하고 이를 저서로 남긴 대표적 인물이었다. 그는
이미 1780년대 후반부터 척사위정에 분명한 입장을 견지하고 있었다. 그는
정조 시대 천주교를 반대하던 홍낙안洪樂安의 장서長書 사건과 관련하여 1792
년 함경도 경원慶源으로 유배를 갔다가 곧 해배되었고, 1795년에는 다시 관직
에 나아갔다.

그는 1801년의 박해가 시작되던 당시에는 함경도 향시를 감독하기 위해
함경도에 내려가 있었으므로 서울에서 척사 활동을 전개할 수는 없었다. 그
러나 그는 1801년 4월에 서울로 귀환하여 이조좌랑과 장령 등을 역임했다.
그리고 1802년에는 홍문관弘文館, 사헌부司憲府, 사간원司諫院 등 언관직을 역
임하고 있었다.[27] 이와 같은 그의 현직 관료 생활은 형조를 비롯한 관련 부
서의 문서에 쉽게 접근할 수 있는 계기가 되었을 것이다. 그러므로 그는 승
정원承政院의 문서를 중심으로 해서『벽위편』을 저술했고 형조의 문서를 중
심으로 하여『사학징의』를 구상하게 되었다고 볼 수 있는 여지가 있다. 이러
한 그의 경력 및 1801년 박해 당시의 지위와 척사에 대한 학문적 열정을 감
안하면 그가『사학징의』를 편찬했을 가능성은 더욱 커진다.

한편, 참고로 말하자면, 김양선은 '조선총서사', 즉 '조선총서총사'를 이기
경이 지었다고 본 바가 있다. 아마도 이 추정은 시라토리(白鳥庫吉)가 '백산흑
수문고'에 편입된 조선의 도서들을 수집하는 과정과 관련이 있으리라 판단
된다. 즉 시라토리는 이기경의 후예들이 소장하고 있던 '조선총서총사'를 수
집했을 가능성이 있다.[28] 이러한 사실은 시라토리의 수서蒐書 과정에 대한
보다 면밀한 검토를 통해서 확정지을 수 있을 것이다. 그런데 김양선은 이

---

27) 홍이섭, 1954,「벽위편찬집자 이기경의 전기자료」『최현배선생환갑기념논문집』, 사상
    계사, 536~537쪽.
28) 이와 같은 추정이 가능하다면, 이기경의 후손들이 현재 소장하고 있는『벽위편』은 고본
    의 형태였을 것이고, 이보다 조금 더 가공된『벽위편』혹은『벽위휘편(闢衛彙編)』이
    '조선총서총사'에 들어갔을 가능성이 있다.

수서 과정에 대한 말을 잘못 전해 듣고 『사학징의』를 이기경의 저작물로 판단했을 수도 있다.[29]

이러한 여러 이유들을 감안해 볼 때, 이기경이 『사학징의』의 저자였을 가능성은 남아 있다. 그나 현행본 『사학징의』를 보면, 이 책이 추조, 즉 형조에서 보관되어 왔음을 알게 된다. 더욱이 『사학징의』의 본문에서는 '형조'를 언제나 '본조'로 지칭하고 있다. 이는 이 책의 저자가 형조와 관련되는 사건들을 객관화시키지 않고 있음을 뜻한다. 또한 이는 이 책의 저자가 형조 관리이거나 형조 자신이었음을 간접적으로 암시해 준다고 생각된다.[30] 그러므로 본고에서는 이 책의 저자를 이기경으로 단언하기보다는 이기경이었을 가능성을 제시하는 데에 만족하고자 한다.

『사학징의』의 저자에 대한 검토에 이어서 사학징의가 저술된 시기와 장소에 대한 문제를 계속해서 검토하고자 한다. 『사학징의』가 저술된 시기는 『사학징의』 안에 서술된 내용들의 분석을 통해서 추정이 가능하다. 『사학징의』는 1801년 1월 10일에 반포된 대왕대비 김씨의 '사학신금邪學申禁'에 관한 명령부터 기록되고 있다.[31] 『사학징의』의 주된 내용은 1801년에 진행되었던 신문기록이나 관청이 주고받은 공문이었다.

그러나 여기에는 1801년의 박해 사실뿐만 아니라, 극히 일부이기는 해도 그 박해이후의 경과까지도 포함되어 있다. 예를 들면 1802년에 형조에 보내온 평택현平澤縣의 공문 등이 수록되어 있기도 하다.[32] 그리고 유배인의 향방을 추적 보고하는 과정에서 황사영의 비婢 고음련古音連이 1802년에 죽었음을 기록해 놓기도 했다.[33] 그리고 유배된 죄인 제관득諸寬得이 1803년에

---

29) 조선총서총사에는 이기경의 저서인 『벽위편』 혹은 『벽위휘편』 등이 포함되어 있었다. 여기에서 유추해 보건대 이기경이 자신이 지은 다른 저서도 여기에 포함시켰을 가능성은 계속 존재한다고 볼 수 있다.

30) 물론, 이기경을 『사학징의』의 편저자로 상정한다면, 이기경이 형조의 기록을 수집해서 편찬한 결과 이와 같은 문제가 나타난 것으로 해석될 여지도 있다.

31) 『邪學懲義』, 「傳教奏啓」, 불함문화사, 3쪽.

32) 『邪學懲義』, 「來關秩」, 불함문화사, 68쪽.

작고했다는 기록도 있다.³⁴⁾『사학징의』권1에서도 이종화李宗和에 관한 협주를 통해 그가 1805년(을축)에 석방된 사실을 기록하고 있다.³⁵⁾ 또한 1811년(신미)에 있었던 천주교 사건관계 보고문까지도 본문과는 다른 서체로 수록되어 있다.³⁶⁾ 이렇게 절두산본『사학징의』에 가필이 가해진 하한선이 1811년이었음을 감안하면『사학징의』는 1801년의 박해가 전개되던 과정에서 작성되기 시작해서 늦어도 1811년까지는 오늘날과 같은 완성된 형태를 갖추게 되었다고 판단된다.

　요컨대, 본장에서는『사학징의』의 사료 비판 과정에서 먼저 요구되는 외적 비판을 시도해 보았다. 필사본 2권 2책으로 되어 있는『사학징의』는 기존에 알려져 있던 동경대본이나 김양선본과는 그 외적 형식에서 일정한 차이가 있지만, 이들은 모두가 동일한 내용의 책자였던 것으로 추정된다. 이 책자의 편자 내지는 저자로는 우선 이기경을 상정할 수 있다. 그러나 이를 정확히 확인할 수 있는 자료가 없는 상황에서는 표제에 씌어 있는 기록 등을 참고할 때 형조에서 편찬했을 가능성을 부인하기도 어렵다. 그러므로『사학징의』의 저자는 미상으로 남겨둠이 더 타당할 것으로 생각된다. 그리고 이『사학징의』는 대략 1801년에서 1811년 사이에 저술되었다. 이 기간은 이기경이 관직을 역임하는 등 살아서 활동하던 시기이다. 여기에서『사학징의』는 척사위정의 열정을 가진 이기경과 같은 어떤 관리에 의해서 편술된 책자로 볼 수 있을 것이다.

33)『邪學懲義』,「嗣永叔與奴婢及婢夫發配秩」, 불함문화사, 191쪽.
34)『邪學懲義』,「酌配罪人秩」, 諸寬得條, 불함문화사, 311쪽.
35)『邪學懲義』,「各道酌配罪人秩」, 불함문화사, 190쪽.
36)『邪學懲義』, 불함문화사, 192쪽.

4. 『사학징의』의 내용 검토

『사학징의』의 내용을 알기 위해서는 우선 각각의 사본들에 수록되어 있는 편목에 관한 정확한 이해가 요청된다. 그리고 세 종류의 사본들이 가지고 있는 상호관계에 대해서도 밝혀보아야 한다. 현재 알려져 있는 『사학징의』의 사본은 전술한 바와 같이 '동경대본'과 '김양선본' 그리고 '절두산본'이 있다. 그런데 동경대본은 화재로 인해 본문은 소실되었고 오직 그 목차만 남아있다. 그리고 김양선본은 물에 잠겨서 그 대부분이 파괴되었다. 그러므로 이세 사본의 내용이 완전 일치하는지의 여부를 판별하기란 현재로서는 불가능하다. 그렇다 하더라도 『사학징의』의 내용을 검토할 때에는 현행 절두산본을 기준으로 하여 동경대본과 김양선본을 대비시켜 보아야 한다.

우선, 절두산본과 김양선본의 관계를 살펴보면 다음과 같다. 김양선은 『사학징의』가 정법죄인질正法罪人秩, 유배죄인질流配罪人秩, 방면인질放免人秩의 순서로 되어 있었다고 회상한 바 있다.[37] 그러나 김양선본 가운데 현재 남아있는 부분과 절두산본을 대비하면 상호간에 약간의 차이는 인정되나 거의 그 내용에서 일치되고 있다. 그 차이점으로는 우선 절두산본은 '신문내용刑推問目'과 '진술刑推招'로 되어 있는데, 김양선본에서는 절두산본의 '형추초' 刑推招 부분이 단순히 '초招'라고만 기록되어 있다. 그리고 절두산본에는 판결문結案이 기록되어 있는 반면, 김양선본에는 그 '결안' 부분이 대체로 생략되고 '결안초의동結案招意同' 혹은 '결안의동견벽위편結案意同見闢衛編'[38]으로만 표시되어 있다.

이 이외에 본문 부분에서는 약간의 출입이동은 있으나, 두 사본의 내용이

---

37) 김양선, 1957, 앞의 글, 29쪽.

38) 김양선본은 결안이 생략되어 있는 반면 이를 『벽위편』을 참고하도록 하고 있다. 그러나 현행 절두산본에서는 결안이 본문의 일부로 기록되어 있다. 이러한 사실을 감안하면, 김양선본은 『벽위편』에 대한 의존도가 절두산본보다 높다고 생각된다.

거의 일치되고 있다. 이러한 특성은 정철상丁哲祥, 이합규李鴿逵, 최필제崔必悌, 정인혁鄭仁赫 등의 조항에서 동일하게 드러난다. 그러나 김종교金宗敎에 관한 부분은 김양선본에서는 끝부분이 탈락되어 있지만, 절두산본은 이 부분이 완전히 갖추어져 있다. 한편, 김양선본에서는 『추관지秋官志』에 기록되어 있는 이른바 '을사추조적발乙巳秋曹摘發'과 관련되는 부분을 권일卷一의 머리 부분에 수록한 듯하다. 그러나 절두산본에서는 이를 권이卷二에 부록으로 수록하고 있다.

이러한 점에 비추어 생각해 볼 때, 절두산본은 김양선본에서는 결락되어 있던 '결안結案' 등의 부분을 추후에 보충하여 좀 더 완벽한 형태로 재편찬한 책자였을 것으로 추정된다. 즉 김양선본은 절두산본보다 좀 더 선행하는 형태의 사본이었을 것이다. 그러나 그 내용에서는 양 사본 사이에 특별한 차이점을 발견할 수 없었으므로, 절두산본과 김양선본은 거의 같은 연원을 가진 사본으로 파악된다.

한편, 절두산본과 동경대본 사이에도 약간의 출입이동은 있으나 거의 동일한 내용이었다고 인정할 수 있다. 그 출입이동의 부분을 살펴보면 다음과 같다. 즉 절두산본 일 권의 뒷 부분에는 '본조죄인정배질本曹罪人定配秩', '포청장폐죄인질捕廳杖斃罪人秩' 등을 비롯한 일종의 명단이 첨부되어 있다. 그러나 동경대본에서는 이러한 명단식名單式 기록이 포함되어 있지 않았다. 절두산본의 명단식 기록은 명단의 순서대로 본문의 다른 부분에 비교적 자세한 관계 기록과 함께 수록되어 있기 때문이다.

그리고 절두산본에는 '발배관문식發配關文式', '추관지을사춘감결秋官志乙巳春甘結', '요서요화소화기妖書妖畵燒火記' 등의 기록이 첨부되어 있는 반면 동경대본에는 이 부분이 생략되어 있다. 또한 절두산본 일 권에 수록되어 있는 '각도작배죄인질各道酌配罪人秩'이 동경대본에서는 사 권의 마지막 부분으로 옮겨져 수록되어 있다. 그러나 이 양자 간의 편목 순서에서는 완전 일치되고 있음을 보면 그 내용은 거의 같은 것이었으리라 추정된다. 그러나 절두산본

에는 동경대본에 없는 내용의 일부가 포함되어 있음을 감안하면 절두산본이
동경대본보다 좀 더 후대에 작성된 사료였을 것으로 생각된다. 그리고 이 세
종류의 사본들 가운데 절두산본이 가장 완벽한 형태의 사본이었을 것으로
추정한다. 『사학징의』 각 사본의 목차를 도표화하여 검토해 보면 다음 별표
와 같다(별표 참조).

한편, 『사학징의』에 수록된 내용의 파악은 『사학징의』를 이해하고 활용하
는 데에 매우 중요한 일이다. 『사학징의』의 절두산본은 행수와 장수 및 면수
를 단순히 곱해 보면 전체의 분량이 대략 135,000여 자로 계산된다. 이 숫자
는 『사학징의』 1·2권 전체에 수록된 글자 수에 관한 정확한 통계를 말하는
것이 아니고 그 개략적 상황만을 제시한 것이다. 이와 같은 분량의 책자 안
에 담겨져 있는 내용을 검토하면 다음과 같다.

원래 절두산본 『사학징의』는 권일과 권이로만 나뉘어 있을 뿐 구체적인
편목의 구분이 없다. 그런데 이를 번역하는 과정에서 『사학징의』 1권을 4개
의 장으로 나누었고, 2권은 6장으로 편성해서 번역하게 되었다. 번역본에서
취하고 있는 이와 같은 장절의 구분은 『사학징의』에 수록되어 있는 문서의
성격에 따라서 분류한 것이다. 그러므로 본 장에서 『사학징의』의 내용을 검
토하는 과정에서는 번역본의 각 장을 기준으로 하여 설명할 수 있다.

번역본 『사학징의』 1권 제 1장은 '지시와 보고[傳敎奏啓]'이다. 이 부분은
1801년 1월 10일자 대왕대비 김씨의 '지시문[傳敎]'부터 '반사문[頒赦文]'이 반
포된 후 옥중에 남아 있는 사학죄인의 조속한 처벌을 거듭 촉구한 대왕대비
의 지시가 내려진 12월 25일까지 지시문과 보고문이 일지식日誌式으로 간략
하게 기록되어 있다. 그리고 '지시와 보고' 안에는 전라 감영의 비밀 보고서
가 첨부되어 있다. 이것은 전주全州에서 유관검柳觀儉 등을 체포하여 신문한
내용의 것이다. 그리고 여기에는 1796년에 조선의 신도들이 북경北京의 주교
에게 '큰 배'의 파송을 청원했던 사건의 전개 과정이 자세히 수록되어 있다.

번역본 『사학징의』 1권 제 2장은 '공문철'이다. 2장의 제 1절 발송 공문철

에는 사학죄인의 처벌과 관련하여 형조에서 다른 관서에 발송한 공문들을
싣고 있다. 형조에서 공문을 처음 발송한 날자는 2월 8일이며, 그 후 5월 8일
좌포도청으로 보낸 공문까지 모두 13편의 공문이 실려 있다. 그리고 말미에
는 사학죄인을 정배할 때 정배지에서 사학죄인을 보수할 주인에게 보내는
주의사항이 기록된 '발배관문식'이 첨부되어 있다.

　제 2장의 제 2절은 형조가 접수한 공문서철[來關秩]이다. 사학죄인의 처벌
과 관련하여 1801년 2월 6일 좌포도청에서 보내 온 공문을 비롯하여 1802년
2월 26일 사이에 접수한 모두 41편의 공문이 포함되어 있다. 여기에서는 접
수된 공문을 초략하여 수록하고 있다.

　『사학징의』1권 제 3장은 '사형죄인 문서철[正法罪人秩]'이다. 천주교 신앙
관계로 사형을 당한 죄수들을 형조에서 신문한 기록을 비롯하여 포도청에서
문초한 내용들 및 판결문[結案]이 실려 있다. 여기에는 정철상丁哲祥, 이합규李
鴿逵를 비롯하여 사형을 당해 순교한 모두 37명의 사학죄인들이 수록되어 있
다. '사형죄인 문서철[正法罪人秩]'은 당시의 『포도청등록』이나 형조의 기록이
남아 있지 않은 오늘날 천주교 순교자들에 관한 내용을 알려주는 가장 좋은
자료이리라 생각된다.

　번역본『사학징의』1권 제 4장은 '각종 사학죄인 명단'으로 명명했다. 여
기에서는 간략한 설명이 첨부된 각종 명단들이 수록되어 있다. 즉 '각 도의
사형죄인 문서철[各道正法罪人秩]'에는 해당 죄수들의 판결문만을 간략히 수록
하고 있다. 여기에는 경기 양근의 이중배李中培를 비롯해서 충청도와 전라도
에서 사형된 인물들에 관한 기록이 포함되어 있다.

　또한 여기에서는 국청 및 포도청 등과 같은 '다른 관청에서 처리한 죄인명
단[鞫廳正法及賜死罪人正法罪人]'에는 의금부에서 정법을 판결했거나 사사賜死·
장폐杖斃한 죄들인 최필공崔必恭을 비롯한 17명의 명단이 실려 있다. 또한
포도청에서 사형선고를 받았거나 매 맞아 죽은 사학죄인들의 명단과 정배자
定配者 명단 및 그 배소配所가 기록되어 있다. 번역본『사학징의』의 마지막

부분은 '각 도에서 유배 보낸 죄인명단[各道罪人酌配秩]'이 있다. 여기에는 지방 관아에서 정배한 사학죄인의 이름과 그 정배 장소가 기록되어 있다. 그리고 이에 이어서 황사영 백서사건 연루자의 유배 상황이 실려 있다.

번역본 『사학징의』 2권의 제 1장 제 1절은 '석방 죄인 문서철'이다. 여기에는 우선 '형을 받고 풀려난 죄인 문서철[刑放秩]'과 '무죄 석방자 문서철[白放秩]'이 있다. 즉 '형을 받고 풀려난 죄인 문서철'에는 사학죄인으로 형조에 체포되어 신문을 받는 과정에서 이른바 '전향하여 귀순한' 결과로 석방된 오현달吳玄達을 비롯하여 여섯 명의 기록이 여기에 수록되어 있다. 이들은 대개가 첫 신문에서는 자신의 신앙을 옹호하다가 그 후 신문 과정에서 고문의 괴로움 때문에 신앙을 포기했던 사람들이었다. 이들이 배교한 후 즉시 석방될 수 있었던 것은 이들이 차지하고 있던 교회 내에서의 지위가 별로 중요하지 않았기 때문이었으리라 생각된다.

한편, 제 1장 제 2절에는 '무죄 석방자 문서철[白放秩]'이 실려 있다. 1801년의 박해가 진행되는 과정에서 체포된 사람들의 범위는 매우 넓었다. 그리하여 박해가 진행되던 과정에서 이총억李寵億과 같이 신앙 전래 초기에 천주교와 관련을 맺었던 인물들이 체포되었다. 그리고 황사영의 외사촌인 이관기李寬基 등 천주교도와 혈연적 관계가 있는 사람들까지도 일단 구금되었다. 또한 고조이高召史의 경우에서처럼 지난날 천주교를 신봉했던 사람들까지도 포함되어 있었다. 그러나 이들 가운데 대부분은 1801년의 박해 당시에는 천주교와 직접적인 관계가 없던 인물들이었으므로 일단 가벼운 신문을 거친 다음 무죄 석방되었다. 여기에 실린 인물들은 이관기를 비롯한 15명이 있다.

제 1장의 제 3절은 '자수자 문서철[感化自現秩]'이다. 여기에는 천주교에 관한 금지령이 내려지자 스스로 형조에 나아가서 배교를 선언했던 박순득朴順得 이하 5명에 대한 기록이 실려 있다. 이들은 자수한 후 대개 열흘을 전후하여 석방되었다.

제 1장 제 4절은 '이송 죄인 문서철[移還送秩]'이다. 지방 관아에서 형조로

이송된 천주교도 및 형조에서 포도청으로 환송한 사람들에 관한 형조 내지는 포도청의 문초 기록이 발췌되어 실려 있다. 그런데 여기에 이미 '무죄 석방자 문서철[白放秩]'에 나온 바 있던 이관기가 다시 실려 있는 것은 타기관에서 형조로 이송되었기 때문으로 생각된다. 이곳에 기록되어 있는 인물들은 최경문崔慶門 이하 11명을 헤아린다.

번역본 『사학징의』 2권 제 2장은 '유배죄인 문서철[酌配罪人秩]'이다. 거기에는 유배되었거나 도배徒配되었던 천주교도들에 관한 기록이 수록되어 있다. 그리고 이들의 성명 밑에는 세자細字로 정배자의 가족관계, 거주지·체포일·정배일·정배소 등이 기록되어 있다. 그리고 이에 이어서 형조에서 그들을 신문한 내용이 실려 있다. 이 기록들을 검토해 보면 비록 자신의 신앙을 명시적으로 포기하지는 않았어도 교회 내에서 그다지 중요한 역할을 하지 않았던 사람들은 정배되었을 가능성이 제시되고 있다. 여기에서 취급되고 있는 인물로는 임대인任大仁, 최해두崔海斗를 비롯해서 모두 67명이 있다.

『사학징의』 1권 제 3장은 일종의 '부록편'으로 볼 수 있다. 여기에는 1801년의 박해를 처리하는 데에 참고했을 몇몇 자료들이 수록되어 있다. 제 3장은 우선 그 첫머리에 '추관지을사춘감결秋官志乙巳春甘結'이 첨부되어 있다. 이 자료는 1785년 김화진金華鎭이 형조판서로 있을 때 천주교인 김범우金範禹 등을 다스린 사건에 관한 내용이다. 이 부분은 『추관지』 제 4편 「장금부掌禁部」 '법금法禁 금사학조禁邪學條'의 내용을 그대로 옮겨 적은 것이다.

그리고 이에 이어서 1801년의 박해당시 천주교도들로부터 압수하여 불태워 버린 각종 종교 서적의 목록 및 종교 용구의 명단을 기록하고 있다. 즉 한신애韓新愛의 집에 묻혀 있던 천주교 서적 28종의 서명 및 권수와 7종의 성물이 기록되어 있다. 그리고 최경문崔慶門, 이지번李枝番, 윤현尹鉉, 김희인金喜仁, 조조이趙召史, 이조이李召史 등의 집에서 나온 천주교 서적을 비롯한 기물의 명칭이 적혀 있다. 윤현尹鉉의 집에서는 무려 90종의 책자가 나오고 있으며 그 밖에 목인판木印版을 비롯한 각종 종교 용품들이 나오고 있음에 주목된다. 또한 여기에서는 "사학 서적을 베껴 적은 등본은 그 수를 알 수 없을 정도로 많다(邪書諺書謄本 不知其數)"고 말하고 있다. 이를 보면 이 밖에도 더 많은 종류의 천주교 서적들이 윤현의 집에 있었을 가능성이 있다. 또한 한갓 아녀자에 불과한 김희인의 집에서도 18종의 책자와 134건의 언문등서류(諺文謄書類)가 나오고 있음을 보면 당시 일부 부녀자들이 천주교 신앙에 대하여 가지고 있던 열의를 충분히 짐작할 수 있을 것이다.

요컨대 『사학징의』는 천주교 탄압의 법적 근거가 어디에 있는지를 밝히고 있다. 그리고 1801년의 박해 당시 전국에서 체포되었던 천주교 관계 인물들에 관한 정보를 수록하고 있다. 즉 여기에는 천주교 관계 사건에 대한 대왕대비 김씨의 지시와 대왕대비 김씨에 대한 보고 문안이 수록되어 있다. 형조와 다른 관청 사이에 주고받은 공문서들이 여기에 포함되어 있다. 그리고 천주교 관계 사건에 대한 형조의 처리 결과가 비교적 상세히 수록되어 이를 통해서 당시의 상황을 정확히 이해할 수 있게 되었다. 한편 형조뿐만 아니라 의금부에 설치된 국청이나 포도청에서 다루었던 천주교 관계 사건의 기록까지도 축약된 형태로나마 『사학징의』에 포함되어 있다. 또한 당시 신도들이 읽었던 책자의 종류와 신심(信心)의 실천 과정에서 활용되었던 각종 종교 용품들을 알 수 있었다.

5. 맺음말

『사학징의』가 가지고 있는 이러한 내용을 검토해 볼 때, 이 책은 형조에서 작성된 문서를 단순히 모아서 정리한 책자만은 아니다. 이 책의 저자는 형조의 문서를 정리하더라도 그 문서의 핵심 부분을 발췌하여 수록하고자 했다. 그리고 다른 관청의 문서까지도 의도적으로 수집하여 『사학징의』라는 하나의 책자로 엮어 놓았다. 그러므로 『사학징의』는 1801년의 천주교 박해에 대한 전체적 윤곽을 이해하는 데에 가장 중요한 자료가 된다.

『사학징의』의 내용을 살펴보면, 『벽위편』은 집권 귀족층의 사학邪學에 대한 대책을 설명하는 책자였다면, 『사학징의』는 천주교 신도 자체에 대한 기록이 중심을 이루고 있다. 그러므로 이 『사학징의』를 통해서 우리는 1801년의 박해에 관한 여러 정보를 얻을 수 있을 뿐만 아니라, 1784년 교회 창설 이후부터 박해 직전까지에 이르는 기간의 신도생활 및 교회 상황을 정확히 이해할 수 있게 되었다. 따라서 『사학징의』는 현재로서는 1801년의 박해상을 이해하기 위한 1급 자료로 판단된다.

한편 달레(Dallet, Claude Charles)의 『한국천주교회사』는 1801년의 박해에 관한 서술 부분에서 상대적으로 취약성을 드러내고 있다. 달레의 저서가 가지고 있는 이러한 취약점은 『사학징의』를 통해서 대폭 보완될 수 있었다. 우리는 이 『사학징의』의 기록을 통하여 교회측 사료나 관변측 사료에서 겨우 그 인명만을 파악할 수 있었던 많은 인물들을 보다 구체적으로 이해할 수 있게 되었다.

물론 『사학징의』도 그 편찬 과정에서 약간의 문제점이 드러나기도 했다. 예를 들면, 필사의 과정에서 발생한 오탈자 그리고 인명이나 사실에 대한 약간의 혼동 등을 그 문제점으로 지적할 수 있다. 그러나 이러한 실수는 옥의 티에 지나지 않는 것이며, 『사학징의』의 사료가치를 평가하는 데에는 거의 영향을 주지 않는다고 생각된다. 또한 이러한 문제점들은 역주 과정에서 각 주를 통해 바로잡게 되었다. 그러나 우리의 노력은 『사학징의』에 만족하는 수준에 머물러서는 안 된다. 『사학징의』의 저자가 이 책을 찬집하면서 활용했던 더 원천적 사료의 발굴을 위한 꾸준한 노력이 요청된다. 그리고 현재 『사학징의』의 편찬에 활용되었던 원전 사료를 비롯한 우리나라 초기 천주교사에 대한 더 근원적 자료들도 일부 확인되기 시작하고 있다. 그러므로 『사학징의』의 역주 작업에 이어서, 이 새로운 사료들에 대한 연구 결과를 제시하기를 다시 기약할 수 있게 되었다.

　요컨대『사학징의』는 1801년의 박해에 관한 가장 근본적인 사료라고 말할 수 있다. 우리는 이 책을 통하여 한국 천주교회사의 일부분인 1801년의 박해를 보다 잘 알 수 있었다. 뿐만 아니라 조선 후기의 사회상을 이해하는데 있어서도 이 책은 매우 중요한 몫을 담당하고 있다. 세상 어디엔가는 남아 있을지도 모를『사학징의』의 또 다른 사본이나 이에 준하는 다른 사료들의 출현을 고대한다. 그리하여 30여 년 전 필자가『사학징의』를 처음으로 접하면서 느꼈던 전율을 다시 한 번 체험하고 싶은 마음 간절하다.

〔別表〕『사학징의』의 수록 내용

切頭山本	東京大本	金良善本
<卷之一>	<卷一>	辛酉邪獄秋曹官藏文案
傳敎奏啓	傳敎奏啓(辛酉)	
附奏文頒赦文	頒赦文(辛酉)	
全羅監事金達淳密啓	來關秩(辛酉)	
移文秩	來關秩(壬戌)	
發配關文式		
來關秩	<卷二>	
正法罪人秩	正法秩	正法罪人秩
丁哲祥	丁哲祥	②哲祥 (*)
쓺遙	李쓺遙	③쓺遙
崔必悌	崔必悌	④必悌
仁赫	鄭仁赫	⑤仁赫
仁喆	崔仁喆	⑩仁喆(錯簡)
顯禹	金顯禹	⑪顯禹(錯簡)
鉉	李鉉	
正浩	洪正浩	
國昇	李國昇	
光晟	高光晟	
福惠	福惠	
雲惠	雲惠	
完淑	完淑	
新愛	新愛	
景福	景福	
連伊	連伊	
榮仁	榮仁	⑥榮仁(一部)
占惠	占惠	⑦占惠
順每	順每	⑧順每

(*) 金良善本의 人名 앞에 있는 번호는 金良善의 論文에 정리 수록되어 있는 순서를 나
타낸다.

切頭山本	東京大本	金良善本
宗敎	金宗敎	⑨宗敎
弼周	洪弼周	
鄭光受	鄭光受	
洪翼萬	洪翼萬	
玄啓完	玄啓完	
孫敬允	孫敬允	
金義浩	金義浩	
宋再紀	宋再紀	
貴同	金貴同	
雪愛	雪愛	
日光	黃日光	
德運	韓德運	
洪鎭	洪鎭	
權相問	權相問	
日浩	金日浩	
張德裕	張德裕	
得中	邊得中	
景陶	李景陶	
附各道正法罪人秩	附各道正法秩	
京畿	京畿	
忠淸道	忠淸	
全羅道	全羅	
附鞫廳正法及賜死 杖斃罪人秩	附鞫廳正法及賜死 杖斃秩	
必恭等	崔必恭等	
捕廳杖斃罪人秩	(*)	
重煥等		

(*) 東京大本의 目錄에는 '捕廳杖斃罪人秩'이 아예 빠져 있다.

切頭山本	東京大本	金良善本
正法罪人秩 追	道正法秩	
柳恒儉等	柳恒儉等	
定配秩	定配秩	
金宗億等	金宗億等	
本曹酌配罪人秩	(*)	
各道酌配罪人秩	(附各道作配秩 **)	
京畿	(京畿)	
忠淸道	(忠淸)	
全羅道	(全羅)	
(***)	(慶尙)	
	(咸鏡)	
<卷之二>	<卷三>	
本曹刑放秩	刑放秩	
吳玄達	吳玄達	
李枝番	李敍蕃(sic)	
曹召史	曹召史	
金女喜仁	喜仁	
安聖敎	安聖敎	
韓在濂	韓在濂	
附杖放	附杖放秩	
李召史	李召史	
洪召史	洪召史	
婢新玉	婢新玉	

(*) 東京大本 目錄에는 切頭山本에 있는 本曹罪人正法秩이 없다. 切頭山本의 本曹罪
人正法秩은 앞부분에서 상세히 언급된 正法人秩에 수록된 인물들의 명단만을 제시
한 것이다. 그러므로 東京大本에서는 이 名單을 포함시키지 않았던 것으로 생각된다.
(**) 東京大本에는 卷四에 수록되어 있다.
(***) 切頭山本에는 慶尙道 東萊의 玄啓鐸과 咸鏡道 咸興의 蔡弘得이 全羅道 部分
에 이어서 제시되어 있는 지역이 未分類된 資料 部分에 收錄되어 있다. 그러나 東京
大本에서는 이들을 별도로 나누어 道를 표시하여 記錄해 둔 듯하다.

切頭山本	東京大本	金良善本
白放秩	白放秩	
高召史	高召史	
李寬基	李寬基	
崔敦行	崔敦行	
李春弘	李春弘	
姜信	姜信	
李寵億	李寵德(sic)	
鄭沃	鄭沃	
任召史	任召史	
尹召史	尹召史	
高召史	高召史	
金星瑞	金星瑞	
李在孫	李在孫	
崔召史	崔召史	
成召史	成召史	
李仁釆	李仁釆	
感化自現秩	感化自現秩	
朴順得	朴順得	
尹泰欽	尹泰欽	
吳召史	吳召史	
盧大義	盧大義	
金召史	金召史	
移還送秩	移還送秩	
崔慶門	崔慶門	

切頭山本	東京大本	金良善本
崔千明	崔千明	
李就安	李就安	
郭鎭宇	郭鎭宇	
千禧	玉千禧	
李寬基	李寬基	
恒儉	柳恒儉	
觀儉	柳觀儉	
持憲	尹持憲	
有山	*	
宇集	李宇集	
本書作配罪人秩	作配秩 上	
任大仁	任大仁	
尹鏘	尹鏘	
權相學	權相學	
宋健	宋健	
李寅燦	李寅燦	
趙鳳祥	趙鳳祥	
鄭涉	鄭涉	
李在新	李在新	
申興權	申興權	
孫景武	孫景武	
李學逵	李學逵	
金得浩	金得浩	

* 東京大本의 目錄에는 金有山이 빠져 있다. 이는 轉寫課程의 誤記인지 아니면 原本 自體에서 缺落되었는지가 未詳이다.

切頭山本	東京大本	金良善本
朴允煥	朴允煥	
尹碩春	尹碩春	
沈樂豊	沈樂豊	
南悌	南悌	
南松老	南松老	
尹鉉	尹鉉	
崔海斗	崔海斗	
南必容	南必容	
許涑	許涑	
鄭元相	鄭元相	
趙爕	趙爕	
洪梓榮	洪梓榮	
金致錫	金致錫	
	<卷四>	
	作配秩 下	
尹鍾百	尹鍾百	
孫敬郁	孫敬郁	
諸寬得	諸寬得	
金弘喆	金弘喆	
黃次乞	黃次乞	
朴師敏	朴師敏	
韓銀	韓銀	
李重弼	李重弼	
崔起仁	崔起仁	

切頭山本	東京大本	金良善本
崔仁采	崔仁采	
崔允信	崔允信	
姜成喆	姜成喆	
鄭命福	鄭命福	
高潤得	高潤得	
朴占金	朴占金	
方聖弼	方聖弼	
金漢奉	金漢奉	
金世貴	金世貴	
金世奉	金世奉	
韓在濂	韓在濂	
金喜達	金喜達	
申召史	申召史	
李於仁阿只	李女於仁阿只	
金女景愛	金女景愛	
李女興任	李女興任	
金女興年	金女興年	
趙女惠義	趙女惠義	
姜女福惠	姜女卜惠(sic)	
童女李得任	李女得任	
童女趙桃愛	趙女桃愛	
鄭女分伊	鄭女分伊	
李女　喜	李女　喜	
童女金月任	金女月任	

切頭山本	東京大本	金良善本
金女順伊	金女順伊	
柳女德伊	柳女德伊	
洪女順喜	洪女順喜	
朴女成艶 (*)	朴女成艶	
徐女景儀	徐女景儀	
婢　丁任	婢　丁任	
婢　九愛	婢　九愛	
金女廉伊	金女廉伊	
洪女於仁阿只連伊	洪女於仁阿只連伊	
婢　福占	婢　福占	
婢　小明	婢　小明	
李召史	李召史	
女兒聖丹	金女聖丹	
	附各道作配秩	
	京畿	
	忠淸	
	全羅	
	慶尙	
	咸鏡	
附秋官志乙巳春甘結		①　秋官志所錄
附妖書妖畵燒火記		

(*) 切頭山本 卷一 '本曹酌配罪人秩' 目錄에는 朴成으로 誤記되어 있다.

II. 신유박해 전후 순교자에 관한 연구

1. 머리말

한국천주교회가 신도들의 자발적 노력에 의해서 창설된 때는 1784년이었다. 한국교회는 그 직후부터 박해를 받기 시작했다. 이 박해는 1785년 이른바 '추조적발사건秋曹摘發事件'을 통해서 그 첫 모습을 드러내었다. 그러나 천주교 신앙에 대한 박해는 1791년의 '신해박해'를 계기로 하여 강화되기 시작했다. 그리고 1795년 이른바 주문모周文謨 신부의 입국 직후에 일어난 포청장폐사捕廳杖斃事도 교회에 대한 탄압의 일환이었다. 그러나 무엇보다도 1801년에 발생한 신유박해의 단계에 이르러 교회에 대한 탄압은 본격적으로 전개되었다.

신유박해는 나이 어린 교회의 기초를 뒤흔드는 일대 사건이었다. 이 박해로 인해서 초기 교회의 조직은 철저히 파괴되었고, 신도들의 신앙공동체는 무너졌다. 그러나 이 박해 이후에도 신앙공동체는 지속되어 갔다. 이 공동체에 대해서 1815년에는 경상도를 중심으로 하여 을해박해가 일어났다. 그리고 1827년에는 정해박해가 전라도 지역을 휩쓸었다. 이리하여 1831년 조선교구가 창설되고, 1836년 프랑스 파리외방선교회 선교사들이 입국하기 이전까지 천주교에 대한 박해가 단속적으로 일어났다.

물론 한국교회는 조선교구가 설정되고 선교사들이 입국한 이후 1839년의 박해(己亥), 1846년의 박해(丙午) 등을 체험했고, 1866년에 시작된 박해(병인박해) 때에는 가장 혹심한 탄압을 받았다. 그리고 주지하다시피 기해박해 이후에 순교한 사람들 가운데 103명이 성인품에 올랐다.

　　그런데 이상의 100여년에 걸친 박해의 과정에서 한국교회가 창설된 1784
년부터 조선교구가 설정된 1831년까지의 기간을 '초기 박해시대'로 규정할
수 있을 것이다. 이 '초기 박해시대'의 경우에는 1801년의 박해(신유박해) 전후
의 기간으로 표현될 수도 있을 것이다. 그리고 조선교구가 창설된 이후 신앙
의 자유가 묵인되기 시작한 1882년을 전후한 시기까지를 '후기 박해시대'로
보고자 한다. 현재 한국교회사에서 순교자들 가운데 시성諡聖된 이들은 바로
이 후기 박해시대에 순교한 사람들이다. 그러나 '초기 박해시대'에 자신의
신앙 때문에 희생된 사람들에 관한 연구는 아직도 미진한 편이며, 그들 가운
데 아무도 시복諡福되지 못하고 있다.

　　이러한 상황에서 이제 한국교회에서는 1801년의 박해를 전후하여 순교한
인물들에 대한 시복 운동을 전개하게 되었다. 이 운동은 신유박해 200주년을
맞는 올해를 계기로 하여 더욱 본격적으로 전개될 것이다. 이에 본고에서는
시복운동의 일환으로 1801년의 박해 전후에 천주교 신앙과 관련하여 희생된
이들에 관한 집중적인 검토 작업을 시도해 보고자 한다.

　　이에 본고에서는 먼저 이 주제를 연구하는 데에 필요한 자료들을 간략히
검토하고자 한다. 그리고 그 동안 한국교회에서 초기 박해시대의 '순교자'들
을 대상으로 한 시복 운동의 전개 과정을 약술해 보고자 한다. 이에 이어서
초기 박해시대 신도들에 대한 이해 및 그 시복 대상자의 선정에 전제되어야
할 몇 가지 문제들을 검토하고자 한다.

　　그런데 연구의 주제를 확실히 하고 연구의 효용을 극대화하기 위해서는
연구대상이 되는 시기와 대상자들에 관한 범위가 먼저 규정되어야 한다. 그
러므로 본고에서도 그 대상자들이 활동했던 시기와 그 대상자들의 선정에
관한 문제를 명확히 하고자 한다. 이와 같은 방법은 시복 대상자를 선정하기
위한 노력의 효율성과, 그 시복 운동 결과에 좀 더 바람직한 성과를 담보해
줄 것이다.

　　우리는 이 검토 작업을 통해서 우리는 제일차적으로 천주교 사건으로 인

해서 희생된 인물들 가운데 확실한 순교자를 확인하여 이들에 대한 시복 운동을 견실하게 추진할 수 있을 것이다. 그러나 이 작업이 곧 '순교자' 내지는 '시복 대상자'를 확정하려는 작업은 아니다. 다만, 이 작업의 결과는 다시 본격적 검토를 거쳐 한국교회가 시복 대상자를 확정하는 데에 참고 자료로 활용될 수 있을 것이다.

그러나 본고에서 진행하고자 하는 초기 박해시대의 희생자들에 대한 조사 작업은 시복 대상자의 선정에만 최종 목표를 둘 수 없다. 이 작업은 당시 교회사에 대한 구조적 이해에 도움을 주게 될 것이다. 더 나아가서 초기 박해시대의 신도 내지 순교자들의 영성과 신앙 활동에 대한 이해는 한국사상사 내지 사회사에 대한 이해의 폭을 넓혀주는 데에 기여할 수 있다.

2. 연구의 자료

초기 박해시대의 신도 내지는 '순교자'에 대한 자료로는 그 자료의 연원과 관련하여 교회 측 자료와 일반 자료로 나눌 수 있다. 교회 측 자료는 초기 박해 시대에 관한 교회 내지는 선교사들의 의도적·조직적 조사 작업의 결과들을 주목할 수 있다. 그리고 조선인 신도들이 작성한 각종 문서와 교회의 조사 과정에서 진행된 조선인 신도들의 증언을 살펴보려 한다. 이들 자료 가운데 일부는 이미 오래 전부터 널리 읽혀 오기도 했다. 그러나 교회 측 자료 가운데에서도 비교적 최근에 이르러서야 그 존재가 확인되고 이용할 수 있게 된 자료가 있다.

일반 자료로는 우선 관변 측 문서를 들 수 있다. 여기에서는 『조선왕조실록』·『승정원일기』·『일성록』·『비변사등록』 등 각종 연대기 및 관청의 등록일기류 자료들이 있다. 그리고 천주교 신도들을 취조했던 기관에서 작성한 자료들도 여기에 포함된다. 한편, 관변 측 자료와는 달리 일반인들에 의해서

작성된 문집이나 기타 기록들에서도 초기 박해시대에 관한 적지 않은 자료
를 확인하게 된다.

'교회 측 자료'와 '일반 자료'들은 그 성격에 있어서 상당한 차이를 드러
낸다. 대체적으로 볼 때 교회 측 자료는 순교자들의 활동을 정리해 주고 있
으며, 호교적護敎的 성격을 띠기도 한다. 반면에 '일반 자료'들은 대개는 척사
적斥邪的 입장에서 서술된 것들이다. 이처럼 초기 박해시대의 순교자들에 관
해서는 입장을 달리하는 두 계열의 자료가 있다.

여기에서는 먼저 초기 박해시대에 관한 '교회 측 자료'들을 간략히 짚고
넘어 가겠다. 그 동안 한국교회는 순교자 내지는 신앙 때문에 희생된 사람들
에 관한 기록을 적지 않게 확보해 왔다. 예를 들면 달레(Dallet)의 『한국천주교
회사(Histoire de l'Eglise de la Corée)』는 박해시대 순교사에 대한 개설서이며, 동시
에 중요한 자료집이다. 그리고 구베아(Gouvea) 주교의 서한 등 선교사들이 작
성했던 문서에서도 순교자에 관한 많은 기록들이 포함되어 있다. 또한 「황사
영백서黃嗣永帛書」나 「이순희의 서한」과 같은 자료들은 서양인 선교사들이
작성했던 자료와 함께 초기 교회의 사정을 알려주는 나침반과도 같은 기록
이었다.

그러나 우리는 최근에 이르러 이상의 자료들보다 중요성이 더 큰 새로운
자료들을 다수 입수하게 되었다. 초기 박해시대에 관해 비교적 최근에 확인
된 자료 가운데는 1811년에 작성된 『동국교우상교황서東國敎友上敎皇書』(일명
『신미년의 서한』)가 있다.[1] 이 자료의 상당 부분에는 1801년의 박해와 순교 상
황이 언급되어 있다.

우리는 교회 측 사료 가운데 다블뤼 주교가 정리한 「조선 순교사 비망기
(Notes pour l'histoires des Martyrs de Corée)」, 「조선 주요 순교자 약전(Notices des
principaux martyrs de Corée)」과 같은 자료들을 최근에 이르러서야 볼 수 있게 되

---

1) 趙珖, 1996, 「『東國敎友上敎皇書』의 史料的 價値」, 『全州史學』 4, 全州大學校 附
  設 全州史學硏究所.

었다. 특히 「조선 주요 순교자 약전」에는 1801년 이전에 순교한 16명, 1801
년의 박해 때에 순교한 48명, 그리고 1812년부터 1835년 사이에 순교한 21
명 등 합계 85명에 이르는 순교자의 약전이 수록되어 있었다.[2] 그리고 앵베
르의 「1839년 조선 서울에서 일어난 박해에 관한 보고(Relation de la Persécution
de Seoul en Corée en 1839)」의 일부에서도 초기 박해시대에 관한 언급을 부분적
으로 찾아 볼 수 있다. 이들 자료들은 현재 한국천주교중앙협의회의 한국교
회사자료실에 입수되어 연구자들에게 제공되었고, 본 연구의 진행에도 일부
보완 자료로서의 기능을 담당해 주었다.

다블뤼의 「조선 순교사 비망기」나 「조선 주요 순교자 약전」이 달레의 『한
국천주교회사』 교회사에 비교하여 중요한 자료임에는 틀림없다. 그러나 이
자료의 상대적 중요성을 절대적 가치로 착각해서는 안 된다. 역사학의 기본
원칙에는 사료 비판이 있다. 다블뤼의 두 자료도 사료 비판의 원칙에서 검토
해 볼 때 결코 1급 사료로 볼 수 없다. 그리고 이 두 자료 자체를 면밀히 분
석해 보면 상당한 오류가 확인된다. 이 자료들도 반드시 사료 비판을 거쳐야
한다. 이 자료에 대한 정확한 사료비판을 생략한 채 이를 1급 사료로 착각하
게 된다면, 시복 추진은 사상누각砂上樓閣에 그치고 말 것이다.

한편, '국내 자료' 가운데 주목되는 것은 관변 측 자료이다. 이 관변 측 자
료 가운데 각종 연대기류에 포함되어 있는 교회사 관계의 자료들을 발췌 정
리하는 작업을 한국순교자현양위원회가 주관이 되어서 진행시켰다. 그 결과
이 작업들은 '한국순교자연구'라는 총서명 아래 다음과 같은 제목의 자료집
으로 간행되었다.

---

2) 최석우, 1999, 「제73회 교회사 간담회-다블뤼 주교의 《한국 주요 순교자 약전》에 대
   한 검토 (1)」『교회와 역사』 284, 한국교회사연구소; 최석우, 1999, 「제73회 교회사 간
   담회-다블뤼 주교의 《한국 주요 순교자 약전》에 대한 검토 (2)」『교회와 역사』 285,
   한국교회사연구소.

1. 조광 편, 『조선왕조실록 천주교사 자료모음』, 크라운판, 434쪽.
2. 김진소 편, 『고종실록 천주교사 자료모음』, 크라운판, 420쪽.
3. 조광 편, 권내현 역, 『정조시대 천주교사 자료집』 1, 크라운판, 620쪽.
4. 조광 편, 이욱·조성산 역, 『정조시대 천주교사 자료집』 2, 크라운판, 620쪽.
5. 조광 편, 이상식 역, 『정조시대 천주교사 자료집』 3, 크라운판, 596쪽.
6, 조광 편, 변주승 역, 『신유박해 자료집』1·2·3, 크라운판, 830쪽 내외.
7. 정홍준 등 역, 『신유박해 신문기록』 1·2.(근간)
8. 조광 역주, 『사학징의』.(근간)

이상의 총서 가운데 1801년 당시 형조에서 작성한 천주교도들에 대한 처리 기록인 『사학징의邪學懲義』는 신유박해에 대한 가장 풍부한 자료를 제공해 주는 자료이다. 또한 1801년의 박해가 진행되는 과정에서 국청鞫廳이 설치되어 지도적 신자들인 '사학죄인邪學罪人'들에 대한 신문이 진행되었다.

이 과정에서 『신유 사학죄인 추안辛酉邪學罪人推案』이 작성되었다. 현재 『추안급국안推鞫及鞫案』 가운데 제 245책 「신유 사학죄인 이가환등추안」, 제246책 「신유 사학죄인 이기양등추안」, 제 247책 「신유 사학죄인 강이천등추안」, 제 248책 「신유 사학죄인 김려등추안」, 제 249책 「신유 추안」, 제21책 「신유 사학죄인 황사영등추안」 등 6책은 천주교 사건에 관한 신문 기록으로 제 1차 사료들로 평가된다.

이 신문 기록은 1801년 2월부터 1801년 10월까지 진행된 '사학죄인'에 대한 신문 기록철을 적당한 부피로 나누어 분책해서 편의상 제목을 부친 것에 지나지 않았다. 그러므로 이 책의 제목 상에 나타나는 이가환(李家煥, 1742~1801), 이기양 등과 같은 인명은 실제 그 책에 포함된 여러 피의자 가운데 대표적 인물이었던 것으로 생각하면 된다. 이 책에는 이들 이외에도 더 많은 인물들에 관한 신문 기록들이 수록되어 있다.

그런데 역사의 연구 과정에서는 문자로 기록된 자료들이라 하더라도 다 균질한 가치를 가지지 못한다. 그러므로 역사학에서 모든 사건을 서술할 경우 사료 비판과 사료의 등급에 대한 인식이 요청된다. 여기에서 우리는 외국어로 작성된 당시 교회의 사료와 관변 측 사료들을 비교할 수 있을 것이다. 그런데 초기 박해시대에 관한 자료 중 관변 측 문서들은 상당수 제 1차 사료이며 제 1등급 사료로 평가될 수 있다. 반면에 서양어로 기록된 당시 교회 관계의 사료들은 그 가치에 있어서 상대적으로 낮게 평가될 수밖에 없다.

이상의 '한국순교자연구' 총서들은 제 1차 사료에서 발췌한 교회사관계 자료이거나, 원 자료를 그대로 번역한 것이었다. 그런데 이 자료집을 활용한 2차적 작업으로『한국 초기 박해시대 인물사 자료』(가칭)라는 제목의 책자가 그 간행을 위한 마지막 단계에 놓여 있다.

이 책에는 초기 박해시대에 활동했던 전체 신도들에 관한 모든 정보들이 수록되고 있다. 이들 가운데 가장 주목되는 인물들은 물론 순교자들이다. 따라서 이 책은 순교자에 관한 기록을 비롯해서 교회 안팎의 모든 자료를 망라하여 그 이름의 가나다 순서로 정리했다. 이 전자책 간행을 위한 기초 작업은 '한국순교자연구' 총서의 간행이었다. 이 총서의 원고가 디스켓으로 존재했기 때문에 이 전자책 자료집의 간행 준비 작업은 가능할 수 있었다. 전자책(CD)으로 간행할 예정인 이 자료집은 전체 분량이 대략 12MB 크기이다. 이를 200자 원고지로 환산하면 대략 5만 매 내외에 해당되는 막대한 원고량이다.

이는 이 전자책 편찬에 활용된 원래 자료의 원고량보다도 더 많은 것이다. 왜냐하면, 기존의 종이책 자료집들에서는 여러 명이 동시에 등장하고 있는 한 사건은 한 번만 언급되어 있는 경우가 대부분이기 때문이다. 그러나 전자책은 인명을 기준으로 하여 편찬되는 것이므로, 한 사건과 관련된 인물이 다수일 경우, 한 사건에 대한 기록이 그 관계되는 사람의 수효만큼 여러 번 반복해서 수록될 수밖에 없기 때문이었다.

이렇게 정리된 원고를 만약에 종이책으로 간행한다면, 이는 500쪽 내외의 책자 20권에 해당하는 거대한 자료집이 될 것이다. 그런데 이 자료집은 순수 연구자들을 위한 자료집이기 때문에 '종이책'이 아닌 '전자책'(CD)으로 간행을 준비하고 있다. 이로써 간행 비용을 극소화하고 연구자들의 자료 검색과 활용에 최대한의 편의를 제공하고자 한다.

이 전자책을 활용하면 본격적인 교회사 논문이나 순교자들에 관한 논문의 작성이 월등히 용이해질 것이며, 이에 비례하여 교회사 연구 성과가 급격히 증가할 수 있을 것이다. 이상에서 살펴 본 바와 같이 초기 박해시대의 순교자를 비롯한 전체 신자들의 인적 사항과 신앙 실천 그리고 그 순교 여부를 판단하는 데에 필요한 많은 자료들이 정리되어 왔다. 이렇게 정리된 자료를 중심으로 하여 이제 우리는 초기 박해시대의 교회사를 재구성하게 되었고, 1801년의 박해 전후에 순교한 인물들에 관한 본격적 연구가 가능하게 되었다고 생각한다.

3. 시복諡福을 위한 기존의 노력

1984년 한국교회는 순교 성인 103위의 시성식諡聖式을 가졌다. 이 시성식은 1840년대 이래 추진되어 오던 시복諡福·시성을 위한 노력의 결실이었다. 이때 시성되었던 성인들은 '후기 박해시대'에 순교한 인물들 가운데 일부이다. 이 기간 동안에 많은 사람들이 순교했지만 그들 가운데에서 순교의 사실이 확실한 103명만이 성인품에 오를 수 있었다. 그러나 한국교회는 '초기 박해시대'부터 적지 않은 사람들이 희생되었다. 그렇지만 이 때에 희생된 인물들은 현재 단 한 명도 시복·시성되지 못했다.

물론, 프랑스 선교사들은 1836년 조선에 입국한 직후부터 조선교회의 순교 전통에 대해서 찬탄을 금치 못했다. 그리고 박해시대에 활동했던 선교사 가운데 앵베르 주교와 다블뤼 주교 등은 '순교자'의 사적을 수집하고 정리하기 위해서 노력했다. 그들은 김범우 이하 교회의 초창기에 희생된 신도들까지도 조사하고자 했다. 그러나 그들은 자신들이 입국하기 이전에 일어난 사건에 관해서는 자료상의 한계를 뚜렷이 가지고 있었다. 이 때문에 그들은 초기 박해시대에 순교한 사람들에 대한 시복 조사 작업을 본격적으로 진행시키지 못했다.

반면에 '후기 박해시대'를 살았던 그들은 박해를 직접 목도했고, 그들 자신도 순교하기까지 했다. 이 과정에서 살아남았던 그들은 그 순교자에 관한 확실한 자료와 증거를 성공적으로 확보할 수 있었다. 그러므로 그들은 '후기 박해시대'의 순교자에 대한 시복·시성 작업을 우선 착수했고, 그 결과 이들 중 103명의 순교자들이 시성의 영광을 누리고 있는 것이다.

이상에서 살펴본 바와 같이 지난날 103위의 순교 성인을 배출하기 위해 노력했던 선각자들은 초기 박해시대의 순교자에 관해서 관심이 없었던 것은 아니었지만, 정확한 자료의 부족으로 시복·시성 운동을 본격적으로 추진해 나가지를 못했다. 그러나 오늘날에 이르러 우리는 '초기 박해시대'의 교회사 및 순교자들에 관해서 19세기 중엽 이래 이 땅에서 활동했던 선교사들보다 월등히 풍부한 자료를 갖게 되었다. 즉, 1801년의 박해에 대해서 오늘의 우리가 파악하고 있는 정보의 질과 양은 박해시대 선교사들이 파악하고 있던 사실을 월등히 능가하게 되었다. 그러므로 이제 우리는 이 시기의 인물을 대상으로 한 시복 운동을 착수할 수 있게 되었다.

이들 순교자들은 복자福者뿐만 아니라 성인으로 추앙받아야 할 인물들이다. 이렇게 하기 위한 첫 번째의 단계로는 이들의 시복을 추진하기 위한 작업을 좀 더 활성화시켜야 한다. 이들의 시복을 추진하는 데에 가장 중요한 근거는 이들의 순교를 증명해줄 수 있는 자료들이다. 이 자료의 정리는 순교 사실에 대한 명확한 증거를 제시해 줄 것이고, 이로써 한국교회가 추진해야 할 교황청에서의 시복 조사 작업에 결정적인 도움을 줄 수 있을 것이다.

그 동안 한국교회 내의 여러 기관과 교구에서는 시복 운동을 추진해 나갔다. 이는 한국교회에 속하는 많은 사람들이 초기 박해시대의 순교자에 대한 시복 운동의 필요성에 충분히 동의한 결과였다. 그러므로 이제 시복 운동의 본격적 전개에 앞서 최근에 각처에서 전개되었던 시복 운동의 사례들을 검토해 보고자 한다. 그 사례들에서 드러나는 긍정적 요소와 부정적 측면들에 대한 검토를 통해서 앞으로 전개될 시복 운동에 일정한 교훈을 얻을 수 있을 것으로 생각된다.

1) 서울대교구의 시복 운동

지난 1984년 한국 순교 성인들이 시성을 전후하여 '초기 박해시대'의 순교자에 대한 시복 조사 작업이 좀 더 구체적으로 논의되기 시작했다. 이때 서울 대교구에서 한국순교자현양위원회가 조직된 것도 바로 이와 같은 목적에서 나온 일이었다. 그리고 그 후 1989년에 개최된 한국순교자현양위원회에서는 신유박해 200주년을 맞게 될 2001년까지 초기 박해시대의 순교자에 대한 자료 조사 작업을 철저히 시행하여, 2001년도에는 공식적으로 시복을 청원하고 시복 운동을 본격적으로 전개해야 한다고 논의한 바 있었다.

그러나 이 제안은 오랫동안 사실상 추진되지를 못했다가, 상술한 바와 같이 1996년도에 이르러서 구체적으로 자료 정리를 위한 노력이 전개되기 시작했다. 그리고 2001년 신유박해 200주년을 계기로 하여 이 운동에 좀 더 본격적인 노력이 시도되고 있다.

재단법인 한국교회사연구소에서는 1977년 시복·시성추진계획을 발표한 바 있다. 그러나 이에 대한 본격적 논의는 더 이상 추진되지 못하고 있다.

2) 한국천주교 창립사연구소(천진암 성지)의 시복운동

이 연구소의 소장 신부는 1984년 7월 11일 교황청 시성성諡聖省에 98명의 한국 순교자 명단을 뽑아서 시복 추진을 위한 준비에 정식으로 착수했다고

발표한 바 있었다. 이 98명의 인원은 전적으로 이 '연구소'가 주관하여 주관
적 기준에 의해서 선정된 것이었다. 그러나 시복 대상자인 '하느님의 종'을
선정하는 데에는 정당한 절차에 따라서 교회 공동체의 협의와 합의를 거쳐
야 할 것으로 생각된다.

　당시의 발표와는 달리 이들 98명의 시복 준비를 위한 서류는 아직까지 교
황청 시성성에 접수된 바가 없는 것으로 전해졌다. 그런데, 이 98명 가운데
에는 이가환과 같이 세례를 받지 않은, 그리고 천주교의 신앙고백과는 전혀
무관한 인물이 포함되기도 했다. 그리고 이 명단에는 김건순·유관검·권철신
을 비롯해서 명백한 배교자들이 적어도 9명이 포함되어 있다.

　또한 이 명단에서 성이나 이름이 잘못 기재된 사람도 11명에 이르고 있고,
마땅히 명단에 포함되었어야 할 순교자들 가운데 전혀 그 이름이 오르지 않
은 이도 상당수에 달했다. 한편 시복의 가능성을 높이기 위해서는 순교자만
을 우선적으로 선정하여 시복 운동을 추진해야 한다. 그러나 이 명단에는 순
교를 하지 아니한 인물도 포함되어 있어서, 그 시복 과정을 복잡화시켜 나머
지 순교자들의 시복마저도 어렵게 만들었다.

　이러한 이유 때문에 그 연구소에서 작성했다고 하는 98명의 명단은 매우 부
실한 것으로 밖에 볼 수 없으며, 이 명단이 교황청 시성성에 제출되지 아니한
것은 일견 다행스러운 일로 생각된다. 그런데 이 문제가 많은 '시복 청원자 98
명의 명단'은 당시 한국교회의 평균적 수준을 반영하는 것으로 생각된다.

　오늘날 우리 교회의 일각에서는 시복을 주장하는 목소리를 크게 내고 절
규를 하면서도 그 구체적이고 진지한 연구는 뒷전에 밀어놓고 있다. 그러나
순교자를 찬양하고 그들의 시복을 절규한다고 해서 시복이 이루어지는 것은
아니다. 이를 위해서는 철저한 학문적 준비를 추진해야 한다. 그리고 시복·
시성을 위해서는 우리 교회의 평균적 수준을 적용시켜서는 안 되고, 우리나
라 학계에서 최고의 수준을 결집시켜 나가면서 최선의 방법으로 이를 준비
해 나가야 한다.

3) 전주교구의 시복 청원 운동

1989년 4월 전주교구에서는 전주교구 관계 순교자 5명의 시복 청원을 교황청에 접수시켰다. 이들은 1791년에 순교한 윤지충, 권상연과 1801년에 순교한 유항검, 유중성, 이유희(루갈다) 등이다. 이들의 시복을 위해서 전주교구에서는 우선 약전略傳을 작성하여 영어로 번역해서 로마에 제출했다.

그러나 시복의 본격적 추진을 위해서는 시복·시성관계 전문 변호사를 선임하여 교황청의 시성성과 꾸준히 접촉하고 서류를 보완해 나가야 한다. 현재 전주교구에서는 변호사를 선임하지는 아니했고 그곳에 유학 중인 신부에게 이 일을 위촉하는데 그치곤 했다. 그러므로 현재 전주교구의 시복 관계 서류가 로마 교황청 시성성에서 본격적으로 검토되지 못하고 있는 듯하다.

전주교구의 시복 청원 작업은 1993년 2월 이후 한동안 답보 상태를 면하지 못하고 있다가 1990년대 말에 이르러 이 문제의 중요성이 다시금 논의될 기운이 일어났다. 그리고 신유박해 200주년을 맞아 전주교구 출신 순교자들이 시복 조사 작업에 좀 더 박차를 가하고 있다.

전주교구가 선임한 시복 청원 대상자 5명은 초기 한국교회사에서 훌륭한 모범을 보인 대표적 순교자들이다. 이들의 시복을 위한 시도가 본격적으로 추진되기를 바라며, 약전을 보완하여 완벽한 전기를 만들 수 있는 자료집의 간행이 중요한 과제일 것으로 생각된다. 해당 순교자에 대한 약전 정리의 수준을 넘어서는 본격적 연구가 요청되고 있다. 이 연구가 기반이 될 때, 약전 정리 작업도 그 학술적 연구 성과를 토대로 순조롭게 진행될 수 있을 것이다.

4) 청주교구

1995년 이래 최양업 신부의 시복을 위한 노력의 일환으로 그 자료 정리에 착수했고 현재 자료집이 꾸준히 간행되고 있다. 그리고 최근에는 양업교회사 연구소가 설립되어 청주교구 소속 순교자들에 대한 연구 조사 작업을 추진하고 있다. 그 결과 청주교구에서는 신유박해까지의 순교자 5건 7명, 기해박해의 순교자 1명, 병인박해의 순교자 37건 45명에 관한 기본적 기록들을 조사했다.

청주교구는 이 기본 조사 작업을 기초로 하여 다시 시복·시성 대상 '하느님의 종' 일람표를 작성해서 발표하기에 이르렀다. 여기에서는 신유박해까지의 순교자 4인(원시보, 배관겸, 이국승, 김사집)과 기해년과 병인년 박해의 순교자 5건 6명(이성례, 오반지, 김원종, 장토마스, 박프란치스코, 오말가리다)이 선정되었다.

청주교구에서는 '검토 대상 순교자 일람'도 함께 작성했다. 여기에는 신유박해 순교자 3인(이부춘, 이석중, 이아기련)과 병인박해 순교자 김선화 외 13건 26명의 명단이 수록되어 있다.

청주교구의 시복 대상자 명단에는 기해박해 때에 서울 당고개에서 순교한 이성례 마리아가 포함되어 있다. 이성례 마리아는 청주교구에서 시복을 추진하고 있는 최양업 신부의 모친이므로 최양업 신부와 함께 시복 운동을 추진함이 좋겠다는 판단에 의해서 포함되었다. 그리고 그 대상자 안에는 서울에서 판결을 받고 공주(대전교구 관할지역)에서 순교한 이국승이 포함되어 있다. 이는 그의 주된 활동지가 충주였다는 사실에 근거하여 청주교구의 순교자 안에 포함시키게 되었다.

한편 청주교구는 최양업 신부에 대한 시복운동을 꾸준히 전개해 왔고, 최양업 신부에 대한 연구를 모아서 『최양업신부의 선교활동과 영성』을 간행했다. 『최양업 신부의 전기 자료집』 3종 등을 정리 간행하여 최양업 연구자들에게 좋은 자료를 제공했다.

최양업은 박해 시대를 살았던 대표적 한국인 성직자이다. 그는 흔히 땀의 순교자로 불리고 있다. 그는 직접 피를 흘려 순교하지는 않았지만 시복·시성의 청원 대상이 되기에는 충분한 인물로 되어 있다. 이러한 인물에 대한 시복을 추진하면서 자료집의 정리부터 시작했던 것은 올바른 방법이었다고 생각된다. 그리고 기존의 '하느님의 종'으로 선정된 인물들에 관한 본격적 연구 및 자료집의 간행이 요청된다.

5) 수원교구의 시복 운동

수원교구에서는 수원교구 시복시성추진위원회를 결성하여 이 시복운동을 주관하고 있다. 수원교구는 "윤유일 바오로 및 7위 순교자 시복·시성운동"을 1996년부터 전개했다. 즉, 수원교구는 1996년 2월 7일자로 역사위원회를 조직하여 자료 조사 작업에 착수했다. 수원교구가 추진하고 있는 7인의 순교자는 윤유일, 최인길, 지황, 윤유오, 윤운혜, 주문모, 윤점혜, 정광수 등이었다. 이들의 사적에 관한 연구를 위해서 수원교구에서는 한국교회사연구소의 협조를 받아서 순교자에 관한 자료 정리 작업을 진행시켜 나갔다. 그 정리 작업은 『윤유일 바오로와 동료 순교자들의 시복 자료집』이란 명칭으로 현재 제5집까지 꾸준히 간행되고 있다.

그런데, 수원교구에서 추진하고 있는 7인의 순교자 가운데 수원교구 관내에서 순교한 인물은 1801년 여주에서 순교한 윤유오와 윤점혜, 정광수이다. 나머지 4인을 이 명단에 포함시킨 이유는 출신지나 거주지 또는 선교 지역이었기 때문이었다. 그리고 이들에 대한 '시복 자료 조사를 착수하는 데에 어떤 장애도 없다'는 공문을 교황청 시성성에서 받은 바 있다고 한다.

그러나 교황청 시성성에서 받았다는 이 공문의 내용이 만일 사실이라 한다면 그 안에는 원천적 문제점이 있을 것으로 생각된다. 이 공문은 순교지에 속하는 교구의 주교가 시복을 청원하도록 하는 교회법의 규정과 정면으로 대립되기 때문이다. 이 경우에는 아마도 해당 교구로부터 명시적 동의를 얻어야 가능할 것으로 생각된다.

이상에서와 같이 교회 내의 특정 연구 기관이나 일부 교구에서 순교자의 시복 운동이 명시적으로 진행되어 나가고 있다. 그리고 이 밖에도 원주교구에서는 배론성지가 중심이 되어 1801년에 죽은 황사영黃嗣永의 시복을 위한 시도가 한 때 진행된 바 있는 것으로 전해졌다. 그리고 부산교구의 경우에도 김범우金範禹의 시복에 관한 문제가 거론되기도 했다. 그러나 이러한 시복 운동이 아직 구체적 양상을 띠고 있지는 않고 있다.

6) 대구대교구의 시복 운동 및 기타 교구의 운동

대구대교구는 영남교회사연구소를 중심으로 하여 대구 지역의 순교사에 대한 정리 작업을 시도해 왔다. 그러다가 1997년에 천주교 대구대교구 순교자현양위원회 역사 분과를 발족하여 박해시대 순교자들에 관한 본격적 조사 작업을 시도하기 시작했다. 그리고 그 조사 결과가 『대구의 순교자들』이란 책자의 간행을 통해서 나타나기 시작했다. 이 책에는 1815년 박해의 순교자 14명, 1827년 박해의 순교자 6명과 1866년 박해 때에 순교한 3명 등 모두 23명의 순교자 사료가 수집·정리되었다.

그리고 최근에는 순교자에 대한 연구를 심화시키기 위한 구체적 노력들이 전개되고 있다고 한다. 이 밖에도 부산교회사연구소가 중심이 되어서 부산 지역의 순교 전통을 밝히기 위한 노력이 전개되고 있다. 대전교구에서는 이미 1991년에 대전교구사 사료집의 일부로 『순교자들의 전기』를 간행했다. 그리고 인천교구에서도 시복·시성을 위한 노력이 전개되어 왔다. 원주교구의 경우에도 배론성지를 중심으로 해서 이 문제가 진지하게 논의되고 있는 것으로 전해졌다. 그밖에 다른 교구에서도 일단은 시복 시성 문제에 대한 관심을 기울이기 시작했다.

7) 주교회의 시복 시성위원회

주교회의 산하에 시복시성추진위원회가 결성된 것은 1998년이었다. 이는 한국교회가 가지고 있는 박해시대 순교자들에 관한 열망을 반영한 것이었고, 이 문제에 대한 효율적 추진과 상호 조정의 필요성을 확인한 결과였다. 그리하여 2000년 추계 정기총회 기간에 '시성시복통합추진회의'가 개최되었다. 또한 시복 추진 교구장의 연석회의 결과 김종수 신부를 청구인(actor)으로 유한영 신부를 청원인(postulator)으로 임명되었다.

그리고 가까운 시일 안에 각 교구에서 제출된 제 1차 명단을 확정한 다음, 시복 안건을 통합하여 추진하는 담당 주교에 의해서 청원서의 접수와 예비 심사가 공포되어야 한다. 이는 교회법에 따르는 정당한 절차를 거치게 되는 것이다.

4. 시복 조사 작업의 문제점과 과제

1) 기존의 시복 운동에서 드러나는 문제점

이상에서 살펴본 바와 같이 각 교구와 관계 기관들은 시복 운동을 지속적으로 추진해왔다. 그러나 이 과정에서 문제점이 없지는 않았다. 즉, 이 문제점으로는 시복 대상자의 선정 방법과 선정된 시복 대상자들에게서 찾아볼 수 있다. 이는 1984년에 시도되었던 '한국천주교 창립 선조들과 그 동료 순교자 및 증거자들의 시복 추진 심사 선언'이 '담당' 주교에 의해서 단행된 바 있었다. 그러나 이 선언은 '사목적 이유'로 인해 중지된 것으로 되어 있다. 그러나 이와 같은 중단 현상은 학술적 검토를 거치지 않은 시복 대상자 명단이 가지고 있는 원초적 한계로 말미암아 초래된 일이다. 이와 같은 현상은 다음의 문제점에서 초래된 것으로 판단된다.

(1) 자료와 연구의 중요성에 대한 인식 부족

시복 대상자를 선정하기 위해서는 관계 자료를 최대한 망라하는 입장에서 검토해서 정확성을 기해야 한다. 자료에 대한 철저한 검토와 연구 없이 단편적 기록이나 검증되지 않은 상식에 입각해서 대상자를 선정하는 작업이 진행되어서는 결코 안 된다.

과거의 일부 사례를 볼 때, 교회의 '권위'를 빌어 자신이 추진하는 시복 조사 작업을 합리화하려는 경우도 있었다. 이는 시복 조사의 과정에서 자료나 학문적 연구의 중요성에 대한 인식의 결여에서 나온 현상이다. 그러나 이와 같은 일들은 도리어 교회의 진정한 '권위'를 추락시키는 일임에 틀림없다.

그러나 최근의 시복 조사 작업을 추진하는 경우에는 상대적으로 자료의 중요성을 인식하고, 시복대상자들에 대한 자료집의 간행을 위해서 노력하고 있다. 이는 당연히 거쳐야 할 과정이기는 하지만, 자료의 중요성이 간과되어 왔던 종전의 입장과 비교할 때 확실히 진보한 것이다. 그러나 기존의 자료집을 검토해 볼 때 보완의 여지가 여전히 남아 있다고 생각된다.

그리고 시복자료에 대한 정리와 그 대상자들에 대한 약전略傳 정리 방식에 자족하는 단계보다는 그에 관한 본격적 연구가 무제한으로 장려되어야 한다. 약전은 이 연구결과를 기반으로 하여 작성됨이 타당하다.

(2) 자료의 종합적 인식의 중요성 부족

초기 박해 시대의 역사는 매우 제한된 지역을 배경으로 하고 있다. 그러나 일부 기존의 조사 연구 과정에서는 한 인물에 관한 자료를 정리 연구하는 과정에서 자신의 지역이나 교구와 관련된 일부 사건만을 발췌하여 제시한 경우도 있었다. 그리고 한 인물의 삶 전체를 밝히기보다는 단편적 행동에 집착하는 경우도 있었다. 이와 같은 방법으로는 한 인물의 연구에 완벽을 기할 수 없다.

초기 박해시대를 살았던 인물들은 '조선교구'의 신도들이었고, '조선인'들이었다. 이들의 삶의 영역은 오늘날과 같이 세분된 교구 체제와는 무관한 것이었다. 그러므로 한 인물의 행적을 추적하는 데에는 지역적 한계를 뛰어넘어 신앙 공동체가 형성되어 존속되어 왔던 전체 지역을 통합하여 검토해야 한다. 이는 그 인물 개인의 경우를 이해하기 위해서도 필요하고, 그 인물과 관련된 다른 사람들에 관한 종합적 정보를 확보하는 데에서도 요청되는 일이다. 이 종합적 검토를 통해서 그 인물의 사상과 신앙이 재구성될 수 있고, 그 순교에 대한 의미를 올바로 파악할 수 있을 것이다.

물론 시복의 과정에서 가장 중요한 요소는 그 인물의 순교와 배교 여부를 정확히 밝히는 작업이다. 그러나 그들이 드러내었던 그 삶의 마지막 장면에만 집착할 때, 순교자의 죽음은 밝힐 수 있을지언정, 그 따뜻한 삶이나 생활한 신앙에 대한 인식은 약해질 수밖에 없다. 우리는 죽은 순교자를 만나기 위해서 시복을 추진하는 것이 아니라 살아 있는 순교자를 만나야 한다. 죽은 순교자를 되살려서 그들이 가지고 있는 그 존재의 가치, 그 생명의 의미와 신앙을 밝혀야 한다. 이를 위해서는 '순교자'에 대한 종합적 인식이 요청된다.

(3) 교회법의 규정에 대한 자의적 해석

시복·시성은 교회법의 규정에 따라서 엄격히 전개되어야 한다. 이 규정은 그 대상자의 선정 과정에서부터 명확히 적용되어야 한다. 교회법에서는 시복과 시성의 관할권은 그 대상 인물이 죽은 지역의 주교에게 있는 것으로 되어 있다. 물론 상호간에 이룩되는 합법적이고 명시적인 합의에 따라서 그 관할권은 이양될 수도 있을 것이다.

그러나 현재 진행되고 있는 일부 교구나 단체의 시복 관계 기록들을 검토해 볼 때 몇몇 문제가 드러난다. 먼저, 교회법의 규정과는 무관하게 시복 조사 대상 인물의 출생지나 거주지 또는 활동지였다는 사실이 관할권 주장의 근거로 제시되고 있다. 이 문제에 관해서는 일관적 기준이 필요하다고 생각된다. 그리하여 시복 조사 작업의 구체적 진행 과정에서 발생될 수 있는 문제점을 사전에 차단해야 한다.

최근 한국주교회의 시복 시성 추진위원회에서는 시복 대상 순교자들에 대한 공동의 연구와 교구 단위의 수속 진행을 원칙으로 제시했다고 한다. 이와 같은 방법은 현행 교회법의 규정을 존중하면서도 시복 대상자에 대한 연구를 확대할 수 있는 좋은 방법으로 생각된다. 그 대상자에 대한 '무제한적' 연구가 장려되어야 각 교구에 있는 전문 연구 인력을 최대한 가동할 수 있을 것이다. 그리고 자료에 대한 공개와 공유의 원칙이 관철되어야 한다. 자신의 교구나 단체에서 연구하는 사람은 자신의 교구나 단체에서 시복 작업을 전담해야 된다는 발상은 비학문적이요 비신앙적이라고 생각된다.

(4) 대상자의 성격 및 대상 시기에 대한 인식 문제

시복 조사 작업을 진행할 때에는 시복의 효율적 달성을 위해서 여러 방법들이 고려되어야 한다. 여기에는 시복 대상자의 성격이나 그 대상 시기에 대한 문제가 논의되어야 한다. 먼저 그 조사 대상자의 경우에 순교자와 비순교자들을 함께 시복 추진의 대상으로 삼아서는 곤란하다.

과거의 사례를 검토해 볼 때 정약용(丁若鏞, 1762~1836)과 같은 비순교자와 일반 순교자를 함께 모아서 시복 운동을 추진하고자 하던 시도가 있었다. 그러나 시복과 시성은 명망가를 더욱 큰 명망가로 만들기 위한 작업이 아니다. 이와 같은 방법은 오히려 순교자의 시복과 시성을 더욱 어렵게 만들 뿐이라고 생각된다. 한편, 현재 일부 교구에서 추진하고 있는 시복 대상자 중에는 비순교자도 있다. 그렇다면 이 경우에는 일반 순교자에 대한 시복·시성 작업과 별도로 시간적 간격을 두고 축차적으로 진행시켜 나감이 타당하다고 생각된다.

한편 시복 조사 대상의 시기에 대해서도 시각을 조정할 필요가 있다. 현재 각 교구의 대상 인물을 보면 시복 대상자의 활동 시기가 매우 다양함을 알 수 있다. 경우에 따라서는 '초기 박해' 시대의 인물만을 대상으로 하고 있는 경우도 있고, 그 시기 상의 범위를 '후기 박해시대'까지 확대하여 조사하는 경우도 있다. 그러나 여기에서도 시복 추진의 효율성을 제고하기 위해서는 그 대상 시기에 대한 인식이 강화되어야 한다. 그리하여 일정한 시기의 순교자를 시복하기 위해서 먼저 집중적으로 노력하고, 그 뒤에 다른 시기의 대상 인물에 관한 시복 작업을 추진함이 타당할 것으로 생각된다.

2) 시복운동 추진의 과제

(1) 시복 조사 대상의 시기적 범위

한국순교자의 시복을 추진하는 입장에서, 우리는 순교자의 조사에 앞서 그 조사의 시간적·장소적 범위를 먼저 규정해야 한다. 그런데 '후기 박해시대'에 활동했던 인물들 가운데 103명은 이미 시성되었지만, 1784년에서 1831년 사이의 '초기 박해시대'의 인물들에 대한 시복 작업은 이루어지지 못했다. 그렇다면 이 초기 박해시대의 인물들을 시복하기 위한 노력이 집중적으로 전개되어야 한다.

한편, 1839년 이후의 '순교자들'에 관한 시복을 추진하던 과정에서 선교사들은 많은 '순교자'들을 시복의 대상에서 제외시켰다. 시복운동의 선배 선교사들이 이미 시복조사에서 제외시켰던 순교자들은 그들에 관한 새로운 자료가 나올 때까지 시복 대상으로 삼는 데에 신중을 기해야 한다. 우리의 선배 지도자들이 그들을 제외시켰던 이유에 대해서도 한번쯤은 심각하게 고찰해 보아야 할 것이다.

이 박해의 기간 중에 적지 않은 신도들이 자신의 신앙 때문에 고통을 당했고 목숨을 바쳤다. 시복 조사의 대상 시기가 분명할 때 시복을 위한 대상자 선정의 여러 문제가 해결될 수 있을 것이다. 특히 '초기 박해시대'에 순교한 교회의 인물이나 교회사와 관련하여서는 선교사들이 볼 수 없었던 많은 자료들을 이제 우리는 확보하게 되었다. 이와 같은 자료적 특성을 감안할 때, 순교자들에 대한 시성의 대상 시기는 바로 이 시기로 제한함이 합리적이라고 생각된다. 물론 이 시기의 순교자들이 시복된 이후 다른 시기의 순교자들에 대한 지속적 시복 작업이 진행될 수 있을 것이다.

(2) 시복 조사 대상 인물의 기준 설정

현재까지 확인된 사료에서는 '초기 박해시대'에 천주교 신앙 안에서 살았고, 죽었던 500여명 이상의 사람들이 등장하고 있다. 이들은 분명 한국교회사의 진정한 주역이었다. 그리고 그들 가운데 적지 않은 사람들이 순교했다. 또한 순교하지는 않았다 하더라도 훌륭한 덕성으로 추앙을 받고, 그 굳은 신앙으로 인해서 시복과 시성의 대상이 될 수 있는 사람들도 있을 것이다.

그런데 시복 조사 대상자를 선정할 때에는 가능한 한 그 대상자들의 성격이 균일하고 상호 공통성이 있어야 한다. 이러할 경우, 시복을 위한 좀 더 효율적 작업이 가능할 것이기 때문이다.

그렇다면 '초기 박해시대'에 살았던 신앙인들 가운데 신앙과 교회를 위해 자신의 목숨을 바친 '희생자'라는 공통분모를 가지고 있는 사람들을 먼저 주목하게 된다. 그리고 시복 운동의 전개 과정에서는 이들 '순교자'를 제일차적 시복 대상으로 삼아야 한다.

그리고 이러한 순교자를 선정하는 데에 우리는 순교자를 엄격히 선정해왔던 가톨릭적 전통에 경건해야 한다. 순교자를 엄선하기 위해서 스스로가 철저한 자기 절제를 관철시켜 나가야 한다. 시복 대상이 되는 순교자는 대량으로 만들어 내는 대상이 아니다. 시복 조사 과정에서 그 숫자가 깎일 것을 예상하고 미리 부풀리려는 유혹에 빠져서는 안 된다.

오늘날 가톨릭교회에서는 성인에 대한 수적數的 인플레에 대한 거부감마저 확인되고 있다. 즉, 이탈리아의 실비오 오디(1911~2001) 추기경은 1996년에 발간된 그의 자서전에서 로마 교황청이 너무 많은 사람을 성인 반열에 올려 '성인 공장'이 되어버렸다고 혹평한 바 있었다. 그는 요한 바오로 2세가 재임하고 있던 17년 동안에 1천여 명에 이르는 복자와 성인이 탄생했는데, 이는 지난 2000여년에 걸쳐서 재임했던 전임 교황들이 시성과 시복을 한 숫자 전부를 합친 것보다 더 많은 성인을 만들어 낸 것이라고 말했다.

교회 내에 이러한 분위기가 있는 이상은 시복 후보자 선정에 한국교회가 더욱 신중을 기해야 현임 교황에게도 폐가 되지 않을 것이다. 그러한 신중이야말로 가톨릭교회가 가지고 있는 시성·시복 제도 자체의 '권위'를 유지시켜 주는 기초가 될 것이다.

또한 순교가 양적인 현상이 아니라 우리 자신의 삶 전체를 변모시켜주는 질적 의미를 가지고 있음을 생각한다면 시복 조사의 대상을 확대하기 위해서 철저한 자료의 검토와 준비 없이 섣부르게 움직여서도 안 될 것이다. 순교자에 관한 조사 작업에는 엄밀성과 자기절제가 전제되어야 한다. 그리고 시복 작업이 마치 시간에 쫓기는 것처럼 조급하게 생각해서는 안 될 터이며, 이를 위해서 좀 더 신중한 자세가 필요하다.

(3) 통합 조절 기능 및 재정 지원의 강화

현재 각 교구나 단체에서 추진하고 있는 시복 작업에서는 대상 인물이 상호 중복되는 경우가 있다. 이에 대한 조정 작업이 요청된다. 또한 시복 수속 과정에서도 신학적·역사학적 연구와 재정적 후원을 위한 통합 조절 기능이 필요하다.

이러한 측면에서 볼 때 주교회의 시복 시성 추진위원회가 최근 시복 청구인과 청원인을 선정한 일은 매우 바람직한 일이다. 그런데 이들 청구인과 청원인들이 시복 작업을 위해서 실제로 활동할 수 있도록 시간적·재정적 배려가 충분히 보장되어야 할 것이다. 그러나 현재 이에 관한 구체적 계획의 존재 여부는 알지 못하고 있다.

한편, 시복 사업의 추진에는 일정한 재정이 소요된다. 그리고 시복 대상자에 대한 연구와 시복 수속의 전개 과정에서 소요되는 자금에는 무제한적 지원이 요청된다. 현재 한국교회에서는 초기 박해시대에 관한 많은 자료들이 이미 정리되어 있다. 그리고 이 자료를 가지고 연구할 수 있는 인력도 매우 제한적이다. 그러므로 그 연구에 대하여 '무제한적' 지원을 한다 하더라도 그 지원의 폭은 얼마 되지 않을 것이다. 또한 시복 수속에 요청되는 변호사 선임 비용 등은 여타 시복·시성의 사례에서 확인할 수 있는 관례가 있을 것이며, 그 비용도 한국교회의 잠재력에 비추어 볼 때 충분히 감당할 만한 범위 안에 있을 것이다. 이에 대한 보장이 이루어져야 시복·시성을 위한 활동이 올바로 진행될 수 있을 것이다.

5. 시복 조사 대상 인물의 기준 설정

한국교회에서 전개할 시복 운동의 대상을 '초기 박해시대'의 순교자로 한정한다면, 그 구체적 인물의 선정과 관련되는 문제들이 논의되어야 한다.

한국교회에서는 초기 교회의 인물들 가운데 적지 않은 사람들에게 별다른 검토가 없이 '순교자'라는 용어를 사용했다. 그러나 한 인물을 순교자로 확정하는 것 자체가 엄밀한 신학적 판단과 역사적 검토를 거쳐야 할 문제라고 생각한다. 그리하여 천주교 신앙과 관계되어 살고 죽은 사람들을 판별할 때에는 아무러한 선입관이 개재됨이 없이 그들의 신앙여부에 대한 객관적인 상황 파악이 우선되어야 한다. 이를 위해서 한번쯤은 그들을 좀 더 본격적으로 객관화시켜서 분석해 보아야 한다.

그렇다면, 여기에서 사용되는 순교라는 개념은 당연히 협의의 개념이어야 한다. 즉 순교는 실제로 죽음을 당해야 하고, 그 죽음이 그리스도교의 신앙과 진리를 증오하는 자에 의해서 초래되어야 하고, 그 죽음을 신앙과 진리를 옹호하기 위해서 자발적으로 받아들여야 한다. 순교의 개념에 이와 같은 엄격성이 유지될 때 우리의 순교자는 그리스도교 공동체가 로마제국 시대 이후 존중해 왔던 순교자의 반열에 당당히 설 수 있을 것이다.

그러므로 본고에서는 우리가 종전에 순교자로 인정해 왔던 모든 사람들에 대한 철저한 재검토를 시도한다는 입장을 전제한다. 그들에게 일단 순교자라는 말의 적용을 보류하고, 그들의 행적과 죽음에 관한 기록을 정리하여 분류해서 제시하고자 한다. 굳이 그들을 엮어줄 통합적 명칭이 필요하다면 우리는 그들에게 순교자라는 말 대신에 '희생자'라는 말을 임시적으로 써줄 수도 있을 것이다.

본고에서는 초기교회사에 등장하는 모든 사람들에 관한 기록을 점검하여 그들 가운데 '희생자'들을 먼저 확인하기를 제안하고자 한다. 그리고 이 희생자들 가운데에서 다시 '순교자'를 선정하는 작업은 교회 공동체에서 책임 있는 사람들에게 맡겨야 할 일이다. 순교자의 선정 작업은 한 개인이나 기관이 독단하여 처리할 문제가 아니라고 생각한다. 순교자를 선정할 때에는 우리가 볼 수 있는 모든 자료를 검토해야 하며, 우리의 축적된 지식과 절제된 양심이 동원되어야 한다.

여기에서 우리는 초기교회사 관련 인물들의 구분 기준을 생각해 보아야 한다. 그들 가운데에서 우선 '희생자'들은 다음과 같은 기준에 의해서 구분될 수 있을 것이다. 이 구분 기준은 그 동안 확인된 교회사 관계 사례들을 중심으로 하여 정해 본 것이다.

〔초기 교회사관련 인물 구분 기준표〕

번호	구 분	개 념
1-1	신앙고백 후 처형자	結案 등의 자료를 통해서 신앙고백을 확인할 수 있는 처형자(참수·교수)
1-2	신앙고백 중 옥사자	신문기록이나 증언자료를 통해 신앙을 견지했음을 확인할 수 있는 희생자(杖斃포함)
1-3	신앙고백 중 사망자	신앙고백은 확인되나 죽음의 형식이 미상인 희생자(처형/옥사 여부 미상 사망자)
2-1	신앙고백 미상 처형자	교회와 관련되어 처형되었으나 신앙고백 여부가 미상인 희생자
2-2	신앙고백 미상 옥사자	옥사했으나 신앙고백 여부가 미상인 희생자
3-1	배교 후 처형자	배교했으나 처형된 사람
3-2	배교 중 옥사자	배교를 선언했으나 옥사한 사람
4-1	비신자 처형자	비신자이나 천주교사건에 연루된 처형자
4-2	비신자 옥사자	비신자이나 천주교사건에 연루된 옥사자
5-1	신앙고백 후 유배자	신앙을 고백했으나 유배된 신자
5-2	배교 후 유배자	배교했으나 유배에 처해진 사람
6-1	배교 후 석방자	배교하고 석방된 사람(刑放/白放)
7-1	미체포 신자	체포되지 아니하고 신앙생활을 한 사람

이상의 도표 가운데 1-1, 1-2, 1-3 즉, 신앙고백 중 처형자·옥사자·사망자의 경우에는 시복 조사의 과정에서 '순교자'로 판정될 수 있는 가능성이 많을 것이다. 그러나 시복 조사 과정에서 가장 큰 문제는 2-1과 2-2 즉, 신앙고백 여부는 미상이나 천주교 사건으로 인해서 희생된 경우이다. 이는 물론 그들이 순교자였을 가능성에 심증은 가지만, 본격적 자료가 결여되어 있는 경우에 해당된다.

그러나 그들이 천주교 관계 사건으로 인해서 희생되었다 하여 심증에 의해서 순교자로 규정될 수는 없다. 초기 박해시대의 사례를 검토해 보면 자신의 신앙을 명백히 부정했어도 희생된 경우가 있다. 그렇다면 단순히 천주교 사건으로 죽었다는 기록만을 가지고 이를 순교자로 확대 해석해서는 안 된다. 이와 같이 순교자의 규정에 엄밀한 조건을 제시한다면, 결안이나 그 밖에 방증 자료가 없는 희생자를 순교자로 규정할 때에는 최대한의 신중을 기해야 한다.

한편, 3-1 배교 후 처형자나 3-2 배교 중 옥사자의 경우에도 그 신중을 기해야 한다. 그런데 여기에서는 배교라는 개념을 먼저 짚고 넘어가야 한다. 배교라는 용어는 '자발적으로나 강제적으로 자신의 신앙을 포기하는 행위'를 말하며, 개종자가 개종 이전의 상태로 돌아가는 일에도 이와 같은 용어가 적용되었다. 이러한 개념 규정은 인간의 내심까지를 감안하지 않고 그 외적인 형식에만 치중한 것이었다.

그러므로 초기 박해시대의 인물들 가운데 '배교자'로 분류하는 것도 그 외적인 태도에 기준을 둘 수밖에 없다. 그러나 그들도 신앙으로 인한 희생자임에 틀림없다. 이들에게 그 내심을 읽지 못하고 배교자라는 카테고리 안에 집어넣는 작업은 일견 잔인한 일이다. 그들의 희생은 분명 자신의 신앙과 교회의 가르침과 관련하여 전개된 것이다. 그러므로 이들의 희생이 초기 교회사의 발전에 긍정적 영향을 준 경우를 찾아 볼 수 있기 때문이다.

그러나 신앙을 부정한 이들의 외적 행동과 신앙을 고백한 희생자들과는 엄연히 구별되어야 한다. 이 때문에 이들은 배교자라는 칭호 아래 묶일 수밖에 없고, 연구자는 이와 같은 잔인한 결단을 내려야 하는 것이다. 그렇다 하더라도 그들 '배교자'들이 초기 박해시대 교회에 미친 긍정적 영향을 부정해서는 안 될 것이다.

그런데 시복 조사 과정에서는 이들 배교자에 대한 연구도 필요하다. 왜냐하면, 이들은 '순교자'와의 관계 속에서 배교자가 되었기 때문에 순교자를 이해하기 위해서는 이들의 사상과 행적도 파악되어야 한다.

한편, 초기 박해시대의 교회사를 검토해 보면 4-1 및 4-2의 경우에서와 같이 비신자이지만 천주교 사건과 관련하여 희생된 사례를 찾아 볼 수 있다. 예를 들면, 이가환의 경우가 이에 해당된다. 그가 천주교 사건과 관련되어 있는 이상, 당시의 교회사나 순교자들에 대한 이해를 위해서 연구 검토의 대상이 되어야 한다.

이와 동일한 이유로 우리는 초기 박해시대의 인물들을 연구하기 위해서 5번의 유배나 6번으로 분류되는 미체포 신자들의 행적에 관해서도 관심을 기울여야 한다. 이와 같이 초기 박해시대의 콘텍스트(context, 맥락) 안에서 구체적 순교자에 대한 텍스트(text, 사건·사실)가 검토되어야 그 검토 작업의 가치는 올바로 인정될 수 있을 것이다.

6. 맺음말

우리는 이상에서 현재 한국교회에서 진행되고 있는 1801년의 신유박해 전후 순교자들에 관한 연구와 시복 작업의 현황과 과제를 검토해 보았다. 그러나 이와 같은 주제의 연구는 어디까지나 구체적 명단의 작성 작업과 연결된다.

그러나 본고에서는 그 구체적 명단의 제시는 일단 뒤로 미루고 이를 위해서 취해야 할 연구의 기본 방향과 희생자들의 구분 기준에 대한 검증을 받고자 했다. 이 구분 기준이 확인되면 500여명에 이르는 희생자들과 관계자들에 대한 본격적 제시가 가능할 것으로 생각된다.

초기 박해시대의 순교자에 대한 연구가 교구장의 취향이나 특정 연구자의 편향된 연구 의욕에 따라 진행되어서는 안 될 것으로 생각된다. 이들에 대한 종합적 연구가 오늘날 시급히 요청되고 있다.

여기에서 우리는 다음과 같은 언급을 새롭게 생각해야 할 것이다. "또한 신유박해 순교 200주년을 기념하면서 우리는 1801년 전후에 순교한 분들의 시복諡福을 위한 기도와 조사 작업에 노력을 기울여야 하겠습니다. 시복을 위한 노력은 이미 세상을 떠난 순교자들의 몫이 아니라, 그들을 본받아야 하는 우리의 책임입니다. 그들의 시복을 위한 노력은 오늘을 사는 우리들이 그들의 믿음과 삶을 만나는 방법이기 때문입니다. 이를 통해서 우리의 믿음은 쇄신될

수 있습니다. 그리고 이를 통해서 하느님의 나라를 건설하려던 저 순교자들과
우리의 꿈은 이루어질 수 있을 것입니다. 그들의 시복은 그들의 순교에 대한
최소한의 보답이며, 살아 있는 우리 자신의 신앙에 대한 증거입니다."

그리고 초기 박해시대의 순교자에 대한 연구는 이상과 같은 신앙의 차원
에서 뿐만 아니라 조선 후기의 사회와 인간을 이해하기 위해서도 함께 추진
되어야 할 과제이다.

Ⅲ. 『東國敎友上敎皇書』의 사료적 가치

1. 머리말

조선후기 천주교사를 연구하기 위해서는 국내의 연대기 자료를 비롯한 여러 문헌에 산재되어 있는 사료들의 발췌 작업이 요청된다. 그리고 그밖에도 당시의 교회 당국이나 천주교도 자신이 작성한 문헌들을 활용하여 교회사를 재구성해 왔다. 이렇게 천주교사를 서술하는 과정에서 가장 선행되어야 할 작업은 천주교사에 관한 각종의 사료를 비판하는 일이다. 모든 역사적인 자료는 사료비판을 거친 이후에야 이를 활용할 수 있는 것이기 때문이며, 이러한 원칙은 교회사의 서술에 있어서도 동일하게 적용되는 것이다.

조선교회사 초창기에 해당되는 1801년의 신유교난辛酉敎難을 전후한 시기의 연구에 있어서도 물론 여러 사료들이 제시되고 있다. 예를 들면『추안급국안』이나 『사학징의』를 비롯한 각종의 신문기록 및 『승정원일기』를 비롯한 연대기 자료, 그리고 「황사영백서黃嗣永帛書」를 비롯해서 교회 내에서 작성된 각종의 자료들이 당시 교회사 연구에 활용되고 있다. 이러한 자료 외에도 우리는『동국교우상교황서東國敎友上敎皇書』를 새롭게 주목할 수 있다. 『동국교우상교황서』는 1801년의 교난 이후 1811년에 조선 신도들이 교회의 재건을 위해서 로마 교황과 중국의 북경 주교에게 1811년에 발송했던 문건이 중심을 이루고 있다.

여기에서 검토하고자 하는『동국교우상교황서』에 관해서는 그간 일부 연구자들이 그 존재를 주목하고 이에 대한 간단한 논평을 시도한 바 있었다.[1]

---

1) 조광, 1990,「동국교우상교황서」,『교회와 역사』179, 한국교회사연구소, 19~25쪽.

그러나 아직까지도 『동국교우상교황서(보인대학본)』에 포함된 모든 자료가 조선후기 교회사의 서술을 위해서 본격적으로 활용되지는 못하고 있다. 그러므로 이 사료의 활용 폭을 넓히기 위해서는 이 문건 자체에 대한 좀 더 철저한 사료 비판이 요청되는 것이다. 이 문건에 대한 사료비판을 통해서 우리는 당시의 교회사를 올바로 이해하고 서술하는 데에 도움을 받을 수 있을 것이다. 이 사료비판을 통해서 『동국교우상교황서』가 사료로 활용하는 데에 도움이 될 수 있기를 기대해 본다.

2. 사료의 제명 및 작성자

본고에서 검토하고자 하는 사료는 보인대학 신학원輔仁大學 神學院 도서관에 소장되어 있는 『동국교우상교황서』이다. 여기에서는 이 사료의 표지에 기록된 제명題名 및 그 원래 소장처를 함께 명기하여 『동국교우상교황서(보인대학본)』이라 부르고자 한다. 이 『동국교우상교황서(보인대학본)』에 포함된 내용 중에는 먼저 '조선의 신도들이 교황에게 보낸 편지(東國敎友上敎皇書)'가 수록되어 있다.[2] 그리고 이어서 '동국교우상북경주교서東國敎友上北京主敎書'라고 명명할 수 있는 조선의 신도들이 북경 주교에게 1801년의 신유교난에 관해서 보고한 1811년의 편지 및 당시 순교자의 전기와 명단 등이 함께 수록되

윤민구, 1990, 「신미년(1811)에 조선 천주교 신자들이 북경 주교에게 보낸 편지에 대한 연구」『수원가톨릭대학 논문집』 2, 39~74쪽. 이 글의 경우에는 40~46쪽까지에 간단한 해설이 제시되어 있고, 46~74쪽에는 '조선 신도들이 북경주교에게 보낸 편지'의 본문 부분에 대한 역주 작업을 진행했다. 이 역주 작업에서는 그 편지를 복사할 때 빠뜨린 4면에 대해서는 한문 사본이 아닌 포르투갈어 역본을 재번역하여 제시해 주고 있다.

2) 본고에서는 4편의 편지가 수록된 자료집의 명칭으로 『東國敎友上敎皇書』(輔仁大學本)이라 하고, 이 자료집 안에 들어 있는 조선 신도들이 교황에게 보낸 편지 1편의 제목은 그 符號만을 달리하여 '東國敎友上敎皇書'로 표기하기로 한다.

어 있다. 이어서 이 자료에는 조선인 신도들이 선교사의 파견을 거듭 요청하
는 1812년의 편지가 있으며 이 편지는 '동국교우상북경주교재서東國敎友上北
京主敎再書'라고 불러줄 수 있을 것이다. 그리고 이 자료집의 마지막 부분에는
'북경주교답조선교우서北京主敎答朝鮮敎友書'라고 명명될 수 있는 북경교구 주
교가 조선 교회에 발송한 1813년도의 답신이 수록되어 있다. 그러므로『동
국교우상교황서』는 '동국교우상교황서'를 비롯하여 '동국교우상북경주교서',
'동국교우상북경주교재서', '북경주교답조선교우서' 등 모두 네 종류의 편지
가 포함되어 있는 것이다.[3]

『동국교우상교황서(보인대학본)』에 실려 있는 자료 가운데, '동국교우상교황
서' 즉 조선인 신도들이 당시의 교황 비오 7세에게 보낸 편지는 이미 독립된
자료로 취급되어 보통 '1811년 교황 성하에게 올린 조선 신자들의 편지'로
부르고 있다.[4] 이 명칭은 본 편지가 유럽 계통의 언어로 번역되는 과정에서
붙여진 이름일 것으로 생각된다.

그런데 네 편의 편지를 모은 이 자료집의 명칭으로까지 씌어진『동국교우
상교황서』라는 제명은 조선인 신도 자신들이 교황에게 보낸 편지의 제명에
서나 이 편지의 문장 가운데 일부에서 유래된 문구로 생각된다.

이 편지의 앞부분에는 "上書于聖敎宗主", "惟願 上主慈仁 敎皇宏慈 不棄殘生 亟
施拯拔 日夜哀禱" 등의 문구가 있다. 여기에서 나오는 '성교종주聖敎宗主'나 '교
황敎皇' 등의 단어를 통해서[5] 이 편지의 수신인이 로마의 교황임을 쉽게 확

---

3) 이 보인대학본에 포함된 네 편의 편지에는 아무러한 제목도 붙어 있지 않다. 그러나 그
  명칭을 모두 다 한자식 제명으로 표현해 보자면 이 『東國敎友上敎皇書』 외에도 '東國
  敎友上北京主敎書', '東國敎友上北京主敎再書', '北京主敎答朝鮮敎友書' 등으로
  부를 수 있다는 말이며, 이와 같은 한자식 제목을 각각의 사료명으로 사용할 수 있을
  것이다. 그리고 이 네 편의 편지를 한데 묶어『辛未敎會再建運動關係書翰綴(辛未敎
  會再建運動關係書翰綴)』로 명명할 수도 있을 것이다.
4) Dallet, Histoire de l'Eglise de Corée, Paris , Victor Palmé, 1874 ; 달레, 최석우·안응렬
  역주, 1980, 『한국천주교회사』 중, 한국교회사연구소, 30쪽.
5) 『東國敎友上敎皇書』, 1 a.

인하게 된다. 여기에서 이 편지에는 '동국교우상교황서'라는 제명이 부여되었다. 그리고 이 자료집의 정리자는 책자에 포함되어 있는 4편의 편지 가운데 '동국교우상교황서'를 가장 대표적인 편지로 보았다. 또한 그는 이 4편의 편지를 일괄 문서로 취급해서, 책자의 제명도 『동국교우상교황서』라고 명명했을 것이다.

한편, 이 사료 중 교황에게 보낸 편지 부분이 1894년 로마에서 확인되었을 때 변기영卞基榮은 이를 『신미년백서辛未年帛書』로 부를 것을 제안한 바 있다.[6] 이와 같은 명명의 의도는 이 편지가 비단에 씌어져서 1811년 신미년에 발송되었기 때문인 것으로 설명되었다. 그러나 보인대학본을 통해서 그 제명이 이미 부여되어 있음을 확인한 이상, 이 자료의 명칭은 『신미년백서』로 부르기보다는 '동국교우상교황서'로 불러줌이 더 적절하리라고 생각된다.

『동국교우상교황서(보인대학본)』에 수록된 네 편의 편지 가운데 가장 많은 분량의 자료는 '조선 신도들이 북경 주교에게 보낸 편지' 즉, '동국교우상북경주교서'이다. 이 편지에는 1801년의 교난 및 그 순교자들에 관한 보고문이 수록되어 있다. 이 부분은 '신미년에 조선 천주교 신자들이 북경주교에게 보낸 편지'로 불리기도 한다.[7] 또한 『동국교우상교황서(보인대학본)』에는 조선인 신자들이 교황 및 북경 주교에게 보낸 편지 외에도 앞서 지적한 바와 같이 '동국교우상북경주교재서' 및 '북경주교답조선교우서' 간단한 두 편의 편지가 추가되어 있다. 그렇다 하더라도 이 네 편의 편지를 일괄 문서로 취급해 온 '보인대학본'의 관행에 따라서 이 자료의 명칭을 『동국교우상교황서』로 그대로 불러줌이 타당할 것이다.

한편, 이 편지의 발신인 내지는 제작자를 확인함으로써 우리는 이 『동국교우상교황서(보인대학본)』의 사료적 가치를 확인하는 데에 도움을 받을 수 있을 것이다. 이 편지의 발신인을 확인하기 위해서는 1811년 당시 조선 교회에

---

6) 『가톨릭新聞』 1984년 2월 26일자 1면.
7) 윤민구, 1990, 앞의 글, 39쪽.

서 전개된 교회재건운동을 주목할 수 있을 것이다. 이 교회재건운동의 과정
에서 북경 주교와 교황에게 보내는 편지가 작성되었기 때문이다.

이 두 편지의 작성자 내지는 발송자로는 편지의 모두冒頭에 '방제각등方濟
各等' 즉, '프란치스코 등'으로 기록되어 있다. 달레(Dallet)는 그의 저서에서 이
편지의 작성자 내지는 발송자를 '권기인'으로 추정했다. 그런데 권기인의 세
례명은 요한인데 이 편지에는 발송자가 '프란치스코'로 명기되어 있다. 이
문제에 관해서 달레는 편지가 발각될 만일의 경우에 대비하여 권기인이 가
명을 사용한 것으로 생각했다.[8] 그러나 달레의 이와 같은 추정에는 문제가
있는 것으로 여겨진다.[9] 당시 조선의 신도들이 북경교회에 발송한 편지에서
가명을 사용한 예가 없음에 비추어 볼 때 '프란치스코'는 가명이 아닌 당시
대표적 신도 중 하나의 세례명일 것으로 생각되기 때문이다. 그러므로 교황
과 북경 주교에게 각기 편지를 보낸 사람으로 표기된 '방지거方濟各'는 당시
교회 재건운동에 참여하며 이 편지의 발송을 주도했던 신도 가운데 한 사람
의 세례명일 것으로 생각된다.

한편, 이 두 편의 편지를 작성한 데에는 이여진(요한)과 조동섬(趙東暹, 유스티
노) 및 면천沔川 고을 출신의 한韓토마스가 참여했다는 기록을 확인할 수 있
다. 그리고 이들 외에도 권기인(요한), 홍우송, 권노방 등도 여기에 함께 참여
했다.[10] 바로 이들이 이 편지의 공동 작성자들이었을 것이다. 그런데 '조선
신도들이 북경주교에게 보낸 편지'의 포르투갈어 번역본 말미에는 이 편지
를 작성한 8명의 명단이 나온다.[11] 중국식 발음으로 표기되어 있는 8명의 이

---

8) 달레, 앞의 책, 중, 19쪽.
9) 황사영 백서의 경우에는 그 작성자의 이름을 다묵(多默)으로 밝혔다. 이 경우에 있어서
   는 다묵은 황심(黃沁)의 세례명이다. 황사영은 북경교회에서도 알고 있는 황심의 세례
   명을 차명하여 사용한 것이지 가공적 인물의 이름을 쓴 것은 아니었다. 그리고 박해시
   대 중국교회에 보내졌던 편지들에 있어서도 가명을 쓴 예는 없는 듯하다. 그러므로 이
   편지의 저자명을 가명으로 본 견해에는 재검토가 요청된다.
10) Daveluy, Notes pour l'histoire des Martyrs de Corée, p.219.
11) Prop : SR. 1812-1820. f. 335.

름은 Kiecuey y uēn ý : Ni sa Ky y : Pam Cu y Kiuan : Yum Fǒ tien Kui : Xě Kié cheu kiuam : Xam cuen Kuam y : Xim my sin xe : Chentaó cu Chim 등으로 되어 있다. 하지만 현재로서는 이를 한국식 한자어 발음으로 복원시키지 못하고 있다. 만일 이를 한국식 한자음으로 복원시킬 수 있다면 이 편지의 작성자들을 더욱 정확히 밝혀 낼 수 있을 것이다. 반면에 이번에 확인된 이『동국교우상교황서(보인대학본)』중 한문으로 된 '북경주교에게 보낸 조선 교우들의 편지' 말미에는 포르투갈어 역문과는 달리 이 서명자들의 명단이 수록되어 있지 아니하다. 그러므로 이 편지의 작성자가 누구인지를 밝히기 위해서는 좀 더 신중한 노력이 계속되어야 할 것이다.

또한, 보인대학에 소장된 이 자료의 목록에는 그 필자를 '정하상등丁夏祥等'으로 밝히고 있다. 그러나 정하상의 세례명은 '프란치스코'가 아니라 '바울로'이며 이 자료가 작성된 1811년 당시 그는 16세로서 아직까지는 교회의 주요 역할에 참여하지 못하고 있었다. 그러므로 보인대학 당국자들이 이 자료를 정리하는 과정에서 정하상을 편지의 대표 저자로 본 것은 착오임에 틀림이 없을 것이다.

조선 신도들이 1811년 교황과 북경 주교에게 보낸 두 편의 편지 외에도 『동국교우상교황서(보인대학본)』에는 조선인 신도들이 1812년에 북경주교에게 보낸 편지가 첨부되어 있다. 이 편지에서 조선 신도들은 북경교회가 당한 1811년도의 탄압에 대해 위로하면서 한편으로 조선에 선교사를 파견해 줄 것을 다시 한 번 간절히 요청하고 있다. 이 편지는 '유사정(兪斯定 ; Justino)'의 이름으로 발송되었다. 당시 교회사의 기록을 참조해 볼 때 교회 재건운동에 참여하고 있던 신도 중 '유사정(Justino)'이라는 세례명을 가진 사람으로는 조동섬趙東暹이 있다. 따라서 이 편지의 작성자 내지는 발송자로서 우리는 조동섬을 주목할 수 있다. 조동섬(兪斯定, Justino)은 권일신權日身의 친구로서 남인 양반 가문 출신이었다.12) 그는 1801년의 교난 때에 함경도 무산茂山에 유배

---

12) 달레, 앞의 책, 상, 322·432쪽.

되어 1830년에 사망할 때까지 그곳에서 귀양살이를 하던 인물이었다. 그는
유배지에서 교회 재건운동에 관여한 것으로 기록되어 있다.[13] 그리고 그가
북경주교에게 보내는 이 편지의 대표 집필자였다면 우리는 이 서한을 통해
서 1811년을 전후한 시기의 교회 부흥운동에 조동섬이 주동적 역할을 맡고
있었음을 확인할 수 있을 것이다.[14] 한편, 이 편지를 북경교회에 전달한 사
람이 누구였는지는 앞으로 계속해서 밝혀 나가야 할 과제이다.

또한 『동국교우상교황서(보인대학본)』에는 1813년 북경교구의 주교가 조선
인 신도들에게 보낸 편지 즉, '北京主敎答朝鮮敎友書'가 포함되어 있다. 이 편지
의 발송자는 조선인 신도들은 '신자'라고 부르고 있으며[15] 그리고 "余又遠離
職守 道里七千 恨機會之未來 故有懷而莫展"이라고 서술했다. 이로 보면 이 편지의
발송자는 당시 북경교구장이었으나 교난으로 북경에 부임하지 못하고 마카
오에 머물고 있던 수자 사라이바(Souza Saraiva) 주교임에 틀림없다.[16] 그는 북
경교구장으로서 자신의 직무 수행이 불가능함을 한탄하면서 조선에 있는
'영적인 자녀'들에게 답신을 보내고 있었다. 그는 조선 교우 방지거方濟各 등
이 1811년에 보냈던 편지를 1813년(癸酉) 겨울에 받아 보고 이에 대한 답신을
작성한 것이다. 현재 『동국교우상교황서(보인대학본)』에 수록되어 있는 것은
이 답신의 전체가 아니라 그 앞부분인 것으로 생각된다.

요컨대 『동국교우상교황서』는 중국 대만 보인대학 신학원 도서관에 소장
되어 있는 한국천주교사 초창기의 자료이다. 이 자료에는 조선인 신도 방지

---

13) 달레, 앞의 책, 중, 187쪽. 조선 후기 당시 유배 생활의 관행을 감안해 보면, 조동섬(趙
   東暹)이 유배지 무산에서 교회 재건 운동에 참여할 수 있었을 것으로 생각된다. 조동섬
   은 다른 저명한 유배자들과 마찬가지로 유배지에서 학동들을 가르치며 존경을 받고 있
   었다. 그러므로 신유교난의 순교자 정약종(丁若鍾)의 아들 정하상(丁夏祥)도 그를 찾아
   가서 글을 배울 수 있었다. 그리고 조동섬은 타 지역의 동료들과 자유롭게 문통을 하고
   있었다. 물론 이와 같은 행위가 당시의 법규상 허용되는 것은 아니었으나, 관행적으로
   묵인되고 있었다.
14) 달레, 앞의 책, 중, 19쪽에는 조동섬의 역할에 관한 시사적 기록이 남아 있다.
15) 『東國敎友上敎皇書』(보인대학본), 22 a.
16) 달레, 앞의 책, 중, 20쪽.

거 등이 교황 비오 7세에게 보낸 편지가 있다. 그리고 이 편지에 이어서 조
선인 신도들이 북경 주교 수자 사라이바에게 보낸 1801년의 교난에 대한 보
고 및 순교자 열전과 명단이 수록된 편지가 있다. 또한 여기에는 1812년 조
선인 신도 조동섬이 북경주교에게 보낸 편지와 1813년 북경주교 수자 사라
이바가 조선인 신도들에게 보낸 답신의 일부가 수록되어 있다. 『동국교우상
교황서(보인대학본)』의 정리자는 이 4종의 자료를 일괄 문서로 인식해 왔다. 그
리고 그 가운데 대표적 편지의 제명인 '동국교우상교황서'를 빌어서 이 자료
의 명칭을 『동국교우상교황서』라고 명명했다. 또한 이 자료는 원래 보인대
학 신학원 도서관에 소장되어 있었으므로 이에 근거하여 우리도 이 자료를
『동국교우상교황서(보인대학본)』라 명명할 수 있을 것이다.

3. 사료 발굴의 경위

『동국교우상교황서(보인대학본)』에 포함된 4편의 편지들은 오랜 박해의 과
정에서 이 편지의 원본이나 사본들은 잊혀지게 되었고 학계에 본격적으로
알려지지는 못했다. 그러다가 이 자료가 우리 학계에 알려지게 된 것은 비교
적 최근의 일이다. 『동국교우상교황서(보인대학본)』에 포함되어 있는 편지들이
다시금 학계의 주목을 받게 된 경위를 간략히 살펴보면 다음과 같다.

이 자료에서 중심 되는 부분은 조선인 신도들이 교황과 북경 주교에게 발
송한 1811년의 편지이다. 교황과 북경주교에게 보내는 편지를 작성한 조선
신도들은 아마도 그 편지의 사본을 남겨 두었을 것이다. 그러나 이 편지의
사본은 그 동안 박해로 말미암아 유실될 수밖에 없었을 것이며 이로 말미암
아 국내에서 이 자료를 접하기는 불가능했다. 이 자료의 실체를 파악하기 위
해서는 북경교회에 전달된 편지 원본이나 그 사본의 존재 여부를 중국이나
로마 등지의 국외에서 확인해야 했다.

그런데 조선인 신자들이 1811년에 작성한 편지는 이여진(요한) 외 성명 미상의 신도 1명이 직접 북경으로 가져갔다. 이들은 당시까지 교회에서 일반적으로 이용해 왔던 방법대로 동지사행에 편승하여 북경에 들어갔을 것이다. 1811년 동지사 편에 입연한 이여진 등은 이 편지를 1812년에 전달했다.[17) 이여진 등은 북경에 도착한 이후 이 편지를 당시 북경 교구 총대리였던 리베리오 누네스(Ribeiro Nunes) 신부에게 전달했던 것으로 추정된다. 당시 북경의 교구장은 수자 사라이바 주교였다. 그러나 1805년에 중국에서는 박해가 전개되고 있었다.[18) 이 때문에 그는 북경에 부임하지 못하고 마카오에 머물러 있었고 그를 대신하여 리베리오 누네스 신부가 북경 교구 총대리의 직책을 맡게 되었다. 리베리오 누네스는 수자 사라이바와 같이 라자리스트(Lazarist)회에 소속되어 있던 선교사로 1826년까지 북경교구의 총대리로 있었다. 그러므로 이 편지를 갖고 북경에 들어간 조선인 신도들이 북경교구의 책임자에게 이 편지를 전달했다면 이를 전달받은 사람은 리베리오 누네스였을 것으로 생각된다.[19)

이리하여 북경의 선교사들은 1812년 초에 조선인 신자들로부터 북경의 주교와 교황에게 보내는 2통의 편지를 받았다. 그들은 이 편지를 당시 마카오에 머물러 있던 북경교구장 수자 사라이바 주교에게 보냈다. 수자 사라이바는 이 편지를 1813년 겨울에 받아 보았다.[20) 그리고 그는 중국인 통역 2명의

---

17) SC Cina, Vol. 4(1812-1820), 379r : 윤민구, 1990, 앞의 글, 42쪽, 주 11 참조. 당시 조선 동지사들의 귀환일자가 대략 3월 초였음을 감안할 때 이 편지는 1812년 2월 이전에 북경교회에 전달되었을 것이다.

18) 서종택, 1938, 『中國天主敎傳敎史槪論』, 土山灣印書館(上海 : 上海書店 1990 復刊本), 276쪽.
佐伯好郎, 소화 23년, 『淸朝基督敎の硏究』, 東京 : 名著普及會, 65~69쪽.
Latourette, 1929, A History of Christian Missions in China, London, Society for Promoting Christian Knowledge ; 1973, Taibei, Ch'ang Wen Pub. Co. Ltd, p.175~178.

19) 달레, 앞의 책, 중, 20쪽.

20) 『東國敎友上敎皇書』(보인대학본), 22 a,「癸酉冬 接方濟各等手稟 知爾地風濤甚大云云」. 癸酉冬은 1813년 겨울이다. 1812년 봄에 北京에서 접수된 편지가 1813년 겨

도움을 받아 조선인 신도들이 교황과 자신에게 보낸 두 통의 편지를 포르투 갈어로 옮긴 다음 그 한문 원본과 함께 번역문을 교황청에 발송했다. 이 편지들은 1814년 8월 1일(양력) 리스본에 도착했고 이어서 로마 교황청 포교성 聖布敎聖省에 전달되었다.21)

이 편지들은 그 후 포르투갈어에서 이태리어로 옮겨졌고 프랑스어로도 번역되었다.22) 1874년 프랑스어로 간행된 『조선천주교회사朝鮮天主敎會史』에서 달레(Dallet)는 이 사료의 가치를 주목하여 이 편지의 전문을 그의 저서에 전재하고 있다.23) 그러나 달레의 저서에는 당시의 조선 신도들이 보낸 기록 가운데 1801년의 순교자들에 관한 부분은 수록되어 있지 않았다. 그 까닭은 아마도 그가 이 순교자 '명단' 부분을 보지 못했거나 이를 보기는 했지만 신유교난을 서술하던 과정에서 그 순교자들의 행적을 이미 충분히 설명했으므로 서술의 중복을 피하기 위해서 이를 생략했을 수도 있다. 그렇다 하더라도 달레는 1811년에 조선인 신도들이 작성하여 교황청과 북경 주교에게 보낸 편지를 널리 소개한 공이 있다.

그 후 이 편지들은 최석우崔奭祐가 1950년대 독일 Bonn 대학에서 한국교회사를 전공하며 로마 교황청의 포교성성 고문서고를 조사하던 과정에서 다시 주목받게 되었다.24) 그러나 이때에 그는 포르투갈어 및 이태리어 등으로 번역된 편지만을 접할 수 있었을 뿐이고 한문본 원본을 발견할 수는 없었다.

이 편지의 한문본 일부가 확인된 것은 1984년이었다. 당시는 한국천주교 2백주년 기념행사가 준비되고 있었던 때였다. 이때 2백주년 기념사업위원회

울에야 마카오에 도착할 수 있었던 이유는 알 수 없다.

21) Prop. SR 1812-1820, ff. 320~335 ; Choi, EVA, pp. 112~113.

22) SC Cina, Vol. 4(1812-1820), 321v 참조. 포교성 고문서고에는 포르투갈어 역문(ibid., 320r-335r), 이태리어 역문(ibid., 336r-354v), 프랑스어 역문(SC Cina, Vol. 3, 895r-902r) 등이 소장되어 있다 ; 윤민구, 1990, 앞의 글, 42쪽, 주12 참조.

23) 달레, 앞의 책, 25~37쪽.

24) Andreas Choi, 1961, L'Érection du Premier Vicariat Apostolique et les Origines du Catholicisme en Corée , 1592-1837, Impr. St. Paul, Suisse, pp.63~66.

시복시성 추진부 로마주재 수속 담당관으로 있던 윤민구尹敏求는 로마 교황
청 인류복음화성성(人類福音化聖省 : 포교성성의 새로운 이름) 고문서고에서 시복시
성 관계 참고자료를 찾고 있었다. 그는 이 편지들의 한문본 일부인 '조선신
도들이 교황에게 보낸 편지'가 그곳의 고문서 담당관 메타일러(Metyler)에 의
해서 관리되고 있음을 확인했다. 윤민구는 이 편지를 복사하여 주한 교황대
사관 서류배낭 편으로 한국교회에 발송했다. 그리하여 이 자료는 1984년 2
월 16일 2백주년기념사업위원회에 접수될 수 있었다. 시복시성부는 이 자료
를 복사해서 각계에 제공했다.

　조선 교우들이 보낸 이 편지의 한문본이 발견된 1984년 당시 이 사실을
한국교회에서는 크게 주목했다. 그리고 일부에서는 이 편지의 한문본이 곧
1811년 조선인 신도들이 교황에게 발송한 편지의 원본일 것으로 단정했다.
그리고 이를 1801년에 작성된 『황사영백서』에 비견되는 주요 사료임을 말하
기도 했다. 이 편지의 가치에 대해 최석우는 '이 편지는 조선교구 설정의 원
동력이 된 귀중한 사료'임을 다시 확인했다. 이에 이어서 그는 "1811년의 편
지와 함께 보낸 것으로 알려지고 있는 '강완숙 회장과 그 밖의 순교 기록과
뛰어난 일을 한 45명의 명단'이 발견된다면 큰 수확이 될 것"이라고 말했
다.[25] 그는 조선 신도들이 1811년에 교황에게 보낸 편지뿐 아니라 중국 북
경주교에게 보낸 편지의 한문본을 찾을 수 있는 가능성을 말해준 것이다.

　사실 당시 로마의 인류복음화성성 고문서고에서 확인된 '조선 신도들이
교황에게 보낸 편지'의 한문본은 불과 '2천여 자'에 지나지 않는 것이었다.
그러므로 이 한문본 편지의 발견은 이 편지와 함께 발송되었던 1801년 박해
와 관련하여 '조선 신도들이 북경주교에게 보낸 편지'에 대한 궁금증과 관심
을 더욱 강화시켜 주었다.

　1811년에 조선인 신도들이 북경 주교와 로마 교황에게 보낸 편지 및 순교
자 관계 기록의 한문본이 국내 학계에 다시 알려진 것은 1985년경 이었다.

---

25) 『가톨릭신문』 1984년 2월 26일자 1면 참조.

이 해에 대만의 천주교 계통 출판사인 광계출판사光啓出版社에서 간행한 『신
학논집神學論集』 64집에는 황덕관黃德寬이 기고한 「한국교우와 한국천주교(韓
國敎友與韓國天主敎)」라는 논문이 수록되어 있었다.26) 이 논문의 참고자료 가
운데 "丁夏祥等, 「東國敎友上敎皇書」(1811年) 手抄本, 臺北 輔仁大 神學院 圖書館"이
란 기록이 있었다. 이로써 1811년 조선 신도들이 보낸 편지의 한문본이 로마
인류복음화성성 고문서고 외에 중국 대만의 보인대학 신학원 도서관에도 소
장되어 있음을 필자는 비로소 알게 되었다. 한편 이 황덕관의 논문이 발표된
직후 중국 대만에 유학하고 있던 한국순교복자회 소속 한 수녀의 노력에 의
해서 이 자료의 복사본이 국내의 연구자들에게 전달될 수 있었다.

그런데 이때 전달된 복사본 자료에는 조선인 신도들이 교황과 북경의 주
교에게 보낸 편지 외에도 1801년의 박해 때에 순교한 순교자들의 기록이 함
께 포함되어 있었다. 이는 대단히 놀라운 일이었다. 이로써 한국교회가 찾고
자 했던 '강완숙 회장과 그 밖의 순교 기록과 뛰어난 일을 한 45명의 명단'
을 확인할 수 있었다. 그러나 이때에 전달된 복사본에는 그 자료의 일부 장
수張數가 결락되어 있었다. 따라서 입수된 자료의 결락 부분이 복사 과정의
실수인지 아니면 소장된 자료 자체의 결함인지를 다시 확인할 필요가 있었
다. 자료의 활용을 위해서는 자료 자체에 대한 충분한 검토 작업이 선행되어
야 하는 것이기 때문이었다.

그러다가 1990년 초에 필자는 AFI 회원 김정옥金貞玉의 중개로 대북 보인
대학 신학원 도서관에서 근무하는 배민(裵玟, Thérèse Palmers)의 도움을 받아 이
자료의 복사본을 다시 입수하게 되었다. 이때 입수한 복사본을 통해서 결락
된 부분이 없는 완벽한 자료를 접하게 되었고 이로써 이 자료에 대한 비판과
그 활용이 가능하기에 이르렀다.27) 이 자료는 현재 대만 보인대학 신학원 도

---

26) 황덕관, 1985, 「한국교우여한국천주교」, 『신학논집』 64, 光啓出版社, 299~322쪽.
27) 『東國敎友上敎皇書』(輔仁大學本)에는 '徐家匯'의 장서인만 확인되고 도서정리 번호
　 는 부여되어 있지 아니했다. 이로 미루어 볼 때 이 자료는 대만 보인대학 신학원 도서
　 관에서는 미정리 자료로 남아 있었던 것으로 추정된다. 필자는 1994 초에 이 자료의

서관으로부터 대만 중앙연구원으로 이관·보관되어 있다.[28]

요컨대 『동국교우상교황서(보인대학본)』에 수록된 편지들은 그 작성자들에 의해서 사본이 남겨졌을 것이다. 국내에서는 오랜 기간의 박해로 말미암아 이 사본이 유실되고 말았다. 그러나 이 자료의 상당 부분은 달레가 지은 『조선천주교회사』를 통해 소개되고 있었다. 그 후 로마 교황청 인류복음화성성의 고문서고에서 이 자료의 서양어 번역본이 발굴되었고 1984년에는 '조선 신도들이 교황에게 보낸 편지'의 한문본이 발굴 보고되었다. 그리고 1985년 이래 이 『동국교우상교황서(보인대학본)』의 존재가 확인되어 국내 학계에도 소개된 바 있었다. 이러한 과정을 거쳐서 이 자료는 우리에게 알려지게 되었다.

4. 사료의 형태

이러한 사료의 가치를 확인하기 위해서는 사료의 외적 비판을 우선 거쳐야 한다. 그러므로 여기에서는 『동국교우상교황서(보인대학본)』이 드러내고 있는 외적 형태에 대한 조사를 먼저 시도하고자 한다.

이 보인대학본은 가로 10.5cm, 세로 23cm 크기의 흰 한지에 기록되어 있

재조사와 촬영을 위해서 배민(裵玟)에게 연락을 취한 바 있었다. 이때 이 배민은 이 자료를 찾기 위해 많은 노력을 했으나 찾지 못했음을 통보하며, 그 자신도 이 자료가 제자리에 놓여 있지 않다는 사실을 매우 의아하게 생각한다고 전해 왔다. 그 후 1996년에 간행된 "Sino-Western Cultural Relation Journal" XVIII(1996)에 수록된 Adrian Dudink의 논문인 'the Zikawei(徐家匯) Collection in the Jesuit Theologate Library at Fujen(輔仁) University(Taiwan) : Back and Draft and Catalogue'에 이 자료의 정리번호가 158R ZWK 620.1(Xu432)로 기록되어 있음을 확인하게 되었다. 이로 미루어 볼 때 이 자료는 다행히 그 소재가 확인되어 최근에 다시 정리된 것으로 생각된다.

28) 이 자료 및 기타 徐家匯 소장 천주교서에 관해서는 다음의 글을 참조할 수 있다. Adrian Dudink, 'the Zikawei(徐家匯) Collection in the Jesuit Theologate Library at Fujen(輔仁) University(Taiwan) : Back and Draft and Catalogue', "Sino-Western Cultural Relation Journal" XVIII(1996), Bayler University, Waco, Texas, U.S.A. pp. 1~40.

다.29) 이 자료는 모두 23장(46면)으로 되어 있고, 각 면은 25자 9행으로 되어 있어서 각 면 당 225자가 수록됨을 원칙으로 하고 있다. 그러나 이 자료에는 공란으로 되어 있거나 쌍행으로 주를 단 부분이 있으며 결행된 부분도 자주 보인다. 이 자료의 전체 분량은 모두 8,871자이다. 필사본으로 된 이 보인대학본은 단아한 행서체行書體로 또박또박 쓰어져 있다. 자료의 필사 과정에서 오자를 정정한 부분이 간혹 나타난다. 오자를 정정할 경우에는 오자의 우측에 수정한 글자를 기입하고 있다.30) 또한 『동국교우상교황서(보인대학본)』에는 표점이 찍혀 있으나 그 표점을 잘못 찍은 곳을 일부 발견할 수 있다.

이 책자에는 앞서 말한 바와 같이 4편의 편지가 합철되어 있다. 『동국교우상교황서(보인대학본)』에 수록된 내용의 분량을 구체적으로 살펴보면 조선인 신도들이 교황 바오로 7세에게 보낸 편지(2,044자)와 북경주교에게 보낸 편지(5,958자) 및 조선교회가 북경교구에 보낸 선교사 파견 요청 편지(593자)와 북경주교가 조선교우에게 보낸 답신(276자) 등 8,871자로 되어 있다. 한편 인류복음화성성 고문서고에 소장되어 있는 '조선 신자들이 교황에게 보낸 편지'의 한문본 글자 수는 '2000여 자'에 달하며, 가로 27cm, 세로 13cm 크기의 비단 두 조각에 쓰인 것으로 보고되었다.31)

그렇다면 보인대학본에서는 교황에게 보낸 편지가 이 책자의 일부로 포함되어 있는 형태지만 인류복음화성성에 소장된 것은 독립된 백서의 형태로

---

29) 이 자료의 서지 사항에 관해서는 보인대학 신학원 도서관 사서로 근무하는 배민의 도움을 통해서 1990년에 확인할 수 있었다. 그러나 2003년 6월 부산교회사연구소 송기인 신부를 통해서 대만에서 수학중인 김영규 신부에게 확인한 책의 크기는 12cm X 23cm로 되어 있다. 아마도 배민은 직접 실측한 기록이고, 김영규의 보고는 도서목록상에 기록되어 있는 내용이리라 생각되므로 이 둘 가운데 전자의 관측이 더 정확하지 않을까 생각된다.

30) 오자 수정의 예로는 위 자료 1 a의 경우에 있어서 '只聞文書訪道'를 '只憑文書訪道'로 수정하고 있고, '惟有我中國'을 '惟有我東國'으로 수정한 예 등을 들 수 있다. 이 자료의 검색 과정에서 오자로 생각되는 부분들이 일부 확인되고 있으므로, 이 자료에 대한 좀 더 철저한 교감작업이 진행되어야 할 것이다.

31) 『가톨릭신문』, 1984년 2월 26일자 1면.

되어 있다. 그리고 보인대학본과 로마 인류복음화성성 고문서고본의 문체를
비교해 보더라도 그 글씨체가 서로 다름을 한 눈에 알 수 있다. 이 처럼 보인
대학본의 '동국교우상교황서'와 인류복음화성성 고문서고본은 그 외적 형태
에 있어서는 차이를 드러내고 있으나 그 내용은 동일한 것이다.

이러한 사실은 '동국교우상교황서'로 불리는 이 자료에 원본 이외에도 사
본 내지는 이본이 있음을 뜻한다. 그렇다면 이 두 자료 중 어느 것이 원본인
지 아니면 둘 다 사본에 지나지 아니한 것인지를 먼저 밝혀야 한다. 그러나
그 실물들을 직접 조사하지 못한 입장에서는 원본 여부에 대한 속단을 내리
기가 어렵다. 다만, 인류복음화성성 고문서고본은 당시 조선인들이 중국 교
회와의 연락을 위해서 흔히 사용하던 백서의 형태를 취하고 있다는 관찰 보
고가 있다. 그리고 번역문과 함께 원문을 교황청에 발송했다는 기록을 감안
할 때[32] 로마 인류복음화성성 고문서본이 원본에 가까울 것으로 생각된다.
이러한 추정이 가능하다면 보인대학본은 사본 가운데 하나일 것이다.

『동국교우상교황서(보인대학본)』에서는 한 종류의 소장인所藏印을 확인할 수
있다. 그 인기印記는 이 자료의 제 1장과 제 23장, 즉 이 보인대학본의 첫 장
과 끝 장에 찍혀 있으며, '서가회徐家匯·BIBLIOTHECA·MAJOR'로 되어 있
다. 이 외에 보인대학 신학원 도서관 관계 인기는 확인되지 않고 있다. 이로
보면 이 자료가 보인대학 신학원 도서관에서 미정리 자료로 취급되고 있음
을 간접적으로 확인할 수 있다. 그런데 서가회는 17세기 중엽 명말의 서광계
徐光啓 이래로 상해 천주교 신앙의 중심지였고 이곳에는 주교좌主敎座 성당을
비롯한 각종의 교육기관 및 천문대와 인쇄소를 비롯한 천주교 문화기관들이
자리 잡고 있었다. '서가회·BIBLIOTHECA·MAJOR' 란 인기는 이 자료가
원래 중국 상해 서가회의 대신학교 도서관 장서이었음을 알려 준다.[33] 그런

───────────────

32) Andreas Choi, EVA, pp. 112~113.
33) 'BIBLIOTHECA·MAJOR'를 대신학교 도서관으로 해석하게 된 것은 다음과 같은 이유
가 있다. 즉, 이 印記의 BIBLIOTHECA와 MAJOR 사이에 間點(·)이 있고, MAJOR는
Seminarium Major(大神學校)의 약자로 생각되기 때문이다.

데 이 인기를 살펴볼 때 이 자료가 어떠한 경로를 통해서 서가회의 대신학교 도서관에 입수되었고 또 이 자료가 다시 보인대학 신학원 도서관에 수장되기에 이르렀는지를 밝혀보아야 할 것이다.

앞서 필자는 이 보인대학본 『동국교우상교황서』가 사본일 것으로 추정한 바 있다. 이 사료의 한문 사본이 처음 작성된 시기는 아마도 『동국교우상교황서』가 북경 교회 당국자에게 전달된 1812년 이후부터 이 편지가 마카오에서 포르투갈어로 번역된 후 번역문과 함께 원문이 포르투갈에 전달되었던 1814년 이전으로 볼 수 있을 것이다. 이 편지를 전달받은 북경의 선교사들은 감격의 눈물을 흘렸다 한다.[34] 아마도 북경의 선교사들은 이처럼 감격적인 내용의 편지를 마카오로 보내기 전에 사본을 남겼을 가능성이 크다. 그리고 마카오로 전송되어온 이 편지를 받은 북경 교구장 수자 사리이바는 조선 신도들의 편지를 포르투갈어로 번역하고 이 번역본과 원문을 교황청에 발송하는 과정에서 편지 원문의 또 다른 사본을 남겼을 가능성이 있다. 이렇게 작성되었을 사본은 또 다른 전사轉寫의 과정을 거칠 수 있었을 것이고, 이 사본 가운데 하나가 당시 중국 교회에서 중심적 역할을 하고 있던 상해의 서가회 대신학교 도서관에 수장되기에 이른 것으로 생각된다.

한편, 서가회 대신학교 도서관에 소장되어 있었던 이 자료가 대만의 보인대학 도서관으로 옮겨진 과정도 함께 추정해 보아야 할 것이다. 여기에는 두 가지의 가능성을 상정할 수 있다. 즉 그 하나는 중국 북경에 보인대학이 세워진 후 서가회 대신학교 도서관의 도서 가운데 일부가 북경의 보인대학에 기증되었을 가능성이 있다. 그리고 이 도서관 자료 중 일부가 중일전쟁과 국공 내전의 과정에서 소개되었다가 대만에서 보인대학이 다시 문을 열 때 그 곳의 신학원 도서관에 수장되었을 것을 상정해 볼 수 있다. 한편, 또 다른 하나의 가능성으로는 중일전쟁이나 국공내전의 과정에서 상해를 떠나게 된 교회 관계 인사가 그 곳의 서가회 대신학교 도서관에 보관되어 있던 귀중본을

34) Daveluy, Notes, pp.219~220 ; 달레, 앞의 책, 중, 37 쪽.

소개시키기 위해서 가지고 있다가,[35] 대만에 정착한 다음 이를 보인대학에 기증했을 가능성이 있을 것이다. 그런데 현재 이 자료가 보인대학에 소장된 과정을 자세히 밝힐 수 없는 입장에서는 이상에서 언급된 두 가지의 가능성만을 제시하는 것으로 만족해야 할 듯하다.

요컨대, 『동국교우상교황서(보인대학본)』은 10.5×23cm, 23장 46면, 한문 행서체 필사본, 매면 25자×19행, 총 8,871자로 되어 있다. 이 자료에 수록된 편지는 '동국교우상교황서'(2,044자), '조선 신도들이 북경 주교에게 보낸 편지'(5,958자), '조선 신도들이 북경 주교에게 거듭 보낸 편지'(593자), '북경주교가 조선 신도들에게 보낸 답신'(276자)로 되어 있다. 이 책자에는 '서가회·BIBLIOTHECA·MAJOR' 란 인기가 있어서 이 자료의 원래 소장처가 서가회의 대신학교 도서관이었음을 짐작케 해준다. 이 자료는 대만 보인대학 신학원 도서관에 미정리 자료로 소장되어 있다.

5. 작성 배경 및 제작 시기

『동국교우상교황서(보인대학본)』이 가지고 있는 외적 특성에 대한 검토에 이어서 그 내용상의 특성에 대한 검토 작업이 이루어져야 할 것이다. 이를 위해서는 자료 본문의 내용을 검토하기에 앞서서 그 자료가 작성될 당시의 배경에 대한 이해와 함께, 자료가 작성된 시기에 대한 검토가 이루어 져야 한다. 그러므로 여기에서는 먼저 『동국교우상교황서(보인대학본)』이 작성되던 당

---

35) 만일 徐家匯 大神學校의 도서가 중일전쟁이나 국공내전 때에 소개되었다 하더라도 모든 장서가 소개되지는 않았던 것으로 생각된다. 중국교회 관계 인사의 증언에 의하면, 서가회 대신학교는 1950년까지 수업을 계속하고 있었고 대부분의 도서도 남아 있었다 한다. 그 후 이 대신학교는 중국 국내의 사정에 따라 폐교되었다가 문화혁명이 종료된 1980년대에 이르러 상해의 사산(余山)에서 재개교했다.

시 우리나라 사상사 및 교회사에서 드러나고 있는 특성을 약술하고자 한다. 그리고 이 편지의 주된 수신처였던 북경 교회의 사정을 간략히 검토해 보아야 한다. 이를 통해서 『동국교우상교황서(보인대학본)』가 제작되고 전파되어 나가던 시기의 특징을 알 수 있을 것이며, 이 자료에 대한 올바른 접근이 가능해질 것이다.

먼저, 이 자료가 제작된 조선 후기의 사회와 교회가 나타내고 있었던 특성을 검토해 보면 다음과 같다. 즉, 조선 후기 사상계가 가지고 있었던 주요 특징 가운데 하나로는 정학으로서의 성리학과 실학 그리고 사학의 병존 현상을 들 수 있다. 이 가운데에서도 '사학' 사상의 성행은 18세기를 전후하여 조선의 사상계가 가지고 있었던 가장 큰 특징으로 지적된다.[36] 당시 지배층에 의해서 사학으로 폄하되고 있었던 사회사상으로는 정감록鄭鑑錄을 비롯한 비결신행秘訣信行이나 미륵신앙(彌勒信仰), 도교적 경향의 민중 종교운동 등을 비롯한 전통종교사상을 우선 들 수 있다. 그리고 천주교 신앙이 수용된 1784년 이후에 이르러서는 '사학'의 가장 대표적인 요소로서 천주교 신앙이 지칭되기에 이르렀다.

천주교 신앙은 18세기 말엽 이래 일반 사학과는 달리 집중적인 공격을 당해 왔다. 당시 지배층에서는 천주교 신앙을 전통적인 사회질서를 무너뜨리는 이단적 사상으로 규정했다. 여기에서 그들은 천주교에 대한 탄압을 강행하게 되었다. 이 탄압은 이미 1785년부터 시작되었다. 그러나 1791년의 진산사건 珍山事件을 계기로 하여 본격적인 탄압이 가해지기 시작했다. 초기의 천주교에 대한 탄압 가운데 가장 강도 높은 탄압으로는 1801년에 일어난 신유교난을 들 수 있다. 이 교난의 과정에서 초기 교회의 지도자들이 대거 순교를 강요당했다.

1801년의 신유교난으로 인해 이후 조선교회의 기간 조직은 철저히 파괴되

---

36) 조광, 1993, 「조선후기 사상계의 전환기적 특성」 『한국사전환기의 문제들』, 지식산업사, 153~178쪽.

었다. 그러나 교난이 끝난 다음 10여 년이 경과하여 교회재건운동이 비밀리
에 일어났다.[37] 1811년(辛未)에 구체화된 이 교회재건운동에는 서울의 권기
인, 내포內浦의 최신덕(마오로), 그리고 이여진(요한)과 그 사촌 신태보(申太甫, 베
드로), 홍낙민洪樂敏의 아들 홍우송, 정약용(丁若鏞, 요한)이 참여한 것으로 되어
있다.[38] 1801년의 박해로 인해서 파괴되었던 교회를 재건하려는 노력이 일
어나고 있는 이와 같은 분위기 아래에서『동국교우상교황서(보인대학본)』가운
데 '동국교우상교황서'와 '조선 신도들이 북경 주교에게 보낸 편지'가 작성
되기에 이르렀다. 이 교회재건운동의 주도자들과 함께 앞서 언급된 조동섬趙
東暹, 한토마스, 권노방 등은 북경교구와의 연락을 회복하고 선교사를 다시
영입하기 위한 문제들을 논의했다. 그리하여 이 해(1811년)에 조선인 신도들은
북경 주교와 교황에게 편지를 보낼 준비를 갖추었고 그들은 북경의 주교에
게 1801년 조선에서 일어난 신유교난의 전개 상황과 순교자들을 보고하고자
했다. 당시 조선교회에 대한 관할권管轄權은 북경교구의 주교에게 있었으므
로[39] 이들이 조선교회의 상황을 북경에 보고하고자 했던 것은 당연한 일이
었다. 한편, 그들은 조선교회에 항구적인 포교 대책을 세우기 위해서 로마의
교황에게도 선교사의 파견을 요청하기로 했다. 이와 같은 시도를 통해서 그
들은 조선교회와 북경교구와의 관계를 재건하여 조선 선교에 대한 지원을
얻고자 했다. 이와 같이 조선인 신도들이 교황과 북경주교에게 보낸 편지의
내용을 주축으로 엮어진 책자가『동국교우상교황서(보인대학본)』이다. 조선 교
회에서 드러나는 이와 같은 분위기 아래에서 이 편지는 작성되었다.

한편, 이 편지가 발송될 당시는 북경 교회도 적지 않은 어려움을 겪고 있
었다. 즉, 1805년 중국에서는 전국적으로 박해가 일어났다. 이 박해는 북경
에 있던 아우구스틴회 선교사였던 아데오다투스(Adeodatus)가 로마의 포교성성

---

37) 달레, 앞의 책, 중, 9-76쪽.
38) 달레, 위의 책, 중, 17쪽.
39) 교황 바오로 6세는 조선교회에 대한 관할권을 북경주교에게 위임하였다. 달레, 앞의 책,
상, 377쪽.

에 발송하려 했던 지도가 압수됨으로써 시작되었다. 청국 정부당국에서는 이 지도가 유럽인들의 중국 침략에 이용될 수 있을 것으로 판단했고 이 때문에 중국 국내의 천주교회에 대한 탄압이 개시되었다.[40]

이 박해로 인해서 북경교구 구베아(Gouvea) 주교를 도와 부주교(副主敎, coadjutor)로 1804년에 임명되던 수자 사라이바는 북경에 부임할 수 없었다. 그리고 그는 1808년 북경주교 구베아가 세상을 떠난 이후 그 직책을 계승했으나 북경에 부임하지 못하고 계속하여 마카오(Macao)에 남아 있어야 했다. 이러한 상황에서 수자 사라이바 주교는 자신의 총대리로 리베이로 누네스 신부를 임명하여 북경 교구의 사목을 대리시킬 수밖에 없었다.[41] 리베이로 신부는 1826년까지 수자 사라이바 주교를 대리하여 북경교구의 총대리로 있었다.

중국교회에 대한 청국 정부의 박해는 1811년에도 일어났다. 이 박해는 협서성陝西省에서 중국인 사제 1명이 체포된 사건을 계기로 하여 확대된 것이었다. 이로 인해서 북경에서는 라자리스트(Lazarist)회 선교사 6인과 연로한 전 예수회원(ex-Jesuit) 1명 만이 거주가 허용되었을 뿐이었고 나머지 선교사들은 추방되었다. 그리고 북경의 네 천주당 가운데 동당과 서당이 파괴되었고 남당과 북당도 점령되어 있었다.[42] 한편, 유럽의 교회도 프랑스 혁명의 여파로 적지 않은 고통을 당하고 있었으므로 중국 선교를 위해서 재정적, 인적 지원을 계속하기가 어려웠던 상황이었다.[43] 북경 교회가 이러한 난관에 처해 있을 때 이여진은 조선인 신도들이 작성한 편지를 북경에 머물러 있던 리베이로 누네스 신부에게 전달하게 되었다. 당시 리베이로 누네스가 주교좌 성당이었던 남당에 머물러 있기는 사실상 어려웠을 것이다. 그러므로 이여진 등은 그 편지를 전달하는 과정에서 중국인 신도들의 도움을 받았을 가능성이 크다고 생각된다.

---

40) Latourette, 1929. op. cit., p.175.
41) 달레, 앞의 책, 중, 20쪽.
42) Latourette, 1929. op. cit., p.178.
43) 달레, 앞의 책, 중, 37쪽.

한편, '조선 신도들이 교황에 보내는 편지'를 작성한 때는 1811년 10월 24일(음력)이었다.[44] 그리고 그들은 교황에 보내는 편지와 함께 북경의 주교에게도 1801년의 박해 때에 순교한 사람들에 관한 약전略傳을 기록해 보내며 선교사들의 파견을 요청했다. 이들이 북경 주교에게 보낸 이 편지는 1811년 11월 3일자(음력)로 작성되었다.[45] 그리고 이 자료에 세 번째로 제시되어 있는 편지는 이여진(若望) 등이 돌아온 1812년 봄 이후, 이여진(若望)으로부터 북경 교회의 소식을 듣고서 작성된 것이다. 그리고 이 자료의 마지막에 수록되어 있는 북경교구장이 조선 신도들에게 보낸 편지는 1813년 겨울로 되어 있다.

요컨대, 조선후기 사회에서는 천주교 신앙이 사학으로 지목되어 탄압을 당했다. 그 과정에서 조선교회는 1801년에 박해를 받아 그 교회 조직을 철저히 파괴당했다. 그러나 박해 이후 10여 년이 지나서는 1801년의 교난 과정에서도 살아남았던 신도들이 주축이 되어 교회재건운동을 전개했다. 이 운동의 일환으로 이여진, 조동섬, 권기인 등의 신자들을 중심으로 하여 로마의 교황과 북경 주교에게 편지를 보내게 되었다. 한편, 북경 교회도 청국 정부로부터 탄압을 당하고 있었던 상황이었다. 그러므로 이와 같은 당시의 상황은 1811년에서 1813년 사이에 씌어진『동국교우상교황서(보인대학본)』의 작성 배경으로 주목되어야 한다. 이 사료에 대한 검토와 정확한 이해를 위해서는 이와 같은 당시의 교회사적 배경에 관한 일정한 이해가 요청된다.

6. 사료의 내용

『동국교우상교황서(보인대학본)』에는 앞서 언급된 바와 같이 4편의 편지가 수록되어 있다. 이 편지들에 담겨져 있는 내용에 대해서 간단히 정리하여 제

---

44)『東國敎友上敎皇書』, 4 b.
45)『東國交友上敎皇書』, 19 b.

시하면 다음과 같다. 『동국교우상교황서(보인대학본)』에서 우선 '조선 신도들
이 교황에게 보낸 편지(2,044字)'의 내용부터 검토해 보고자 한다.

이 '조선 신도들이 교황에게 보낸 편지'는 달레의 저서를 통해서 이미 널
리 알려져 있다.[46] 그러므로 여기에서는 달레의 저서에 나타난 이 자료와
『동국교우상교황서(보인대학본)』중 '동국교우상교황서' 부분을 비교해 볼 수
있을 것이다. 우선, 달레의 책에 수록된 이 부분은 한문본을 포르투갈어로
번역한 다음, 이 포르투갈어 역본을 다시 프랑스어로 번역한 것임을 감안해
야 한다. 그리고 오늘날 우리들이 쉽게 활용할 수 있는 그 번역 자료는 프랑
스어 본을 다시 한글로 삼중역한 것이다. 그러므로 이 중역 내지는 삼중역의
과정에서 한문 원문과 번역문 사이에는 일정한 차이점이 노출되고 있다. 그
러나 이 글의 번역문들도 원문의 대체적인 뜻을 전하는 데에는 큰 어려움이
없는 것으로 생각된다.

한편, 로마의 인류복음화성성 '고문서고본'에 수록된 '조선 신도들이 교황
에게 보낸 편지'와 『동국교우상교황서(보인대학본)』의 이 부분을 대조해 보면
보인대학본은 필사하는 과정에서 일부 착간이 일어난 흔적도 찾을 수 있다.
이와 같은 흔적은 물론 백서 형태의 '고문서고본'이 필사본인 '보인대학본'
보다 원문에 더 가까운 것임을 전제할 때 규정될 수 있는 것이다. 즉, '고문
서고본' 자료에서는 이 편지의 제 1항으로 기록되어 있는 부분이 '보인대학
본'에서는 제 2항으로 정리되어 있다. 그리고 '고문서고본'에서는 제 8항까
지 내용을 서술한 다음에 편지의 발송일을 기록하고 있다. 그러나 '보인대학
본'의 경우에는 제 6항까지 서술한 다음 제 6항과 제 7항 사이에 편지의 발
송일을 기입해 놓았다. 이러한 사실을 볼 때 '보인대학본'의 경우 필사의 과
정에서 착간이 일어났던 것으로 판단된다.

교황에게 보낸 이 편지에서 조선 신도들은 당시 조선이 책을 통해서 천주
교 신앙을 받아들인 후 신앙을 지키기 위해서 1백여 명의 순교자를 배출했

---

46) 달레, 앞의 책, 중, 30~37쪽.

음을 말하고, 당시의 교세도 신자 수가 1만 여 명에 이르고 있음을 보고했다.
그리고 조선 교회의 상황을 8개의 항목으로 나누어 설명하면서 선교사의 파
견을 간절히 요청하고 있다. 특히 여기에서 조선인 신도들이 주교의 파견을
요청하고 있었음을 주목하게 된다.[47]

그런데 '보인대학본'에는 '조선교우상교황서朝鮮教友上教皇書'에 이어서 '조
선 신도들이 북경 주교에게 보낸 편지(총 5,958자)'도 포함되어 있다. 이 편지
의 일부도 이미 달레의 교회사에 번역 소개되어 있었다.[48] 그러나 여기에 번
역 수록된 부분은 전체 5,958자 가운데 1,661자(이 편지의 28%)에 해당되는 부
분 만이다. 달레는 이 편지의 대부분을 차지하고 있는 순교자 약전 등을 생
략한 채 조선교회의 사정에 관한 부분만을 번역해서 수록했던 것이다. 그가
순교자 약전 및 명단을 번역하여 자신의 저서에 활용하지 않았던 것은 그 자
신도 순교자 약전 및 명단의 번역문을 보지 못했거나 아니면 이미 1801년의
교난을 서술하면서 이 명단에 나오는 순교자 대부분을 서술했다고 판단했기
때문이리라 앞서 추정한 바 있다.

그리고 이 편지의 앞부분에서는 먼저 1800년 지방에서 박해가 일어나
1801년 서울에까지 그 여파가 미치게 되었음을 말하면서, 1801년의 박해 과
정에 대해서 간략히 보고하고 있다. 그리고 이에 이어서 주문모周文謨 신부를
비롯한 순교자 7인의 약전略傳을 '이신부치명전말李神父致命顚末', '갈융파완
숙강씨사실葛隆巴完叔姜氏事實', '아가대점혜윤씨亞加大點惠尹氏', '여아륵액이씨
呂亞肋額李氏', '최필공다묵崔必恭多默', '오사정약종奧斯丁若鍾', '아륵숙황사영
亞肋叔黃嗣永' 등과 같은 제목으로 기록하고 있다. 이 편지의 작성자들은 주문
모 신부, 강완숙, 윤점혜, 이순이, 최필공, 정약종, 황사영 등 7명이 1801년
당시의 순교자 가운데 대표적 존재로 보았기 때문에 그 약전을 남겼다고 생
각된다.

---

47) 『東國教友上教皇書』(輔仁大學本), 4 a.
48) 달레, 앞의 책, 중, 21~29쪽.

그런데 보인대학본에서는 주문모 관계 기록에 있어서는 '신부'라는 보통 명사를 주어로 하여 서술하며 그 세례명이 아가백(雅各伯, Jacobo)임을 밝혀 주었다. 그러나 바로 이와 같은 '아가백 신부'에 관한 서술의 머릿 부분에는 '이신부치명전말'李神父致命顚末이라는 제목이 제시되어 있다. 그런데 주문모 신부가 조선에서 활동할 때 자신의 성을 이씨로 가장하기도 했다는 기록을 참작할 때[49] 여기에서 말하는 '이신부'李神父는 주문모를 가리킴이 틀림없다.

주문모를 비롯해서 그 치명 사적에 관해 서술되어 있는 인물과 그 서술된 자료의 분량은 주문모(792자), 강완숙(1,286자), 윤점혜(450자), 이순이(423자), 최필공(59자), 정약종(209자), 황사영(391자) 등 모두 7인(3,610자)에 이르고 있으며, 이는 조선인 신도들이 북경 주교에게 보낸 편지의 총 분량 5,958자 가운데 61%에 해당된다.

순교자의 사적을 서술하고 있는 부분 가운데 강완숙의 경우가 가장 자세히 서술되어 있다. 또한 여기에서는 강완숙 이외에도 윤점혜와 이순이를 함께 서술하여 1801년 당시 교회에서 여성신도들이 차지하고 있던 비중을 암시해 주고 있다. 특히 윤점혜 관계 기사를 살펴보면, 윤점혜가 회장에 임명되어 강완숙과 더불어 활동했고 세례명 주보 성인의 모범에 따라 순교를 열망해 왔음을 서술하고 있다.[50] 이는 "윤점혜의 명망이 강완숙과 같다"라고 기록한 『사학징의』의 기록을 구체적으로 실증시켜 주는 것이다.[51] 그리고 1801년 당시 교회에 두 명의 회장이 임명될 정도로 여성 신앙공동체가 활성화되고 있었음을 우리에게 알려 주는 것이다.

한편, 이와 같은 7인 순교자의 사적을 서술한 데 이어서 43명(남 35명, 여 8명)의 명단이 제시되어 있다. 이들의 명단을 여기에 옮겨 보면 다음과 같다.[52] 즉, 최약망(崔若望, Johanes, 崔昌顯), 김서만(金西滿, Simon), 최인결(崔仁結, 崔

---

49) 조광, 1995, 「주문모의 조선입국과 그 활동」『교회사연구』 10, 한국교회사연구소, 57쪽.
50) 『東國教友上教皇書』(輔仁大學本), 12b.
51) 『邪學懲義』, 109쪽.
52) 이 명단에 나타난 이름 가운데는 오자로 생각되는 부분이 적지 않다. 그러므로 이 글에

仁喆?), 김종교金宗教, 최필제崔必悌, 홍교만洪教萬, 홍낙민洪樂敏, 김백만(金伯灣, 金伯淳), 정힐상(丁詰相, 丁喆祥?), 정인혁鄭仁赫, 이현李鉉, 황다묵(黃多默, 黃沁), 옥희(玉禧, 玉千禧), 이마아정(李馬兒定, 李中培), 김다묵(金多默, 金風憲), 원경도元景道, 임희영任喜英, 조백다록(趙伯多祿, Petro) 용삼龍三, 조상덕趙尙德, 윤유오尹有五, 마필세馬必世, 신약봉申若奉, 김귀동金貴童, 황일광黃日光, 유항검·관검(劉柳恒儉·觀儉) 형제, 이국승李國昇, 한덕운韓德運, 고광성高廣成, 이명불李名黻, 김한빈金漢彬, 장재유張在裕, 조신행趙愼行, 남필용南必容 및 홍안당(洪安當, Antonio, 洪翼萬) 등 남자 신도 35명의 명단을 먼저 제시하고 있다. 그리고 이에 이어서 여교우 순교자로서 동정녀 정파아발랄(鄭巴兒拔辣, Barbara, 鄭順每), 동정녀 이석혜李碩惠, 동정녀 심의닉사(沈依搦斯, Agnes), 감제대(甘弟大, Candida) 북혜(鄭福惠), 마아대(瑪兒大, Martha) 운혜(鄭雲惠), 피피아납(彼彼亞納, Bibiana) 영인(文榮仁), 경복(姜景福), 설애(崔雪愛) 등 8인이 제시되고 있다.[53]

이 명단에 이어서 '동국교우상북경주교서'에서는 박해가 계속되고 있는 국내의 상황을 서술하면서 1801년 박해 이후 조선교회에서는 인력과 재력의 부족으로 북경교회와 연락을 취할 수 없었음을 말하고 있다. 그리고 그들은 북경교회에도 박해가 일고 있다는 소식을 듣고 조선 교회가 북경교회로부터 선교사를 영입하기가 더욱 어려워 질 것을 염려했다. 아울러 조선 신도들은 조선 교회가 중국교회와 항구적으로 연결할 수 있는 방안을 논하고 있으며, 교황에게 보내는 편지를 번역하여 교황청으로 보내줄 것을 요청했다.

한편, 보인대학본에는 1811년 '조선 신도들이 북경주교에게 보낸 편지'에 뒤이어 간략한 두 편의 편지들이 첨부되어 있다. 이 가운데 하나의 편지는 박해로 인한 북경 교회의 어려움에 대해 위로를 보내며 동시에 조선 교회에 선교사의 파견을 다시 간절히 요청하는 내용으로 되어 있다. 앞서 이 편지의

서는 이를 바로 잡아 괄호 안에 밝혀주었다. 한편, 한문으로 표기된 세례명의 경우에도 그 원래 단어를 괄호 안에 제시하였다.
53) 『東國教友上教皇書』(輔仁大學本), 16a.

제목을 '동국교우상북경주교재'로 표현한 바 있었다. 1811년 당시 북경교회
에서는 박해가 일어나고 있었다.[54] 이와 같은 북경교회의 사정을 이여진이
목도하고서 귀국한 이후 이를 조선 교우들에게 알려 주었기 때문에 이와 같
은 위로와 간청의 편지가 다시 작성되었을 것이다. 비교적 간단한 이 위로
편지의 전체 분량은 593자에 이르고 있으며 그 작성자는 이미 살펴본 바와
같이 유사정(兪斯定, Justino) 조동섬으로 되어 있다.

　보인대학본의 마지막 부분에는 북경교회 당국자가 조선인 신도들에게 보
낸 수자 사라이바의 답신이 수록되어 있다. '북경주교답조선교우서'라고 부
를 수 있는 이 답신은 모두 276자로 되어 있다. 그리고 북경의 주교는 이 답
신에서 편지를 받은 즉시 이를 번역하였고 원문과 역문을 교황에게 발송했
으며 (포르투갈의) 국왕에게도 도움을 호소했음을 밝히고 있다. 그리고 이 답
신의 작성자는 박해에 처한 조선인 신도들을 위로하며 신도들에게 강복하고
있다. 그러나 그는 조선의 신도들에게 교황과 포르투갈 국왕이 모두 어려움
에 처해 있음을 말하며 그 자신은 조선 교회를 도울 수 있는 방법을 모색해
보겠노라는 막연한 대답밖에 할 수 없었다. 그런데 우리는 이 답신이 조선교
회에 전달되었는지의 여부는 확인할 수 없다. 그렇다 하더라도 우리는 이 답
신을 통해서 당시 북경 교구장이 조선 교회를 위해 노심초사하던 모습을 확
인할 수 있을 것이다.

　요컨대 『동국교우상교황서(보인대학본)』은 4편의 편지로 구성되어 있다. 이
편지 중 '동국교우상교황서'는 조선인 신도들이 북경의 주교를 통해서 로마
의 교황에게 보낸 편지이다. 이 편지에서 조선인 신도들은 당시의 교회 상황
을 요약하여 보고하며, 선교사의 파송을 요청하고 있다. 이에 이어서 '동국교
우상북경주교서(조선 신도들이 북경 주교에게 보낸 편지)'가 수록되어 있다. 이 편지
에서는 먼저 1801년 신유교난의 과정을 간략히 보고하고, 이 박해 과정에서
순교한 대표적 인물 7인의 약전과 43명의 순교자 명단을 제시하고 있다. 그

54) Latourette, 1929. op. cit., p.178.

리고 이에 이어서 조선 교회의 빈곤한 상황과 북경 교회와의 연락 방법을 논의하고 있다.

한편, 『동국교우상교황서(보인대학본)』에는 1812년 조동섬이 선교사의 파견을 거듭 요청하는 편지와 1813년 북경교구장 수자 사라이바가 조선 신도들에게 보내는 위로의 말이 담긴 답신答信이 함께 수록되어 있다.

7. 맺음말 - 사료의 가치

이상에서 살펴본 『동국교우상교황서(보인대학본)』은 1801년의 신유박해와 1811년을 기점으로 전개된 교회재건운동에 관한 구체적 내용을 전해 주는 자료이다. 이 보인대학본의 내용 중 일부는 번역문의 형태로 이미 알려져 있기도 했다. 그리고 1984년에는 백서 형태로 된 '동국교우상교황서(조선 신도들이 교황에게 보내는 편지)'가 확인되기도 했다.

그런데 1985년 이래 『동국교우상교황서(보인대학본)』이 보고되어 동일 사건에 대한 전후의 사건이 수록된 자료집이 확인되었다. 이로써 로마의 인류복음화성성 고문서고본에 수록된 '조선 신도들이 교황에게 보낸 편지'는 네 편의 편지가 수록되어 있는 『동국교우상교황서(보인대학본)』에 수록된 사료 가운데 23% 정도에 지나지 아니한 것이다. 그러므로 이 『동국교우상교황서(보인대학본)』은 비록 사본이라 하더라도 우리는 '보인대학본'의 검토 작업을 통해서 '동국교우상북경주교서' 등을 새롭게 확인하게 되었다. 그리고 그동안 유럽 계통의 언어로 번역되었던 부분의 한문 원 자료를 밝힐 수 있게 되었다.

뿐만 아니라 우리는 이 보인대학본의 입수를 통해서 한국 초기 교회사의 귀중 자료인 1801년의 순교자들에 관한 기록들을 확보할 수 있게 되었다. 조선인 신도들이 교황에게 보낸 편지의 한문본이 확인됐던 1984년 최석우는 '조선 신도들이 교황에게 보낸 편지'에 동봉되었던 '강완숙 회장과 뛰어난 일을 한 45인의 명단'이 발견된다면 큰 수확일 것이라고 언급한 바 있다.[55] 그런데 지금 '보인대학본'을 통해서 우리는 바로 강완숙 회장을 비롯한 7명의 약전과 43인의 명단을 확인하게 되었고 이를 통해서 1801년의 순교자에 대한 기록을 보완할 수 있게 되었다.

'보인대학본'을 통해서 확인된 43인의 순교자 명단 가운데 조상덕趙尙德, 마필세馬必世, 신약봉申若奉, 이명불李名黻, 장재유張在裕 등과 같은 남자 순교자는 이 자료를 통해서 비로소 확인되는 순교자들이다. 그리고 여자 순교자 가운데 이석혜李碩惠, 심의닉사(沈依搦斯, Agnes)와 같은 인물들도 종전의 사료에는 나타나지 않는 새로운 사람들이다.[56] 한편 달레의 교회사에서는 1801년의 신유교난을 서술하는 가운데 '조용삼 베드로'를 언급하고 있었다.[57] 그러나 기존의 국내 자료에서는 그의 이름이 등장하지 않았으므로 그 한자명을 알지 못했으나, 그의 한자명이 '조용삼趙龍三'이었음도 이 자료를 통해서 확인하게 되었다.[58] 그리고 1812년 조동섬이 북경교회에 보낸 편지의 실체에 접할 수 있었고 사라비아 주교가 조선 신도들에 보낸 관심도 확인하게 되었다.

또한, 우리는 이 자료를 통해서 1801년의 교난 이후 1811년 교회 재건운

---

55) 『가톨릭신문』, 1984년 2월 26일자 1면. 달레, 앞의 책, 중, 36쪽에는 "다만 선교사와 강완숙(姜完淑) 골롬바 회장과 그 밖의 순교기록과 특히 뛰어난 일을 한 45명의 성명을 보내드리는 데에 그칩니다"라고 기록되어 있다. 그런데 『東國敎友上敎皇書』(輔仁大學本)에서 확인되는 이 부분은 '只將神父致命事 及女會長葛隆巴 男友崔必恭等 數人行績 竝各人光明名勝者名姓 列錄'으로 되어 있다. 아마도 45인이라는 숫자는 重譯 과정에서 유래된 오류로 여겨진다.
56) 이와 같은 점을 감안할 때 1801년의 순교자의 명단을 작성하거나, 諡福 準備過程에서 대상자를 선정할 때 신중을 기해야 함을 확인할 수 있다. 이렇게 이름만 알려진 인물들을 그 명단에 수록할 수 있는지의 여부는 더욱 신중을 기해야 하고, 연구자들의 합의를 통해서 결정해야 할 문제로 생각된다.
57) 달레, 앞의 책, 상, 460~462·466~467쪽.
58) 이상의 자료에서는 사본의 製作 과정에서 誤記된 부분도 있으며, 세례명만을 밝히거나, 그 姓을 省略한 채 이름만을 기록한 부분도 있다. 여기에서는 이러한 부분들을 가능한 한 복원하여 제시해 놓았다.

동이 일어나던 당시에 관한 새로운 사실들을 확인할 수 있었다. 그리고 1811
년 조선신도들이 중국 북경의 주교와 로마 교황에게 보낸 편지의 전체적 면
모를 알려주는 유일한 자료로서 그 사료적 가치가 크다고 할 수 있다.

우리는 이 자료를 통해서 박해를 극복하고 일어서려는 조선 교회의 모습
과 대면하게 되었다. 이러한 그들의 노력을 밑거름으로 하여 조선교회는 북
경교구와의 연결이 가능해졌다. 그리고 그들이 노력한 결과로 1831년 조선
교구의 설정도 가능해 질 수 있었던 것으로 평가된다.[59] 이러한 측면에서
'보인대학본' 자료를 확인하는 작업이 가지고 있는 연구사적 의미를 우리는
찾을 수 있을 것이다.

물론, 『동국교우상교황서(보인대학본)』에는 착간된 부분이나 분명한 오자 등
도 나타난다. 자료의 필사 과정에서 생긴 이와 같은 착오는 교감작업을 통해
서 바로 잡을 수 있는 부분들일 것이다. 이와 같은 문제점이 있다 하더라도
『동국교우상교황서(보인대학본)』은 기존의 교회사 사료와 비교해 볼 때 그 진
실성을 의심할 여지가 없다. 이 자료는 1801년 당시의 교회사를 연구하는 데
에 있어서 1등급에 속하는 사료로 활용될 수 있을 것이다.

한편, 우리는 이 『동국교우상교황서』의 다른 사본이 있는지를 더 조사해
보아야 할 것이다. 또한 수자 사라이바가 포르투갈 국왕에게 보냈을 가능성
이 있는 일종의 '조선교회의 지원요청에 관한 문서'도 가능한 방법을 동원해
확인해 나가야 할 것이다. 이렇게 함으로써 우리는 이 『동국교우상교황서』
에 관계되는 사료 전체를 우리 역사의 연구에 보다 중요하게 활용할 수 있을
것이다.

---

59) 이원순, 1981, 「조선교구 설정의 역사적 계기」『교회사연구』4, 한국교회사연구소 15쪽.

Ⅳ. 朝鮮王朝實錄의 天主教史 資料 研究

1. 머리말

　조선왕조에 천주교 신앙이 수용된 때는 1784년, 즉 정조 8년 갑진년이었다. 당시 사회에서 천주교 신앙은 성리학을 바탕으로 한 기성의 가치체계에 대한 정면 도전으로 인식되었다. 성리학을 정학으로 인식하고 있던 당시의 지배계층에서는 천주교 신앙을 사학으로 규정했다. 그들이 천주교를 사학으로 규정함에 따라서 당시 사회에서는 정학과 사학에 대한 대립 개념이 형성되었다. 즉, 정학으로서의 유학 내지는 성리학은 원기元氣이고 서양에서 유래한 천주교는 객사客邪에 불과한 것이었으며 충과 효를 강조하는 정학에 대해서 서학, 즉 천주교 신앙은 불충·불효한 패륜적 사상으로 인식되었다. 정학이 순치順治의 방도라면 사학은 난역亂逆의 기미였다. 당시 조선왕조를 보위할 책임을 지고 있던 지배층들은 천주교 신앙에서 조선왕조의 존립 기반을 부정하는 새로운 사상이 있음을 확인하고 이와 같이 예민한 대립 관념을 가지고 있었다. 이 대립 관념이 천주교에 대한 탄압으로 연결되었다.

　조선왕조의 지배층에서는 정치와 종교의 분리를 경험한 바 없었다. 그들에게서 성리학적 교조敎條는 도덕적 가르침이었고 동시에 정치적 이념이었으며 이에 대한 도전은 곧 왕조 질서에 대한 도전으로 인식되었다. 성리학적 이념에 반하는 천주교 신앙에 대한 문제는 정치적 문제일 수밖에 없었다. 그리하여 천주교 신자들은 일종의 정치범으로 다루어졌고 천주교 신앙의 성행은 국가적으로도 방관할 수 없는 중요한 일이었다. 따라서 국가의 중요 사건을 정리하여 후세의 귀감을 삼으려는 목적으로 작성된 역대 국왕들의 『실록

實錄』에도 천주교 관계 기록들은 요약 수록되기 마련이었다.

20세기 들어와서 실록이 공개되자 많은 연구자들이 여기에 수록된 기사를 통해서 천주교사를 정리하고 이해해 왔다. 물론 오늘에 이르러서는 실록을 편찬할 때 사용했던 각종 일기나 등록류의 기록에도 쉽게 접근할 수 있지만 조선후기의 사회를 이해하는 데에 실록이 가지고 있는 사료적 가치는 상대적으로 낮게 평가되기도 한다. 그러나 실록은 당대의 시대상에 대한 종합적 이해를 연구자들에게 전달해 주고 있다. 실록에 수록된 자료들은 특정 사건의 비중과 의미에 대한 당대인의 평가가 담겨져 있는 것이다. 실록의 자료 가운데는 오늘날 우리들이 볼 수 없는 자료에 의거하여 기록된 부분도 있다. 실록에 집약적으로 제시되어 있는 기사는 다른 자료들을 접근하는 데에 나침반의 역할을 하기도 한다. 이 때문에 조선후기사를 전공하는 사람들은 다른 자료와 함께 실록의 기록도 계속하여 주목하고 있다. 실록은 오늘에 이르러서도 조선후기를 공부하는 사람들이 반드시 섭렵해야 할 자료 가운데 하나임은 틀림없다.

천주교가 전래된 이래의 많은 기록들이 『조선왕조실록』 가운데 『정조실록』, 『순조실록』, 『헌종실록』과 『철종실록』에 수록되어 있다. 그리고 조선왕조가 망한 이후 조선총독부에서 편찬한 『고종순종실록』에도 천주교사 관계 기사가 다수 포함되어 있다. 그러므로 여기에서는 이 실록에 수록된 천주교사 관계 자료의 활용에 앞서서 그 자료들이 가지고 있는 사료적 가치를 먼저 검토해 보고자 한다. 사료의 가치를 검토하여 확정짓는 일은 역사 연구의 기초인 까닭이다. 그리고 시복과 시성을 추진하는 데에도 대상자에 관한 사료의 가치를 확정하지 않고서는 그 책임 있는 연구가 불가능하기 때문이다. 이 작업을 위해서는 『조선왕조실록』의 개념 및 『고종순종실록』에 대한 이해가 먼저 요청되며 실록 자체의 편찬과정 및 그 특성을 규명해야 한다. 그리고 『조선왕조실록』, 특히 조선후기 실록들 및 이른바 『고종순종실록』의 편찬과정에 관해서 살펴보아야 한다. 이러한 작업을 통해서 우리는 실록에 수록되

어 있는 천주교사 자료의 특성과 가치를 확정지을 수 있을 것이다. 이어서
우리는 지난날의 천주교사 연구에서 조선왕조실록이 어떻게 활용되어 왔는
지를 검토해 보고자 한다. 이로써 우리는 조선왕조실록의 천주교사 관계 기
록이 가지고 있는 사료적 가치를 보다 정확히 알 수 있을 것이다. 그리고 조
선후기 사회에서 천주교 전파가 뜻하고 있던 역사적 함의를 올바로 파악할
수도 있는 것이다.

2. 실록의 편찬과 관리

　조선왕조의 역사와 사회를 올바로 이해하고 연구하기 위한 자료 가운데
하나로『조선왕조실록』을 들 수 있다. 조선후기에 전개된 천주교사 관계의
사건을 연구하고 이해하기 위해서도 이 실록에 대한 검토는 필수적으로 요
청된다. 그러므로 이 장에서는 천주교사 연구 사료의 하나인 실록에 대한 이
해를 위해서 우선 실록의 편찬과정 및 관리문제 등을 검토함으로써 그 사료
적 가치를 규정하는 데에 도움을 받고자 한다.
　조선왕조는 고려시대 이래의 전통에 따라 왕조의 역사 기록을 편찬해왔고
각 왕대마다 실록이 편찬되었다. 이 실록의 편찬과정은 두 단계로 나누어 생
각할 수 있다. 즉 첫 단계로는 실록 편찬을 위한 기본 자료인 사초史草나 시
정기時政記를 관리하는 과정으로서 이와 같은 업무는 주로 상설기관인 춘추
관春秋館에서 담당해 왔다.[1] 그리고 다음 단계로는 실록을 구체적으로 편찬
하기 위해 각종의 사료를 수집 정리하고 편찬 간행하는 과정으로서 이는 임
시기관인 실록청實錄廳에서 주관했다.[2] 이와 같은 관행은 조선왕조가 창설된

---

1) 정구복, 1992,『허선도정년기념 한국사학논총』, 일조각, 296쪽.
2) 신석호, 1960,「조선왕조실록의 편찬과 보관」『사총』5, 고려대학교 사학회 ; 배현숙,
　　1989,「조선왕조실록의 서지적 연구」, 중앙대학교 도서관학과 박사학위 논문, 미간행,

14세기 말엽 이래 『철종실록』이 편찬되던 19세기 후반까지 대체로 지속되다
가 1894년 갑오경장甲午更張 때에 이르러 개편되었다. 실록청의 기구들은 다
음 〔표 1〕과 같이 정리할 수 있다.

〔표 1〕 춘추관의 기구
(출전 : 『經國大典』, 吏典, 京官職條)

| 영사 | - (1인 ; 정 1품) |

| 감사 | - (2인 ; 정 1품) |

| 지사
동지사 | - (3인 ; 정·종 2품) |

| 기사관 | - (22인) | 기주관 | - (22인) | 편수관 | - (22인) | 수찬관 | - (22인) |

실록 편찬에 주축이 되는 기관 중 하나인 춘추관은 시정時政의 기록을 관
장하는 기관으로서 문관인 관원은 모두가 겸관兼官으로 되어 있었다. 즉 춘
추관의 관원인 영사는 영의정이, 감사는 좌·우의정이, 지사와 동지사도 해당
품계의 관원이 겸직했다. 그리고 수찬관은 승정원承政院의 6승지와 홍문관의
부제학이 겸임했고 수찬관 이하 관직은 편수관, 기주관, 기사관 등으로 정립
되어 『경국대전』에 반영되었다. 편수관 이하의 이 관직은 홍문관이나 예문
관 그리고 육조의 하급관리 등이 겸임했다.3)

또한 18세기 후반기 정조 때에 이르러 규장각이 설치된 이후에는 수찬관
이하의 관직을 규장각 직제학 이하의 관원이 품계에 따라서 겸임하도록 했

18쪽.
3) 『經國大典』, 「吏典」, 春秋館條, 아세아문화사, 1983, 권1, 59~62쪽.

다.4) 그리고 1867년에 반포된『육전조례』에서는 춘추관의 기능을 '장기시정
掌記時政'이라고 표현하면서 예겸하는 관원으로는 기사관을 비롯해서 최소한
40명 이상의 인원이 배치되어 있었다.5) 여기에서 확인되는 바와 같이 춘추
관에 겸관하는 관원의 구체적 상황은『경국대전』이래『육전조례』에 이르기
까지 시대에 따라서 약간씩의 변동이 있었다. 그러나 춘추관은 조선왕조가
세워진 이후 역사 편찬 기관으로서의 기능을 계속해서 가지고 있었다.

춘추관에서 시정의 기록을 관장하면서 사료를 수집·정리·편찬하는 실무
적인 작업은 수찬관 이하의 관원들이 맡아 보았다. 넓은 의미로 말하는 사관
은 춘추관의 수찬관 이하 모든 관원들을 일컫는다. 그러나 좁은 의미로 사관
이라 할 때에는 춘추관의 기사관을 겸대한 예문관의 봉교奉教, 대교待教, 검
열檢閱을 뜻하며, 일반적으로 사관이라 할 때는 이 협의 사관을 지칭한다.
조선시대 사관은 봉교의 지휘 아래 승정원과 춘추관에서 입직하면서 항례로
국사가 논의되는 조회朝會, 조참朝參, 상참常參, 윤대輪對, 경연經筵,6) 중신회의
重臣會議, 백관회의百官會議 및 대신이나 대간 등이 국왕을 면대하는 장소에
함께 참석하고, 국왕의 각종 행차에도 입시 수행한다. 이들 사관은 국왕의
언동과 대신, 대간 등이 논의한 내용, 중앙과 지방의 각 관청에서 국왕이나
의정부·육조 등에 보고한 내용, 각종의 정치 득실이나 백관의 인물평 및 견
문한 내용을 기록했다.

이렇게 사관이 매일매일 기록한 기록을 사초라 한다. 이 사초는 춘추관에

---

4)『大典會通』,「吏典」, 春秋館條, 조선총독부 중추원 소화 14년(1939), 90쪽.
5)『大典條例』,「吏典」, 春秋館條, 경문사, 1979, 779쪽.
6) 조회(朝會) : 조정의 관원들이 임금에게 조견(朝見)하기 위해서 모이는 일.
　　조참(朝參) : 임금이 정전에 친림한 앞에서 매월 4회씩 모든 조신들이 모여 정사를 아
　　　　　　　뢰는 일.
　　상참(常參) : 의정대신을 비롯한 각 중신이 매일 편전에서 국무를 보고하는 일.
　　윤대(輪對) : 각 관청에 속한 동반 6품, 서반 4품 이상의 품질을 가진 5인 이내의 문무
　　　　　　　관이 매일 순번대로 임금에게 정무의 득실을 아뢰고 임금의 질문에 응대
　　　　　　　하는 일.
　　경연(經筵) : 임금에게 경서를 강독하고 논평하는 일.

보관함이 원칙이었고, 이것을 모아서 시정기를 편찬했다. 즉 춘추관에서는 수찬관 이하가 작성한 사초를 모아서 매달 시정기를 작성했다. 이 시정기는 매달마다 한 책 혹은 두 책으로 묶어 매년 마지막 달에 왕에게 책의 수량만 보고하고 이를 춘추관에 보관했다가 실록 편찬 때에 주요 자료로 활용했다. 이처럼 춘추관에서 공식으로 작성한 시정기는 일종의 공적 사초였다. 시정기 의 형식은 첫째 줄에 연월일, 간지, 날씨, 각 지방에서 일어난 자연의 이상 현상을 기록하고, 둘째 줄에는 왕이 있는 곳, 왕이 경연에 참석한 여부, 왕에 게 보고된 장계나 왕의 명령이 내려진 사건의 순서로 기록되었다. 한편 왕명 과 관련된 사항의 기록에도 원칙이 있었다. 그리하여 입시해서 설명한 일은 내용의 요점만을 기록하고, 연혁과 시비는 처음부터 끝까지 자세히 기록하 고, 사헌부와 사간원에서 아뢰는 내용은 무조건 기록하고 여러 번 되풀이되 면 변동·첨가된 내용만 기록하도록 했다. 또한 의식과 예법에 관한 내용은 훗날 참고가 될 것으로 판단되면 번거롭더라도 모두 기록하고 과거 급제자 는 누구 외 몇 명이라고만 쓰며 관리의 임명은 고관만 쓰되 지방관의 임용이 나 특별임용 또는 임용과정에서 물의가 있었으면 하급관리라 하더라도 모두 기록하도록 했다. 그리고 사초 가운데 특별히 비밀스런 일이나 개인의 인물 평 등은 개별적으로 기록하여 개인이 보관할 수도 있었다. 이를 가장사초家 藏史草 혹은 사장사초私藏史草라 했다. 이 가장사초는 실록을 편찬할 때 별도 로 제출받아 편찬에 활용하였다.[7]

한편 조정에서는 사관이 기록한 사초와 춘추관 시정기의 직필直筆과 양을 보장하기 위해서 초기부터 노력해 왔다. 그리하여 사초나 시정기는 실록과 마찬가지로 국왕이라 하더라도 열람할 수 없도록 규정하여 사관의 직필을 보장하고자 했다. 그리고 국정이 논의되고 국왕과 신하가 만나는 모든 곳에 사관의 참여를 의무화했고 사관의 사실기술에 최대한 편의를 도모해주기 위 해 노력했다. 그리고 조정의 모든 장계나 하교는 사관이 초록한 다음에 육조

---

7) 차용걸, 1986, 「실록·사관·사고에 대하여」 『史庫址調査報告書』, 국사편찬위원회.

와 대간에게 하달했다. 만일 사관이 사초를 소멸, 누설, 개작했을 경우에는 참형에 처하도록 규정했다.

여기에서 볼 수 있는 바와 같이 사관은 참하관으로 그 직위는 낮았지만, 그들은 직서직필의 고유한 기능을 가지고 있었고, 국왕의 측근에서 근무해야 했다. 이러한 점 때문에 사관은 매우 엄격한 과정을 통해서 선발되었다. 문과 출신 참하관 중에서 경사와 문장에 뛰어나고, 내외 4조에 흠이 없고 인품이 공정한 자를 3배수로 뽑아서 이조에 관문을 보내면 이조에서 계문하여 제수했다. 또 상위의 사관이 다른 관청으로 옮겨가면 차하위자를 차례로 승진시켰으며 사관이 다른 관청으로 옮겨갈 때에는 대개가 승직되었다. 또한 이들은 국왕의 측근에서 국왕의 자문을 받을 수 있는 이들이었으므로 그 직위는 낮더라도 상당히 선망되던 직책이었다. 경우에 따라서는 간혹 사관에 대해서 강압이 가해지기도 했고 정쟁의 전개과정에서 사관의 직서직필의 공정성이 결여된 일이 일어난 바도 있었다. 그러나 사관은 시정의 득실이나 인물의 현명함과 부족함의 여부 및 비밀에 관한 사항도 직서직필함으로써 국왕이나 집권 관료의 전횡을 견제하여 유교적 덕치를 구현하는 데에 이바지했다. 한마디로 사관은 조선왕조를 유지시키기 위한 자기비판의 기능을 담당한 이들이었으며 왕조유지의 안전장치였다고 볼 수 있을 것이다.

이상에서 언급된 가장사초와 춘추관의 시정기는 실록을 편찬하는 데에 가장 중요한 사료로 활용되었다. 그리고 조선후기 실록의 경우를 보면 『승정원일기』와 『경연일기』, 『비변사등록』을 비롯한 『각사등록各司謄錄』과 『일성록』, 『추안급국안推案及鞫案』 및 『조보朝報』 등도 주요 자료로 활용되었다.[8] 『승정원일기』는 국왕과 각 관청 사이에 오고간 문건들을 날마다 정리한 기록이며 『경연일기』는 춘추관의 사관이 국왕의 학습처인 경연 장소에 나가서 기록한 일기이다. 그런데 경연 때에는 학문에 관한 문제 뿐 아니라 각종 시무책이나

---

8) 차용걸, 1979, 「조선왕조실록의 편찬태도와 사관의 역사인식」 『한국사론』 6, 국사편찬위원회, 177-185쪽.

그 밖의 정치에 관한 문제들이 토의되어 왔다. 그러므로 사관은 경연에 임석하여 이를 기록해서 실록 편찬의 주요 자료로 활용하게 되었다. 『비변사등록』은 1555년 이후 1892년까지 존속했던 비변사의 겸임 사관이 이 기관에서 토의 결정된 내용을 적은 기록이다. 『일성록』은 정조가 왕세손이던 1760년부터 국왕 자신의 통치활동을 중심으로 한 왕정 내의 사건들을 일자순으로 기록한 것이다. 그리고 『추안급국안』은 의금부에서 범죄를 다룬 신문 기록이었다. 『조보』는 국왕의 전교나 비답批答, 윤음綸音, 유생 등의 소장, 지방 관청의 보고서, 조정의 인사, 그 밖의 기문기사奇文奇事를 수록한 기별지奇別紙였다. 이처럼 실록 편찬에는 관변 자료들이 중심적 자료로 활용되었지만 실록 편찬자들은 경우에 따라서 개인의 문집이나 기타 자료들을 폭넓게 활용하기도 했다.

실록 편찬에 관한 구체적 업무를 담당하고 있는 기관은 실록청이었다. 실록청은 전왕이 죽은 직후 그 왕대의 실록을 편찬하기 위해서 설치되는 임시 관청을 말한다. 한 임금이 죽으면 실록청을 구성하고 그 임금이 즉위한 날로부터 사망한 날까지의 사실을 일자순으로 정리하여 실록을 편찬했다. 실록청의 조직은 대체로 영의정이 겸직하는 영사, 좌·우의정이 겸하는 감사, 판서급이 겸하는 지사, 참판급이 겸하는 동지사, 승정원의 6승지와 홍문관 부제학 및 대제학이 겸하는 수찬관 등이 있다. 이상의 겸직 인원들은 당상관이다.

실록청에는 이 당상관 밑에서 편찬 실무를 담당하는 당하관이 배치되어 있었다. 실록청의 당하관들로는 의정부·육조·승정원·홍문관·세자시강원·사헌부·사간원·승문원 종부시의 당하관이 겸임하는 편수관, 기주관, 기사관 등이 있었다. 이들의 숫자는 작업량에 따라 달랐고 그 작업량은 전왕의 재임기간과 직결되는 것이었다. 예를 들면 숙종실록을 편찬할 때에는 당상관 68인, 당하관 188인, 도합 256인이었다. 실록청의 기구를 정리해 보면 대략 다음 〔표 2〕와 같다.

〔표 2〕 실록청의 기구

(출전 :『인조실록』卷末 실록청 기구 참조)

| 총재관 | - (1인 ; 정 1품) |

| 도청 당상관 | - (6인 ; 정 2품) |

| 도청 낭청관 | - (24인) | 각방 당상관 | - (6인) |

| 1방 낭청관 | - (11인) | 2방 낭청관 | - (11인) | 3방 낭청관 | - (10인) |

　실록청의 최고 책임자는 초기에는 영사 또는 감사였다. 그러나『광해군일기』를 편찬할 때부터 그 책임자의 명칭을 총재관總裁官이라 했다. 춘추관의 조직을 잘 나타내 주는 기록으로는『인조실록』권말의 기록을 들 수 있다. 여기에 따르면, 총재관은 영춘추관사, 도청 당상에는 지춘추관사와 동지춘추관사, 도청 낭청에는 편수관을 비롯하여 기주관, 기사관이 배정되어 있었다. 또한 3방으로 나뉘어 있는 각방 당상에는 지춘추관사, 동춘추관사, 동지춘추관사가 배정되어 있었다. 그리고 각방 낭청에는 편수관, 기주관, 기사관 등으로 구성되어 있었다.

　실록 편찬의 첫 단계는 1·2·3 방에서 각각 중요한 사실을 가려 뽑아 초초初草를 작성한다. 그리고 이렇게 작성된 초초를 도청에서 수정 또는 첨삭하여 중초中草를 작성하고 마지막으로 총재관과 도청 당상이 중초를 재수정하고 문체를 다듬어서 정초正草로 확정했다. 이렇게 실록이 작성되면 이를 인출하여 사고에 보관했다. 그리고 기밀의 누설을 방지함과 동시에 종이를 재생하기 위해서 춘추관의 시정기와 개인의 사초 및 실록 초초와 중초를 자하문紫霞門 밖 차일암遮日巖 시냇물에서 세초작업이 실시되었다. 이로써 실록 편찬 관계 업무는 공식적으로 끝나는 것이며 임시 관청이었던 실록청은 그 기능을 완수하게 된 것이다. 이후 춘추관에서는 시정에 관한 기록을 장악하며 미래의 실록을 편찬하기 위한 항시적 업무에 종사하였다.

실록은 편찬이 종료된 후 별도로 마련한 사고에 보관, 관리되었다. 조선 초기에 실록은 춘추관과 충주忠州, 성주星州 및 전주全州에 설치된 사고에서 보관했다. 그러나 임진왜란 과정에서 전주사고의 실록을 제외한 나머지 사고의 실록들은 소실되었다. 전주사고의 13대 실록 804권 및 기타 도서들은 태인泰仁의 사족 손홍록(孫弘祿, 1537~1610)과 안의(安義, 1529~1596)의 노력에 의해서 내장산으로 옮겨져 보존될 수 있었다.9) 그리고 정부에서는 임진왜란이 평정된 직후인 1603년 7월부터 1606년 3월까지 2년 9개월간에 걸쳐서 13대 실록 804권을 전주사고본을 저본으로 하여 다시 복원해서 인쇄, 출판하였다. 이 때 출판된 실록은 3부였으나 전주사고에 있던 실록 원본과 재출판 때의 교정본 1부를 합하여 모두 5부가 갖추어졌다. 이에 1부는 국가에서 참고하기 위해 춘추관에 보관했고 나머지 4부는 강화도 마니산, 경상도 봉화의 태백산, 평안도 영변의 묘향산, 강원도 평창의 오대산에 각각 보관했다. 이 때 춘추관, 태백산, 묘향산에는 새로 출판한 것을, 강화도 마니산에는 전주사고본을 그리고 오대산에는 교정본을 보관했다. 그 후 춘추관본은 1624년(인조 2) 이괄의 난 때에 소실되었다.

또 17세기 후금과의 외교관계가 악화되자 묘향산 사고의 실록을 전라도 무주의 적상산에 사고를 지어서 옮겼다. 한편 마니산 사고본은 1636년 병자호란 때에 크게 훼손되어서 현종 때에 이를 완전히 보수하여 1678년에는 강화도 정족산에 사고를 지어서 옮겼다. 그리하여 조선왕조가 멸망할 때까지 실록은 정족산, 태백산, 적상산, 오대산에 각각 1부씩 4부가 보관되어 있었다.10)

---

9) 楊萬鼎. 1988,「전주사고본 조선왕조실록의 보존에 관한 고찰」『전라문화연구』2, 전주문화연구회, 75쪽.

10) 한일합방 후 정족산본과 태백산본은 조선총독부로 이관되었다가 1930년 경성제국대학으로 옮겨졌다. 적상산본은 장서각에 그리고 오대산본은 동경제국대학으로 옮겨졌다. 그 후 1923년 관동대지진 때 동경제국대학에 옮겨졌던 오대산본은 불타 버렸다. 한편 적상산본은 한국전쟁 과정에서 북한으로 반출되었고 오늘 우리가 접할 수 있는 것은 정족산본과 태백산본으로서 국보 151호로 지정되어 있다.

　조선왕조에서는 실록의 관리에도 철저를 기하고자 했다. 그리하여 실록의 관리를 위해서 점검관을 임명해서 사고 내지는 실록에 대한 정기적인 점검을 시행하고 있었다.[11] 그리고 실록의 열람이나 이동상황, 포쇄曝曬, 개수改修, 수보修補 등에 관한 자세한 기록인 각종의 실록 형지안形止案이 작성되었다.[12] 이 형지안을 통해서 실록의 보존과 관리에 당시인들이 얼마나 많은 노력을 기울였는지를 확인할 수 있게 된다.

　요컨대 조선왕조는 자신의 역사 기록을 남기기 위해서 실록을 편찬했다. 실록의 편찬을 준비하는 업무는 춘추관에서 항시적으로 맡았다. 그러다가 국왕이 죽고 새로운 국왕이 등극한 직후에 임시 관청인 실록청을 설치하여 선임 국왕의 실록을 편찬하게 하였다. 이 편찬과정에서 사관의 직필직서를 중요시했으며, 객관적 기술을 보장하고 권력의 간섭을 배격하기 위해서 엄격한 비밀 보장의 방안을 마련했다. 실록은 사관의 사초 및 춘추관의 시정기와 그 밖의 각사등록을 비롯한 관변측 자료들을 중심으로 하여 편찬되었다. 이렇게 편찬된 실록은 4대 사고에 나누어 수장했으며 그 관리에도 철저를 기하고자 노력했다. 이러한 실록에는 조선왕조 전반에 관한 내용이 풍부히 수록되어 있다. 따라서 조선후기 사회에서 적지 않은 파문을 일으켰던 천주교사에 관한 자료들도 수록되어 있다. 실록은 자체의 편찬과정이 엄밀하고, 편찬자들이 객관적 입장에서 서술하고자 노력했으므로 실록에 수록된 사건들의 사료 가치는 충분한 것으로 인정받고 있다. 그러므로 실록에 수록되어 있는 천주교사 관계 기록들도 그 사료 가치를 충분히 인정할 수 있을 것이다.

---

11) 裵賢淑, 1978,「조선조 사고의 장서관리」『규장각』2, 서울대학교 규장각 한국학연구원 45~52쪽.
12) 裵賢淑, 1989, 앞의 논문, 141쪽 이하 참조.

3. 조선후기의 실록 편찬

앞 장에서는 실록의 편찬과 관련된 제반 사항을 검토했다. 이에 이어서 본 장에서는 『조선왕조실록』 내지는 조선후기 실록의 편찬 및 그 특성을 간략히 살펴보고자 한다. 그리고 이 실록 자료들이 천주교사 연구에 활용될 수 있는 방안과 그 한계에 관해서 검토해 보고자 한다.

『조선왕조실록』은 1418년(태종 13)에 하륜河崙 등이 『태조실록』 15권을 편찬한 것을 시발로 하여 『철종실록』에 이르기까지 25대에 걸쳐서 왕이 바뀔 때마다 일정한 편찬 규례를 따라서 진행되었다.[13] 이 실록의 편찬은 경우에 따라서 차이가 있었다. 예를 들면 재위 기간이 10년이었던 효종의 경우에는 실록을 편찬하는 데에 단 9개월이 소요되었을 뿐이고 『효종실록』도 21권 22책 1,065장에 지나지 않았다. 반면에 14년간 재위에 있었던 광해군의 경우에는 그 실록 편찬에 10년 11개월에 걸쳐서 『광해군일기』 태백산본과 정족산본이 편찬되었다. 한편 실록의 분량면에서는 『중종실록』이 가장 방대하며(53책 105권 6,160,888자) 『세종실록』(67책 164권 4,646,592자)이나 『성종실록』(47책 97권 4,297,680자), 『영조실록』(83책 127권 4,044,600자)도 그 수록 내용이 풍부한 실록에 해당된다. 이에 반하여 『정종실록定宗實錄』처럼 1책 94장 67,680자에 지나지 아니하는 소규모의 것도 있다.[14] 그리고 실록 편찬에 참여한 인원에도 차이가 있었다. 여기에 종사하는 인원이 수십 명에 지나지 아니하는 경우도 있었지만 재위 기간이 긴 왕인 경우에는 장기간에 걸쳐서 200여 명이 넘는 인원이 동원되기도 했다.

실록은 조선시대사의 연구와 이해에 가장 기본이 되는 자료로 평가받고

---

13) 물론 조선왕조의 마지막 단계에 재위했던 고종과 순종의 경우에도 실록이 편찬되었다. 그러나 후술한 바와 같이 이는 일제 침략자들의 편찬규례에 따랐으므로 현재 우리 학계에서는 이를 조선왕조실록의 범위에서 제외하고 있다.
14) 조병석, 1993, 18~19쪽.

있다. 특히『조선왕조실록』가운데 임진왜란 이전의 실록들은 당시의 역사 연구에 가장 중요한 자료로 활용되고 있다. 조선후기의 연구에는 실록 편찬에 직접 활용된 각종 관변측 연대기적 기록들이 남아 있으므로 실록의 사료 가치는 상대적으로 떨어진다. 그렇다 하더라도 실록은 각종 사료들을 종합하여 편년체로 제시한 것이므로 조선후기사의 연구에서는 반드시 참고해야 할 자료임에 틀림없다. 그리고 실록에 수록된 기사들은 방대한 규모의 연대기 자료에서 해당 기사를 추적해 낼 수 있는 지표적 사료가 되기도 하므로 이 시기의 연구자들은 실록에 대해서 주의를 기울이게 된다. 조선후기 실록이 가지고 있는 사료로서의 이러한 특성은 천주교사를 연구하는 경우에도 동일하게 적용된다. 조선후기 천주교사와 관련된 실록으로는『정조실록正祖實錄』,『순조실록純祖實錄』,『헌종실록憲宗實錄』,『철종실록哲宗實錄』등 4조의 실록이 있다. 천주교사와 관련된 이 실록들(5,231,700字)은 전체『조선왕조실록』(45,430,540字)의 11.2%에 해당되는 분량이다.

조선후기 천주교사와 관련된 실록 가운데 먼저 주목되는 것은『정조실록』이다.『정조실록』은 조선 제 22대 국왕인 정조 연간의 사실을 기록한 편년체 역사서이다. 이 실록의 원래 명칭은『정종실록正宗實錄』이었다. 그러나 1899년(광무 3)에 정종正宗의 묘호가 정조正祖로 추존됨에 따라서 실록의 명칭도『정조실록』으로 바뀌었다. 정조는 1752년(영조 28)에 장헌세자莊獻世子의 둘째 아들로 태어나서 1759년 왕세손으로 책봉되었고 1776년(영조 35)에 영조의 뒤를 이어서 즉위했다. 정조는 즉위 24년 후인 1800년 48세로 서거했다.『정조실록』은 순조 즉위년(1800) 12월부터 편찬되기 시작하여 1805년(순조 5) 8월에 완성되었으며 모두 56권 54책, 3,736장 3,362,400자로 되어 있다.[15]『정조실록』의 편찬에 참여한 실록청 총재관에는 이병모李秉模, 이시수李時秀, 서용보徐龍輔, 서매수徐邁修 등 4인이었고 도청 당상은 이만수李晩秀, 김조순金祖淳 등 2인이었다. 그 밖에 각 방 당상은 김재찬金載瓚, 한용귀韓用龜 등 20여 명

---

15) 조병석, 1993, 앞의 논문, 19쪽.

이었고 교정 당상校訂堂上에는 남공철南公轍 등 9명, 교수 당상校讐堂上은 서미수徐美修 등 2명, 낭청은 신위申緯 등 94명이었다.16)

『정조실록』의 편찬에 참여했던 주요 당상관들은 주로 노론이나 소론에 속한 인물들이었다. 『정조실록』은 천주교에 대한 탄압이 진행되던 기간에 편찬되었고 천주교와 일정한 관련이 있었던 당색의 인물들이 아니라 그 반대 당색에 속했던 인물들에 의해서 편찬되었다. 물론 그 편찬자들도 전통 사서의 편찬자들이 항용 견지해 왔던 술이부작述而不作의 정신에 따라 직서직필의 원칙을 강조했다. 그렇다 하더라도 우리가 『정조실록』을 활용할 때에는 이와 같은 편찬자들이 가지고 있던 당색의 한계에 대해서도 충분히 감안해야 한다. 『정조실록』의 편찬자들은 호의를 가지고 천주교 사건의 편찬 내지는 기술에 임했던 사람들이 결코 아니었다. 그들은 '무부무군無父無君', '멸륜패상滅倫敗常'하는 천주교 신앙의 문제점을 밝히려는 입장에서 실록을 편찬해 갔다. 그러므로 『정조실록』에는 천주교에 대해 결연히 배격하던 순조 초년의 정치 사회적 분위기가 감돌고 있었다. 실록의 편찬자들은 천주교에 관한 문제점을 중요시하고 있었고, 천주교의 성행을 국가적 중대 위기로 인식했으므로 이를 가능한 한 자세히 기록하고자 했다.

이러한 그들의 입장은 『정조실록』의 천주교사 관계 기사와 『일성록』, 『비변사등록』, 『승정원일기』등의 천주교 관계 기록을 비교해 보더라도 확인할 수 있다. 『정조실록』에 수록된 천주교 관계 기사는 그 사건의 내용이나 분량이 이들 관변측 연대기 자료인 일기·등록류에 기록된 것에 못지 않다. 이로 미루어 볼 때 『정조실록』에 수록된 천주교 관계 기사는 당시의 교회사를 이해하는 데에 상당한 도움을 줄 수 있는 것으로 판단된다.

천주교사 관련 기사는 정조의 뒤를 이어서 재위했던 순조시대의 편년체 기록인 『순조실록』에서도 다수 확인된다. 순조는 1790년(정조 14)에 태어나서 1800년에 10세의 어린 나이로 제 23대 국왕으로 즉위했다. 즉위 직후부터

---

16) 강만길, 1991, 「정조실록 해제」『국역 정조실록』 1, 세종대왕기념사업회, 1~6쪽.

그의 조모이며 영조의 계비인 대왕대비 김씨金氏가 수렴청정垂簾聽政함으로써 안동 김씨 세도정권이 성립되었고, 34년을 재위한 후 1834년(순조 34)에 서거했다. 『순조실록』은 순조의 재위 34년에 걸친 편년체 역사를 기록한 본문 34권과 부록 2권 등 모두 36권으로 되어 있으며 장수와 자수는 1,626장, 1,463,400자로 보고되어 있다.[17] 이 책의 서명은 원래 『순종실록純宗實錄』으로 명명되었으나 1857년(철종 8) 순종純宗이 순조純祖로 추존됨에 따라서 『순조실록』으로 개명되었다.

『순조실록』은 1835년(헌종 원년)에 편찬되기 시작하여 1838년(헌종 4)에 완성되었다. 편찬 당시의 실록청 총재관은 이상황李相璜, 심상규沈象奎, 홍석주洪奭周, 박종훈朴宗薰, 이지연李止淵 등 5인이었고 도청 당상은 신재식申在植, 조인영趙寅永 등 2인이었다. 각 방 당상은 조만영趙萬永, 김이재金履載 등 24인이었고 교정 당상, 교수 당상은 정원용鄭元容 등 5인이었으며 각방 낭청은 남헌교南獻敎 등 116명이었다. 실록 편찬에 참여한 인물들의 정치적 성향은 노론 세도 벌열들이 중심을 이루고 있고 이들 이외에 일부 소론이나 남인계 인사들의 이름을 찾을 수 있다. 이들은 거개가 순조 연간에 진행되었던 천주교 박해에 직간접적으로 참여했던 인물들이었다. 순조 연간의 천주교 박해로는 1801년에 벽파 계열의 인물들이 중심이 되어서 일으킨 신유교난 이외에도 안동 김씨의 세도가 본격적으로 전개된 1815년경에도 경상도에서 박해가 일어난 바가 있었다. 그리고 1827년(순조 27)에는 전라도에서 박해가 발생했다. 그리고 『순조실록』이 편찬되던 헌종 즉위 직후에도 천주교의 성행에 대한 문제가 조정에서는 끊임없이 제기되고 있었다. 이와 같은 분위기 아래에서 천주교와 관련된 사건들이 발췌 정리되어 『순조실록』에 수록되었다. 특히 이 자료에는 신유교난에 관한 자료가 풍부하게 포함되어 있다.

순조의 뒤를 이어서 왕위에 즉위할 세자로는 순조의 장남인 효명세자孝明世子가 있었다. 효명세자는 1809년에 태어나 세자로 책봉되었으나 1830년에

---

17) 조병석, 1993, 앞의 논문, 19쪽.

죽음으로써 그의 아들이 제 24대 국왕 헌종으로 즉위하기에 이르렀다. 효명
세자는 헌종이 즉위한 직후에 익종翼宗으로 추존되었지만 실제로 제 23대 국
왕인 순조의 뒤를 이어 즉위한 조선 제 24대 국왕은 헌종이었다. 즉 헌종은
순조의 손자였다.[18] 헌종은 1827년(순조 27)에 태어나서 1834년에 즉위하여
15년간 왕위에 있다가 1849년 6월에 죽었다.『헌종실록』은 바로 이 기간의
사건들을 편년체로 기록한 역사서이다. 이 자료는 모두 9책 16권, 226장
203,400자로 되어 있다.[19]

　『헌종실록』은 헌종이 죽은 6개월 후인 1849년(철종 즉위년) 11월 15일에 실
록청 총재관과 당상 낭청 등이 임명됨으로써 편찬되기 시작했다. 실록청의
총재관으로는 조인영, 정원용, 권돈인權敦仁, 김도희金道喜, 박회수朴晦壽, 김흥
근金興根, 박영원朴永元 등 7인이었다. 실록청의 당상에는 조두순趙斗淳 등 26
인이 있었으며 낭청은 권영수權永秀 등 88인이었다. 그런데 실록청이 본격적
으로 활동하기 시작한 것은 1850년(철종 원년) 3월 7일부터였다. 이 때 교서관
에 실록청이 설치되었고 전례에 따라서 실록청을 3방으로 나누어 각각 당상
과 낭청을 배정하고 실록 편찬의 기본 자료인 헌종 일대의『시정기』,『일성
록』,『승정원일기』등을 가져다가 먼저 당상들이 실록에 포함되어야 할 부분
을 발췌하고, 낭청들이 이를 등사하여 그해 9월 5일까지 '산절등본刪節謄本'
을 완성했다. 같은 해 10월 26일에는 찬수 당상纂修堂上과 찬수 낭청纂修郎廳
이 임명되었고 당상은 '산절등본'과 각 문서에서 뽑은 자료로 된 '초절본抄節
本'을 바탕으로 하여 일단 실록을 찬수하고 그것을 낭청이 등사하여 1851년
(철종 2) 3월 11일에 '찬수등본纂修謄本'을 완성했다. 이 '찬수등본'이『헌종실
록』초초이다. 이 초초본이 완성된 직후, 같은 달 24일에 교정 당상과 교정
낭청이 임명되었고 당상은 '산절등본'과 '초절본'을 교정하고 낭청이 이를
다시 정서하여 '교정본'을 만드니 이것이『헌종실록』중초이다. 이후 도청

---

18)『璿源系譜』,43a-44b, 翼宗條 참조.
19) 조병석, 1993, 앞의 논문, 19쪽.

당상이 이들 전체를 교정하고 같은 해 8월 4일에 다시 교수 당상과 교수 낭청이 임명되어 찬수본(초초와 교정본), 즉 중초를 대교하여 최종본인 『헌종실록』을 완성했다. 이렇게 완성된 『헌종실록』은 그 해 즉 1851년 9월에 인쇄되어 각 사고에 보관되었고 이듬해인 1852년 7월 27일에는 전례에 따라서 초초와 중초 등을 세초함으로써 『헌종실록』의 편찬 사업은 종료되었다.[20]

　『헌종실록』의 편찬에 참여했던 조인영, 정원용 등은 이미 『순조실록』의 편찬에도 참여했던 인물들이다. 이와 같은 일은 헌종이 불과 15년 동안 재위했기 때문에 전왕의 실록 편찬에 참여했던 인물들이 상당수 생존해 있었던 것이다. 그러나 바로 이 사실은 당시 중앙 정계의 분위기가 순조 즉위 당시와 크게 변하지 않고 있었음을 뜻하기도 한다. 사실 헌종이 재위했던 기간은 벌열들의 연합정권인 세도정치가 계속되고 있던 시기였다. 특히 세도 벌열들 가운데 헌종 연간에는 안동 김씨와 풍양 조씨들이 중앙 정계에서 두각을 드러내고 있었다.

　한편 헌종 재위 기간은 세도정치로 말미암은 대내적 모순과 서세동침西勢東侵으로 인한 대외적 위기의식이 고조되던 때였다. 이러한 시기에 천주교사의 전개에서도 여러 중요한 사건들이 일어났다. 즉 1853년(헌종 원년)에는 파리외방전교회 소속 선교사인 모방(Maubant) 신부가 조선에 입국했고 다음해에는 앵베르(Imbert) 주교와 샤스탕(Chastan) 신부가 입국했다. 이들의 활동을 통해서 헌종 즉위년인 1834년에 6천여 명이었던 천주교 신자들이 불과 3년 후인 1837년에는 9천 명을 상회하게 되었다. 이러한 상황에서 선교사들이 잠입하여 활동하고 있다는 사실이 드러났고 천주교에 대한 대규모의 박해가 일어났다. 이 박해는 기해사옥己亥邪獄 혹은 기해교난己亥教難, 기해박해己亥迫害 등으로 불리고 있다. 이로써 정하상을 비롯한 130여 명의 천주교 신자들과 조선에서 활동하던 3인의 선교사들이 체포되어 처형당했다. 그러나 기해교난 직후부터도 조선교회의 선교활동은 사그라들지 않았고 천주교 선교를 위한 노

---

20) 강만길, 1990, 「헌종실록 해제」 『국역 헌종실록』 1, 세종대왕기념사업회, 1-2쪽.

력이 계속되었다. 1845년에는 김대건金大建 신부가 서품되었고, 페레올(Ferréol) 주교, 다블뤼(Daveluy) 신부 등의 조선 입국이 이루어졌다. 이들을 통해서 천주교는 비밀리에 전교를 지속할 수 있었다. 그러나 김대건 신부는 입국 후 6개월여 만에 체포되었다. 1846년에는 프랑스의 세실(Cécille) 함장이 1839년의 박해를 항의한다는 명분으로 조선에 대한 도전을 시도하고 있었다. 이렇듯 이 시기는 대내적 모순에 대항하는 천주교 문제와 조선에 대한 외세의 도전이 착종된 형태로 나타나고 있었던 시기였다.

　『헌종실록』에는 이와 같은 천주교사 관계의 사건들이 수록되어 있다. 그러나 『헌종실록』은 『정조실록』이나 『순조실록』의 경우보다는 천주교사 관계 기사가 매우 소략하게 서술되어 있을 뿐이다. 그래서 이 시기의 실록에 수록되어 있는 천주교사 관계 기사는 당시의 사건을 연구하는 데에 제한된 자료만을 제공해 주는 것이다. 그러므로 이 시기의 천주교사를 올바로 연구하기 위해서는 각종 일기나 등록류를 비롯한 관변측 기록 및 천주교 교회측 사료들을 천착해 나가야 할 것이다. 그렇다 하더라도 이 시기 실록의 천주교사 관계 기록은 방대한 분량의 자료인 일기나 등록류에서 천주교사 관계 기록을 찾아 확인할 수 있는 지표적 기사의 역할을 해주는 것이므로 결코 소홀히 취급할 수는 없을 것이다.

　『헌종실록』에서 나타나는 이와 같은 특성과 천주교 관계 기사의 소략성은 『철종실록』에서도 마찬가지로 확인된다. 『철종실록』은 조선 제 25대 국왕인 철종 재위 기간의 실록이다. 철종의 본명은 원범元範이고, 사도세자思悼世子의 아들인 은언군恩彦君 인裀의 손자로 그의 부친은 전계군全溪君 광壙이었다. 은언군은 정조의 이복동생이었는데, 상인들에게 빚을 많이 졌다는 이유로 그 조부인 영조에 의해서 제주도에 유배되었다. 그후 은언군의 아들인 상계군常溪君 담湛이 모반 혐의에 몰려 자살하자 은언군은 다시 강화도에 안치되었다. 이 상황에서 1801년의 박해가 일어나자 은언군의 처 신씨申氏와 은언군의 며느리이며 상계군의 처인 송시宋氏가 천주교 신자였음이 발각되어 사사되었고 은언군도 사형에 처해졌다. 한편 전계군의 큰아들이며 원범의 형인 원경元慶도 역적과 연루되었다 하여 1844년에 처형된 다음, 이로 인해서 원범은 강화도에 유배되어 어려운 생활을 보내고 있었다. 이 상황에서 헌종이 후사가 없이 죽게 되자 세도 벌열이었던 안동 김씨는 집권 연장책의 일환으로 원범의 즉위를 추진시켰다. 그 결과 철종이 등극하기에 이르렀다.

철종은 1831년에 태어나 1849년 6월 9일에 즉위하여 1863년 12월 8일에 죽었으므로21) 『철종실록』은 19세기 후반 14년간의 편년체 사서이다. 『철종실록』은 본문 14권 부록 1권 합계 9책 225장 202,500자로 된 비교적 간략한 기록이다. 『철종실록』의 편찬작업은 1864년(고종 원년) 4월 29일에 착수되었다. 『철종실록』 실록청 총재관은 정원용, 김흥근, 김좌근金左根, 조두순, 이경재李景在, 이유원李裕元, 김병학金炳學 등 7명이었다. 그리고 도청 당상은 김병학, 각 방 당상은 김병기金炳冀 등 17명, 교정 당상 강시영姜時永 등 6명, 교수 당상은 김학성金學性 등 4명이었다. 또한 도청 낭청은 이기정李基正 등 6명, 각 방 낭청은 홍승억洪承億 등 53명, 분판粉板 낭청은 홍종학洪鍾學 등 10명이었다.22) 여기에서 확인되는 것처럼 정원용과 같은 인물은 순조, 헌종, 철종에 이르는 3대의 실록편찬에 모두 참여하는 기록을 남기고 있다.

1864년(고종 원년) 5월 8일 북영北營에다 실록청을 설치하고 전례를 따라 『시정기』, 『일성록』, 『승정원일기』 등을 기본 사료로 삼아서 7월 2일에는 '산절등본'을 완성했다. 그 후 각사의 문서를 이용해서 10월 4일에는 '찬수등본', 즉 초초를 완성했고 이어서 교정본인 중초를 작성했다. 그리고 초초와 중초를 바탕으로 하여 1865년 윤 5월에 최종본인 『철종실록』을 완성해서 각 사고에 보관, 초초와 중초를 세초해서 실록 편찬 작업을 마무리 지었다.

철종이 재위한 19세기 후반기의 14년간은 세도정치의 폐단이 극에 달했던 시기였다. 그리하여 왕권은 극도로 약화되었고 1862년에는 삼남지방을 비롯

21) 『선원계보』, 47a-b, 철종조 참조.
22) 강만길, 1990, 「철종실록 해제」 『국역 철종실록』, 세종대왕기념사업회, 2쪽 참조.

한 전국 80여 개의 군현에서 민란이 일어났다. 민란은 민심이 집권층으로부터 이탈되어 나가는 현상을 뜻한다. 이는 집권층의 지배 이념이었던 성리학에 대한 사상적 도전 현상의 심화를 초래했다. 이 사상적 도전 현상은 동학東學의 창도를 통해서 그리고 천주교의 성행을 통해서 드러나고 있었다. 성리학적 지배 이념에 대한 새로운 도전의 형태인 동학이 창도된 것도 철종이 재위하던 1860년(철종 11)의 일이었다. 지배층에 대한 민심 이반 현상이 증폭되고 사상적으로도 성리학에 대한 도전의 논리가 강화되어 가던 상황에서 천주교 신앙은 더욱 기승을 부리게 되었다. 1857년(철종 8)에 1만 3천여 명이었던 신자가 1858년에는 1만 8천 명으로 늘어났고 1865년(고종 2)에는 2만 3천 명에 이르게 되었다. 한편 김대건 신부에 이어서 1849년(철종 즉위년)에 서품을 받은 최양업崔良業 신부도 그해 말에 변문을 통해서 입국하여 천주교 포교에 본격적으로 종사하다가 1861년(철종 12)에 병사했다. 1858년의 경우를 보면 최양업 신부 혼자서 1천여 명의 예비자를 관장하고 있었다는 기록이 있다.

이처럼 천주교로의 개종운동이 활발히 진행된 데에는 프랑스 선교사들의 활동에도 크게 영향을 받았다. 즉, 1852년에 메스트르 신부는 고군산도古群山島를 통해서 조선에 입국했고, 1854년에는 장수 신부가, 1856년에는 베르뇌 주교와 프티니콜라 신부, 프르티에 신부가 황해도 장연長淵을 통해서 입국했다. 그리고 1861년에는 랑드르, 조안노, 리델, 칼레 신부 등이 입국했고 1863년에 오메트르 신부가 1865년(고종 즉위년)에는 브르트니애르, 볼리외, 도리, 위앵 신부 등이 입국했다. 이처럼 많은 선교사들이 입국하여 조선 선교에 종사함으로써 철종 연간은 다른 어느 시대보다도 천주교의 포교가 활발히 진행되던 시기였다. 이 천주교 포교의 과정에서 1856년에는 충청도 배론에 성 요셉신학교가 세워져서 신학생을 양성하기도 했다.

이처럼 철종 연간은 천주교 포교가 활발히 전개되었지만, 이와 같은 사실이 『철종실록』에서는 매우 소략하게 서술되고 있을 뿐이다. 이는 『철종실록』 자체의 분량이 매우 제한된 면도 있고 천주교 문제도 이미 해묵은 문제로서 타성에 의해서 처리되던 당시의 상황을 반영하고 있다. 그리고『철종실록』은 병인사옥丙寅邪獄 혹은 병인교난丙寅敎難이 일어나기 직전인 1865년 5월에 편찬을 완료했으므로 이 실록의 편찬 당시에는 조정에서 천주교 문제가 크게 부각되지 않았던 시기였다. 이러한 시대적 분위기와 관련하여『철종실록』에서는 천주교 문제가 소략하게 취급되었던 것으로 생각된다. 따라서 이 시기 천주교사를 연구하기 위해서는 실록보다는 국내외의 다른 사료들을 더욱 중시해야 할 것이다.

요컨대『조선왕조실록』은 조선시대사 연구의 기본적 자료 가운데 하나이다. 이 자료는 조선전기사 연구에는 거의 절대적 가치를 가지고 있다. 그러나 조선후기사의 경우에는 실록 편찬에 직접 활용되었던 각종 연대기 자료들이 아직 상당수가 남아 있으므로 그 사료적 가치는 상대적으로 낮아진다. 그렇다 하더라도 조선후기 사회를 이해하는 데에 실록이 가지고 있는 사료로서의 가치는 여전히 존중되어야 한다. 조선후기의『정조실록』,『순조실록』,『헌종실록』,『철종실록』등 4조의 실록들은 천주교사에 관한 자료들을 다수 포함하고 있다. 특히 정조와 순조의 실록에 수록되어 있는 천주교사 관계 자료는 상당히 풍부한 편이다. 그리고 실록에 수록된 천주교사 사료들은 각종 연대기 자료나 등록류 자료를 검토하는 데에 지표적 기사 내지는 자료로서의 구실을 하고 있다. 뿐만 아니라 이 실록 자료들 가운데는 다른 연대기 자료에 수록되어 있지 아니한 독특한 자료들도 일부 발견되고 있다. 이러한 점들을 감안할 때 실록에 수록된 천주교사 관계 자료들은 이 분야의 연구자들이 반드시 짚고 넘어가야 할 부분인 것이다.

4.『고종실록』의 사료적 가치

오늘날 한국의 학계에서는『조선왕조실록』은『철종실록』으로 끝난다는

데에 합의하고 있다. 물론 현재는 철종 이후 고종시대와 순종시대에 관한 편년
체적 기록인『고종실록』과『순종실록』이 있다. 그런데『철종실록』이전의 역
대 실록들은 실록청을 중심으로 하여 정해진 규정에 따라서 편찬되어 왔다. 그
러나 그 이후에 편찬된『고종실록』과『순종실록』은 일제 식민지시대에 일제가
조선의 구황실舊皇室을 관리하기 위해 설치한 이왕직李王職에 의해서 편찬되었
고, 사실의 취사선택 기준이『철종실록』이전의 경우와 차이를 드러내고 있으
며 선택된 사실마저도 객관성이 결여되어 있다고 평가된다. 이러한 이유 때문
에 학계에서는『조선왕조실록』의 범위를『철종실록』까지 한정하고 있다. 그러
나 이와 같은 문제점이 있다 하더라도『고종실록』의 초기 부분에는 천주교사
에 관한 적지 않은 기사들이 수록되어 있으므로, 천주교사 연구자들은 이를 참
고 자료의 일종으로 활용할 수도 있을 것이다. 그렇다 하더라도『고종실록』,
『순종실록』을 자료로 활용하는 데에는 신중을 기해야 한다는 주장이 일반적
인 것이므로, 이에 대한 사료 비판을 간략히라도 시도해 보아야 할 것이다.

　『고종실록』과『순종실록』은 고종高宗·순종純宗 두 국왕의 48년간 사실을
기록한 편년체 사서이다. 이 자료의 편찬은 일제 식민지시대 이왕직에서 주
도했다. 대한제국 마지막 황제인 순종이 1926년 4월 25일에 죽자 이왕직에
서는 조선왕조의 예에 따라서 1927년 4월 1일에 '실록편찬위원회實錄編纂委員
會'를 설치하고『고종순종실록』의 편찬에 착수했고, 이 작업은 1935년 3월
31일까지만 8개년을 소요하여 완성되었다.『고종실록』의 원명은『고종태황
제실록高宗太皇帝實錄』으로서 1863년(고종 즉위)부터 1907년(광무 11)까지의 사실
을 기록하고 있는 52권(본문 48권 부록 4권) 52책 3,640장 3,276,000자로 되어
있는 비교적 방대한 기록이다. 또한『순종실록』은 원명이『순종황제실록純宗
皇帝實錄』이며, 1907년(隆熙 원년)부터 1910년(융희 4)까지 4년간의 기사를 전 4
권 4책에 분재하여 수록하고, 여기에 퇴위 후 17년간(1910~1926)을 기술한 부
록 전 17권 3책과 목록 전 1권 1책을 합쳐서 32권 8책에 달한다.『순종실록』
의 본문은 모두 4권 4책인데, 490장 441,000자에 이르는 분량이다.

『고종실록』을 편찬할 때에는 1년의 기사를 1권 1책에 분재함을 원칙으로
삼았다. 이 원칙에 의해서라면 고종은 재위 기간이 45년이므로 그 실록도 45
권 45책이 되어야 할 것이나, 즉위년은 원년으로 통합되고 고종 31년 등 4개
년은 양이 많아 분책한 결과 48권 48책이 되었다. 그리고 『순종실록』 부록은
퇴임 후 17년간의 사건을 수록한 것이므로 17책 17권이 되어야 하지만 기사
의 양이 적어서 3책으로 되어 있다.

『고종실록』의 편찬은 앞서 언급한 바와 같이 이왕직에 의해서 1926년 4월
에 시작되었다.[23] 이 때 이왕직에는 촉탁囑託 2인, 임시고원臨時雇員 10인, 필
생筆生 26인으로 실록 편찬을 위한 준비실을 조직하고, 경성제국대학으로부터
실록 편찬에 필요한 사료를 차입해서 등사에 착수했다.[24] 방대한 분량에 이
르는 이 자료의 등사를 마친 후 1930년 4월에 편찬 직원을 임명하고 창덕궁
내에 편찬실을 설치하여 각 부별 배치를 했다. 이 때 조직된 기구를 살펴보면
다음 〔표 3〕과 같다.

〔표 3〕에서 볼 수 있는 바와 같이 이왕직의 실록편찬위원회는 춘추관이나
실록청의 조직과는 근본적인 차이를 지니고 있었다. 당시 실록편찬위원회의
위원장에는 이왕직 차관次官 시노다 지사쿠(篠田治策)가 이왕직 장관으로 승진
하자, 그는 위원장직을 계속하여 겸임하면서 부위원장제를 신설했다. 그리하
여 사료편찬위원회의 실무는 이 부위원장에게 위임해고 이 직책에는 이왕직
예식과장禮式課長이었던 이항구李恒九를 차관으로 승진시켜 맡도록 했다. 한
편 편찬실 산하에는 사료수집부史料蒐集部, 편집부編輯部, 감수부監修部를 두고
각 부서에는 위원과 보조위원 및 서기를 배치했다.

---

23) 최영희, 1970, 「고종순종실록해제」 『고종순종실록』 上, 1~6쪽. 최영희의 이 글은 『高
宗純宗實錄儀軌抄』, 『李王職三十年史資料』에 의해서 작성되었다. 그러나 이 두 자
료는 현재 국사편찬위원회나 장서각에 소장되어 있지 아니한 자료로서 활용할 수가 없
었다. 그러므로 본고의 이 부분은 주로 최영희의 해제에 의존했다.
24) 이 때 등사한 자료로는 고종·순종조의 『승정원일기』 535책을 비롯하여 총 2,455책 245,356
매였다. 장서각에 수장되어 있는 『承政院日記』, 『日省錄』은 모두 이 때 등사된 것이다.

〔표 3〕 실록편찬위원회 기구

```
                        위원장
                        부위원장
      서무위원            편찬실
               감수부    편집부    사료수집부
      회계위원    제 1반    제 2반    제 3반
```

사료수집부는 '편찬에 필요한 공사문서를 수집, 사적史蹟의 조사, 관계자로부터 사실의 청취'를 하는 일을 했다. 편집부는 '각 사료에 기초하고 역대 실록에 준하여 연차에 따라서 실록을 편집하는 일'을 맡았다. 그리고 감수부는 '편집위원이 편집한 고서稿書에 대하여 사실의 바르고 그름을 검토하고 문자·장구를 정리하여 원고를 작성하며 또 상재上梓할 때 교정하는 일'을 맡도록 했다. 이 밖에 위원장 및 부위원장 직할로 서무위원, 회계위원을 두고, 그 밑에 보조위원 및 서기를 배치하여 편찬실의 서무를 담당하게 했다.

그 밖의 직원들도 이 직제표에 준하여 임명되었다. 그 가운데 특히 주목되는 것은 1930년에는 감수위원으로 경성제국대학 교수였던 오다 쇼고(小田省吾)가 취임해서 감수의 책임을 맡았던 사실이다. 그리고 정만조鄭萬朝, 성전석내(成田碩內), 김명수金明秀, 서만순徐晩淳 등도 감수위원을 역임했다. 한편 편찬위원은 서상훈徐相勛, 남규희南奎熙, 이명상李明翔, 조경구趙經九, 홍종한洪鍾瀚, 권순구權純九 등 모두 조선인들이 담당했다. 그리고 사료수집위원으로는 조선인과 일본인이 함께 위촉되었다. 이 사료수집위원 가운데 특이한 존재로는 1932년 총독부 조선사편수회 편수관을 역임한 이능화를 들 수 있다. 그리고 일본의 대륙침략에 전초로 사역했던 대륙통신사 사장 기쿠치 겐죠(菊池謙讓)도 사료수집위원으로 임명되었다. 이들 가운데 이능화는 뒤에 편집 제 1 반 위원으로 전임되었다. 이외에 감수보조위원이 4명, 편찬보조위원이 7명, 사료수집보조위원 1명이 있었는데 이들 12명 가운데 8명은 조선인, 4명은 일본인이었다.[25)]

편집부 산하에 있는 제 1반·제 2반·제 3반 등 각 반에서는 식년별로 연대를 분담하여 실록을 편찬했다. 제 1반 위원에는 서상훈, 남규희, 이명상, 조경구, 권순구, 이능화가 배치되었다. 제 2반 위원에는 조경구, 홍종한, 서만순이 제 3반 위원에는 서상훈, 남규희, 이명상, 조경구, 권순구가 임명되었다.[26)] 이들 위원들 가운데 조경구는 제 1반부터 3반에 걸쳐 모두 위원으로 임명되고 있었다. 그리고 제 1반 위원 중 이능화를 제외한 모든 위원들은 제 3반 위원직을 함께 맡고 있었다. 당시 위원들을 이와 같이 분반하고 식년별로 실록을 편찬시킨 이유는 확실하지 않다. 그러나 이는 아마도 모든 위원들에게 고종 및 순종시대 전반에 대한 이해를 강화시키기 위한 방안이었던 것으로 추정할 수도 있을 것이다.

이들은 조선왕조의 역대 실록, 특히 『철종실록』의 편찬 사례에 준하여 기술하고 그 체재를 따르고자 했으며 편책編册을 시도했다. 다만 다른 것은 『고종실록』 등은 목록을 작성하여 일자日字 밑에 그날의 주요 기사를 요약하여 수록하고 일자를 간지干支 대신에 숫자로 표시했다. 그리고 갑오경장 이후에는 각종의 조칙詔勅, 조약條約 등을 원문 그대로 수록함에 따라서 한글을 흔히 찾아볼 수 있게 된 점 등을 들 수 있다. 이 『고종실록』의 편찬에 인용된 사료로는 『승정원일기』를 주된 자료로 했고 『일성록』, 『계제사일기稽制司日記』 등을 보완자료로 삼았다. 그리고 이 밖에도 각 사의 등록·일기·계록啓錄·존안류存案類 및 문집류 등 준비실에서 등서한 사료들과 사료수집위원들

---

25) 각 부 위원 및 보조위원은 『고종실록』 권48 末 및 『순종실록』권4 末에 수록되어 있다.
26) 최영희, 1970, 앞의 글, 3~4쪽.

이 수집한 사료들이 활용되었다.

『고종순종실록』은 그 편찬과정의 검토에서 드러나는 바와 같이, 편찬 시기와 편찬자 등을 감안할 때 사실을 왜곡할 소지가 많았다. 즉 그것은 일제 식민지시대 이왕직 관장인 일본인의 주재 아래 편찬되었을 뿐만 아니라, 실록의 서술 방향을 결정짓는 감수부는 사실상 일본인에 의해서 장악되고 있었던 점을 주목해야 하기 때문이다. 조선인 한문 전문가들로 구성된 편집부 위원들이 작성한 원고는 오다 쇼고(小田省吾)에 의해서 감산監刪·감증監增되었다. 그러므로 이 양조 실록은 아직까지도 학계에서 그 사료가치를 인정하는 데에 주저하고 있다.

『고종실록』의 기록 가운데 개항 이후 일제의 침략이 노골적으로 전개된 단계의 기록에서는 이와 같은 왜곡이 자행되었을 가능성이 충분히 있는 것으로 생각된다. 그러나 『고종실록』이 가지고 있는 개항 이전의 기록들을 검토해 보면, 역대 『조선왕조실록』 편찬의 전통에 따라서 『승정원일기』나 『일성록』 등 관찬 기록을 충실히 요약한 편년체 기사임을 확인할 수 있을 것이다.[27] 그러므로 이 자료는 1866년을 계기로 하여 전개된 병인사옥 혹은 병인교난 등과 같은 천주교 관계 사건을 연구하는 데에 많은 도움을 주고 있다.

고종이 즉위한 1863년 이후 천주교 신앙의 자유가 확보된 1882년경까지 천주교 신앙의 실천은 자유롭지 못했다. 그리고 1866년의 교난은 조선 천주교가 겪은 박해 가운데 가장 치열한 것이었다. 한편 이 시기는 서세동침이 점차 강화되고 조선의 지배자들이 제국주의 열강의 침략에 무기력하게 굴복해 가던 시기였다. 19세기 후반의 시기는 분명 조선의 역사적 전환기였다. 이 전환기 천주교사의 전개에 관해서 알고자 할 경우에는 우선 『고종실록』의 기록을 검토하게 되는 것이다. 이 측면에서 『고종실록』은 당시 천주교사의 이해에 적지 않은 도움을 주게 될 것이다.

27) 아마도 이와 같은 이유 때문에 북한의 학계에서는 『고종실록』과 『순종실록』을 『이조실록』의 범위 안에 포함시키고 이를 번역해 냈던 것으로 볼 수 있다.

요컨대 개항 이전 고종시대에는 1866년 병인교난을 비롯해서 천주교사적 견지에서 중요한 사건들이 다수 발생하고 있었다. 이 사건에 대한 연구 자료로는 『고종실록』을 주목할 수 있다. 그런데 이 자료는 전통적인 실록 편찬 방법과는 달리 일제하 이왕직 산하에서 실록편찬위원회가 주도하여 편찬한 것으로서 이 실록의 감수와 자료 수집과정에는 일본 어용학자나 대륙침략의 선구자들이 포함되어 있었다. 즉 『고종실록』은 그 편찬 방법이나 편찬 시기 또는 편찬의 주관자가 종전의 『조선왕조실록』과는 차이를 드러내고 있다. 이 점 때문에 사실의 객관성 내지는 사료의 왜곡 가능성에 대한 의문이 제기되는 것이다. 그런데 이러한 사실 왜곡은 주로 개항 이후 한일관계 등의 서술에서 드러나는 일인 것으로 생각되며 개항 이전 천주교사 관계 자료는 크게 왜곡되지 아니한 것으로 판단된다. 그러므로 우리는 고종시대 천주교 관계 사건을 이해하기 위한 지표적 자료로서 『고종실록』의 천주교사 관계 자료를 활용할 수 있을 것이다. 그러나 이 시대의 천주교사에 대한 본격적인 이해에는 『고종실록』이외에도 『승정원일기』를 비롯한 관변측의 각종 자료들과 교회 내의 자료들이 있음을 주목해야 할 것이다.

5. 실록에 수록된 천주교사 자료

한국천주교사 연구사를 검토해 보면 조선인 연구자 가운데 이 문제를 본격적으로 다룬 최초의 인물로는 이능화(李能和, 1869~1943)를 들 수 있다. 충청북도 괴산 출신이었던 그는 향리에서 한문을 수학하다가 20여 세에 서울에 올라와 영어·일어·한어 등을 학습했고, 국립 법어학교法語學校를 졸업했다. 그는 법어학교를 졸업하기 전부터 법어학교에서 법어, 즉 프랑스어를 교수하기 시작했고, 졸업 후 교수로 근무하다가 1906년에는 관립 한성법어학교의 교장으로 임명되었다. 한편 그는 1909년 서울에 있던 외국어학교들을 통합하여 관립 한성외국어학교가 설립되자 그 학감으로 취임하여 학교가 폐쇄되던 1910년까지 근무했다. 그는 외국어 교육에 종사하던 과정에서 국학의 중요성을 깨닫고, 1907년에는 국문연구소 위원직을 맡아 보았다. 한일합방 이후 그는 불교계 계몽운동에 참여하면서 불교 포교 기관 내지는 민족문화 수호 운동단체였던 불교진흥회의 핵심 산파 역할을 맡았다.

한편 조선총독부에서는 민족주의적 역사 연구에 대항하고 식민지 지배의 필연성을 설명하기 위해서 1922년 12월에 조선총독부 훈령 제 64호로 '조선사편찬위원회 규정'을 반포했다. 이 훈령에 의해서 정무총감을 위원장으로 한 '조선사편찬위원회'가 설치되었고 그 해 12월 28일 이능화는 편찬위원으로 임명되었다.[28] 이후 조선총독부에서는 조선사에 대한 본격적인 '정리'를 위해서 1925년 '칙령 제 218호'로 조선사편수회 관제를 공포했다. 그 후 그 해 7월 20일 조선사편수회의 임직원이 임명되어 그 조직이 완료되었다. 이 때 이능화는 다시 조선사편수회 위원으로 임명되었다.[29] 이로써 그는 '조선사편수회'의 위원으로서 식민지 당국이 주관했던 『조선사朝鮮史』가 35책으로 1938년 완간될 때까지 그 편찬작업에 관여하게 되었다. 바로 이 기회를 통하여 그는 일반 연구자들은 접근하기가 불가능했던 조선사 관계 자료에 접할 수 있었다.

당시 『조선사』의 조선왕조 부분을 서술할 때에는 『이조실록李朝實錄』이 지표적 자료로 활용되었고, 실록 기사 이외에 각종 연대기 자료들이 발췌되었다. 이 과정에서 편찬위원이었던 이능화는 『조선사』 제 4편(光海君-景宗)과 제 5편(英祖-甲午更張)의 편찬을 주로 맡아 보았다. 그리하여 그는 『조선왕조실록』을 철저히 검토할 수 있었다. 또한 국학國學 전반에 관해 관심이 있었던 그는 이 때 그의 각종 저서에서 활용되는 실록 관계 자료를 함께 발췌해

---

28) 조선총독부, 조선사편수회 편, 소화 13년(1938), 『조선사편수회사업개요』 ; 편집부 역, 1986, 『조선사편수회사업개요』, 시인사, 19쪽.
29) 조선총독부, 조선사편수회 편, 소화 13년(1938), 『조선사편수회사업개요』 ; 편집부 역, 1986, 『조선사편수회사업개요』, 시인사, 35-37쪽.

나갔다. 이렇게 확보된 자료를 기초로 하여 그는 1928년『조선기독교급외교사朝鮮基督教及外交史』를 상재上梓했다. 불교도인 이능화가 이 책을 저술하게 된 것은 기독교도인 부친 이원긍李源兢에 대한 추모의 정 때문이었다.

이 책은 일반인이 접하기 어려웠던 천주교사 관계 실록 기록들을 제시해 주고 있었으므로 그 간행 직후부터 일종의 사료집과 같은 기능을 담당해 주고 있었다. 이능화가 이 책에서 천주교에 관한 실록 기사들을 적지 않게 제시해 주었으므로 천주교사 연구의 초창기에는 이능화가 한문 원문에 현토하여 제시한 이 실록 관계 기사가 주요 자료로 활용되기도 했다. 즉『조선왕조실록』의 천주교사 관계 기사는 이능화 이후 천주교 연구자들에게 적극 활용되고 있었다.

한편 조선사편수회에서는 광범위한 사료 조사와 발췌를 기초로 하여『조선사』를 편찬했다.『조선사』에 기록 서술된 내용들은 바로 이 사료들을 축약한 형식을 취한 것이었고, 이 책의 편찬자들은 서술 내용마다 그 전거 사료의 목록을 일일이 제시해 준 바 있었다. 그들의 사료 선택과 해석에 문제가 있음은 분명한 사실이나『조선사』를 편찬할 때 사료 수집을 광범위하게 진행시켰음은 인정해야 한다. 그런데 그들은『조선사』를 편집 출판하는 데에 활용하기 위해서 발췌한 방대한 사료들을 별도로 정리해서 책으로 엮어『조선사고본』으로 명명하고 이를 조선서편수회에 보관해 두었다.30) 이『조선사고본』에서도『조선왕조실록』의 기사를 지표적 사료로 삼고 그 밖의 관계 사료들을 함께 제시해 주고 있는데 이 가운데 천주교사 관계 자료들이 광범위하게 수집 정리되어 있다. 여기에 수록된 천주교사 관계 자료는『조선왕조실록』에서 발췌된 내용 이외에『일성록』,『승정원일기』를 비롯해서『벽위편』 및 달레(Dallet)의『조선교회사』와 일반 문집에 이르기까지 방대한 분량에 이르고 있다.

---

30) 흔히 조선사고본으로 불리는 이 사료집들은 현재 국사편찬위원회에 소장되어 있고 일부 연구자들은 이 자료를 자신의 연구에 활용해 왔다.

이와 같은 사실에 대한 확인을 통해서 우리는 식민지 하에서 조선 천주교
사를 연구하는 이들은 『조선왕조실록』을 가장 중요한 자료로 활용해 왔음을
알 수 있다. 그리고 해방 이후의 천주교사 연구자들도 자신의 연구에 『조선
왕조실록』의 자료들을 즐겨 활용해 왔다. 그렇다면 『조선왕조실록』은 천주
교사 연구에 반드시 검토해야 할 자료임에 틀림이 없다고 하겠다. 이러한 이
유 때문에 이번 한국순교자현양위원회에서는 『조선왕조실록 천주교사 자료
모음』을 1801년 전후의 순교자들을 연구하기 위한 자료집 제 1권으로 간행
하게 된 것이다. 여기에서 『조선왕조실록 천주교사 자료 모음』에 발췌 수록
된 천주교사 관계 기사의 내용과 이능화의 『조선기독교급외교사』에 수록된
내용, 그리고 『조선사고본』에 수록되어 있는 천주교사 관계 기사의 양을 비
교해 보면 다음 〔표 4〕와 같다.

〔표 4〕 실록 소재 천주교사 관계 기사

기 간	국 왕	『자료모음』	이 능 화	『조선사』
1784. 1 ~ 1791. 12	정조 8 ~ 정조 15	29회	18회	30회
1792. 1 ~ 1800. 12	정조 16 ~ 정조 24	42회	9회	29회
1801. 3 ~ 1801. 3	순조 1	24회	7회	13회
1801. 1 ~ 1801. 9	순조 1	37회	14회	22회
1801. 10 ~ 1801. 12	순조 1	27회	8회	10회
1802. 2 ~ 1834. 12	순조 2 ~ 순조 34	38회	2회	22회
1835. 12~ 1863. 12	헌종 1 ~ 철종 14	32회	6회	23회

이 표에서 『자료모음』은 『조선왕조실록 천주교사 자료 모음』의 약칭이고,
이능화는 그의 『조선기독교급외교사』이며, 『조선사』는 『조선사고본』의 약칭
이다. 이 세 가지 자료집에 수록되어 있는 천주교사 관계 기록들을 검토해
보면 『조선왕조실록 천주교사 자료 모음』에 월등히 많은 자료가 수록되어
있음을 확인할 수 있을 것이다.[31] 따라서 이번의 자료모음 간행 작업을 통해

---

31) 이번 이 자료들을 검토하는 과정에서 『조선사고본』 등에서 발췌된 실록관계 자료와 대

서『조선왕조실록』에 수록된 천주교사 관계 자료들이 가장 자세히 조사되어 이 분야의 연구에 많은 도움을 줄 수 있게 된 것으로 생각된다. 여기에 이 자료집 간행의 의미가 있을 것이다.

요컨대『조선왕조실록』에 수록되어 있는 천주교사 자료는 1920년대 이래 오늘에 이르기까지 이 분야의 연구에 주요 자료로 활용되어 왔다. 이 자료를 처음으로 자신의 연구에 이용한 인물로는 이능화를 들 수 있다. 그는 조선사 편수회 위원의 입장에서 당시에는 희귀 자료였던『조선왕조실록』을 철저히 검토할 수 있는 기회를 가졌고 이 과정에서 천주교사 관계 사료를 발췌하여 자신의 저서에 활용했다.

한편 조선총독부 조선사편수회에서 식민지 지배정책의 일환으로『조선사』를 간행할 때에도『조선왕조실록』은 주요 자료로 계속 활용되었다. 그리고 해방 이후의 연구자들도 이 자료에 의존하여 천주교사를 서술하기도 했다. 그러므로『조선왕조실록』은 조선후기 천주교사 연구자들이 반드시 섭렵해야 할 자료인 것이다. 이제『조선왕조실록』번역본에서 자료를 발췌하여 이를 정리해서『조선왕조실록 천주교사 자료 모음』의 형태로 간행하게 되었다. 이로써 이 시기 천주교사 연구자들은 일정한 도움을 받을 수 있을 것으로 기대된다.

조해 보면『조선왕조실록 천주교사 자료 모음』에 극히 일부의 자료들이 누락되어 있음을 확인하게 된다. 여기에 누락된 자료들은 1783년 정사 황인점(黃仁點)의 파견기록이나 은언군의 장자 이담 사건 관계 기록 또는 헌종·철종 연간의 이양선 관계 기록 등 천주교사 관계 기사를 보완 설명해주는 자료들이 주류를 이루고 있다. 이러한 자료들도 두루 검토하여 필요하다면 앞으로 간행될『신유박해 관계 연대기 자료집』에 추가로 수록하여 제시하고자 한다.

6. 맺음말

조선왕조를 이해하는 데 주요 자료 중 하나로 『조선왕조실록』을 들 수 있다. 조선왕조는 역사 기록을 왕대별로 정리하기 위해서 『조선왕조실록』을 편찬·간행하였다. 춘추관과 실록청이 중심이 되어 진행된 실록의 편찬 준비와 간행과정은 상당히 엄격한 규정에 의해서 운용되었다. 그리하여 1418년에 간행된 『태조실록』이래 1865년 『철종실록』의 편찬까지 조선왕조에서는 25대에 걸쳐서 실록을 거의 동일한 기준에 의해서 간행했다. 이렇게 편찬된 실록을 우리 학계에서는 『조선왕조실록』이라고 부르고 있다. 조선왕조는 이렇게 간행된 실록을 4대 사고에 엄격히 보관, 관리했다. 조선후기에 이르러서도 실록의 간행에 관한 규정은 의연히 존중되고 있었다.

한편 조선 제 26대 국왕 고종과 제 27대 국왕 순종의 경우에는 총독부의 주도하에 실록이 편찬되었다. 그러나 그것은 일제 식민지시대에 진행된 작업이었고 그 편찬방법도 『철종실록』을 모범으로 삼았다고는 하더라도 그 구체적 내용을 검토해 보면 전통적인 실록과는 일정한 차이를 드러내고 있다. 또한 사료의 선택과정에서도 식민사관의 영향을 받고 있었다. 그러므로 우리 학계에서는 『고종순종실록』을 『조선왕조실록』에 포함시키지 않고 있다. 그러나 『고종실록』의 개항 이전 기사에서는 전통적인 실록 편찬의 방식을 따르기 위해서 그나마 노력한 흔적이 있고, 그 기사의 선정과정에서도 식민사관이 침윤된 사례가 그렇게 크게 지적되지는 않고 있다고 생각한다. 그리하여 19세기 후반 천주교사를 연구하는 이들은 『고종실록』을 그 연구 자료의 하나로 활용할 수도 있을 것이다. 이러한 이유로 한국순교자현양위원회에서는 『조선왕조실록 천주교사 자료 모음』과 『고종실록 천주교사 자료 모음』을 각각 한 책으로 간행하게 되었다.

일제시대 이래 천주교사 연구에서 조선왕조실록이 차지하고 있는 비중은 상당히 큰 것이었다. 이능화를 비롯한 초기의 연구자들은 천주교사의 연구에 실록의 관계 기사를 그대로 전재해서 제시해 주기도 했다. 또한 조선총독부에서『조선사朝鮮史』를 편찬할 때에 실록의 기사는 일종의 지표적 자료로 활용되었다. 그런데 역사 연구에서 가장 기본적인 것은 사료에 대한 철저한 인식과 이해라고 할 수 있다. 오늘의 연구자들이 실록을 연구 자료로 활용한다 하더라도 자료에 대한 철저한 검토는 종전과 마찬가지로 요구된다. 새로운 시각의 연구를 위해서는 기존의 자료에 대한 새로운 정리작업이 요청된다.

이『조선왕조실록 천주교사 자료 모음』과『고종실록 천주교사 자료 모음』에는 천주교사 관계 자료들이 망라하여 수록되기에 이르렀다. 기존의 연구업적을 극복하기 위해서는 당연히 그 자료부터 다시 검토되어야 할 것이다. 그러므로 이제 간행된 이 자료집을 통해서 한국천주교사의 연구는 진일보할 수 있을 것으로 기대된다. 특히 이 자료집 가운데 1801년에 단행된 신유교난 관계의 사료들은 당시의 순교자들에 관한 이해를 높여 줄 것임에 틀림이 없다. 그러나 우리는『조선왕조실록 천주교사 자료 모음』과『고종실록 천주교사 자료 모음』에만 만족할 수는 없다. 실록의 자료보다도 더욱 방대한 자료를 포함하고 있는『일성록』,『승정원일기』,『비변사등록』등의 자료들을 정복해야 할 책임이 연구자에게는 있는 것이다. 따라서 우리는 여기에 제시된 실록 자료에 만족하지 않고 또 다른 자료를 찾는 여행에 나서고자 하며, 이러한 연대기 등에 수록되어 있는 천주교사 관계 자료들도 곧 발췌·정리·번역되어 출간될 것이다. 이로써 천주교사 관계 자료는 소수의 전문가들만이 다룰 수 있는 영역에서 해방되어 관심 있는 모든 이들 앞에 제시될 수 있을 것이다. 이 자료의 발간을 통해서 천주교사의 연구인력은 더욱 확대될 수 있을 것이다. 천주교사 연구의 민주화 작업은 여기에서 출발하게 된다. 조선왕조실록을 비롯한 각종 연대기 자료 및 특수 자료들의 정리에 대한 많은 관심과 격려와 질책을 기대한다.

V. 신유박해 연대기 사료의 정리

1. 용어에 대한 이해

천주교 신앙이 조선왕조에 전래된 직후부터 당시의 지배층에서는 이를 정치적·사회적 측면에서 중대한 문제로 파악하고 이에 대한 탄압책을 강구하게 되었다. 18세기 말엽인 1784년 수용된 천주교 신앙은 1801년에 이르러 일대 탄압에 직면하게 되었다. 이 천주교에 대한 탄압 사건을 당시의 기록에서는 '사옥邪獄'이라고 했다. 이는 '사학에 관련된 옥사'라는 표현의 준말이었다. 그리고 사옥이 발생한 연대를 그 단어 앞에 밝히어 천주교에 대한 탄압사건의 구체적 명칭으로 삼았다. 예를 들면 1801년의 간지가 신유년이었기 때문에 1801년에 일어난 천주교에 대한 탄압사건은 신유사옥辛酉邪獄이라부르게 되었다.

이러한 탄압을 당시 조선의 신자들은 '군난窘難'이라고 지칭했다. 원래 '군난'이란 단어는 조선이나 중국의 고전에서는 찾아보기 어려운 단어였다. 그러나 조선후기의 신도들은 자신들의 '군색하고 급박한 처지'를 나타내는 '군'이라는 단어와 '어렵고 근심되는 상황'을 뜻하는 '난'이라는 단어를 합성하여 탄압에 처해 있는 자신들의 상황을 표현하고자 하였다. 여기에서 당시신도들은 군난이라는 단어를 천주교 신도들에 대한 탄압 또는 박해라는 뜻으로 사용하게 되었다. 그리고 국가의 공적 박해가 아니라 개인이나 가문으로부터 가해지는 박해를 '사군난私窘難'으로 표현하기도 했다.

천주교 박해라는 동일한 사건에 대해서 사옥이라는 단어는 정부 내지는지배자의 입장을 함축하는 낱말이었고 군난은 신도들의 입장을 대변하는 용어였다. 한편, 현대에 이르러 군난이라는 용어는 박해迫害라는 단어로 대체되면서 박해라는 말은 천주교 측의 입장을 함축하는 것으로 이해되었다. 그러나 천주교사에 대한 연구가 진행되는 과정에서 사옥이나 군난 등의 단어에 포함되어 있는 주관적 측면을 제거하기 위한 노력이 진행되었다. 이 과정에서 교난 혹은 교옥 등의 용어가 출현했다. 그리하여 오늘날의 연구자들은 천주교에 대한 탄압사건을 나타내는 용어로 사옥, 박해, 교난, 교옥 등의 용어를 각자의 판단에 따라서 쓰고 있다. 그 용어에 대해서 이와 같이 다양한 견해가 있지만, 필자는 이 책의 제목을 『신유박해 자료집』이라고 정했다. 이는 이 책의 주된 독자층으로 예상되는 사람들이 '신유박해'라는 용어를 주로 사용한다고 판단되었기 때문이다.

한편, 지난 날 연대에 대한 인식은 간지를 기준으로 하여 이루어졌다. 예를 들면 신유년이라 할 때에는 육십갑자를 계산하여 지금으로부터 몇 년 전인지를 파악할 수 있었다. 지난 날 사람들이 자신의 생년을 간지로 말했던 것도, 간지를 기준으로 하여 시간을 파악했던 사례이다. 그러나 오늘날에 이르러서는 시간을 지칭하는 단위로서 간지의 기능은 퇴화되었고 시간 개념은 서력기원을 기준으로 하게 되었다.

이와 같은 상황에서 '신해사옥', '신유박해', '병인교난' 등의 용어는 역사 용어로서의 한계를 드러내게 되었다. 그러므로 우선 간지를 서력기원으로 풀어서 부른다면 그 사건이 발생했던 시간에 대해서 정확한 인식을 할 수 있을 것이다. 그러므로 신유사옥, 신유박해 또는 신유교난이라는 용어보다는 '1801년의 천주교 탄압사건'이라는 제목이 더욱 타당할 것으로 생각된다. 아마도 21세기의 역사 연구자들은 이와 같은 제목을 지금보다 월등히 선호하게 될 것이다.

2. 『신유박해 자료집』의 편찬

신유박해에 관한 한문 자료집으로는 박해 당시에 작성되었던 각종 추국안 推鞫案을 우선 들 수 있다. 그리고 박해의 과정에서 진행된 여러 사건들에 대한 자료를 수집 정리한 『사학징의邪學懲義』도 신유박해를 이해하는 데에 매우 중요한 자료임에 틀림이 없다. 한편, 이기경(李基慶, 1756~1819)은 신유박해 당시부터 일정 기간 동안 지속적으로 신유박해에 관한 자료들을 수집·정리해 왔다. 그가 정리한 자료집이 바로 이기경 편 『벽위편闢衛編』이다.

그러나 신유박해에 관한 자료 가운데 매우 중요한 것은 『승정원일기承政院日記』, 『일성록日省錄』, 『비변사등록備邊司謄錄』 및 『조선왕조실록朝鮮王朝實錄』등과 같은 각종 연대기 자료였다. 이 가운데 『조선왕조실록』의 경우에는 다른 자료에 비해서 그 분량이 상대적으로 적었기 때문에 용이하게 많은 연구자들이 활용해 왔다. 그리고 한국순교자현양위원회에서도 이를 이미 『조선왕조실록 천주교사 자료모음』이라는 제목으로 간행한 바 있다. 그러나 『승정원일기』등의 자료는 그 방대한 분량으로 인해서 대부분의 연구자들이 직접 접근할 엄두를 내지 못했다.

이 방대한 자료의 정리는 한국순교자현양위원회가 주관이 되어 진행될 수 있었다. 이 자료의 발췌 작업에는 이미 『정조시대 천주교사 자료집』에 수록된 「정조시대 천주교사 자료의 연구」라는 논문에 정리되어 있다. 이 정리 작업을 통해서 한국천주교회사에 관한 자료들은 『조선사고본』이나 그 밖의 어떠한 자료집에서보다도 상세하게 발췌·번역·정리될 수 있었다. 『신유박해 자료집』의 경우에도 한국순교자현양위원회에서 전개하고 있는 자료 정리 사업의 일환으로 간행되었다.

『신유박해 자료집』은 기존의 방대한 연대기 자료에서 천주교사 관계 자료만을 발췌하는 작업으로 시작되었다. 이 작업은 조광趙珖이 주관했으며 조선후기사를 전공하는 젊은 연구자 다수가 동원되었다. 편저자인 조광은 발췌된 자료들을 일차 검토하고 이를 선별하여 번역하기 시작했다. 이 번역 작업은 변주승邊柱承이 담당하여 진행시켰다. 그리고 편저자는 이 원고를 다시 검토하고 주석을 첨가해 나갔다. 이 번역과 감수 작업 중 발췌 과정에서 누락된 많은 자료들을 추가로 찾아내어 다시 자료집에 첨부하게 되었다.

이 때문에 작업의 속도가 지연되기도 했었다. 그러나 이 자료집을 간행하는 작업은 아마도 향후 100년 이내에는 다시금 진행될 수 없는 작업일 것이므로 가능한 한 그 작업의 완성도를 높이기 위해서 노력했다. 그리하여 현재로서는 최선의 자료집을 편찬하게 되었다고 자부하기도 했지만, 모든 자료집은 당시의 학문 연구 수준에 따르는 것이므로 한국교회사의 연구가 더욱 장족의 진보를 하게 된다면 그 때에 가서는 새로운 자료집의 편찬 문제가 논의될 수 있을른지 모르겠다. 그러나 그 새로운 편찬의 시기가 결코 가까운 시일로 다가오기는 어려울 것이라고 생각된다.

3. 자료의 발췌와 번역

이 자료집은 신유박해 내지는 당시의 천주교사를 이해하는 데 도움을 줄 수 있을 것으로 판단되는 연대기 자료들을 망라하여 발췌·수록하였다. 그런데 신유박해는 그 성격상 세도정권의 성립 및 공고화 과정과 밀접한 관련을 갖는 사건이었다.즉 집권세력들은 상대 정파를 사학, 즉 천주교와 관련시켜 제거해 나갔다. 신유박해의 전개 과정을 검토해 보면, 그 초기에는 천주교를 묵인하거나 천주교도의 처벌에 소극적이었다는 혐의로 탄핵을 해 나갔다. 그러다가 점차 정약종丁若鍾·황사영黃嗣永·유관검柳觀儉 등의 사학도와 직간접적 관계를 맺었거나 그 배후 세력이 되었다는 공격을 받아 세도집단에 대립되는 정파가 제거되어 갔다.

이 과정에서 공격의 순서는 채제공蔡濟恭, 홍낙임洪樂任, 윤행임尹行恁의 순서로 전개되었고, 그 공격에서 최초의 전단은 인동 지방 장시경張時景의 변란 사건과 채제공의 아들인 채홍원蔡弘遠을 연루시킴으로써 시작되었다. 이 과정에서 채제공, 채홍원, 홍낙임, 윤행임 등 천주교 신앙과 직접 관련이 없었던 인물들에 관한 공격이 신유박해의 전개와 밀접한 연관을 맺으면서 진행되었다. 그러나 이들에 관한 사건들을 모두 발췌·번역한다는 것은 '천주교회사 자료집'의 경우에는 부적절한 것으로 생각되었다. 따라서 이들과 관련된 기사들은 처음 등장하거나 정국의 변화에 중요하게 작용한 사건의 경우에는 전문 번역을 시도했고, 그 외의 것은 천주교와 직접 관련 있는 부분만을 발췌해서 제시했다. 이러한 기사의 발췌를 통해서 신유박해가 순조 초기의 정국, 특히 세도정권의 성립에 미친 영향을 이해하는 데에 도움을 받을 수 있을 것이다.

그런데 '사학도'의 제거 과정에서 드러나는 묘당 내부의 논의 과정, 특히 윤행임 사건에서 드러나듯이 강온 양면책을 둘러싼 묘당과 대간 간의 갈등 등에 관한 기사는 모두 발췌하기가 어려웠으므로 사건의 추이와 정국의 변화에 직접 관련된 일부 사건만을 발췌하기로 했다.

한편, 천주교 사건과 직접 관련이 없다 하더라도 신유박해의 여파로 등장하는 기사의 경우에는 가능한 한 모두 발췌하기로 했다. 즉 김건순, 홍낙임, 윤행임의 문중에서 올린 개명改名 요청 상소, 각처의 유림들이 '사학'에 맞서서 정학을 진흥하기 위해서 제기한 서원에 송시열을 추배하도록 요청한 기사나 풍속과 세태의 변화를 개탄하는 상소, 천재지변의 원인으로 '사학'을 지목한 상소 등의 기사는 이러한 원칙에 따라 발췌되었다. 우리는 이러한 기사들을 통해서 신유박해에 직면한 양반 사족층 내부의 동향에 대해 이해할 수 있을 것이다.

이 자료집에 수록된 자료들은 망라주의 입장에서 발췌된 자료들이다. 그러므로 일부 반복적인 기사도 그대로 수록되어 있다. 이 반복된 기사의 경우에는 계啓의 주체가 독계獨啓, 양사합계兩司合啓, 삼사합계三司合啓 등으로 달라지므로, 정국의 추이를 정확히 파악하는 데에 도움을 주기 위해서 모두 수록하기로 했다. 또한 천주교와 관련된 추국인 경우에는 천주교에 관한 공격의 주체와 정파에 대한 이해를 돕기 위해서 추국의 절차 및 추국에 참여한 관원들의 변동 등을 모두 발췌해서 번역했다.

자료를 발췌하는 과정에서 『승정원일기』의 경우에는 칼로 오려진 기사가 많았다. 특히 정국의 추이와 관련된 민감한 사건에 관한 기사는 대부분이 도삭되어 있었다. 이러한 기사들 가운데 반복되는 동일한 내용의 기사인 경우에는 전후에 실려 있는 다른 자료의 기사를 통해서 도삭된 부분을 복원할 수 있었다. 특히 은언군恩彦君 이인李䄄이나 이담李湛 부자에 관한 기사와 채제공, 홍낙임, 윤행임 등에 관한 기사는 도삭된 경우가 많았는데, 이 부분은 『순조실록』의 기사를 참조하여 복원해 놓았다.

또한 번역의 과정에서 『조선왕조실록』 국역본과 겹친 기사의 경우에는 이를 참조하여 번역하되, 구어투의 문장은 가급적 현대문으로 고쳤으며 일부 오역과 인명 표기에서 범한 실수를 바로잡아 나갔다. 예를 들면 『순조실록』에서는 '煽妖騙利'라는 단어를 "요언으로 선동하고 이익으로 속여 유혹했다"고 번역했다. 그러나 이 기사를 『승정원일기』에서 확인한 결과 '煽妖驪利'임을 확인할 수 있었으므로 이를 "여주와 이천 지역을 요언으로 선동했다"라고 바로잡아 번역했다. 또한 『순조실록』의 번역본에서는 '玄慶'으로 번역되어 있는 고유명사를 '張玄慶'으로 바로잡았다.

번역 과정에서 가능한 한 일반적으로 통용되는 단어의 경우에도 가능한 한 쉬운 우리말로 옮기고자 노력했다. 예를 들면, 기존의 번역문에 자주 등장하는 '신칙申飭하다'라는 표현은 '단단히 타이르다'로 바꾸었으며 '구핵究覈하다'는 단어는 '철저히 조사하다' 등으로 옮겨 적었다. 또한 사료에서 등장하는 형률刑律에 관한 각종 용어의 경우에도 불가피한 경우를 제외하고는 우리말로 풀어서 정리했다. 그리고 관직·관서의 별칭은 일반적으로 통용되는 호칭으로 번역했다.

특히『승정원일기』등 연대기 자료에 등장하는 죄인들의 인명은 대개 한 성명 중 한 글자만을 임의로 택해서 기록하고 있는 경우가 대부분이었다. 예를 들면 '沁'이란 단어는 '황심黃沁'으로 복원했고, '雲海'의 경우에는 '신치운申致雲'과 '이천해李天海'로 복원해서 제시했다. 인명을 복원하는 과정에서 천주교도의 인명은 전후 기사를 통해서 복원해 나갈 수 있었고 그 밖의 인물들은『조선왕조실록』CD의 인명 검색 기능의 도움을 크게 받았다.

4.『신유박해 자료집』의 특성

이렇게 간행된『신유박해 자료집』은 승정원일기를 중심으로 하여 그 밖의 연대기 자료에서 발췌된 신유박해, 즉 '1801년의 천주교 탄압 사건'에 관한 자료들을 정리한 것이다. 여기에 모두 747건의 자료가 2,500여 쪽에 걸쳐서 수록되어 있다. 이 747건이라는 숫자는 결코 적은 양이 아니었다. 예를 들면, 신유박해와 관해서 정리된 자료 가운데 가장 널리 알려졌던『벽위편』의 기사는 모두 200건에 지나지 않았다. 이 200건이라는 숫자도 신유박해 관계의 세세한 사건들을 모두 독립된 항목으로 계산한 것이었다. 그러므로 이『신유박해 자료집』은『벽위편』의 자료들보다 그 건수로는 대략 4배에 이르고 있지만 그 자료의 질이나 분량에서는 10여 배에 가까운 차이가 나는 것으로 추정된다.

또한『신유박해 자료집』에는 747건의 자료가 수록되어 있는 반면『조선사고본』에는 모두 97건의 자료가 수록되어 있다. 그런데『조선사고본』의 자료 건수는『벽위편』의 자료 건수의 1/2 정도에 지나지 않지만, 그 수록 내용은『벽위편』보다 월등히 풍부하여 그 분량으로는『벽위편』에 수록된 자료들보다 더 많은 것으로 계산된다. 그러므로 이『신유박해 자료집』의 경우는 종전의 교회사 연구에서 주로 활용되던『벽위편』과『조선사고본』의 자료와는 비교가 안될 정도로 풍부한 자료를 연구자들에게 제공해 줄 것이다. 한편, 이 기회에 『벽위편』의 구성 내용을 면밀히 검토하기 위해서 『벽위편』의 신유박해에 대한 기사들과 『순조실록』의 기사들에 관한 비교를 시도해 보았다. 이 비교를 통해서 각 자료들이 가지고 있는 특성을 보다 분명히 파악할 수 있을 것이다.

『신유박해 자료집』에 수록된 747건의 자료들 가운데 『승정원일기』에서 발췌된 자료가 738건으로 절대 다수를 차지하고 있다. 그리고 『일성록』에서 5건의 자료와 『비변사등록』에서 4건의 자료들이 선정되었다. 이들 자료는 승정원일기의 자료보다 월등히 자세한 내용을 가지고 있거나 『승정원일기』에는 나타나지 않는 연대기의 고유한 자료들이었다. 특히 『비변사등록』의 경우에는 『승정원일기』에 기록되지 아니한 자료들이 수록되어 있는 경우가 확인되었다.

이 자료집은 한국천주교사의 연구에 우선 활용될 수 있을 것이다. 뿐만 아니라 이 자료집은 조선후기사의 연구자들에게도 19세기 초엽의 사회상과 정치사적 맥락을 이해하는 데에 도움을 줄 수 있을 것이다. 이 자료집의 편찬은 한국순교자현양위원회에서 1801년 순교한 신도들의 시복을 추진하고 준비하는 과정에서 착수되었다. 그러므로 이 자료집을 통해서 제시되는 당시의 교회상과 순교자들에 대한 객관적 기록은 이들에 관한 올바른 이해를 가능하게 해 줄 것으로 믿는다. 이 자료집에 대한 계속적인 질정을 격려의 말로 받아들이고자 한다.

5. 부록

〈부록1〉 신유박해 관계 기사 대조표

〔일러두기〕

* 이 대조표는 『承政院日記』에 수록되어 있는 천주교 관계 기사를 기준으로 하여, 그 기사가 『日省錄』, 『備邊司謄錄』, 『朝鮮王朝實錄』, 『闢衛編』, 『朝鮮史稿本』에 수록되어 있는지를 확인〕대조한 표이다.

* 이를 위해서 각 사료집에 수록되어 있는 동일한 사건에 관한 기사의 존재 여부를 먼저 확인했다. 그리고 이에 이어서 각 사료집에 수록된 기사의 질이나 양이 『승정원일기』의 기사와 어떠한 차이가 있는지를 먼저 확인했다. 이 때『순조실록』과 『일성록』은 자료의 특성상 사료의 질적인 면을 위주로 하여 판별해 나갔고, 나머지 자료들은 그 양적인 면을 고려해서 비교했다.

* 자료의 질이나 양의 정도는 다음과 같은 부호를 사용하여 대조표에 표시했다.
■ : 해당 기사를 국역한 자료
○ : 국역 자료와 대조시 게재율 70% 이상
□ : 국역 자료와 대조시 게재율 50% 이상
△ : 국역 자료와 대조시 게재율 30% 이상
빈칸 : 해당 기사가 없음.

* 이 대조표에 제시된 전거의 약자는 다음과 같은 자료를 말한다.
『승』 : 大韓民國 文敎部 國史編纂委員會 『承政院日記』97·98권, 1972년, 探求堂.
『일』 : 서울大學校 圖書館·奎章閣, 『日省錄』29·30·31책, 1992년.
『실』 : 國史編纂委員會, 『純祖實錄』47집, 1973년, 探求堂.
『비』 : 國史編纂委員會, 『備邊司謄錄』19권, 1959년, 민족문화사.
『벽』 : 李基慶, 『闢衛編』, 1978년, 曙光社.
『조』 : 朝鮮史編修會, 『朝鮮史稿本』(天主敎資料集)

편장항	연 월 일 제 목	『승』	『일』	『비』	『실』	『벽』	『조』
1-1-01	순조 즉위년 8월 1일 신해 양사에서 강이천 등 국문 요청	▨					
1-1-02	순조 즉위년 8월 25일 을해 신헌조의 강이천 등 국문 요청	▨					
1-1-03	순조 즉위년 8월 28일 무인 서유기의 강이천 등 국문 요청	▨					
1-1-04	순조 즉위년 8월 29일 기묘 서유기의 강이천 등 국문 요청	▨					
1-1-05	순조 즉위년 9월 1일 경진 김효수의 강이천 등 국문 요청	▨					
1-1-06	순조 즉위년 9월 3일 임오 김효진의 강이천 등 국문 요청	▨					
1-1-07	순조 즉위년 9월 5일 갑신 이상겸의 강이천 등 국문 요청	▨					
1-1-08	순조 즉위년 9월 6일 을유 남속의 강이천 등 국문 요청	▨					
1-1-09	순조 즉위년 9월 9일 무자 김효수의 강이천 등 국문 요청	▨					
1-1-10	순조 즉위년 9월 15일 갑오 이동만의 강이천 등 국문 요청	▨					
1-1-11	순조 즉위년 9월 16일 을미 김선 등의 강이천 등 국문 요청	▨					
1-1-12	순조 즉위년 9월 17일 병신 김선 등의 강이천 등 국문 요청	▨					
1-1-13	순조 즉위년 9월 18일 정유 김선의 강이천 등 국문 요청	▨					
1-1-14	순조 즉위년 9월 19일 무술 정최성의 강이천 등 국문 요청	▨					
1-1-15	순조 즉위년 9월 20일 기해 이동만의 강이천 등 국문 요청	▨					
1-1-16	순조 즉위년 9월 24일 계묘 양사에서 채홍원 처벌 요청	▨			○		
1-1-17	순조 즉위년 9월 24일 계묘 김선 등의 강이천 등 국문 요청	▨					
1-1-18	순조 즉위년 9월 25일 갑진 양사에서 채홍원 국문 요청	▨					
1-1-19	순조 즉위년 9월 25일 갑진 성정진의 채홍원 국문 요청	▨					

편장항	연 월 일 제 목	『승』	『일』	『비』	『실』	『벽』	『조』
1-1-20	순조 즉위년 9월 26일 을사 이동암의 채홍원 탄핵 요청	▨					
1-1-21	순조 즉위년 9월 27일 병오 김선의 채홍원 귀양 요청 상소	▨					
1-1-22	순조 즉위년 9월 29일 무신 양사의 채홍원사건 조사 요청	▨					
1-1-23	순조 즉위년 9월 30일 기유 김희채의 강이천 등 국문 요청	▨					
1-1-24	순조 즉위년 10월 1일 경술 김희채의 강이천 등 국문 요청	▨					
1-1-25	순조 즉위년 10월 5일 갑인 채홍원 문제 논의	▨					
1-1-26	순조 즉위년 10월 16일 갑인 강이천 등 처벌과 채홍원사건 조사 요청	▨					
1-1-27	순조 즉위년 10월 23일 임신 윤지현의 강이천 등 국문 요청	▨					
1-1-28	순조 즉위년 10월 24일 계유 윤지현의 강이천 등 국문 요청	▨					
1-1-29	순조 즉위년 10월 27일 병자 이동식의 강이천 등 국문 요청	▨					
1-1-30	순조 즉위년 10월 28일 정축 윤지현의 강이천 등 국문 요청	▨					
1-1-31	순조 즉위년 11월 20일 무술 이동식의 인동사건과 채홍원 관련 상소	▨					
1-1-32	순조 즉위년 11월 27일 을사 강이천 등 처벌과 채홍원사건 조사 요청	▨					
1-1-33	순조 즉위년 12월 26일 갑술 강이천 등 처벌과 채홍원사건 조사 요청	▨					
1-1-34	순조 원년 1월 4일 신사 강이천 등 처벌과 채홍원사건 조사 요청	▨					
1-1-35	순조 원년 1월 6일 계미 김재익의 홍낙임 · 채제공 처벌 요청	▨	○		○		
1-1-36	순조 원년 1월 6일 계미 이안묵의 홍낙임 국문 요청	▨	○		○		
1-2-01	순조 원년 1월 10일 정해 사학 배척 논의	▨	○		○	○	
1-2-02	순조 원년 1월 13일 경인 사간원의 채홍원사건 조사 요청	▨					

편장항	연 월 일 제 목	『승』	『일』	『비』	『실』	『벽』	『조』
1-2-03	순조 원년 1월 14일 신묘 사간원의 강이천 등 국문 요청	▨					
1-2-04	순조 원년 1월 15일 임진 사간원의 강이천 등 국문 요청	▨					
1-2-05	순조 원년 1월 16일 계사 관학 유생의 홍낙임 처벌 요청	▨	○		○		
1-2-06	순조 원년 1월 16일 계사 이안묵의 홍낙임 처벌 요청	▨	○		○		
1-2-07	순조 원년 1월 19일 병신 사간원의 강이천 등 국문 요청	▨					
1-2-08	순조 원년 1월 21일 무술 사학 유생들의 홍낙임 처벌 요청	▨	○		○		
1-2-09	순조 원년 2월 1일 정미 박서원의 교주 체포 요청 상소	▨	○			○	
1-2-10	순조 원년 2월 3일 기유 심환지의 박장설 승진 요청	▨	○		○		○
1-2-11	순조 원년 2월 5일 신해 강이천 등 처벌과 채홍원사건 조사 요청	▨					
1-2-12	순조 원년 2월 5일 신해 사학 금단책 논의	▨	○	○	○	□	○
1-2-13	순조 원년 2월 9일 을묘 형조 판서 교체	▨	□		○		○
1-2-14	순조 원년 2월 9일 을묘 국청 설치 전교	▨			○	○	○
1-2-15	순조 원년 2월 9일 을묘 최헌중을 추국 관원으로 선발	▨					
1-2-16	순조 원년 2월 9일 을묘 한용탁을 추국 관원으로 선발	▨	□				
1-2-17	순조 원년 2월 9일 을묘 삼사에서 채제공 등 처벌 요청	▨	○		○		
1-2-18	순조 원년 2월 9일 을묘 사헌부의 이가환·이승훈·정약용 탄핵	▨	○	○	○	○	○
1-2-19	순조 원년 2월 9일 을묘 사간원에서 강이천 등 국문 요청	▨					
1-2-20	순조 원년 2월 9일 을묘 박장설의 이가환 처벌 요청	▨	○			○	
1-2-21	순조 원년 2월 10일 병진 윤광보의 추국 참여 보고	▨					

편장항	연 월 일 제 목	『승』	『일』	『비』	『실』	『벽』	『조』
1-2-22	순조 원년 2월 10일 병진 추국 독려	▨	○			○	
1-2-23	순조 원년 2월 10일 병진 윤광보의 추국 참여 보고	▨					
1-2-24	순조 원년 2월 10일 병진 추국 참여 관원 소집	▨					
1-2-25	순조 원년 2월 10일 병진 추국 일시 정지	▨					
1-2-26	순조 원년 2월 10일 병진 추국에 가도사 차출	▨					
1-2-27	순조 원년 2월 10일 병진 이기헌 등이 사학 관련자 처벌 요청	▨	○		○		
1-2-28	순조 원년 2월 11일 정사 김희순 추국 관원에 임명	▨					
1-2-29	순조 원년 2월 11일 정사 이서구 추국 관원에 임명	▨	○				
1-2-30	순조 원년 2월 11일 정사 이서구 추국 관원에 임명	▨					
1-2-31	순조 원년 2월 11일 정사 추국 관원 교체	▨					
1-2-32	순조 원년 2월 11일 정사 추국 관원 교체	▨					
1-2-33	순조 원년 2월 11일 정사 추국 관원 추가 임명	▨					
1-2-34	순조 원년 2월 11일 정사 이기헌의 추국 참여 보고	▨					
1-2-35	순조 원년 2월 12일 무오 서미수의 추국 참여 보고	▨					
1-2-36	순조 원년 2월 12일 무오 추국 관원 교체	▨					
1-2-37	순조 원년 2월 12일 무오 추국 관원 교체	▨					
1-2-38	순조 원년 2월 12일 무오 추국 공초 대령	▨					○
1-2-39	순조 원년 2월 12일 무오 추국 일시 정지	▨					
1-2-40	순조 원년 2월 12일 무오 이기헌의 추국 참여 보고	▨					

편장항	연 월 일 제 목	『승』	『일』	『비』	『실』	『벽』	『조』
1-2-41	순조 원년 2월 12일 무오 오정원의 강이천 등 국문 요청	▨					
1-3-01	순조 원년 2월 12일 무오 정약종 등 신문과 원정	▨				○	
1-3-02	순조 원년 2월 12일 무오 정약종 논죄와 사학 금단책 논의	▨	□	○		○	
1-3-03	순조 원년 2월 12일 무오 정약종 등 사학 죄인 처벌 논의	▨	○		○	□	○
1-3-04	순조 원년 2월 13일 기미 추국 일시 철파	▨					
1-3-05	순조 원년 2월 13일 기미 추국에 참여하지 않은 포도대장 문책	▨	○			○	
1-3-06	순조 원년 2월 13일 기미 유원명이 채제공 일로 사직 요청	▨	○				
1-3-07	순조 원년 2월 13일 기미 이기헌의 추국 참여 보고	▨					
1-3-08	순조 원년 2월 13일 기미 이인채가 유원명의 삭직 요청	▨					
1-3-09	순조 원년 2월 13일 기미 신봉조의 유원명 탄핵	▨	○		○		
1-3-10	순조 원년 2월 13일 기미 정약용 등 신문	▨	○			○	
1-3-11	순조 원년 2월 14일 경신 사학 장계를 소홀히 한 이익운 추고	▨	○			○	
1-3-12	순조 원년 2월 14일 경신 윤지겸을 추국 관원에 차출	▨					
1-3-13	순조 원년 2월 14일 경신 윤지겸을 추국 관원으로 차출	▨					
1-3-14	순조 원년 2월 14일 경신 사학문서 처리 잘못한 관리 처벌	▨			○	○	
1-3-15	순조 원년 2월 14일 경신 추국 일시 정지	▨					
1-3-16	순조 원년 2월 14일 경신 이기헌의 추국 참여 보고	▨					
1-3-17	순조 원년 2월 14일 경신 신봉조가 오석충 등 국문 요청	▨	○		○	○	○
1-3-18	순조 원년 2월 14일 경신 사학문서 잘못 처리한 관리 처벌 요청	▨	○		○	○	

편장항	연 월 일 제 목	『승』	『일』	『비』	『실』	『벽』	『조』
1-3-19	순조 원년 2월 14일 경신 이승훈 등 사학 관련자 신문	▨	○			○	
1-3-20	순조 원년 2월 14일 경신 최창현 등 사학 관련자 신문	▨	○			○	○
1-3-21	순조 원년 2월 15일 신유 추국 참여 관원 조정	▨					
1-3-22	순조 원년 2월 15일 신유 추국 참여 관원 조정	▨					
1-3-23	순조 원년 2월 15일 신유 김관주를 동의금에 임명	▨				○	
1-3-24	순조 원년 2월 15일 신유 김관주의 추국 참여 독촉	▨	○				
1-3-25	순조 원년 2월 15일 신유 김관주의 추국 참여 독촉	▨					
1-3-26	순조 원년 2월 15일 신유 추국 불참한 김관주 처벌	▨	○				
1-3-27	순조 원년 2월 15일 신유 이심도를 추국 관원으로 차출	▨					
1-3-28	순조 원년 2월 15일 신유 조국인을 추국 관원으로 차출	▨					
1-3-29	순조 원년 2월 15일 신유 추안을 소홀한 신봉조 파직	▨	○		○	○	
1-3-30	순조 원년 2월 15일 신유 추국 일시 정지	▨	○				
1-3-31	순조 원년 2월 15일 신유 홍헌영 등 사학 죄인 석방	▨	○				
1-3-32	순조 원년 2월 15일 신유 유이환·이가환 등 신문	▨	○		□	○	○
1-3-33	순조 원년 2월 16일 임술 목만중을 대사간에 임명	▨	○		○	○	○
1-3-34	순조 원년 2월 16일 임술 목만중을 대사간에 임명	▨					
1-3-35	순조 원년 2월 16일 임술 목만중의 국청 참여 독려	▨	○			○	
1-3-36	순조 원년 2월 16일 임술 국청에 참여하지 않는 관리 추고	▨	○			○	
1-3-37	순조 원년 2월 16일 임술 추국 일시 정지	▨					

편장항	연 월 일 제 목	『승』	『일』	『비』	『실』	『벽』	『조』
1-3-38	순조 원년 2월 16일 임술 이기헌의 추국 참여 보고	▨					
1-3-39	순조 원년 2월 16일 임술 이상겸이 이기양·강이천 등 처벌 요청	▨	○		○	○	○
1-3-40	순조 원년 2월 16일 임술 정약종 등 신문	▨				○	
1-3-41	순조 원년 2월 17일 계해 사학과 무관한 보고를 한 유한기 파출	○	▨			○	
1-3-42	순조 원년 2월 17일 계해 박장설을 추국 관원에 차출	▨					
1-3-43	순조 원년 2월 17일 계해 이서구의 추국 참여 독촉	▨	○			○	
1-3-44	순조 원년 2월 17일 계해 이기헌의 추국 참여 보고	▨					
1-3-45	순조 원년 2월 17일 계해 오석충 재수감과 이가환 등 신문	▨	○			○	
1-4-01	순조 원년 2월 18일 갑자 이광익의 추국 참여 보고	▨					
1-4-02	순조 원년 2월 18일 갑자 추국 일시 정지	▨	○			○	
1-4-03	순조 원년 2월 18일 갑자 이기헌의 추국 참여 보고	▨					
1-4-04	순조 원년 2월 18일 갑자 정약종 수갑 해제 보고	▨					
1-4-05	순조 원년 2월 18일 갑자 이준신의 경기 감영 이송	▨	○				
1-4-06	순조 원년 2월 18일 갑자 이인채가 이기양·이총억 부자 탄핵	▨	○		○	○	
1-4-07	순조 원년 2월 18일 갑자 경상도 유생의 채제공 부자 탄핵소	▨	○		○	□	
1-4-08	순조 원년 2월 18일 갑자 권엄 등이 이가환 등 사학 관련자 탄핵	▨	○		○	○	○
1-4-09	순조 원년 2월 18일 갑자 목만중이 이학규·오석충 탄핵	▨	○			○	○
1-4-10	순조 원년 2월 18일 갑자 이가환·권철신 등 신문	▨	○			○	○
1-4-11	순조 원년 2월 19일 을축 추국 관원 차출 보고	▨					

편장항	연 월 일 제 목	『승』	『일』	『비』	『실』	『벽』	『조』
1-4-12	순조 원년 2월 19일 을축 이기헌의 추국 참여 보고	▨					
1-4-13	순조 원년 2월 19일 을축 유경이 이기양 국문 요청	▨					
1-4-14	순조 원년 2월 19일 을축 권철신·오석충 등 신문	▨	○			○	○
1-4-15	순조 원년 2월 20일 병인 추국 관원 차출 보고	▨					
1-4-16	순조 원년 2월 20일 병인 추국으로 빈청 연기	▨					
1-4-17	순조 원년 2월 20일 병인 추안 작성에 실수한 관리 처벌	▨	○				
1-4-18	순조 원년 2월 20일 병인 추국 일시 정지	▨					
1-4-19	순조 원년 2월 20일 병인 이기헌의 추국 참여 보고	▨					
1-4-20	순조 원년 2월 20일 병인 이인채가 이기양 국문 요청	▨	○				
1-4-21	순조 원년 2월 20일 병인 이인채 등이 채제공 관작 추탈 요청	▨					
1-4-22	순조 원년 2월 20일 병인 임사언이 강이천 등 국문 요청	▨				□	
1-4-23	순조 원년 2월 20일 병인 정약전·오석충 등 신문	▨	○			○	
1-4-24	순조 원년 2월 21일 정묘 추국 관원 차출 보고	▨					
1-4-25	순조 원년 2월 21일 정묘 엄기의 추국 참여 보고	▨					
1-4-26	순조 원년 2월 21일 정묘 추국 참여 관원 교체	▨					
1-4-27	순조 원년 2월 21일 정묘 추국 참여 관원 교체	▨					
1-4-28	순조 원년 2월 21일 정묘 이기헌의 추국 참여 보고	▨					
1-4-29	순조 원년 2월 21일 정묘 추국 일시 정지	▨	○		○	○	
1-4-30	순조 원년 2월 21일 정묘 이익운의 척사소	▨	○		○	○	

편장항	연 월 일 제 목	『승』	『일』	『비』	『실』	『벽』	『조』
1-4-31	순조 원년 2월 21일 정묘 권철신 · 이존창 등 신문	▨	○			○	
1-4-32	순조 원년 2월 22일 무진 유경 등이 채제공 관작 추탈 요청	▨					
1-5-01	순조 원년 2월 23일 기사 목만중 척사소	▨	○		○	○	
1-5-02	순조 원년 2월 23일 기사 채제공 관작 추탈 논의	▨	○		○		
1-5-03	순조 원년 2월 25일 신미 추국 실시 명령	▨	○			○	
1-5-04	순조 원년 2월 25일 신미 엄기의 추국 참여 보고	▨					
1-5-05	순조 원년 2월 25일 신미 신대겸을 추국 관원에 차출	▨					
1-5-06	순조 원년 2월 25일 신미 이준신 시신 관리 소홀 지방관 처벌	▨	○				
1-5-07	순조 원년 2월 25일 신미 이기헌의 추국 참여 보고	▨					
1-5-08	순조 원년 2월 25일 신미 장석윤의 척사소	▨	○		○		
1-5-09	순조 원년 2월 25일 신미 사학 배척 논의	▨	○		○	△	○
1-5-10	순조 원년 2월 26일 임신 추국 참여 관원 교체	▨					
1-5-11	순조 원년 2월 26일 임신 유광렴을 추국 관원에 차출	▨					
1-5-12	순조 원년 2월 26일 임신 추국 참여 관원 교체	▨					
1-5-13	순조 원년 2월 26일 임신 추국 참여 관원	▨					
1-5-14	순조 원년 2월 26일 임신 추국 일시 정지	▨			○		
1-5-15	순조 원년 2월 26일 임신 정약종 정형과 가산 몰수 보고	▨	○				
1-5-16	순조 원년 2월 26일 임신 신대현의 옥사 지체로 인한 사직소	▨					
1-5-17	순조 원년 2월 26일 임신 이가환 · 권철신 물고 보고	○	▨		○	○	○

편장항	연 월 일 제 목	『승』	『일』	『비』	『실』	『벽』	『조』
1-5-18	순조 원년 2월 26일 임신 이승훈 · 이가환 등 결안	■	○		○	○	○
1-5-19	순조 원년 2월 27일 계유 추국에 참여한 엄기 복귀	■					
1-5-20	순조 원년 2월 27일 계유 정약전 · 정약용 정배 보고	■	○				○
1-5-21	순조 원년 2월 27일 계유 정약종 노비의 국가 귀속 보고	■	□				
1-5-22	순조 원년 2월 27일 계유 정약전 · 정약용 유배 보고		■				
1-5-23	순조 원년 2월 27일 계유 신광식의 홍낙임 등 탄핵	■	○		○	△	○
1-5-24	순조 원년 2월 27일 계유 정약전 · 정약용 등 정배	■					
1-5-25	순조 원년 2월 28일 갑술 사학 옥사를 효원전에 고유	■	○		○	○	
1-5-26	순조 원년 2월 28일 갑술 효원전 고유제문 작성	■	○				
1-5-27	순조 원년 2월 29일 을해 홍낙항의 개명 요청 상소	■	○				
1-5-28	순조 원년 2월 29일 을해 사학도 체포 독려	○	■			○	
1-5-29	순조 원년 2월 30일 병자 홍낙임 등을 탄핵한 신광식 상소 처리	■	○	○	○	△	○
1-5-30	순조 원년 3월 1일 정축 사서를 소지했던 사신 처벌	■	○	○	○	○	○
1-5-31	순조 원년 3월 1일 정축 송문로 유배 보고	■	○		○		
1-5-32	순조 원년 3월 1일 정축 유기주 유배 보고	■	○		○		
1-5-33	순조 원년 3월 3일 기묘 사서를 소지한 사신 처벌	■	○	○	○	○	○
1-5-34	순조 원년 3월 3일 기묘 황인점 처벌	■	○	○	○	○	○
1-5-35	순조 원년 3월 6일 임오 추국 관원 참여 독려	■					
1-5-36	순조 원년 3월 6일 임오 엄기의 추국 참여 보고	■					

편장항	연 월 일 제 목	『승』	『일』	『비』	『실』	『벽』	『조』
1-5-37	순조 원년 3월 6일 임오 이상겸을 추국 관원에 차출	▧	○				
1-5-38	순조 원년 3월 6일 임오 사학도 체포 못한 유맹환 처벌 요청	▧	○			○	
1-5-39	순조 원년 3월 6일 임오 홍양호가 개명 요청	▧	○				
1-5-40	순조 원년 3월 6일 임오 홍의영의 개명 요청 상소	▧	○		○		
1-5-41	순조 원년 3월 6일 임오 이기양 · 오석충 신문	▧	○			○	
1-5-42	순조 원년 3월 6일 임오 척사의 방도 논의	▧	○				
1-5-43	순조 원년 3월 7일 계미 추국 관원 차출	▧	○				
1-5-44	순조 원년 3월 7일 계미 김관주를 추국 관원에 차출	▧					
1-5-45	순조 원년 3월 7일 계미 서정수를 추국 관원에 차출	▧					
1-5-46	순조 원년 3월 7일 계미 유경 등이 채제공 등 탄핵	▧					
1-5-47	순조 원년 3월 7일 계미 유경이 정약전 등 탄핵	▧	○				
1-5-48	순조 원년 3월 7일 계미 김효진이 채홍원사건 조사 요청	▧					
1-5-49	순조 원년 3월 7일 계미 이상황의 척사소	▧	○		○		
1-5-50	순조 원년 3월 7일 계미 성병렬이 조덕린 · 채제공 탄핵	▧	○				
1-6-01	순조 원년 3월 7일 계미 이기양 · 오석충 신문	▧	○			○	
1-6-02	순조 원년 3월 8일 갑신 이기양 · 오석충 신문	▧	○			○	
1-6-03	순조 원년 3월 8일 갑신 이시수가 김이백 등 국청 절차 문의	▧	○				
1-6-04	순조 원년 3월 9일 을유 추국 일시 정지	▧					
1-6-05	순조 원년 3월 9일 을유 이기양 신문	▧				○	

편장항	연 월 일 제 목	『승』	『일』	『비』	『실』	『벽』	『조』
1-6-06	순조 원년 3월 9일 을유 추안의 언문 번역 논의	▨	○				
1-6-07	순조 원년 3월 10일 병술 추국 관원 차출	▨	○				
1-6-08	순조 원년 3월 10일 병술 이기양·오석충 정배 보고	▨	○		○		○
1-6-09	순조 원년 3월 10일 병술 권한위가 사학도의 분산 수용 요청	▨	○			○	
1-6-10	순조 원년 3월 10일 병술 추안 언문 번역과 사학 금단 논의	▨	○		□	○	○
1-6-11	순조 원년 3월 11일 정해 홍광일의 김백순·황사영 처벌 요청	▨			○	○	
1-6-12	순조 원년 3월 11일 정해 홍무응의 개명 요청 상소	▨	○				
1-6-13	순조 원년 3월 11일 정해 이의채의 척사소	▨	○		○	○	
1-6-14	순조 원년 3월 11일 정해 홍씨 가문 개명 요청 논의	▨					
1-6-15	순조 원년 3월 12일 무자 권한위의 김백순 국문 요청	▨					
1-6-16	순조 원년 3월 13일 기축 이격을 탄핵한 이의채 상소 처리	▨	○	○	○	○	
1-6-17	순조 원년 3월 13일 기축 이일운 체포 보고	▨					
1-6-18	순조 원년 3월 13일 기축 이격 향리로 축출 보고	▨					
1-6-19	순조 원년 3월 13일 기축 권한위 등이 채제공 관작 추탈 요청	▨					
1-6-20	순조 원년 3월 13일 기축 권한위 등이 홍낙임 국문 요청	▨					
1-6-21	순조 원년 3월 13일 기축 권한위가 정약전 등 국문 요청	▨					
1-6-22	순조 원년 3월 13일 기축 윤우열이 사학도 처벌 요청	▨	○		○	○	
1-6-23	순조 원년 3월 13일 기축 사학 배척 방안 논의	▨					
1-6-24	순조 원년 3월 14일 경인 국청 죄수 사망 보고	▨					

편장항	연 월 일 제 목	『승』	『일』	『비』	『실』	『벽』	『조』
2-1-01	순조 원년 3월 14일 경인 심환지가 주문모 자수 보고	▨	○				
2-1-02	순조 원년 3월 15일 신묘 엄기의 추국 참여 보고	▨					
2-1-03	순조 원년 3월 15일 신묘 권한위의 추국 참여 보고	▨					
2-1-04	순조 원년 3월 15일 신묘 유경의 이격 · 오석충 탄핵	▨	○		○	○	○
2-1-05	순조 원년 3월 15일 신묘 홍광일의 채제공 탄핵소	▨	○				
2-1-06	순조 원년 3월 15일 신묘 주문모 신문 보고	▨					
2-1-07	순조 원년 3월 15일 신묘 주문모 처벌 논의	▨	○		○		
2-1-08	순조 원년 3월 16일 임진 홍광일의 추국 참여 보고	▨					
2-1-09	순조 원년 3월 16일 임진 국청 대신이 공초를 가지고 입대	▨					
2-1-10	순조 원년 3월 16일 임진 가도사 차출 요청	▨					
2-1-11	순조 원년 3월 16일 임진 추국 참여 관원 교대 보고	▨					
2-1-12	순조 원년 3월 16일 임진 유경 등이 채제공 관작 추탈 요청	▨					
2-1-13	순조 원년 3월 16일 임진 유경 등이 홍낙임 국문 요청	▨					
2-1-14	순조 원년 3월 16일 임진 유경 등이 정약전 등 국문 요청	▨					
2-1-15	순조 원년 3월 16일 임진 강경복 · 서경의 추국	▨	○			○	
2-1-16	순조 원년 3월 16일 임진 주문모 처벌과 사학 금단책 논의	▨	○				○
2-1-17	순조 원년 3월 17일 계사 엄기의 추국 참여 보고	▨					
2-1-18	순조 원년 3월 17일 계사 이상겸의 추국 참여 보고	▨					
2-1-19	순조 원년 3월 17일 계사 주문모와 김건순 대질 신문	▨	○				

편장항	연 월 일 제 목	『승』	『일』	『비』	『실』	『벽』	『조』
2-1-20	순조 원년 3월 18일 갑오 추국 일시 정지	▨					
2-1-21	순조 원년 3월 18일 갑오 비변사가 이격·오석충 등 처벌 요청	▨	○	○	○	○	○
2-1-22	순조 원년 3월 18일 갑오 오정원 등이 채제공 관작 추탈 요청	▨					○
2-1-23	순조 원년 3월 18일 갑오 오정원 등이 홍낙임 국문 요청	▨					
2-1-24	순조 원년 3월 18일 갑오 유경 등이 정약용 등 처벌 요청	▨			○	○	
2-1-25	순조 원년 3월 18일 갑오 이희영의 포도청 이송과 김이백 국문	▨				○	
2-1-26	순조 원년 3월 19일 을미 사학 죄수 격리 방안 논의	▨	○		○	○	○
2-1-27	순조 원년 3월 19일 을미 김효진의 대간 사직소	▨					
2-1-28	순조 원년 3월 19일 을미 권한위 등이 채제공 관작 추탈 요청	▨				△	
2-1-29	순조 원년 3월 19일 을미 권한위 등이 홍낙임 국문 요청	▨					
2-1-30	순조 원년 3월 19일 을미 귀한위가 정약전 등 국문 요청	▨					
2-1-31	순조 원년 3월 20일 병신 비변사에서 사학죄수 격리문제 논의	▨	○	○			
2-1-32	순조 원년 3월 20일 병신 유경 등의 대간 사직 요청	▨	○				
2-1-33	순조 원년 3월 20일 병신 홍광일 등이 채제공 관작 추탈 요청	▨					
2-1-34	순조 원년 3월 20일 병신 홍광일 등이 홍낙임 국문 요청	▨					
2-1-35	순조 원년 3월 20일 병신 홍광일이 정약전 등 국문 요청	▨					
2-1-36	순조 원년 3월 21일 정유 의금부에서 이일운 석방 문의	▨	○				
2-1-37	순조 원년 3월 22일 무술 김여·김건순 등 취조 명령	▨	○			○	
2-1-38	순조 원년 3월 22일 무술 홍희운 등이 채제공 관작 추탈 요청	▨					

편장항	연 월 일 제 목	『승』	『일』	『비』	『실』	『벽』	『조』
2-1-39	순조 원년 3월 22일 무술 홍희운 등이 홍낙임 국문 요청	▧					
2-1-40	순조 원년 3월 22일 무술 홍희운이 정약전 등 국문 요청	▧					
2-1-41	순조 원년 3월 23일 기해 엄기의 추국 참여 보고	▧					
2-1-42	순조 원년 3월 23일 기해 김건순 · 김이백 · 김여 등 신문	▧	○			○	
2-1-43	순조 원년 3월 24일 경자 추국 일시 정지	▧					
2-1-44	순조 원년 3월 25일 신축 김여 등 추국 속개 명령	▧					
2-1-45	순조 원년 3월 26일 임인 남공철이 추국 관원 차출 보고	▧	○				
2-1-46	순조 원년 3월 26일 임인 추국 참여 관원	▧					
2-1-47	순조 원년 3월 26일 임인 추국 관원 차출	▧					
2-1-48	순조 원년 3월 26일 임인 추국 관원 차출 보고	▧					
2-1-49	순조 원년 3월 26일 임인 가도사 차출 보고	▧					
2-1-50	순조 원년 3월 26일 임인 김이백 · 강이천 · 김건순 신문	▧	○			○	
2-1-51	순조 원년 3월 26일 임인 사학도 처벌 논의	▧					
2-1-52	순조 원년 3월 27일 계묘 엄기의 추국 참여 보고	▧					
2-1-53	순조 원년 3월 27일 계묘 추국 관원 차출	▧					
2-1-54	순조 원년 3월 27일 계묘 홍희운의 척사소	▧	○			○	
2-1-55	순조 원년 3월 27일 계묘 강이천 · 김건순 · 김이백 등 신문	▧	○			○	
2-1-56	순조 원년 3월 27일 계묘 주문모와 사학도 처벌 논의	▧	○		□		
2-1-57	순조 원년 3월 28일 갑진 예조에서 김건순 양자 철회 보고	▧			○		

편장항	연 월 일 제 목	『승』	『일』	『비』	『실』	『벽』	『조』
2-1-58	순조 원년 3월 28일 갑진 강이천 · 김건순 신문	▨	○			○	
2-1-59	순조 원년 3월 29일 을사 추국 관원 차출	▨					
2-1-60	순조 원년 3월 29일 을사 김백순 등 결안정법과 김여 등 신문	▨	○		○	○	○
2-1-61	순조 원년 3월 30일 병오 추국 일시 정지	▨	○		○		
2-2-01	순조 원년 4월 1일 정미 의금부에서 결옥안 수정 보고	▨					
2-2-02	순조 원년 4월 2일 무신 추국 개시 명령	▨			○		
2-2-03	순조 원년 4월 2일 무신 엄기가 추국 참여 보고	▨					
2-2-04	순조 원년 4월 2일 무신 엄기가 추국 관원 차출 보고	▨					
2-2-05	순조 원년 4월 2일 무신 추국 관원 차출	▨					
2-2-06	순조 원년 4월 2일 무신 척사소 올린 최중규 처벌 명령	▨	○		○	○	
2-2-07	순조 원년 4월 2일 무신 홍희운의 정약전 등 국문 요청	▨					
2-2-08	순조 원년 4월 2일 무신 이시원의 사직소	▨	○				
2-2-09	순조 원년 4월 2일 무신 최중규가 이익운 · 최헌중 등 탄핵	▨	○		○	○	
2-2-10	순조 원년 4월 2일 무신 이술범 · 김이백 · 주문모 신문	▨	○				
2-2-11	순조 원년 4월 3일 기유 추국 개좌 여부 보고	▨	○				
2-2-12	순조 원년 4월 3일 기유 김관주의 추국 참여 보고	▨					
2-2-13	순조 원년 4월 3일 기유 서정수의 추국 참여 보고	▨					
2-2-14	순조 원년 4월 3일 기유 사학도 체포 과정의 작폐 제거 명령	▨	○		○	○	
2-2-15	순조 원년 4월 3일 기유 척사소 올린 최중규 유배	▨	○		○		

편장항	연 월 일 제 목	『승』	『일』	『비』	『실』	『벽』	『조』
2-2-16	순조 원년 4월 3일 기유 정시선 등이 채제공 처벌 요청	▨	○				
2-2-17	순조 원년 4월 3일 기유 정시선 등이 홍낙임 등 처벌 요청	▨					
2-2-18	순조 원년 4월 3일 기유 정시선이 정약전 등 국문 요청	▨					
2-2-19	순조 원년 4월 3일 기유 한익진이 채홍원사건 조사 요청	▨					
2-2-20	순조 원년 4월 3일 기유 김여 · 김이백 등 신문	▨	○			○	
2-2-21	순조 원년 4월 4일 경술 이인채 등의 최중규 옹호 상소	▨	○		○		
2-2-22	순조 원년 4월 4일 경술 임시철 등이 채제공 관작 추탈 요청	▨	○				
2-2-23	순조 원년 4월 4일 경술 임시철 등이 홍낙임 국문 요청	▨					
2-2-24	순조 원년 4월 4일 경술 김선이 정약전 등 국문 요청	▨					
2-2-25	순조 원년 4월 5일 신해 정만석의 추국 강화 요청	▨	○			○	
2-2-26	순조 원년 4월 5일 신해 홍희운의 최중규 옹호 상소	▨	○		○		
2-2-27	순조 원년 4월 5일 신해 사학도 격리 방안 논의	▨	○		○	○	
2-2-28	순조 원년 4월 6일 임자 강경복 · 서경의의 형조 출부 보고	▨					
2-2-29	순조 원년 4월 6일 임자 최중규 처리 논의	▨					
2-2-30	순조 원년 4월 9일 을묘 황기천의 척사소	▨	○				
2-2-31	순조 원년 4월 10일 병진 홍수만이 홍낙임 탄핵 요청	▨	○				
2-2-32	순조 원년 4월 10일 병진 박효성의 사학 금단과 사직소	▨	○		○		
2-2-33	순조 원년 4월 10일 병진 이윤행이 채제공 · 홍낙임 처벌 요청	▨	○		○		
2-2-34	순조 원년 4월 11일 정사 윤함이 척사와 윤광안 파직 요청	▨	○		○	○	

편장항	연 월 일 제 목	『승』	『일』	『비』	『실』	『벽』	『조』
2-2-35	순조 원년 4월 11일 정사 박효성 등이 정약전 등 국문 요청	▨					
2-2-36	순조 원년 4월 12일 무오 비변사에서 충청도 사학 조사 요청	▨	○	○		○	
2-2-37	순조 원년 4월 12일 무오 비변사에서 황기천의 척사소 처리 요청	▨	○				
2-2-38	순조 원년 4월 12일 무오 이조원이 척사 요청	▨					
2-2-39	순조 원년 4월 12일 무오 이윤행이 정약전 등 국문 요청	▨					
2-2-40	순조 원년 4월 13일 기미 박효성이 정약전 등 국문 요청	▨					
2-2-41	순조 원년 4월 16일 임술 정만석이 사설 횡행 대책 촉구	▨					
2-2-42	순조 원년 4월 16일 임술 황사영과 주문모 처리 논의	▨	○		△		
2-2-43	순조 원년 4월 17일 계해 추국 관원 차출	▨					
2-2-44	순조 원년 4월 17일 계해 엄기의 추국 참여 보고	▨					
2-2-45	순조 원년 4월 17일 계해 황사영사건 조작한 이병정 처벌 명령	▨	○		○		
2-2-46	순조 원년 4월 17일 계해 김관주를 추국 관원에 차출 보고	▨					
2-2-47	순조 원년 4월 17일 계해 추국 관원 교체 보고	▨					
2-2-48	순조 원년 4월 17일 계해 포청에서 죄인 시신 처리의 폐단 보고	▨	○				
2-2-49	순조 원년 4월 17일 계해 주문모 · 이주황 등 신문	▨	○			○	○
2-2-50	순조 원년 4월 18일 갑자 김선의 추국 참여 보고	▨					
2-2-51	순조 원년 4월 18일 갑자 김관주를 추국 관원에 거듭 차출	▨					
2-2-52	순조 원년 4월 18일 갑자 추국 관원 교체 보고	▨					
2-2-53	순조 원년 4월 18일 갑자 김이백 · 김여 등 신문	▨	○			○	

편장항	연 월 일 제 목	『승』	『일』	『비』	『실』	『벽』	『조』
2-2-54	순조 원년 4월 19일 을축 비변사에서 충청도 사학 처리 보고	▓	○	○		○	
2-2-55	순조 원년 4월 19일 을축 김관주를 추국 관원으로 거듭 차출	▓					
2-2-56	순조 원년 4월 19일 을축 의금부에서 최우문 석방 보고	▓					
2-2-57	순조 원년 4월 19일 을축 이익운의 사학 상황 보고와 사직소	▓	○			○	
2-2-58	순조 원년 4월 19일 을축 강이문·김여·김이백 등 신문	▓	○			○	
2-2-59	순조 원년 4월 19일 을축 어영청에서 주문모 효시 보고	▓				○	○
2-2-60	순조 원년 4월 19일 을축 조항진이 정약전 등 국문 요청	▓					
2-2-61	순조 원년 4월 20일 병인 서정수의 추국 참여 보고	▓					
2-2-62	순조 원년 4월 20일 병인 김광일 석방 명령	▓					
2-2-63	순조 원년 4월 20일 병인 김건순·김이백 등 처벌 보고	▓	○		○	○	○
2-2-64	순조 원년 4월 20일 병인 강이문 등 정배	▓			○		
2-2-65	순조 원년 4월 20일 병인 의금부에서 김신국 등 처리 보고	▓	○		○		○
2-2-66	순조 원년 4월 20일 병인 의금부에서 강이문 등 처리 보고	▓	○		○		○
2-2-67	순조 원년 4월 20일 병인 의금부에서 김여 정배 보고	▓	○		○		○
2-2-68	순조 원년 4월 20일 병인 김희채 등이 채제공 관작 추탈 요청	▓	○				
2-2-69	순조 원년 4월 20일 병인 김희채 등이 홍낙임 국문 요청	▓					
2-2-70	순조 원년 4월 20일 병인 박효성이 정약전 등 국문 요청	▓					
2-2-71	순조 원년 4월 21일 정묘 이윤행이 이치훈·이익운 처벌 요청	▓	○		○	○	
2-2-72	순조 원년 4월 21일 정묘 추국 일시 정지	▓	○				

편장항	연 월 일 제 목	『승』	『일』	『비』	『실』	『벽』	『조』
2-2-73	순조 원년 4월 24일 경오 이치훈 · 이익운 처벌 대책 보고	○	○	▨	○	○	○
2-2-74	순조 원년 4월 24일 경오 사학인 시체 처리 폐단 관련자 처벌 보고	▨					
2-2-75	순조 원년 4월 25일 신미 김근순이 이익운 밀부 환수 보고	▨					
2-2-76	순조 원년 4월 25일 신미 임희존이 최중규 석방 보고	▨					
2-2-77	순조 원년 4월 25일 신미 임시철 등이 채제공 등 처벌 요청	▨			○		○
2-2-78	순조 원년 4월 26일 임신 비변사에서 유관검 등 처벌 보고	▨			○		○
2-2-79	순조 원년 4월 28일 갑술 추국 관원 차출 보고	▨					
2-2-80	순조 원년 4월 28일 갑술 추국 관원 차출 보고	▨	○				
2-2-81	순조 원년 4월 28일 갑술 조덕윤의 군직 임명 보고	▨					
2-2-82	순조 원년 4월 28일 갑술 윤광안의 사학 실태 보고와 사직 요청	▨				○	
2-2-83	순조 원년 4월 28일 갑술 박서원 등이 채제공 등 처벌 요청	▨	○		○		
2-3-01	순조 원년 5월 1일 병자 유전이 정약전 등 처벌 요청	▨					
2-3-02	순조 원년 5월 1일 병자 박장설이 사학인 축출건으로 사직 요청	▨	○				
2-3-03	순조 원년 5월 6일 신사 홍병신이 정약전 등 국문 요청	▨					
2-3-04	순조 원년 5월 7일 임오 김일주에게 사설 횡행에 관해 돈유	▨	○				
2-3-05	순조 원년 5월 9일 갑신 가뭄으로 죄수 석방 명령	▨	○			○	
2-3-06	순조 원년 5월 10일 을유 송문술이 사학 토벌 문제점 상소	▨	○		○	○	
2-3-07	순조 원년 5월 10일 을유 원재명이 홍낙임 처벌과 척사 요청	▨	○		○	□	
2-3-08	순조 원년 5월 11일 병술 송문술 유배 명령	▨	○		○	△	

편장항	연 월 일 제 목	『승』	『일』	『비』	『실』	『벽』	『조』
2-3-09	순조 원년 5월 11일 병술 서미수가 송문술 처벌 요청	▨	○		○	○	
2-3-10	순조 원년 5월 11일 병술 이회상이 오가통법 · 호패법 강화 요청	▨	○		○	□	
2-3-11	순조 원년 5월 12일 정해 비변사에서 송문술 상소 처리 보고	▨					
2-3-12	순조 원년 5월 12일 정해 의금부에서 송문술 유배 보고	▨	○		○		
2-3-13	순조 원년 5월 12일 정해 박서원 등이 채제공 등 처벌 요청	▨					
2-3-14	순조 원년 5월 12일 정해 박서원 등이 홍낙임 처벌 요청	▨					
2-3-15	순조 원년 5월 12일 정해 홍병신 등이 정약전 · 송문술 처벌 요청	▨			○		
2-3-16	순조 원년 5월 12일 정해 박서원이 채홍원 · 송문술 등 처벌 요청	▨			○		
2-3-17	순조 원년 5월 12일 정해 김선 등이 송문술 등 처벌 요청	▨			○		
2-3-18	순조 원년 5월 13일 무자 이윤행이 정약전 · 송문술 등 처벌 요청	▨	○				
2-3-19	순조 원년 5월 13일 무자 형조에서 옥사 처결의 엄정 강조	▨	○			○	
2-3-20	순조 원년 5월 13일 무자 권선이 홍낙임 · 윤행임 처벌 요청	▨	○		○		
2-3-21	순조 원년 5월 14일 기축 비변사에서 윤행임 · 홍낙임사건 처리 보고	▨	○	○			
2-3-22	순조 원년 5월 14일 기축 비변사에서 호남 사학인과 호패 논의	▨	○	○		○	
2-3-23	순조 원년 5월 14일 기축 박서원 등이 채제공 관작 추탈 요청	▨					
2-3-24	순조 원년 5월 14일 기축 박서원 등이 홍낙임 · 윤행임 처벌 요청	▨	○		○		
2-3-25	순조 원년 5월 14일 기축 홍병신 등이 정약전 등 국문 요청	▨	○				
2-3-26	순조 원년 5월 14일 기축 박서원 등이 송문술 처벌 요청	▨					
2-3-27	순조 원년 5월 14일 기축 서용보가 홍낙임 · 윤행임 등 처벌 요청	▨	○		○	□	

편장항	연 월 일 제 목	『승』	『일』	『비』	『실』	『벽』	『조』
2-3-28	순조 원년 5월 15일 경인 비변사에서 윤행임 처벌 보고	▨	○		○		
2-3-29	순조 원년 5월 17일 임진 이인채가 신대현·이광익 등 처벌 요청	▨	○		○	□	
2-3-30	순조 원년 5월 18일 계사 의금부에서 신대현·이광익 유배 보고	▨			○		
2-3-31	순조 원년 5월 18일 계사 박서원 등이 채제공 관작 추탈 요청	▨	○				
2-3-32	순조 원년 5월 18일 계사 박서원 등이 윤행임 처벌 요청	▨			○	○	
2-3-33	순조 원년 5월 18일 계사 홍희운 등이 정약전 등 국문 요청	▨					
2-3-34	순조 원년 5월 19일 갑오 이인과 사학도 결탁의 대책 논의	▨	○				
2-3-35	순조 원년 5월 20일 을미 이한풍이 흉서사건으로 청대 요청	▨			○		
2-3-36	순조 원년 5월 20일 을미 이한풍이 흉서 보고	▨	○		○		
2-3-37	순조 원년 5월 20일 을미 흉서 내용과 대책 논의	▨	○		□		
2-3-38	순조 원년 5월 22일 정유 추국 참여 관원 교체 보고	▨					
2-3-39	순조 원년 5월 22일 정유 비변사에서 이인·홍낙임 처벌 논의	○	○	▨	○	□	
2-3-40	순조 원년 5월 22일 정유 의금부에서 이치훈 신문 보고	▨					
2-3-41	순조 원년 5월 22일 정유 의금부에서 이치훈 진술 보고	▨	○			○	
2-3-42	순조 원년 5월 22일 정유 김건순 등이 김건순 파양 문제 보고	▨	○			○	
2-3-43	순조 원년 5월 23일 무술 비변사에서 이치훈 향리 방축 보고	▨		○	○		○
2-3-44	순조 원년 5월 23일 무술 의금부에서 이치훈의 향리 방축 보고	▨	○		○		
2-3-45	순조 원년 5월 25일 경자 윤행임·홍낙임 처벌 논의	▨	○		△		
2-3-46	순조 원년 5월 26일 신축 송응규 등이 채제공 관작 추탈 요청	▨					

편장항	연 월 일 제 목	『승』	『일』	『비』	『실』	『벽』	『조』
2-3-47	순조 원년 5월 26일 신축 송응규 등이 홍낙임과 윤행임 처벌 요청	▨					
2-3-48	순조 원년 5월 26일 신축 송응규가 정약전 등 국문 요청	▨					
2-3-49	순조 원년 5월 27일 임인 당쟁을 조정한 김희연 정배 명령	▨	○		○		
2-3-50	순조 원년 5월 27일 임인 의금부에서 주문모 등 공초 검토 보고	▨	○			○	
2-3-51	순조 원년 5월 29일 갑진 의금부에서 홍낙임 사사 보고	▨			○		
2-3-52	순조 원년 5월 29일 갑진 신봉조 등이 채제공 관작 추탈 요청	▨					
2-3-53	순조 원년 5월 29일 갑진 김희채가 정약전 등 국문 요청	▨					
2-4-01	순조 원년 6월 4일 기유 이직보의 척사소	▨	○		○		
2-4-02	순조 원년 6월 4일 기유 김일주의 척사소	▨	○		○		
2-4-03	순조 원년 6월 5일 경술 사학에 대한 하교	▨	○				
2-4-04	순조 원년 6월 10일 을묘 민심 안정책 하교	▨	○				
2-4-05	순조 원년 6월 11일 병진 황사영사건 조작한 이여절 정배	▨	○				
2-4-06	순조 원년 6월 11일 병진 의금부에서 이여절 정배 보고	▨	○				
2-4-07	순조 원년 6월 11일 병진 고문 조작한 이여절 처벌 규정	▨					
2-4-08	순조 원년 6월 11일 병진 박태화의 척사 방법 상소	▨	○		○		
2-4-09	순조 원년 6월 12일 정사 권유가 윤행임 등 탄핵	▨			○		
2-4-10	순조 원년 6월 12일 정사 오한원이 윤행임 등 탄핵	▨	○				
2-4-11	순조 원년 6월 16일 신유 심달한의 척사소	▨	○				
2-4-12	순조 원년 6월 20일 을축 장석윤 등이 채제공 추탈 요청	▨					

편장항	연 월 일 제 목	『승』	『일』	『비』	『실』	『벽』	『조』
2-4-13	순조 원년 6월 20일 을축 장석윤이 윤행임 등 처벌 요청	▨					
2-4-14	순조 원년 6월 20일 을축 장석윤이 정약전 등 처벌 요청	▨					
2-4-15	순조 원년 6월 20일 을축 이인채가 채홍원과 이윤행 탄핵	▨					
2-4-16	순조 원년 6월 20일 을축 사서 처리 소홀한 한성부 당상 처분	▨	○			○	
2-4-17	순조 원년 6월 22일 정묘 의금부에서 추안 수정 보고	▨					
2-4-18	순조 원년 6월 22일 정묘 민기현이 윤행임 처벌 요청	▨	○			○	
2-4-19	순조 원년 6월 23일 무진 김선 등이 채제공 추탈 요청	▨					
2-4-20	순조 원년 6월 23일 무진 황기천이 정약전 등 처벌 요청	▨	○				
2-4-21	순조 원년 6월 28일 계유 의금부에서 이여절 정배 보고	▨					
2-4-22	순조 원년 7월 2일 병자 장석윤이 강이천 등 처벌 요청	▨	○			□	
2-4-23	순조 원년 7월 3일 정축 송환기의 척사소	▨	○				
2-4-24	순조 원년 7월 4일 무인 형조에서 김이옥 처벌 보고	▨	○				
2-4-25	순조 원년 7월 4일 무인 김조순의 척사소	▨	○		○		
2-4-26	순조 원년 7월 4일 무인 충청도 유생들의 송시열 추향 상소	▨	○				
2-4-27	순조 원년 7월 5일 기묘 오태현이 홍산적 처벌 요청	▨	○				
2-4-28	순조 원년 7월 7일 신사 비변사에서 송시열 추향 불허 보고	▨	○				
2-4-29	순조 원년 7월 8일 임오 한성부에서 신여권 가옥 훼철 보고	▨	○				
2-4-30	순조 원년 7월 11일 을유 이중련이 정약전 등 처벌 요청	▨					
2-4-31	순조 원년 7월 15일 기축 홍낙임의 장례 허가	▨	○		○		

편장항	연 월 일 제 목	『승』	『일』	『비』	『실』	『벽』	『조』
2-4-32	순조 원년 7월 18일 임진 최시순이 정약전 등 처벌 요청	▨					
2-4-33	순조 원년 7월 19일 계사 의금부에서 이여절 처리 보고	▨					
2-4-34	순조 원년 7월 23일 정유 의금부가 윤행임 처벌 요청	▨					
2-4-35	순조 원년 7월 24일 무술 장석윤 등이 정약전 등 처벌 요청	▨					
2-4-36	순조 원년 7월 25일 기해 이유채가 정약전 등 처벌 요청	▨					
2-4-37	순조 원년 8월 5일 기유 윤제홍의 척사소	▨	○		○		
2-4-38	순조 원년 8월 5일 기유 심환지가 유항검 등 처벌 요청	▨	○			○	○
2-4-39	순조 원년 8월 6일 경술 이기경이 정약전 등 처벌 요청	▨					
2-4-40	순조 원년 8월 7일 신해 의금부에서 이여절 신문 보고	▨					
2-4-41	순조 원년 8월 8일 임자 이유채가 정약전 등 처벌 요청	▨					
2-4-42	순조 원년 8월 9일 계축 이기경이 정약전 등 처벌 요청	▨					
2-4-43	순조 원년 8월 10일 갑인 민기현 등이 유항검 등 처벌 요청	▨	○			○	○
2-4-44	순조 원년 8월 10일 갑인 조윤대 등이 유항검 등 국문 요청	▨	○			○	○
2-4-45	순조 원년 8월 10일 갑인 유항검·이여절·정약전 처리 논의	▨	○		□		○
2-4-46	순조 원년 8월 11일 을묘 대왕대비가 이여절 문제 언급	▨	○		○		
2-4-47	순조 원년 8월 11일 을묘 의금부에서 이여절 처리 보고	▨	○				
2-4-48	순조 원년 8월 11일 을묘 윤우열이 유항검 등 처벌 요청	▨	○			○	
2-4-49	순조 원년 8월 11일 을묘 서유기 등이 유항검 등 처벌 요청	▨	○			○	
2-4-50	순조 원년 8월 12일 병진 의금부에서 이여절 처벌 보고	▨					

편장항	연 월 일 제 목	『승』	『일』	『비』	『실』	『벽』	『조』
2-4-51	순조 원년 8월 12일 병진 의금부에서 이여절 처벌 보고	▨					
2-4-52	순조 원년 8월 12일 병진 의금부에서 이여절 충군 보고	▨	○				
2-4-53	순조 원년 8월 12일 병진 민기현 등이 이근 처벌 요청	▨	○				
2-4-54	순조 원년 8월 16일 경신 윤우열의 척사소	▨	○			□	
2-4-55	순조 원년 8월 20일 갑자 김성락 등이 송시열 추항 상소	▨	○				
2-4-56	순조 원년 8월 20일 갑자 이기경이 정약전 등 처벌 요청	▨					
2-4-57	순조 원년 8월 27일 신미 최시순의 향약 진작책 상소	▨	○		○	○	
2-5-01	순조 원년 9월 1일 을해 비변사에서 윤우열 처리 보고	▨	○	○		○	
2-5-02	순조 원년 9월 2일 병자 윤제홍이 채홍원·이윤행 등 탄핵	▨					
2-5-03	순조 원년 9월 6일 경진 이병모 등이 윤행임 등 탄핵	▨	○		□		
2-5-04	순조 원년 9월 6일 경진 이병모 등이 윤행임 등 처벌 요청	▨	○		△		
2-5-05	순조 원년 9월 7일 신사 사학 사건에 연루된 윤행임 탄핵	▨	○				
2-5-06	순조 원년 9월 9일 계미 정동관 등이 윤행임 등 처벌 요청	▨	○			△	
2-5-07	순조 원년 9월 10일 갑신 윤행임 사사 전교	▨	○		○	○	
2-5-08	순조 원년 9월 10일 갑신 의금부에서 윤행임 사사 절차 보고	▨					
2-5-09	순조 원년 9월 11일 을유 정동관 등이 채제공 등 탄핵	▨					
2-5-10	순조 원년 9월 11일 을유 정동관 등이 윤행임 엄벌 요청	▨					
2-5-11	순조 원년 9월 11일 을유 정한 등이 정약전 등 처벌 요청	▨					
2-5-12	순조 원년 9월 11일 을유 이병모 등이 유항검 처벌 요청	▨	○		○	○	○

편장항	연 월 일 제 목	『승』	『일』	『비』	『실』	『벽』	『조』
2-5-13	순조 원년 9월 11일 을유 민기현 등이 윤행임 처벌 요청	▨	○				
2-5-14	순조 원년 9월 11일 을유 유항검 등 신문	▨	○		○	○	○
2-5-15	순조 원년 9월 12일 병술 의금부에서 추국 관원 교체 보고	▨					
2-5-16	순조 원년 9월 12일 병술 죄인 유항검 · 윤지헌 등 신문	▨	○		○	○	○
2-5-17	순조 원년 9월 15일 기축 의금부에서 추국 관원 차출 보고	▨					
2-5-18	순조 원년 9월 15일 기축 박제가 추국 철파 전교	▨	○	○	○		
2-5-19	순조 원년 9월 15일 기축 비변사에서 척사책 보고	▨	○	○		○	
2-5-20	순조 원년 9월 15일 기축 비변사에서 송시열 배향 요청	▨	○		○		
2-5-21	순조 원년 9월 15일 기축 박종정 등이 채제공 관작 추탈 요청	▨					
2-5-22	순조 원년 9월 15일 기축 박종정 등이 이가환 탄핵	▨			○	○	
2-5-23	순조 원년 9월 15일 기축 박종정 등이 정약전 등 처벌 요청	▨					
2-5-24	순조 원년 9월 15일 기축 정한이 사학도 처벌 요청	▨	○		○	○	○
2-5-25	순조 원년 9월 15일 기축 최헌이 유항검 등 처벌 요청	▨	○			○	
2-5-26	순조 원년 9월 16일 경인 강휘옥 등이 채제공 관작 추탈 요청	▨					
2-5-27	순조 원년 9월 16일 경인 강휘옥 등이 이가환 등 처벌 요청	▨					
2-5-28	순조 원년 9월 16일 경인 강휘옥이 정약전 처벌 요청	▨					
2-5-29	순조 원년 9월 16일 경인 정동관 등이 이가환 등 처벌 요구	▨	○				
2-5-30	순조 원년 9월 16일 경인 이집두가 사학 처리 소홀로 사직소	▨	○				
2-5-31	순조 원년 9월 17일 신묘 윤우열이 이가환 등 처벌 요청	▨	○			○	

편장항	연 월 일 제 목	『승』	『일』	『비』	『실』	『벽』	『조』
2-5-32	순조 원년 9월 18일 임진 비변사에서 정한 상소 처리 보고	▨	○			○	○
2-5-33	순조 원년 9월 18일 임진 강휘옥이 정약전 등 처벌 요청	▨					
2-5-34	순조 원년 9월 19일 계사 의금부에서 이석 정배 보고	▨	○		○		○
2-5-35	순조 원년 9월 19일 계사 의금부에서 이치훈 정배 보고	▨	○		○		○
2-5-36	순조 원년 9월 20일 갑오 척사 논의	▨	○		□	△	○
2-5-37	순조 원년 9월 23일 정유 죄수 계복 절차 논의	▨	○				
2-5-38	순조 원년 9월 24일 무술 의금부에서 유항검 등 처벌 보고	▨	○			○	
2-5-39	순조 원년 9월 24일 무술 조항진 등이 채제공 관착 추탈 요청	▨			○		
2-5-40	순조 원년 9월 24일 무술 조항진 등이 윤행임 등 처벌 요청	▨			○		
2-5-41	순조 원년 9월 24일 무술 조항진 등이 정약전 등 처벌 요청	▨					
2-5-42	순조 원년 9월 25일 기해 이조에서 전주·고산 읍호 강등	▨	○				○
2-5-43	순조 원년 9월 25일 기해 형조에서 유항검 등 처벌 보고	▨					
2-5-44	순조 원년 9월 25일 기해 이인채가 윤행임 등 처벌 요청	▨	○				
2-5-45	순조 원년 9월 26일 경자 호조에서 유항검 등 처리 보고	▨					
2-5-46	순조 원년 9월 26일 경자 정래백이 윤행임 자식 처벌 요청	▨	○				
2-5-47	순조 원년 9월 26일 경자 민기현 등이 윤행임 자식 처벌 요청	▨	○				
2-5-48	순조 원년 9월 26일 경자 이승우가 정약전 등 처벌 요청	▨					
2-5-49	순조 원년 9월 28일 임인 윤우열이 채제공 등 탄핵	▨	○			○	
2-5-50	순조 원년 9월 28일 임인 윤지충·윤지헌 문중의 개명 요청	▨	○				

편장항	연 월 일 제 목	『승』	『일』	『비』	『실』	『벽』	『조』
2-5-51	순조 원년 9월 29일 계묘 임후상의 척사소	▨	○				
3-1-01	순조 원년 10월 3일 병오 포도청에서 황사영 이송 보고	▨			○	○	○
3-1-02	순조 원년 10월 3일 병오 의금부에서 황사영 이송 보고	▨			○		
3-1-03	순조 원년 10월 3일 병오 의금부가 황사영 도운 이심 처벌 요청	▨					
3-1-04	순조 원년 10월 3일 병오 오정원 척사소	▨	○				
3-1-05	순조 원년 10월 4일 정미 이현도가 윤행임 처벌 요청	▨	○				
3-1-06	순조 원년 10월 4일 정미 심환지가 의금부 당상 교체 보고	▨	○				
3-1-07	순조 원년 10월 5일 무신 심환지가 황사영 백서 제출 보고	▨	○		○		○
3-1-08	순조 원년 10월 6일 기유 의금부에서 유항검 등 연좌 처벌 보고	▨	○				○
3-1-09	순조 원년 10월 6일 기유 형조에서 유항검 등 연좌 처벌 보고	▨	○				○
3-1-10	순조 원년 10월 6일 기유 심환지가 추국 강행 보고	▨	○				
3-1-11	순조 원년 10월 7일 경술 추국 관원 차출 보고	▨					
3-1-12	순조 원년 10월 7일 경술 정동관의 추국 참여 보고	▨					
3-1-13	순조 원년 10월 7일 경술 의금부에서 추국 관원 교체 보고	▨					
3-1-14	순조 원년 10월 7일 경술 추국 관원 교체 보고	▨					
3-1-15	순조 원년 10월 7일 경술 추국 참여로 인한 시관 교체 보고	▨					
3-1-16	순조 원년 10월 7일 경술 추국 참여로 인한 시관 교체 보고	▨					
3-1-17	순조 원년 10월 7일 경술 의금부에서 추국 관원 교체 보고	▨				○	
3-1-18	순조 원년 10월 7일 경술 추국 관원 차출	▨					

편장항	연 월 일 제 목	『승』	『일』	『비』	『실』	『벽』	『조』
3-1-19	순조 원년 10월 7일 경술 의금부에서 추국 관원 교체 보고	■					
3-1-20	순조 원년 10월 7일 경술 국청에서 추국 관원 차출 보고	■	○			○	
3-1-21	순조 원년 10월 7일 경술 국청에서 추국 관원 차출 보고	■				○	
3-1-22	순조 원년 10월 7일 경술 이시수의 추국 불참 자책소	■	○				
3-1-23	순조 원년 10월 7일 경술 심환지가 추국 관원 교체 보고	■	○				
3-1-24	순조 원년 10월 8일 신해 대간의 추국 참여 문제 논의	■	○				
3-1-25	순조 원년 10월 9일 임자 정동관의 추국 참여 보고	■					
3-1-26	순조 원년 10월 9일 임자 추국 관원 교체 보고	■					
3-1-27	순조 원년 10월 9일 임자 홍문관에서 추국 관원 보고	■					
3-1-28	순조 원년 10월 9일 임자 국청에서 추국 관원 교체 보고	■	○			○	
3-1-29	순조 원년 10월 9일 임자 홍문관에서 추국 관원 보고	■					
3-1-30	순조 원년 10월 9일 임자 황사영 원정	■	○			○	○
3-1-31	순조 원년 10월 9일 임자 심환지가 죄수 처벌 절차 보고	■					
3-1-32	순조 원년 10월 10일 계축 황심·옥천희·황상영 등 원정	■	○			○	○
3-1-33	순조 원년 10월 10일 계축 민기현이 사학서 금지책 보고	■	○		○	○	
3-1-34	순조 원년 10월 11일 갑인 홍문관에서 추국 관원 보고	■					
3-1-35	순조 원년 10월 11일 갑인 의금부에서 윤지헌 연좌 처벌 보고	■	○				○
3-1-36	순조 원년 10월 11일 갑인 황사영·황심 등 신문	■	○			○	
3-1-37	순조 원년 10월 12일 을묘 홍문관에서 추국 관원 보고	■					

편장항	연 월 일 제 목	『승』	『일』	『비』	『실』	『벽』	『조』
3-1-38	순조 원년 10월 12일 을묘 황사영·황심 등 신문	▨	○			○	
3-1-39	순조 원년 10월 13일 병진 김희채 등이 채제공 등 탄핵	▨					
3-1-40	순조 원년 10월 13일 병진 김희채 등이 윤행임·이승훈 등 처벌 요청	▨					
3-1-41	순조 원년 10월 13일 병진 신서가 정약전 등 처벌 요청	▨					
3-1-42	순조 원년 10월 13일 병진 김희채가 채홍원·이윤행사건 조사 요청	▨					
3-1-43	순조 원년 10월 13일 병진 홍희운 등이 황사영 관련자 탄핵	▨	○		○	○	○
3-1-44	순조 원년 10월 13일 병진 황사영·황심 등 신문	▨	○			○	
3-1-45	순조 원년 10월 15일 무오 홍희운의 추국 참여 보고	▨					
3-1-46	순조 원년 10월 15일 무오 예조에서 이윤하 부자 파양 보고	▨	○				
3-1-47	순조 원년 10월 15일 무오 형조에서 윤지헌 가족 유배 보고	▨					○
3-1-48	순조 원년 10월 15일 무오 국청에서 추국 관원 교체 보고	▨	○			○	
3-1-49	순조 원년 10월 15일 무오 현계흠과 황사영 신문	○	▨			○	
3-1-50	순조 원년 10월 15일 무오 주문모 관련 외교 문제 논의	▨	○	○	○	○	○
3-2-01	순조 원년 10월 16일 기미 추국 관원 차출 보고	▨					
3-2-02	순조 원년 10월 16일 기미 이학규·신여권 체포 명령	▨	○		○	○	○
3-2-03	순조 원년 10월 16일 기미 의금부에서 추국 관원 교체 보고	▨					
3-2-04	순조 원년 10월 16일 기미 의금부에서 국문 불참 대간 귀양 보고	▨	○				
3-2-05	순조 원년 10월 16일 기미 박서원 등이 채제공 관작 추탈 요청	▨					
3-2-06	순조 원년 10월 16일 기미 박서원 등이 정약전 등 탄핵	▨				□	

편장항	연 월 일 제 목	『승』	『일』	『비』	『실』	『벽』	『조』
3-2-07	순조 원년 10월 16일 기미 윤제홍이 사학 문제로 사직 요청	▨	○				
3-2-08	순조 원년 10월 16일 기미 홍희운의 척사소	▨	○			○	
3-2-09	순조 원년 10월 17일 경신 박종정 등이 채제공 관작 추탈 요청	▨					
3-2-10	순조 원년 10월 17일 경신 박종정 등이 이승훈 등 처벌 요청	▨					
3-2-11	순조 원년 10월 17일 경신 박종정이 오석충 등 처벌 요청	▨					
3-2-12	순조 원년 10월 18일 신유 강휘옥 등이 이승훈 등 처벌 요청	▨					
3-2-13	순조 원년 10월 19일 임술 신서 등이 채제공 관작 추탈 요청	▨					
3-2-14	순조 원년 10월 19일 임술 신서 등이 이승훈 등 처벌 요청	▨					
3-2-15	순조 원년 10월 19일 임술 신서가 오석충 등 처벌 요청	▨					
3-2-16	순조 원년 10월 20일 계해 박종정 등이 채제공 관작 추탈 요청	▨					
3-2-17	순조 원년 10월 20일 계해 박종정 등이 운행임 등 처벌 요청	▨					
3-2-18	순조 원년 10월 20일 계해 박종정이 정약전 등 처벌 요청	▨					
3-2-19	순조 원년 10월 21일 갑자 조덕윤 등의 척사소	▨	○				
3-2-20	순조 원년 10월 21일 갑자 민기현 등의 척사소	▨	○		△	□	
3-2-21	순조 원년 10월 21일 갑자 박명섭이 사학 관련자 처벌 요청	▨	○		○	○	○
3-2-22	순조 원년 10월 22일 을축 심환지 등이 사학 조사 소홀로 사직소	▨	○		○	○	
3-2-23	순조 원년 10월 22일 을축 임희존 등의 척사소	▨	○		□	△	
3-2-24	순조 원년 10월 22일 을축 강휘옥이 채제공 처벌 요청	▨	○		○	○	
3-2-25	순조 원년 10월 22일 을축 이기경이 채제공 처벌 요청	▨	○		○	○	

편장항	연 월 일 제 목	『승』	『일』	『비』	『실』	『벽』	『조』
3-2-26	순조 원년 10월 23일 병인 이기경이 오석충 등 처벌 요청	▨					
3-2-27	순조 원년 10월 24일 정묘 의금부에서 황심 연좌 보고	▨	○				○
3-2-28	순조 원년 10월 24일 정묘 박서원이 오석충 처벌 요청	▨					
3-2-29	순조 원년 10월 24일 정묘 신귀조의 척사소	▨	○		□		
3-2-30	순조 원년 10월 25일 무진 이조에서 황심 거주 읍호 강등 보고	▨	○				○
3-2-31	순조 원년 10월 26일 기사 비변사에서 사학서 무역 금지 보고	▨	○		□		○
3-2-32	순조 원년 10월 26일 기사 심환지가 유항검 등 재산 처리 보고	▨	○				
3-2-33	순조 원년 10월 27일 경오 강휘옥이 오석충 등 처벌 요청	▨					
3-2-34	순조 원년 10월 27일 경오 주문모 사건 진주문 논의	▨	○		□	△	○
3-2-35	순조 원년 10월 28일 신미 의금부에서 홍재연 처리 보고	▨					
3-2-36	순조 원년 10월 28일 신미 의금부에서 홍재연 처리 보고	▨	○				
3-2-37	순조 원년 10월 28일 신미 신서가 오석충 등 처벌 요청	▨					
3-2-38	순조 원년 10월 29일 임신 의금부에서 김취명 · 홍재연 탄핵	▨	○				
3-2-39	순조 원년 10월 29일 임신 박종정이 오석충 등 처벌 요청	▨					
3-2-40	순조 원년 10월 30일 계유 추국 관원 차출 보고	▨					
3-2-41	순조 원년 10월 30일 계유 의금부에서 김취명 등 석방 보고	▨					
3-2-42	순조 원년 10월 30일 계유 주문모 사건 진주문 논의	▨	○		□	△	
3-3-01	순조 원년 11월 1일 갑술 추국 관원 교체	▨	○			○	
3-3-02	순조 원년 11월 1일 갑술 추국 관원 교체	▨					

편장항	연 월 일 제 목	『승』	『일』	『비』	『실』	『벽』	『조』
3-3-03	순조 원년 11월 1일 갑술 이치훈 · 정약전 · 정약용 등 심문	▨	○			○	○
3-3-04	순조 원년 11월 2일 을해 홍희운이 추국 참여 보고	▨					
3-3-05	순조 원년 11월 2일 을해 민양현이 보고지체한 전라감사 추고 요청	▨					
3-3-06	순조 원년 11월 2일 을해 윤행직의 추국 참여 보고	▨					
3-3-07	순조 원년 11월 2일 을해 이직보에게 강연 참여 돈유	▨					
3-3-08	순조 원년 11월 2일 을해 박서원 등이 채제공 등 처벌 요청	▨					
3-3-09	순조 원년 11월 2일 을해 박서원 등이 이가환 등 처벌 요청	▨					
3-3-10	순조 원년 11월 2일 을해 박서원이 정약전 등 처벌 요청	▨					
3-3-11	순조 원년 11월 2일 을해 원재명이 채홍원 사건 조사 요청	▨					
3-3-12	순조 원년 11월 2일 을해 현계흠 · 정약전 등 심문	▨	○			○	○
3-3-13	순조 원년 11월 3일 병오 윤행직의 추국 참여 보고	▨					
3-3-14	순조 원년 11월 3일 병오 강휘옥 등이 채제공 탄핵	▨					
3-3-15	순조 원년 11월 3일 병오 강휘옥 등이 이가환 등 처벌 요청	▨					
3-3-16	순조 원년 11월 3일 병오 강휘옥이 정약전 등 국문 요청	▨					○
3-3-17	순조 원년 11월 3일 병오 사학서 처리 소홀한 윤동만의 자책소	▨	○			○	
3-3-18	순조 원년 11월 4일 정미 추국 관원 차출 절차 간소화 요청	▨					
3-3-19	순조 원년 11월 4일 정미 신서가 오석충 · 이기양 등 국문 요청	▨					
3-3-20	순조 원년 11월 4일 정미 현계흠 · 이치훈 등 심문	▨	○			○	○
3-3-21	순조 원년 11월 5일 무인 황사영 백서 관련 죄인 처리 전교	▨	○		○	○	○

편장항	연 월 일 제 목	『승』	『일』	『비』	『실』	『벽』	『조』
3-3-22	순조 원년 11월 5일 무인 국청에서 이치훈·정약용 등 정배 요청	▨	○		○	○	○
3-3-23	순조 원년 11월 5일 무인 의금부에서 이치훈 등 유배 요청	▨	○		○	○	○
3-3-24	순조 원년 11월 5일 무인 박종정이 오석충·이기양 등 국문 요청	▨					
3-3-25	순조 원년 11월 5일 무인 유한녕 등이 황사영 관련 죄인 처벌 요청	▨	○			○	○
3-3-26	순조 원년 11월 5일 무인 박명섭 등이 이치훈 등 처벌 요청	▨	○			○	
3-3-27	순조 원년 11월 5일 무인 김달순이 사학 문제 언급	▨	○				
3-3-28	순조 원년 11월 5일 무인 윤광안의 척사소	▨				○	
3-3-29	순조 원년 11월 5일 무인 이병모가 국청 운영 변경 보고	▨					
3-3-30	순조 원년 11월 6일 기묘 의금부에서 황사영 일족 처벌 요청		▨				○
3-3-31	순조 원년 11월 6일 기묘 유한녕이 황사영 관련자 처벌 요청	▨	○			○	○
3-3-32	순조 원년 11월 6일 기묘 박서원 등이 이치훈 등 엄벌 요청	▨	○			○	○
3-3-33	순조 원년 11월 6일 기묘 민기현 등이 황사영 관련자 처벌 요청	▨	○			○	○
3-3-34	순조 원년 11월 6일 기묘 임후상 등이 황사영 관련자 처벌 요청	▨	○			○	○
3-3-35	순조 원년 11월 7일 경술 의금부에서 황사영 일족 처벌 요청	▨	○				○
3-3-36	순조 원년 11월 7일 경술 형조에서 황사영 가산 몰수 보고	▨					
3-3-37	순조 원년 11월 7일 경술 형조에서 황심 가산 몰수 보고	▨					
3-3-38	순조 원년 11월 7일 경술 이기경 등이 정약전 등 처벌 요청	▨			○		
3-3-39	순조 원년 11월 8일 신해 형조에서 황사영 일족 처벌 요청	▨					○
3-3-40	순조 원년 11월 8일 신해 의금부에서 황심 일족 처벌 보고	▨	○				○

편장항	연 월 일 제 목	『승』	『일』	『비』	『실』	『벽』	『조』
3-3-41	순조 원년 11월 8일 신해 토사 고유 및 척사 대책 논의	▨	○	○	○	□	○
3-3-42	순조 원년 11월 9일 임자 예조에서 토사 고유 절차 보고	▨	○			○	
3-3-43	순조 원년 11월 9일 임자 형조에서 황심 일족 처벌 보고	▨					○
3-3-44	순조 원년 11월 11일 갑인 예조에서 방물 진상 정지 보고	▨	○				
3-3-45	순조 원년 11월 11일 갑인 이동식이 채제공·이치훈 등 처벌 요청	▨				○	
3-3-46	순조 원년 11월 12일 을유 임후상 등이 윤행임 관련자 처벌 요청	▨	○				
3-3-47	순조 원년 11월 12일 을유 심환지가 이동식의 채제공 탄핵소 보고	▨	○	○		○	
3-3-48	순조 원년 11월 13일 병술 민기현 등이 윤행임 관련자 처벌 요청	▨	○				
3-3-49	순조 원년 11월 14일 정해 예조에서 방물 진상 보고	▨	○				
3-3-50	순조 원년 11월 15일 무자 예조에서 방물 진상 중지 보고	▨	○				
3-3-51	순조 원년 11월 15일 무자 추국 불참한 이영로의 사직소	▨	○				
3-3-52	순조 원년 11월 22일 을사 예조에서 토역 진하 절목 보고	▨	○				
3-3-53	순조 원년 11월 23일 병신 이만수에게 토역반사문 작성 요청	▨	·				
3-3-54	순조 원년 11월 25일 무술 사면 기준 보고	▨	○				
3-3-55	순조 원년 11월 25일 무술 예조에서 토역 진하 절차 보고	▨					
3-3-56	순조 원년 11월 27일 경자 예조에서 토역 진하 연기 보고	▨					
3-4-01	순조 원년 12월 5일 정미 진하반사문의 작성과 사면 기준 보고	▨	○				
3-4-02	순조 원년 12월 9일 신해 송환기가 척사위정책 상소	▨	○		○		
3-4-03	순조 원년 12월 10일 임자 진하반사문 작성자 교체 보고	▨					

편장항	연 월 일 제 목	『승』	『일』	『비』	『실』	『벽』	『조』
3-4-04	순조 원년 12월 10일 임자 진하반사문 작성자 차출 보고	▨					
3-4-05	순조 원년 12월 10일 임자 신대우가 사면자 명단 처리 보고	▨					
3-4-06	순조 원년 12월 10일 임자 이조에서 사면자 세초 처리 보고	▨					
3-4-07	순조 원년 12월 10일 임자 박서원 등이 채제공 등 탄핵	▨					
3-4-08	순조 원년 12월 10일 임자 박서원 등이 이가환 처벌 요청	▨					
3-4-09	순조 원년 12월 10일 임자 박서원 등이 정약전 등 처벌 요청	▨					
3-4-10	순조 원년 12월 10일 임자 이동식 등이 채홍원 사건 조사 요청	▨					
3-4-11	순조 원년 12월 11일 계축 한성부에서 사학 엄금 보고	▨	○				
3-4-12	순조 원년 12월 11일 계축 사학 처리 소홀한 윤장열 사직소	▨	○			○	
3-4-13	순조 원년 12월 11일 계축 이승훈과 연루된 김희갑 자책소	▨	○			○	
3-4-14	순조 원년 12월 14일 병진 강휘옥이 정약전 등 국문 요청	▨			□	△	
3-4-15	순조 원년 12월 15일 정사 사학 죄인 조사 촉구 하교	▨	○		○	○	
3-4-16	순조 원년 12월 15일 정사 유용이 사학 죄인 수감 보고	▨	○				
3-4-17	순조 원년 12월 15일 정사 사학 죄인 처리 촉구 전교	▨	○			○	
3-4-18	순조 원년 12월 15일 정사 사학 담당 책임자 석방 전교	▨					
3-4-19	순조 원년 12월 15일 정사 유한녕 등이 사학 배후자 채제공 탄핵	▨	○		○	○	○
3-4-20	순조 원년 12월 16일 무오 형조에서 이기연 처벌 보고	▨	○				
3-4-21	순조 원년 12월 17일 기미 비변사에서 채제공 등 처벌 요청	○	○	▨	○	○	○
3-4-22	순조 원년 12월 18일 경신 채제공 삭탈 관직 전교	▨	○		○	○	○

편장항	연 월 일 제 목	『승』	『일』	『비』	『실』	『벽』	『조』
3-4-23	순조 원년 12월 18일 경신 윤익렬이 토역문에 채제공 추탈 추가 보고	■				○	
3-4-24	순조 원년 12월 18일 경신 예조에서 고유제 택일 보고	■	○			○	
3-4-25	순조 원년 12월 19일 신유 이조에서 채제공 고신 소각 보고	■					
3-4-26	순조 원년 12월 19일 신유 예조에서 토역반사문 날짜 수정 보고	■					
3-4-27	순조 원년 12월 20일 임술 예조에서 전문·표리 제출 절차 보고	■					
3-4-28	순조 원년 12월 22일 갑자 윤익렬이 사면 명단 효주 보고	■					
3-4-29	순조 원년 12월 22일 갑자 예조에서 전문 봉함 절차 보고	■					
3-4-30	순조 원년 12월 22일 갑자 토사 반교문	■	○		○	○	○
3-4-31	순조 원년 12월 24일 병인 윤한녕이 채제공 등 처벌 요청	■	○		○	○	
3-4-32	순조 원년 12월 30일 임신 비변사에서 채제공 등 처벌 보고			■		○	
3-5-01	순조 2년 1월 16일 무자 위정 척사 논의	■					
3-5-02	순조 2년 1월 18일 경인 이만영 등의 척사소	■					
3-5-03	순조 2년 1월 18일 경인 한영규가 정약용 등 처벌 요청	■					
3-5-04	순조 2년 1월 21일 계사 강세륜이 이인행 등 처벌 요청	■	○			○	
3-5-05	순조 2년 1월 28일 경자 비변사에서 이인행 등 처벌 보고	■					
3-5-06	순조 2년 2월 25일 병인 정언인의 척사소	■					
3-5-07	순조 2년 2월 27일 무진 최운한 등의 척사소	■					
3-5-08	순조 2년 3월 4일 갑술 김근순의 척사소	■					
3-5-09	순조 2년 3월 10일 경진 정언인 등의 척사소	■					

편장항	연 월 일 제 목	『승』	『일』	『비』	『실』	『벽』	『조』
3-5-10	순조 2년 3월 10일 경진 정언인이 정약전 등 처벌 요청	▨					
3-5-11	순조 2년 3월 11일 신사 최운한이 정약전 등 처벌 요청	▨					
3-5-12	순조 2년 3월 20일 경인 김규하가 정약전 등 처벌 요청	▨					
3-5-13	순조 2년 3월 23일 계사 김규하의 척사소	▨			○		
3-5-14	순조 2년 3월 27일 정유 김규하 등의 척사소	▨					
3-5-15	순조 2년 3월 27일 정유 김규하가 정약전 등 처벌 요청	▨					
3-5-16	순조 2년 4월 2일 임인 김규하 등이 윤행임 등 처벌 요구	▨					
3-5-17	순조 2년 4월 5일 을사 김규하 등의 척사소	▨					
3-5-18	순조 2년 4월 5일 을사 김규하가 정약전 등 처벌 요청	▨					
3-5-19	순조 2년 4월 10일 경술 조윤대가 서양 사정 보고	▨	○	○	○		○
3-5-20	순조 2년 4월 21일 신유 서장보가 홍낙임 처벌 요청	▨	○				
3-5-21	순조 2년 4월 21일 신유 이중련이 사학도 조사 요청	▨	○			○	
3-5-22	순조 2년 5월 1일 경오 윤필병 등의 척사소	▨	○		○	○	○
3-5-23	순조 2년 5월 16일 을유 오정원 등의 척사소	▨					
3-5-24	순조 2년 5월 16일 을유 이의채의 척사소	▨					
3-5-25	순조 2년 5월 25일 갑오 이회상의 척사소	▨	○				
3-5-26	순조 2년 6월 2일 신축 이의채가 사학 처벌 요청	▨					
3-5-27	순조 2년 6월 3일 임인 신성진이 정약전 등 처벌 요청	▨	○				
3-5-28	순조 2년 6월 3일 임인 개성·강화 사학 유무 보고	▨					

편장항	연 월 일 제 목	『승』	『일』	『비』	『실』	『벽』	『조』
3-5-29	순조 2년 6월 13일 임자 비변사에서 평택 사건 거론	▨	○	○			
3-5-30	순조 2년 6월 15일 갑인 기학경이 홍낙유 등 처벌 요청	▨					
3-5-31	순조 2년 7월 4일 임신 신구조 등이 사학 처벌 요청	▨			○		
3-5-32	순조 2년 7월 13일 신사 이위달이 정약전 등 처벌 요청	▨					
3-5-33	순조 2년 7월 23일 신묘 이만영이 정약전 등 처벌 요청	▨					
3-5-34	순조 2년 10월 1일 기해 비변사에서 김한동 처벌 요청	▨	○	○	○		○

〈부록 2〉 수록 자료 비교 분석표

편	장	자료명 제목	소계	承政院		日省錄		備邊司		實錄	闢衛	朝鮮史料
				翻譯	史科	翻譯	史科	翻譯	史科	史科	史科	史科
		신유박해 초기 자료(1800.8.1-1801.3.14)	(228)	(224)	(228)	(4)	(101)	(0)	(8)	(52)	(64)	(27)
I	1	장악원 등 처벌 요청(1800.8.1-801.1.6)	36	36	36	0	2	0	0	2	0	0
	2	박해의 시작(1801.1.10-2.12)	41	41	41	0	16	0	2	13	7	6
	3	정약종 등 신문(1801.2.12-2.17)	45	44	45	1	24	0	1	9	22	6
	4	채제공 등 단죄(1801.2.18-2.22)	32	32	32	0	14	0	0	5	12	4
	5	무만종 등 처사소(1801.2.23-3.7)	50	47	50	3	33	0	4	17	14	9
	6	오석충 등 신문(1801.3.7-3.14)	24	24	24	0	12	0	1	6	9	2
		신유박해 중기 자료(1801.3.14-1801.9.29)	(305)	(303)	(305)	(0)	(158)	(2)	(12)	(82)	(75)	(29)
II	1	주문모 신부 자수(1801.3.14-3.30)	61	61	61	0	22	0	2	9	14	6
	2	주문모 신부 처형(1801.4.1-4.28)	83	82	83	0	39	1	3	23	21	9
	3	오가통법(五家統法) 강화(1801.5.1-5.29)	53	52	53	0	30	1	4	25	15	1
	4	정약전 등 국문 요청(1801.6.4-8.27)	57	57	57	0	36	0	0	10	10	4
	5	유항검 등 신문(1801.9.1-9.29)	51	51	51	0	31	0	3	15	15	9
		신유박해 후기 자료(1801.10.3-1802.10.1)	(214)	(211)	(213)	(1)	(98)	(2)	(8)	(35)	(61)	(41)
III	1	황사영의 체포와 신문(1801.10.3-10.15)	50	49	50	1	24	0	1	6	15	10
	2	사학 배척 논의(1801.10.16-10.30)	42	42	42	0	20	0	0	11	11	6
	3	황사영 백서사건(帛書事件) 논의(1801.11.1-11.27)	56	56	56	0	30	0	2	5	19	18
	4	토사교문(討邪敎文) 반포(1801.12.5-12.30)	32	30	31	0	15	2	2	8	13	4
	5	신유박해 후속 논의(1802.1.16-10.1)	34	34	34	0	9	0	3	5	3	3
		합 계	747	738	746	5	357	4	28	169	200	97

N. B. ① 자료명의 약칭은 다음과 같다.
承政院 → 『承政院日記』, 備邊司 → 『備邊司謄錄』, 實錄 → 『朝鮮王朝實錄』, 闢衛 → 『闢衛編』, 朝鮮 → 『朝鮮史料』

② 이 통계표에서 '자료'란 아래에 있는 '翻譯'은 일련의 『자료집』에 수록된 史料 가운데 번역되어 『자료집』에 수록된 史料의 件數를 뜻하며, '史料'는 해당 원사료에서 발췌된 史料의 件數를 나타낸다.

〈부록 3〉 『벽위편』 신유박해 관계 기사 대조표

[일러두기]

* 이 비교 대조표는 李基慶 編, 『闢衛編』(1978, 曙光社)에 수록된 기사의 전거를 밝히고, 사료적 가치를 판별하기 위해서 그 기사의 내용을 『辟衛實錄』에 수록되어 있는 천주교 관계 사건과 대조한 것이다(이를 다시 〈부록 1〉과 대조해 보면, 그 구성 내용을 좀더 자세히 알 수 있을 것이다).

* 이를 위해서 『벽위편』의 기사를 편·목·항으로 나누어 『순조실록』의 기사와 대조했다.

* '편·목'의 번호는 『벽위편』 목차의 순서에 따라 붙인 일련번호이다.

* '항'의 번호와 제목은 임의로 붙인 것이다.

* '항'의 번호는 『벽위편』 목차를 세분하여 구분한 번호이다.

* 1-15의 韓永達은 『순조실록』에는 韓永逵로 기재되어 있다.

* 1-49는 『벽위편』 목차와는 별도로 임의로 만들어 넣었다.

* 2-07과 2-24의 議政府는 『司憲府』로 보는 것이 타당하다.

* 전체비율은 『벽위편』과 『순조실록』의 질적인 면을 대조하여 다음과 같은 기호로 표기했다.

○ : 전체 비율 70% 이상인 경우

□ : 전체 비율 50% 이상인 경우

△ : 전체 비율 30% 이상인 경우

× : 해당 기사가 없는 경우

편목항	제 목	전재비율	벽위편	전거 순조실록
1-00-1	太學鄭澈等通文(乙巳三月)	×	1쪽	
1-01	進士洪樂安與李基慶書(丁未十二月)	△	1쪽	정조 15년 11월 3일(갑술)
1-02	進士李基慶答洪樂安書(丁未十二月)	△	2쪽	정조 15년 11월 3일(갑술)
1-03	洪樂安答李基慶書(丁未十月)	△	3쪽	정조 15년 11월 3일(갑술)
1-03-1	進士丁若鏞與李基慶書	×	7쪽	
1-04	李基慶與進士丁若鏞書(戊申十二月)	×	7쪽	
1-05	洪樂安對親策文(戊申正月)	×	13쪽	
1-05-1	正言李景溟上疏(戊申七月)	×	17쪽	
1-06	洪樂安抵珍山郡守申史源書(辛亥九月)	×	17쪽	
1-07	申史源答洪樂安書(辛亥十月)	△	22쪽	정조 15년 11월 3일(갑술)
1-08	洪樂安上左相蔡濟恭書(辛亥九月)	□	25쪽	정조 15년 10월 23일(갑자)
1-08-1	進士成永愚等通告太學文(辛亥十月)	×	25쪽	
1-08-2	進士崔紹等通文(辛亥十月)	×	25쪽	
1-09	洪樂安與發通諸儒書(辛亥十月)	×	33쪽	
1-10	洪樂安與蔡弘源書(辛亥十月)	×	36쪽	
1-11	進士睦仁圭與發通諸儒書(辛亥十月)	△	42쪽	정조 15년 11월 3일(갑술~8일(기묘)
1-12	大司憲具㢞正言朴瀰等合啓(辛亥十月)	○	43쪽	정조 15년 10월 16일(정사)
1-13	左議政蔡濟恭啓辭	△	46쪽	정조 15년 10월 20일(신유)
1-14	大司諫申耆上疏(辛亥十月)	○	47쪽	정조 15년 10월 20일(신유)
1-15	持平韓永運啓辭	○	49쪽	정조 15년 10월 23일(갑자)
1-16	司諫李彦祐納李庚運啓辭	△	50쪽	정조 15년 10월 23일(갑자)
1-17	左議政蔡濟恭箚子(辛亥十月)	○	53쪽	정조 15년 10월 24일(을축)
1-18	大司諫以綱上疏(辛亥十月)	□	58쪽	정조 15년 10월 30일(신미)

편목항	제 목	전재 비율	벽위편	전 거 순조실록
1-19	前假注書洪樂安問啓(辛亥十月)	○	59쪽	정조 15년 11월 3일(갑술)
1-20	前假注書洪樂安再次問啓(辛亥十一月)	○	63쪽	정조 15년 11월 3일(갑술)
1-21	備邊司草記(辛亥十二月)	○	67쪽	정조 15년 11월 5일(병자)
1-22	前假注書洪樂安上疏(辛亥十一月)	△	69쪽	정조 15년 11월 14일(을유)
1-22-1	洪樂安與李基慶書(辛亥十月)	×	74쪽	
1-23	李基慶上左議政書(辛亥十月)	×	75쪽	
1-24	又上左議政書(同日)	×	75쪽	
1-25	李基慶與蔡弘源書(同日)	×	78쪽	
1-26	左議政蔡濟恭答李基慶書(同)	×	79쪽	
1-27	平澤縣監李承薰供辭	○	79쪽	정조 15년 11월 8일(기묘)
1-28	李承薰再次供辭處分傳敎	○	84쪽	정조 15년 11월 8일(기묘)
1-29	前假注書洪樂安上疏(辛亥十一月)	△	87쪽	정조 15년 11월 14일(을유)
1-30	獻納李翼孝疏	○	95쪽	정조 15년 11월 11일(임오)
1-31	館學儒生末道鼎等上疏	□	96쪽	정조 15년 11월 6일(정축)
1-32	生員陸允中等十二人上流(辛亥十一月)	×	101쪽	정조 15년 11월 8일(기묘)
1-33	政院啓辭(辛亥十一月)	×	102쪽	
1-33-1	全羅監司鄭民始狀	×	103쪽	
1-34	刑曹啓目	○	103쪽	정조 15년 11월 8일(기묘)
1-35	刑曹判書金尙集啓辭	△	104쪽	정조 15년 11월 8일(기묘)
1-36	傳敎(辛亥十一月)	○	106쪽	정조 15년 11월 8일(기묘)
1-37	修撰申鰄朝上疏	○	108쪽	정조 15년 11월 8일(기묘)
1-38	修撰尹光普上疏	○	109쪽	정조 15년 11월 12일(계미)
1-39	刑曹啓目批답權日身事	×	109쪽	

편목항	제 목	전재비율	쪽위편	전거 순조실록
1-40	權日身推案(一招~七招)	○	110쪽	정조 15년 11월 8일(기묘)
1-41	刑曹啓辭(辛亥十一月十六日)	△	116쪽	정조 15년 11월 16일(정해)
1-42	刑曹草記(辛亥十一月十一日)	△	120쪽	정조 15년 11월 11일(임오)
1-43	刑曹啓辭(崔必恭行, 崔仁喆, 鄭⌒赫)	△	126쪽	정조 15년 11월 11일(임오)
1-44	崔必恭推案(一招~三招)	△	128쪽	정조 15년 11월 8일(기묘)
1-45	梁德潤推案(一招~三招)	△	129쪽	정조 15년 11월 8일(기묘)
1-46	刑曹啓辭(辛亥十一月二十九日)	×	131쪽	
1-47	刑曹啓辭(辛亥十二月初三日)	×	133쪽	
1-48	政院啓辭(辛亥十二月初二日)	×	135쪽	
1-49	忠淸監司朴宗岳狀啓(辛亥十二月初二日)	○	137쪽	정조 15년 12월 2일(임인)
1-50	崇府條目(辛亥十一月二十二日)	×	137쪽	
1-50-1	前持平李基慶抵諸承旨書(辛亥十一月初九日)	×	139쪽	
1-51	草土臣李基慶疏	○	139쪽	정조 15년 11월 13일(갑신)
1-52	李基慶流後處分傳敎(辛亥十一月)	○	149쪽	정조 15년 11월 13일(갑신)
1-53	前假注書洪樂安擬上疏(辛亥十一月)	×	151쪽	
1-54	右副承旨洪仁浩上疏(辛亥十一月)	○	156쪽	정조 15년 11월 14일(을유)
1-55	筵敎(壬子二月十七日)	○	159쪽	정조 16년 2월 17일(병진)
1-56	司直鄭昌順上疏(同日)	○	160쪽	정조 16년 2월 17일(병진)
1-57	校理申獻朝上疏(壬子三月)	○	164쪽	정조 16년 2월 30일(기사)
1-58	大司憲權裕上疏(乙卯七月)	□	167쪽	정조 19년 7월 4일(계축)
1-59	副司直朴長卨上疏(乙卯七月)	○	169쪽	정조 19년 7월 7일(병진)
1-60	右議政蔡濟恭箚子(乙卯七月)	×	175쪽	
1-61	漢城府關文(乙卯七月)	×	178쪽	

편목항	제 목	전재 비율	벽위편	전 거 순조실록
1-62	工曹判書李家煥上疏(乙卯七月)	×	180쪽	
1-63	李家煥處分傳敎(乙卯七月)	×	184쪽	
1-64	館學進士朴盈源等上疏	○	187쪽	정조 19년 7월 24일(계유)
1-65	生員李重庚等上疏	×	195쪽	
1-66	修撰崔獻重上疏	○	198쪽	정조 19년 7월 25일(갑술)
1-67	李家煥補外傳敎	△	211쪽	정조 19년 7월 25일(갑술)
1-68	丁若鏞處分傳敎	△	211쪽	정조 19년 7월 25일(갑술)
1-69	李承薰投(傳敎	○	212쪽	정조 19년 7월 26일(을해)
1-70	大司憲李義駬初疏批答	○	214쪽	정조 19년 8월 1일(기묘)
1-71	大司憲李義駬再疏	□	214쪽	정조 19년 8월 2일(경진)
1-72	持平洪樂敏疏批逃嫌附	×	220쪽	
1-73	大司諫崔獻重上疏	○	222쪽	정조 19년 8월 4일(임오)
1-74	奎章閣提學沈煥之箚子	○	226쪽	정조 19년 8월 4일(임오)
1-75	吳錫忠與尹愼書	×	229쪽	
1-76	尹愼與吳錫忠書	×	232쪽	
1-77	前正言李基慶上右相蔡濟恭書	×	234쪽	
1-78	領議政洪樂性啓辭	×	236쪽	
1-79	掌樂正趙鎭井上疏	○	238쪽	정조 19년 10월 6일(계미)
1-80	湖南儒抵本道疏儒通文	×	239쪽	
1-81	副正字洪樂安外補傳敎	○	245쪽	정조 19년 8월 10일(무자)
2-01	五家統慈敎(辛酉正月十一日)	○	247쪽	순조 원년 1월 10일(정해)
2-02	崔獻重所啓(辛酉正月初六日)	○	248쪽	순조 원년 2월 5일(신해)
2-03	李書九所啓(同日)	×	252쪽	

항목항	제　목	전체 비율	박위편	전 거 순조실록
2-04	副摠管朴長卨上疏	×	253쪽	
2-05	前掌令李安黙上疏	○	254쪽	순조 원년 1월 6일(계사)
2-06	司諫朴瑞源上疏	×	255쪽	
2-07	議政府新啓(辛酉正月初九日)	○	256쪽	순조 원년 2월 9일(을묘)
2-07-1	大王大妃傳敎	○	258쪽	순조 원년 2월 9일(을묘)
2-08	閣臣所啓(辛酉二月)	×	258쪽	
2-09	治邪	○	261쪽	순조 원년 2월 10일(병진)
2-10	李家煥等原情(二月十日)	×	261쪽	
2-11	李家煥供辭(二月十一日)	×	261쪽	
2-12	三司合啓(二月十三日)	×	261쪽	
2-12-1	丁若鍾原情	×	262쪽	
2-13	大王大妃傳敎(二月十四日)	×	262쪽	
2-13-1	丁若鍾更招	×	262쪽	
2-14	大司諫申鳳朝上疏	○	263쪽	순조 원년 2월 14일(경신)
2-15	李承薰更招(二月十五日)	×	264쪽	
2-16	三司請對(二月十二日)	×	265쪽	
2-17	副校理李基慶上疏	○	266쪽	순조 원년 2월 14일(경신)
2-18	大王大妃傳敎(二月十四日)	○	269쪽	순조 원년 2월 14일(경신)
2-18-2	李集斗等讞配	×	269쪽	
2-18-2	政院啓	×	269쪽	
2-18-3	同義禁金觀柱落點	□	270쪽	
2-19	李學逵等原情(二月十六日)	○	270쪽	순조 원년 2월 14일(경신)
2-19-1	傳敎	○	270쪽	순조 원년 2월 14일(경신)

편목항	제 목	전재비율	박약편	전 거 순조실록
2-19-2	左尹金啓洛右尹朴長卨	×	270쪽	
2-20	大王大妃傳敎(二月十七日)	×	271쪽	
2-20-1	大王大妃傳敎	○	271쪽	순조 원년 2월 16일(임술)
2-20-2	傳敎	×	271쪽	
2-20-3	謝恩大司諫陸萬中	×	272쪽	
2-20-4	丁若鍾更招	×	272쪽	
2-20-5	右邊捕盜大將李漢豊	○	272쪽	순조 원년 2월 19일(을축)
2-21	副修撰朴象謙上疏	○	272쪽	순조 원년 2월 16일(임술)
2-22	知事權F等聯名上疏(二月十八日)	○	275쪽	순조 원년 2월 18일(갑자)
2-22-1	傳敎	×	283쪽	
2-22-2	楊根郡守鄭冑誠	×	283쪽	
2-22-3	知義禁朴長卨	×	283쪽	
2-22-4	李書九金吾叻任	×	283쪽	
2-23	李家煥等更招(二月十七日)	×	283쪽	
2-24	諫政府新啓(二月十八日)	○	284쪽	순조 원년 2월 18일(갑자)
2-25	李備臣等出付(二月十八日)	×	285쪽	
2-26	權哲身更招(二月十九日)	×	285쪽	
2-26-1	推鞫啟龍傳敎	×	285쪽	
2-27	大司諫陸萬中上疏(二月十八日)	×	285쪽	
2-28	趙東暹等更招(二月二十日)	×	289쪽	
2-28-1	院前啓	×	289쪽	
2-29	權哲身等更招(二月二十一日)	×	290쪽	
2-29-1	推鞫啟龍傳敎	×	290쪽	

편목항	제 목	전재비율	박유편	전 거 순조실록
2-29-2	大司諫李萬中婞不進	×	290쪽	
2-30	大司諫李萬中上疏	△	290쪽	순조 원년 2월 23일(기사)
2-31	京畿監司李盒運上疏(二月二十一日)	○	301쪽	순조 원년 2월 21일(정묘)
2-32	李基讓更招(二月二十五日)	×	306쪽	
2-33	大王大妃傳敎(同日)	△	306쪽	순조 원년 2월 25일(신미)
2-33-1	吳翰源敍用	×	307쪽	
2-34	掌令權漢緯上疏	×	307쪽	
2-35	李基讓更招(二月二十六日)	×	308쪽	
2-36	李家煥物故(二月二十七日)	□	308쪽	순조 원년 2월 26일(임신)
2-37	崔必恭等結案(同日)	□	309쪽	순조 원년 2월 26일(임신)
2-38	崔昌顯等結案(二月二十八日)	□	310쪽	순조 원년 2월 26일(임신)
2-39	校理尹羽烈上疏	○	314쪽	순조 원년 3월 13일(기축)
2-40	正言李裘禾上疏	△	316쪽	순조 원년 3월 11일(정해)
2-41	掌令洪光一上疏	×	319쪽	
2-42	執義柳㘴上疏	○	321쪽	순조 원년 3월 15일(신묘)
2-43	大王大妃傳敎(二月二十八日)	○	323쪽	순조 원년 2월 28일(갑술)
2-44	孝元殿告由文	×	324쪽	
2-45	大王大妃傳敎(二月二十九日)	×	324쪽	
2-46	申光獻上疏	○	325쪽	순조 원년 2월 27일(계유)
2-47	備邊司啓辭(二月三十日)	○	326쪽	순조 원년 2월 30일(병자)
2-48	掌令洪羲運上疏	×	326쪽	
2-49	慶尙道幼學姜樂等上疏	○	330쪽	순조 원년 2월 18일(갑자)
2-50	備邊司啓辭(三月初三日)	○	331쪽	순조 원년 3월 1일·3일(정축·기묘)

편목항	제 목	전재비율	벽위편	전거 순조실록
2-50-1	大王大妃傳敎	○	334쪽	순조 원년 3월 3일(기묘)
2-51	李基讓更招(三月初六日)	×	334쪽	
2-52	李基讓鞫問(三月初七日)	×	334쪽	
2-52-1	鞫廳大臣曰	×	334쪽	
2-53	吳錫忠等更招(三月初十日)	×	335쪽	
2-53-1	李基讓刑問	×	335쪽	
2-54	三司合啓(同日)	△	335쪽	순조 원년 3월 10일(병술)
2-55	刑曹判書趙鎭寬所啓(同日)	×	337쪽	
2-56	領府事李秉模等所啓(同日)	○	339쪽	순조 원년 3월 10일(병술)
2-57	府新啓(三月十一日)	○	340쪽	순조 원년 3월 11일(정해)
2-58	副校理李基憲所懷(同日)	×	341쪽	
2-59	備邊司啓辭(三月十三日)	○	343쪽	순조 원년 3월 13일(기축)
2-60	京畿監司李益運重啓辭(三月十五日)	○	344쪽	순조 원년 3월 11일(정해)
2-61	欽恤等刑間(三月十七日)	×	346쪽	
2-61-1	備邊司啓	○	346쪽	순조 원년 3월 18일(갑오)
2-62	府新啓(三月十八日)	○	348쪽	순조 원년 3월 18일(갑오)
2-62-1	李營英還付捕廳	×	350쪽	
2-63	三司合新啓(三月十九日)	×	350쪽	
2-64	大王大妃傳敎(三月二十日)	○	350쪽	순조 원년 3월 19일(을미)
2-65	大王大妃敎(三月二十二日)	×	352쪽	
2-66	金○等面質(三月二十三日)	×	352쪽	
2-67	姜彝天原情(三月二十七日)	×	352쪽	
2-68	姜彝天更招(三月二十八日)	×	352쪽	

편목항	제 목	전재 비율	박약편	전거 순조실록
2-68-1	姜彝天等刑問	×	353쪽	
2-69	金伯淳等結案(三月二十九日)	×	353쪽	
2-69-1	金○更招後刑問	×	354쪽	
2-69-2	姜彝天物放啓	×	354쪽	
2-70	睦仁秀韓在維抵大學通文	×	354쪽	
2-71	副護軍崔重奎上疏	○	357쪽	순조 원년 4월 2일(무신)
2-72	崔必濟等結案(四月初二日)	×	361쪽	
2-72-1	李述範原情	×	363쪽	
2-73	大王大妃傳敎(四月初三日)	○	363쪽	순조 원년 4월 3일(기유)
2-73-1	金○等更招	×	364쪽	
2-74	領議政沈煥之所啓(四月初七日)	○	364쪽	순조 원년 4월 5일(신해)
2-75	掌令尹涵上疏	□	365쪽	순조 원년 4월 11일(정사)
2-76	備邊司啓辭(四月十三日)	×	368쪽	
2-76-1	備邊司啓	×	369쪽	
2-77	忠淸監司尹光顔上疏	×	370쪽	
2-78	周文謨更招(四月十七日)	×	372쪽	
2-79	姜彝天更招(四月十八日)	×	372쪽	
2-80	周文謨結案(四月十九日)	×	372쪽	
2-80-1	李述範等刑問	×	373쪽	
2-81	京畿監司李益運上疏(同日)	×	373쪽	
2-82	持平李允行上疏	○	377쪽	순조 원년 4월 21일(정묘)
2-82-1	姜彝天等定配	○	379쪽	순조 원년 4월 20일(병인)
2-83	金建淳等結案(四月二十日)	×	379쪽	

편목항	제 목	전재 비율	박약편	전 거 순조실록
2-83-1	金○等刑問	×	382쪽	
2-84	備邊司啓辭(四月二十四日)	□	382쪽	순조 원년 4월 24일(경오)
2-85	咸鏡監司李秉鼎 上疏	×	382쪽	
2-86	校理黃晩錫 上疏	×	384쪽	
2-87	庭諍啓(四月二十五日)	○	385쪽	순조 원년 4월 27일(계유)
2-87-1	禁府啓目	×	387쪽	
2-88	大王大妃傳敎(五月初九日)	○	387쪽	순조 원년 5월 9일(갑신)
2-89	齋潚未文逑 上疏	○	387쪽	순조 원년 5월 10일(을유)
2-89-1	大王大妃傳敎	○	389쪽	순조 원년 5월 11일(병술)
2-90	大司諫徐美修 上疏	○	389쪽	순조 원년 5월 11일(병술)
2-91	刑曹堂 上瞬名 上疏	×	389쪽	
2-92	正言李晦祥 上疏	○	392쪽	순조 원년 5월 11일(병술)
2-93	右議政徐龍輔箚子	○	393쪽	순조 원년 5월 14일(기축)
2-94	三司合新啓	○	394쪽	순조 원년 5월 18일(계사)
2-95	正言元在明上疏	×	395쪽	
2-96	備邊司啓辭(五月十五日)	×	396쪽	
2-97	副校理李寅宋 上疏	○	396쪽	순조 원년 5월 17일(임진)
2-98	大司諫吳鼎源上疏	□	397쪽	순조 원년 5월 22일(정유)
2-98-1	備邊司啓辭	○	398쪽	순조 원년 5월 22일(정유)
2-99	姜完淑等結案(五月二十三日)	□	398쪽	순조 원년 5월 22일(정유)
3-01	李致薰慶分(五月二十三日)	△	405쪽	순조 원년 5월 23일(무술)
3-02	開城留守金文淳等瞬名上疏	×	407쪽	
3-03	禁府啓目(五月二十八日)	×	413쪽	

편목항	제 목	전제 비율	박위면	전거 순조실록
3-04	李家謙供辭	×	415쪽	
3-05	申鳳朝避啓	△	416쪽	순조 원년 5월 28일(계묘)
3-05-1	江華留守書目	○	417쪽	순조 원년 5월 28일(계묘)
3-06	討逆頒教文	○	418쪽	순조 원년 6월 10일(을묘)
3-07	右議政徐龍輔所啓(六月二十日)	○	419쪽	순조 원년 6월 20일(을축)
3-08	正言閔著顯上疏	×	421쪽	
3-09	副校理趙鍚龍上疏(七月初二日)	×	423쪽	
3-10	正言結案(七月十三日)	○	424쪽	순조 원년 7월 13일(정해)
3-11	領議政沈煥之所啓(八月初五日)	○	426쪽	순조 원년 8월 10일(갑인)
3-12	刑曹堂上聯名上疏	△	427쪽	순조 원년 8월 10일(갑인)
3-13	玉堂聯名箚子	×	428쪽	
3-14	兩司聯名上疏	×	432쪽	
3-15	執義尹羽烈上疏	×	434쪽	
3-16	執義尹羽烈上疏	×	434쪽	
3-16-1	忠淸監司書目	×	437쪽	
3-17	金宗教等結案(八月二十七日)	□	438쪽	순조 원년 7월 13일(정해)
3-18	備邊司啓(九月初一日)	×	440쪽	
3-19	掌令崔時宇上疏	△	441쪽	순조 원년 8월 27일(신미)
3-20	尹行恁事三司合啓(九月初九日)	×	443쪽	
3-21	大王大妃傳教(九月十一日)	○	444쪽	순조 원년 9월 10일(갑신)
3-22	時原任大臣聯名箚子(同日)	○	445쪽	순조 원년 9월 11일(을유)
3-23	恒儉等結案(九月十二日)	○	445쪽	순조 원년 9월 11일(을유)
3-24	掌令黃瀚上疏	□	451쪽	순조 원년 9월 17일(신묘)

편목항	제 목	전재 비율	박약편	전 거 순조실록
3-25	備邊司啓辭(九月十五日)	×	459쪽	
3-26	三司合新啓(九月十五日)	□	460쪽	순조 원년 9월 15일(기)죽
3-27	府啓改措語添入(同日)	×	462쪽	
3-28	司諫崔恒上疏(九月十六日)	×	463쪽	
3-29	備邊司啓辭(九月十八日)	○	467쪽	순조 원년 9월 18일(임진)
3-30	校理尹羽烈上疏	×	468쪽	
3-31	大王大妃傳敎(九月二十日)	○	472쪽	순조 원년 9월 20일(갑오)
3-31-1	安卸福追贈	○	472쪽	순조 원년 9월 20일(갑오)
3-32	三司合啓添入(九月二十四日)	○	472쪽	순조 원년 9월 24일(무술)
3-33	應坐罪人處分(九月二十五日)	×	474쪽	
3-34	校理尹羽烈上疏(九月)	×	475쪽	
3-35	左右捕廳啓(十月初三日)	○	477쪽	순조 원년 10월 3일(병오)
3-35-1	推鞫施行	×	478쪽	
3-35-2	問事郎廳差下	×	478쪽	
3-35-3	問事郎廳文代	×	478쪽	
3-36	黃嗣永原情(十月初九日)	×	479쪽	
3-37	黃沁等原情(十月初十日)	×	479쪽	
3-37-1	閔耆顯等所啓	○	479쪽	순조 원년 10월 10일(계축)
3-38	黃嗣永更招(十月十一·二日)	×	481쪽	
3-38-1	黃嗣永更招	×	481쪽	
3-39	執義洪羲運鞫申魯朝臟名上疏	△	481쪽	순조 원년 10월 13일(병진)
3-40	黃嗣永更招(十月十三日)	×	488쪽	
3-40-1	忠淸監司書目	×	488쪽	

편목항	제 목	전재 비율	박약편	전 거 순조실록
3-40-2	禁府都事朴宗雜入來	×	489쪽	
3-41	追贈安鼎福(十一月十五日)	○	489쪽	순조 원년 10월 15일(무오)
3-41-1	府前啓	□	489쪽	순조 원년 10월 15일(무오)
3-42	黥淰申龜朝所啓(同日)	×	489쪽	
3-43	又所啓	×	489쪽	
3-43-1	鞫廳大臣啓	×	491쪽	
3-43-2	玄啓欽原情	×	492쪽	
3-43-3	謝恩洪義運	×	492쪽	
3-44	大王大妃傳敎(十月十六日)	○	492쪽	순조 원년 10월 16일(기미)
3-45	同副承旨洪義運上疏(同日)	×	492쪽	
3-46	館議政沈煥之所啓(十月十五日)	△	497쪽	순조 원년 10월 15일(무오)
3-46-1	他罪人拿來	○	498쪽	순조 원년 10월 15일·16일(무오·기미)
4-01	府啓(十月十七日)	×	499쪽	
4-02	玉堂箚子(十月二十日)	△	499쪽	순조 원년 10월 21일(갑자)
4-03	戶曹參判徐美修上疏(同日)	×	500쪽	
4-04	兩司聯名上疏(同日)	△	500쪽	순조 원년 10월 22일(을축)
4-05	時原任大臣聯名箚子(同日)	□	500쪽	순조 원년 10월 22일(을축)
4-06	掌令李上疏(同日)	×	502쪽	
4-07	校理朴命變上疏(同日)	△	505쪽	순조 원년 10월 21일(갑자)
4-08	掌令姜彙鈺上疏(同日)	△	508쪽	순조 원년 10월 22일(을축)
4-09	黃沈等處分(十月二十二日)	□	514쪽	순조 원년 10월 23일(병인)
4-10	黃沈等結案(十月二十四日)	○	514쪽	순조 원년 10월 23일(병인)
4-10-1	明日推鞫	×	517쪽	

편목항	제 목	전재 비율	박위편	전 거 순조실록
4-10-2	推鞫官員任命	×	517쪽	
4-11	李致薰等原情(十一月初一日)	×	517쪽	
4-12	玄啓欽等更招(十一月初二日)	×	518쪽	
4-13	玄啓欽等更招(十一月初四日)	×	518쪽	
4-14	黃嗣永等處分(十一月初五日)	○	519쪽	순조 원년 11월 5일(무인)
4-14-1	大王大妃傳教	○	519쪽	순조 원년 11월 5일(무인)
4-15	黃嗣永等結案(同日)	□	520쪽	순조 원년 11월 5일(무인)
4-16	大司諫兪漢寧等聯名箚子(十一月初五日)	×	526쪽	
4-17	玉堂箚子	×	529쪽	
4-18	玉堂聯名上疏	×	532쪽	
4-19	兩司聯名上疏	×	536쪽	
4-20	大司諫兪漢寧上疏	×	538쪽	
4-21	副修撰申龜朝上疏	×	540쪽	
4-22	工曹參判尹東晚上疏	×	541쪽	
4-23	忠淸監司尹光顔上疏	×	542쪽	
4-24	侍讀官任厚常等所懷(十一月初六日)	×	543쪽	
4-25	府啓(十一月初七日)	×	545쪽	
4-26	大王大妃傳教(十一月初八日)	○	547쪽	순조 원년 11월 8일(신사)
4-26-1	大王大妃傳教	×	548쪽	
4-27	禮曹啓(十一月初九日)	×	548쪽	
4-28	領議政沈煥之所啓(十一月初七日)	△	549쪽	순조 원년 11월 8일(신사)
4-29	洪羲運與姜復欽書	×	551쪽	
4-30	姜復運欽答書	×	552쪽	

편목항	제 목	전재 비율	벽위편	전 거 순조실록
4-31	蔡濟恭斥誣自享通文(十一月初三日)	×	557쪽	
4-32	陳奏文草	○	564쪽	순조 원년 10월 27일(경오)
4-33	司諫李東埴上疏(十二月十一日)	×	572쪽	
4-34	領議政沈煥之所啓(十二月十二日)	×	577쪽	
4-35	府新啓(十二月十四日)	□	579쪽	순조 원년 12월 14일(병진)
4-36	大王大妃傳敎(十二月十五日)	×	579쪽	
4-36-1	刑曹敎單子	×	579쪽	
4-37	尹商弼抵大學通文	×	579쪽	
4-38	副校理金熙采上疏	×	584쪽	
4-39	備邊司啓辭(十二月十七日)	×	586쪽	
4-40	同義禁尹長烈上疏	×	587쪽	
4-41	兩司聯名上疏	□	588쪽	순조 원년 12월 15일(정사)
4-42	備邊司啓辭(十二月十八日)	○	595쪽	순조 원년 12월 18일(경신)
4-43	蔡濟恭追奪慈敎(同日)	○	596쪽	순조 원년 12월 18일(경신)
4-43-1	政院啓	×	598쪽	
4-43-2	大王大妃傳敎	×	598쪽	
4-43-3	禮曹啓	×	598쪽	
4-44	討逆頒敎文	○	599쪽	순조 원년 12월 22일(갑자)
4-45	大司諫俞漢寧上疏	○	610쪽	순조 원년 12월 24일(병인)
4-46	備邊司草記(壬戌正月初四日)	×	613쪽	
4-47	大王大妃傳敎(辛酉十二月二十五日)	×	615쪽	
4-47-1	備邊司草記	×	615쪽	
4-48	廣州留守李敬一狀啓(十二月二十八日)	×	616쪽	

편목항	제 목	전재 비율	벽위편	전 거	
				순조실록	
4-49	獻納姜世綸上疏	×	616쪽	
4-50	備邊司啓辭(十二月二十八日)	□	621쪽	순조 2년 1월 28일(경자)
4-51	獻納李重連上疏	×	621쪽	
4-52	護軍尹弼秉等上疏	△	623쪽	순조 2년 5월 1일(경오)
4-53	回答	○	630쪽	순조 2년 2월 23일(갑자)

찾아보기

경인한국학연구총서

*대한민국학술원 우수학술 도서　　　****문화체육관광부 우수학술 도서**